긍정심리학 _{제2판}

인간 강점의 실현

긍정심리학 ^{제2판}

인간 강점의 실현

Martin Bolt, Dana S. Dunn 지음

김선주, 김정호 옮김

Σ 시그마프레스

긍정심리학 인간 강점의 실현, 제2판

발행일 | 2017년 2월 25일 1쇄 발행
　　　　2018년 7월　5일 2쇄 발행

지은이 | Martin Bolt, Dana S. Dunn
옮긴이 | 김선주, 김정호
발행인 | 강학경
발행처 | (주)시그마프레스
디자인 | 이상화
편　집 | 이호선

등록번호 | 제10-2642호
주소 | 서울시 영등포구 양평로 22길 21 선유도코오롱디지털타워 A401~403호
전자우편 | sigma@spress.co.kr
홈페이지 | http://www.sigmapress.co.kr
전화 | (02)323-4845, (02)2062-5184~8
팩스 | (02)323-4197

ISBN | 978-89-6866-879-1

Pursuing Human Strengths:
A Positive Psychology Guide, Second Edition

First published in the United States by Worth Publishers, New York

Copyright © 2016 by Worth Publishers

All rights reserved.

Korean language edition © 2017 by Sigma Press, Inc. published by arrangement with
Worth Publishers

＊ 책값은 책 뒤표지에 있습니다.

이 도서의 국립중앙도서관 출판예정도서목록(CIP)은 서지정보유통지원시스템 홈페이지
(http://seoji.nl.go.kr)와 국가자료공동목록시스템(http://www.nl.go.kr/kolisnet)에서 이용하실
수 있습니다.(CIP제어번호: CIP2017003420)

차례

vii

차
례

역자 서문

긍정심리학 강의를 하면서, 과목은 행복을 다루는 긍정심리학인데 책 내용은 이렇게 딱딱할 수도 있구나라고 생각한 적이 있다. 주제는 말랑하지만 그것을 학문적으로 다루다보면 이론과 연구들만 나열하며 자칫 흥미를 잃게 되는 경우도 있다. 물론 훌륭한 연주자는 바이올린 탓을 하지 않겠지만 바이올린이 훌륭하면 더 좋지 않겠는가. 이 책은 흥미롭고 따뜻한 소리를 내는 바이올린이다.

이 책의 번역 작업은 내게 유익하고 즐거운 시간이었다. 이 책의 각 장마다 포함된 자기평가, 생각해보기 그리고 여러 훈련지침들을 나와 관련지어 생각해보는 일은 매우 흥미로웠다.

행복을 결정하는 요인들을 이야기할 때, 타고난 유전적 특징이 행복의 50%를 결정한다고 하면 학생들은 좌절한다. 그건 자신의 힘으로 어쩔 수 없는데 어쩌란 말이냐는 것이다. 나머지 50%를 삶의 상황이 10%, 의도적 활동이 40% 설명한다고 하면 가장 중요한 것이 유전이라고 오해를 하게 된다. 유전적 요인은 달리기할 때 출발점과 같다. 100m 달리기 경주에서 누구는 10m 앞에서 출발하고 누구는 10m 뒤에서 출발한다면 누가 유리할지 불 보듯 뻔하다. 하지만 삶의 여정은 단거리 달리기가 아니다. 마라톤 경기만 해도 출발점에 서 있는 선수들을 보면 거의 100m까지 길게 차례로 늘어서 있는 것을 볼 수 있다. 그 경우 맨 앞에 있는 선수와 맨 뒤의 선수는 10m가 아니라 100m까지 차이를 두고 출발하게 된다. 그렇게 출발점이 달라도 별 불만이 없는 것은 그것이 결과에 큰 영향을 미치지 않기 때문일 것이다. 삶은 마라톤 이상이다. 이때 중요한 것은 좀 더 앞서서 출발하는 것보다 긴 여정 동안 어떻게 자신의 페이스를 관리하느냐이다. 행복해지기 위해 의도적으로 할 수 있는 여러 가지 활동들을 제대로 이해하고 실천하는 과정을 통해 우리는 삶을 40%나 변화시킬 수 있는 힘을 얻게 된다!

이 책은 좀 더 행복해지기 위해 어떤 노력이 필요한가를 말해주고 있다. 사랑, 공감, 자기통제, 지혜, 전념, 행복, 자기존중과 겸손, 희망, 우정과 사회적 지지, 의미와 번영까지 긍정심리학적 주제들이 행복과 좋은 삶에 어떻게 영향을 미치는지를 살펴보고 실천할 수 있는 실마리를 제공해주고 있다.

책에 소개된 이야기 중에 뱃사공 뮬라 나스루딘의 우화가 있다. 뮬라가 한 거만한 학자를 배에 태우고 강을 건너고 있었는데, 그는 플라톤의 국가론을 읽지 않았다는 뮬라에게 삶의 절반을 낭비한 것이라고 말한다. 배가 강 한가운데 이르렀을 때 뮬라가 묻는다. "선생님, 수영할 줄 아십니까?" 학자가 말한다. "당연히 못하지. 나는 학자라네. 내가 수영과 무슨 상관이 있겠는가?" 그러자 뮬라는 이렇게 말한다. "그렇다면 당신 삶의 전부를 잃은 것입니다. 지금 배가 가라앉고 있거든요."

아마도 이 책은 독자들에게 자신이 가진 강점들을 이해하고 활용해서, 인생이라는 강에서 수영하는 법을 가르쳐줄 것이다. 그것도 다정하고, 사려 깊고, 흥미롭고, 신명 있는 목소리로 말이다.

수영에 관한 열 권의 책을 읽었다고 해도 몸을 물에 담그지 않는다면 수영을 배울 수는 없다. 반면 책 한 권 읽지 않고도 물속에서 혼자 수영하는 법을 터득할 수는 있다. 하지만 좋은 코치의 도움을 받으며 물에서 직접 실습한다면, 열 권의 책을 읽은 것보다, 물속에서 한참을 혼자 헤매는 것보다 훨씬 효과적이다. 이 책은 좋은 코치가 되어줄 것이다. 이 책에 제시된 풍부한 사례와 자기평가 자료, 훈련지침들을 직접 실천해서 활용해보는 것은 독자들의 몫이다. 부디 그런 노력의 결실을 보기 바란다.

2017년 2월
역자 김선주, 김정호

저자 서문

조지 해리슨의 말처럼 "모든 것은 지나가기 마련이다." 모든 것은 지나가는데, 물론 가장 절절한 것은 우리 삶의 사람들이 지나간다는 것이다. 지금은 고인이 된 캘빈대학 심리학과의 Martin Bolt 교수가 이 책의 첫 판을 구상하고, 책으로 냈다. 그는 모범적인 스승으로 명성이 나 있다. 사람들의 삶을 돕고자 했던, 그의 심리학에 대한 열정과 그 긍정적인 가능성은 그가 썼던 모든 페이지마다 분명하다. 새로운 저자로 참여하게 된 내가 볼 때, 첫 판의 매력은 글에 묻어 있는 다정하고, 사려 깊고, 흥미롭고, 신명 있는 Bolt의 목소리다. 그는 독자들과 긍정심리학에 관한 과학적이고 교육학적인 통찰을 나누고자 했다. 그는 독자와 친밀한 관계를 맺으며 심리학과 심리학의 응용을 나누고자 했다. 이번 2판에서, 나는 그 멋진 목소리를 유지하면서, 독자와 교재, 그리고 인간 강점의 추구 사이의 연결을 강화하는 방식으로 작업을 했다.

이 책의 기본 구조는 2판에서도 그대로 유지했다. 각 장과 원래의 순서, 대부분의 토픽, 자기평가, 생각해보기 등이 모두 유지된다. 물론 새롭거나 업데이트 된 재료도 추가했다. 새로운 혹은 수정된 연습문제뿐만 아니라 마지막 장이 추가되었다. 첫 판이 출판된 이후에 수정되고 업데이트 된 척도들은 최신 버전으로 바꿨다. 긍정심리학 분야의 과학적 문헌은 지난 십여 년간 상당히 늘어났다. 그 결과 이번 판에는 210개 이상의 새로운 참고문헌이 포함되었다. 또한 여러 주제, 쟁점, 질문들에 나의 견해를 덧붙였다. 그렇게 하면서도 Bolt의 관점을 대체하지는 않았다. 오히려 독자로 하여금 긍정심리학이 매일의 삶을 향상시키고 인생 주기 전반에 걸쳐 웰빙을 촉진할 수 있는 방식을 생각할 수 있도록 격려함으로써 Bolt의 관점을 보완하고 있다. 그것은 어려운 주문처럼 들리겠지만, Bolt의 비전에 내재된 것이다. 새로운 판에서 Bolt의 비전은 온전해지고 확장된다.

Bolt 박사와 마찬가지로, 나도 이 책의 다음 판을 위해 비판이나 제안을 환영한다. 의욕적인 독자들이 나와 편집팀에게 아이디어를 제공해주기를 바란다.

이 책의 활용

이 책은 여전히 젊은 분야인 긍정심리학에 대해 간략하면서도 포괄적인 개관에 관심이 있는 강사나 학생에게 흥미로울 것이다. 비록 이 책이 심리학개론이나 일반 심리학 과정에서 사용하기 위한 부교재로 설계되었지만, 긍정심리학 강좌나 세미나에서 주교재로 사용할 수도 있다. 다음 절에서 보듯이, 이 책은 대부분의 모든 심리학개론 책에서 다루는 주제들을 보완해준다. 또한 강사들은 각 장의 논의들을 긍정심리학의 주요 주제들을 더 심층적으로 다루는 방식으로 사용할 수 있다. 예를 들어 긍정심리학적 주제들이 행복과 좋은 삶에 대한 자신의 생각뿐만 아니라, 타인과의 관계에 어떻게 영향을 미치는지를 탐구하는 고급 과정에서 이 책을 활용할 수도 있다. 학생들은 이 책의 문제가 이해하기 쉽고 호감이 간다는 것을 발견할 것이다. 또한 웰빙의 개념과 이론들을 흥미롭게 만드는 여러 가지 연습문제와 자기평가를 즐기면서, 일상의 경험에 적용할 수 있다.

이 책은 심리학개론 과정의 어느 부분에 적합한가?

최적의 인간 기능의 모든 차원을 연구하기 위해서 과학적 방법론과 광범위한 이론적 관점을 활용한다는 점에서 긍정심리학은 일반적인 심리학이라고 볼 수 있다(Sheldon & King, 2001). 실제로 이 간결한 책에서 다뤄진 11가지 인간 강점은 일반 심리학 교재의 구조를 잘 보여준다. 강사와 학생 모두에게, 인간 번영이라는 주제는 때때로 심리학 과정에서 느슨하게 연결된 주제들의 모음집으로 보일 수 있는 것에 대해 통합적 테마를 제공한다.

여기서는 각 장의 내용을 짧게 요약하고 심리학의 핵심 개념들과 이 책의 각 장들이 어떻게 연결되는지를 개관하겠다. 예를 들어, '사랑'을 다루는 2장은 발달심리학에서 다루는 많은 핵심 주제들을 보강하고 있고, '지혜'를 다루는 5장은 사고와 지능에 대한 전통적 범위를 확장한다. 이 자료를 심리학개론(다른 과정도 마찬가지이지만)에 연결하는 다른 가능한 방법들이 많이 있겠지만, 이 개요에서는 이 책을 시작하기에 적절한

한 가지 방법을 제공한다. 서론에서는 긍정심리학의 중심 주제를 제시하고, 전체 내용에 대한 기초를 제공한다. 따라서 우선 1장부터 읽기를 권한다. 나머지 장들은 독립된 단위로서, 이해를 위해 서로에 의존하지 않고 어떤 순서로도 읽을 수 있다.

1장 서론

이 첫 장은 긍정심리학의 주제들에 대한 개관을 제공하고, 이 책의 나머지 부분에 대한 전주곡이다. 이 책의 나머지 부분이 어디서 어떻게 사용되든 상관없이 출발하는 장이다. 이 장에서는 우리가 세계의 창조물이자 창조자라는 심리학의 중요한 이론적 관점을 상기시킨다. 1장은 우리의 사고와 행동에 영향을 주는 수많은 다른 요인들에 초점을 맞추고 있지만, 자신이 자신의 세계에 영향을 미치고 통제할 수 있다고 생각하는 사람들이 의도적인 행동을 개시하고, 목표를 지속적으로 추구하고, 사실상 삶의 모든 영역에서 더 많은 것을 이루어내는 경향이 있음을 강조한다. 이 장에서는 책임감이라는 핵심 강점을 소개하고 있는데, 이는 다른 강점을 발전시키는 데 중추적 역할을 한다.

2장 사랑

선천성과 후천성 둘 다 **인간 발달**(human development)에 영향을 준다. 이 장은 사회적 유대를 형성하는 데 있어서 유전과 환경의 상호작용을 분명히 인식한다. 유아의 애착 방식은 성인의 인간관계로 연결된다. 어린 시절 안정 애착은 성인기의 사회적 유능감을 예측한다. 안정 애착 방식을 발달시킬 만큼 충분한 행운을 갖지 못한 사람들도 여전히 변화될 수 있고, 모든 가까운 관계에 공통적인 친밀감, 배려, 의사소통, 헌신을 키울 수 있는 많은 방법이 있다.

3장 공감

지각(reception) 과정에 내재된 조직화와 해석은 사회적 판단에서 명백하다. 우리는 사람들의 행동이 그들의 특성을 반영하는 것으로 보는 경향이 있고, 따라서 삶의 상황과 환경으로부터의 영향을 자주 간과한다. 타인의 관점을 가정함으로써, 우리는 그들이 보는 것을 보고, 느끼는 것을 느끼게 된다. 이 장은 공감이 우리로 하여금 더 큰 목적을 가지고 살 수 있게 해준다는 것을 상기시켜주고, 공감이 참된 이타주의를 촉진할 수 있다는 연구들을 소개한다. 긍정심리학자들은 우리에게 피해를 준 사람의 관점을 가정하는 것이 특별한 도전일 수 있음을 인정한다. 그럼에도 용서는 웰빙 및 건강과 연결된다.

4장 자기통제

학습(learning) 연구는 즉각적인 보상의 힘을 강조하고, 자기통제의 어려움을 이해하게 해준다. 심리학자들은 즉각적이지 않지만 더 큰 결과를 선택하기 위해서, 즉각적이지만 작은 보상을 참을 수 있게 하는 진화적, 발달적, 문화적 요인을 검토해왔다. 현대 인지 이론은 목표를 설정하는 것의 중요성을 강조한다. 일단 목표가 설정되면, 자기조절은 피드백 통제 과정을 반영한다. 최근 연구는 의지력을 훈련하고 장기 목표를 충족하기 위해 투지를 발달시키는 것을 포함해서, 광범위한 자기통제의 이해와 그에 대한 가능한 해결책들에 기여한다.

5장 지혜

지능(intelligence)에 대한 연구는 생산적인 삶이 학문적 적성 이상을 필요로 함을 보여준다. 정서적이고 성공적인 지능에 관한 최근 연구들은 지혜를 고려하고 있다. 지혜로운 사람들은 좋은 판단을 하고, 중요하지만 불확실한 삶의 상황들에서 건전한 조언을 제공한다. 그러므로 지혜 연구자들은 어려운 삶의 딜레마에 관해 생각해보라고 요청한다. 우리는 지혜로운 사람이 자신의 단기적 및 장기적 관심을 타인의 것과 조심스럽게 균형을 잡고, 진실과 정의의 가치에 헌신하며, 자기기만 능력을 예민하게 알아차리는 방식을 본다. 약간의 노력으로 우리는 매일 지혜와 창의성을 훈련하는 법을 배울 수 있다.

6장 전념

심리학자들은 내재적·외재적 **동기**(motivation)를 중요하게 구분한다. 중요한 인간의 노력이 즉각적인 즐거움이나 만족을 거의 주지 못할 때, 전념은 유능감, 관계, 자율성에 대한 요구를 인내심을 가지고 해결하게 할 수 있다. 목표가 지속적인 의미나 가치를 가질 때, 어떻게 의무가 열정과 합쳐지는지를 본다. 예를 들어 일이 소명이 될 때, 삶은 목적이 생기고 만족스러워진다. 목표나 방향에 전념하는 것은 예기치 못한 혼란에 직면해서 탄력성을 발전시키고 발휘하도록 할 수 있다.

7장 행복

수십 년간 부정적 **정서**(emotion)에 초점을 맞춰 왔던 심리학자들이 지금은 즐거움, 삶의 만족, 행복이라는 긍정 정서를 검토하고 있다. 중요한 행복 예측변수를 검토해보면, 삶의 상황에 관한 사람들의 지각이 객관적 상황보다 웰빙에 더 중요하다는 것을 알 수 있다. 예를 들어 우리가 돈을 어떻게 쓰는가 하는 것은 돈 자체보다 행복에 더 중요하다. 마찬가지로 삶의 결과들이 모두 좋게 나타나기를 바라는 욕망은 후회의 감정을 키울 수 있다. 삶에서 최고의 순간을 음미하는 것은 웰빙의 느낌을 촉진하고, 감사하며 사는 사람들은 더 행복하다.

8장 자기존중과 겸손

성격(personality) 이론가들은 자기이해가 우리의 생각과 느낌을 조직화하는 방식을 보여준다. 그들은 높은 자존감의 장점에 대해 논쟁한다(과유불급). 사람들이 자기가치를 어디서 발견하는지를 검토하는 것은 자존감과 행동의 역설적 관계를 이해하는 데 도움이 된다. 자기애와 달리, 겸손한 사람은 자신의 내재적 가치에 대한 의식을 가지고 있고, '자기 자신을 잊을 수' 있다. 그들은 자신의 약점과 강점을 현실적으로 본다. 자부심을 인정함으로써, 정확한 피드백을 구함으로써, 우주적 관점을 가짐으로써, 우리는 건강한 자기존중을 함양한다.

9장 희망

우울 같은 **심리적 장애**(psychological disorder)는 흔히 무력감이 특징이다. 이에 대한 **치료**(therapy)는 부분적으로 사기가 꺾인 사람들에게서 낙관주의와 희망을 회복시키는 방식으로 이루어진다. 낙관주의자들은 스트레스 사건에 더 건설적으로 잘 대처하는 듯 보이고, 실제로 비관주의자들보다 더 오래 산다. 희망적인 사람은 목표를 향해 계속 움직이게 하는 동기와, 목표를 성취하기 위한 경로를 생성하는 능력을 가지고 있다. 이 장은 희망이 공동체에서 최상으로 생존한다는 것을 상기시킨다. 희망적인 사람은 강한 지지 네트워크를 가지고 있고, 타인과 함께 연대해서 집단 웰빙을 추구한다.

10장 우정과 사회적 지지

우정 연구는 **사회심리학**(social psychology)의 중심이다. 친구들은 사회적 지지를 제공함으로써 심리적, 신체적 웰빙 둘 다를 함양한다. 사람들은 가장 친밀한 관계에서 신뢰, 정직, 이해심을 중요한 속성으로 여긴다. 사회적 지지는 삶의 등락에 대한 개인의 적응에 필수적이다. 우정에 대한 주의 깊은 분석은 친밀감과 배려를 핵심요소로 본다. 친구들은 서로가 상대의 욕구에 관심을 갖는 공동의 관계를 공유한다.

11장 에필로그 : 의미와 번영

우리는 **의미**(meaning)의 발견을 포함해서, 매일의 삶에서 긍정심리학의 원리와 개념들을 지속적으로 사용함으로써 **번영**(flourish)하는 방법을 숙고하면서 책을 마무리한다.

2판에서 새로워진 부분

1장 서론
- 긍정심리학을 정의하고 그것의 간단한 역사를 되새기는 새로운 절
- 마지막 장에서 재평가하게 될 번영의 자기평가
- 어떤 개인적 요인은 바꿀 수 있고, 어떤 것은 고정적인지를 강조하는 행복의 핵심 요인('행복 파이')에 대한 논의
- 새로운 활동 : 가능한 최선의 자신을 생각해보기

2장 사랑
- 새로운 활동 : 가장 행복했던 기억과 가장 고통스러웠던 기억을 떠올려보기
- 이혼을 예측하는 결혼 관계의 의사소통 패턴에 관한 John Gottman의 연구 논의

3장 공감

- 용서의 힘에 대한 새로운 논의
- 사람들이 개인적 도전에 반응하는 방식에 대한 새로운 자기평가
- 다른 사람을 돕는 것이 왜 자신을 돕고 자신을 이롭게 하는지에 대한 검토

4장 자기통제

- 삶에서 '죄의식을 동반한 즐거움'의 자리에 대한 새로운 논의
- 의지력과 이 같은 자기조절이 근육처럼 작용하는지 여부에 대한 새로운 자료
- 새로운 자기평가 : 인터넷 중독
- 장기적 목표를 성취하기 위한 열정과 인내 측정치인, GRIT 척도에 대한 새로운 논의

5장 지혜

- 미래에 우리가 어떻게 느낄 것인지(정서적 예측)를 정확하게 예측하는 제한적 능력에 관한 새로운 논의
- 주의 회복 이론(Attention Restoration Theory, ART)에 대한 생각해보기 훈련

6장 전념

- 내재적 동기 대 외재적 동기에 대한 새로운 논의
- 긍정적 기관과 긍정심리학에서 그것의 중요성에 대한 새로운 논의
- 심리적 탄력성과 그것을 기르는 방법에 대한 새로운 절

7장 행복

- 주관적 웰빙과 행복에 대한 새로운 논의
- 참된 미소와 장기적 행복, 웰빙의 관계를 다루는 밀스칼리지 졸업앨범 연구에 대한 새로운 논의
- 친사회적 소비의 기회에 대한 생각해보기 훈련
- 새로운 자기평가 : 극대화 척도
- 음미와 즐거운 경험을 확장하는 방법에 대한 새로운 논의

- 감사 표현의 이득에 대한 새로운 자료
- 남들의 좋은 소식에 긍정적으로 반응하는 자산과 불행을 인정하고 자리매김하는 것에 대한 새로운 논의

8장 자기존중과 겸손

- 높은 자존감과 자기애를 구분하는 새로운 논의
- 겸손의 이득을 위한 균형을 보여주는 새로운 논의

9장 희망

- 새로운 자기평가 : 삶의 지향성 검사-개정판(LOT-R)
- 낙관주의의 이득에 대한 새로운 논의
- 희망의 행동적 영향과, 타인과의 희망적 연결에 대한 새로운 자료

10장 우정과 사회적 지지

- 외면과 타인을 외면한 결과에 대한 새로운 자료

11장 에필로그 : 의미와 번영

- 의미와 번영을 다루는 새로운 장 — 모든 자료가 새롭다.

Dana S. Dunn

Moravian College

Bethlehem, PA

dunn@moravian.edu

1 서론

과거로부터 미래에 이르는 인과의 흐름은 현재의 선택을 통해 흐른다.
—David G. Myers, 2002

우리 모두는 매 순간 선택을 한다. 긍정심리학이 탐구하는 흥미로운 주제 중 하나는 우리의 선택이 우리 자신을 만드는가에 대한 것이다. 우리의 선택은 인류에게 있어서 최선의 것을 대변하는 강점들을 개발하도록 할 것이다. 이 책의 주제이기도 한 인간 강점에 관한 연구는 긍정심리학의 핵심이다. 심리학의 새로운 분야인 **긍정심리학**은 인간의 강점이 어떻게 인생의 성공과 번영에 도움을 주는지를 밝히는 것을 목표로 한다 (Csikszentmihalyi & Nakamura, 2011; Lopez & Snyder, 2009). 때로 최악의 시기와 그 때 행해진 대담한 선택은 사람의 능력을 최고조로 끌어낸다. 강점이 발휘된 놀랄 만한 예를 살펴보자.

1940년 아돌프 히틀러는 유럽의 대부분을 장악했다. 히틀러의 '최종 해결책'*은 예정된 듯했다. 리투아니아 주재 일본 총영사 셈포 수기하라가 예상 밖의 장애물로

---

* 역자 주 : 나치 독일에 의한 유대인의 계획적 말살

보였다. 16년 동안 그는 여러 관직에 있으면서 충성스럽고 순종적으로 일해왔다. 셈포는 화려한 삶을 사랑했고 야망이 있었다. 그의 최종 목표는 러시아 주재 일본 대사가 되는 것이었다. 하지만 200명의 폴란드계 유대인이 망명을 위해 문 밖에서 도움을 요청했을 때, 그는 응답했다. 그는 두 차례나 본국 정부에 여행 비자의 인가를 타전했다. 매번 거절되자, 그는 자신의 외교관으로서의 경력을 내던지고서라도 비자를 마련하기로 결심했다. 일단 시작하자 셈포는 멈출 수가 없었다. 영사관이 폐쇄된 후에도 그는 계속해서 무고한 사람들을 탈출시키기 위한 서류를 작성했고, 그를 베를린으로 돌려보내는 기차 안에서도 죽을힘을 다해 여행 비자를 마련했다. 수천 명의 사람이 그 덕분에 목숨을 건졌다. 하지만 셈포 수기하라는 지위를 상실했다. 실제로 그는 전쟁이 끝나고 백열전구 파는 일을 했다. 45년이 흘러 그의 구조 노력에 관해 인터뷰했을 때, 그는 짧게 대답했다. "그들은 사람이었고, 그들에겐 도움이 필요했다."(Kenrick, Neuberg, & Cialdini, 2002, p. 304)

2003년 봄, 산악인 아론 랠스톤은 인적이 드문 유타 협곡에서 굴러온 바위에 팔이 껴서 꼼짝할 수 없는 지경이 되었다. 사흘 동안 그는 물 몇 모금과 브리토 2개, 초코바 껍질에 붙은 부스러기를 먹으며 버텼다. 나흘째 되는 날, 그는 팔을 자르기로 결심했다. 피를 빨아들이도록 반바지를 아래에 깔고 지혈대를 묶으며, 마음속으로는 바위를 깎아내느라 무뎌진 작은 주머니칼로 어떻게 팔을 자를지 계산했다. 다음 날 아침, 수술을 시작했다. "단칼에 절반 정도를 잘랐다. 그러고는 몇 분 내로 팔목의 안쪽 뼈를 자르고 칼을 빼낸 후 지혈대를 대고 작업을 해 나갔다. 전 과정은 한 시간 정도 걸렸다."라고 회고했다. 마침내 자유로워졌을 때, 그는 좁고 구불구불한 협곡을 기다시피 해서 빠져나온 후 60피트 절벽을 내려와 6마일을 걸은 다음에야 결국 도움을 받을 수 있었다. 며칠 후 기자회견에서 자신의 경험을 회고하며, 다음과 같이 말했다. "어떻게 했는지 확실치는 않다. 나는 고통을 느꼈고 그에 대처했고, 빠져나올 수 있었다."(Slevin, 2003, pp. A1, A11)

2009년 1월 '허드슨의 기적'이라고 알려진 사건이 일어났다. US 항공 소속 1549 여객기가 라과디아 공항을 이륙한 직후 새떼와 충돌하여 급속하게 힘을 잃고 말았다. 기장 슐렌버거는 라과디아 공항 혹은 그 지역 다른 공항에 비행기를 착륙시킬 방법이 없음을 깨닫고, 허드슨 강에 '불시착'하기로 재빨리 결정했다. 물 위에 비상착륙하는 것만이 승객, 승무원, 뉴욕 메트로폴리탄 지역 사람들을 안전하게 살릴 유일한 방법이었다. 슐렌버거는 능숙하게 수면 위로 미끄러지듯 안전하게 기체를 착륙시켰다. 인명 손실도 없었고, 비행기에 타고 있던 155명 전원이 무사히 구조선에 의해 구조되었다. 미국과 전 세계 사람들은 이 진기하고 멋진 비행 결과와 잘 훈련된 항공 승무원이 갑작스럽게 발생한 잠재적 재난 상황에 침착하게 대처하는 방식에 대해 경외심을 가졌다. 후에 슐렌버거 기장은 "순간적으로 내가 이전에 경험했던 것과는 다르게 진행될 것을 알았다. 내 삶은 그 사건 전과 후로 정의될 것이다."라고 말했다(Davis, 2014).

자비, 전념, 자기통제. 이 같은 인간 강점의 뿌리와 열매는 무엇인가? 그리고 어떻게 그것을 기를 것인가?

1세기 동안 인간의 약점과 심리적 장애를 연구해온 심리학자들은 이제 삶의 더 밝은 면, 즉 인간 번영의 기저를 이루는 습관과 동기에 다시 주의를 주고 있다. 최적의 인간 기능을 탐구함으로써 더 긍정적인 지식 분야를 만들어내고 있는 심리학자들이 점점 늘어나고 있다. 심리학자 Martin Seligman(2002)은 "긍정심리학의 주요 목적은 인간의 강점과 시민적 미덕을 측정하고, 이해하고, 확립하는 것이다."라고 했다. 이 책의 의도는 빠르게 발달하고 있는 이 분야를 총망라하려는 것이 아니다. 그 대신에 긍정심리학 연구의 핵심 방향을 탐구해서 이 새로운 접근을 폭넓게 이해할 수 있게 하고, 그 과정에서 더 효과적인 삶의 기술들을 개발할 수 있게 할 것이다. 이 장은 인간의 강점을 과학적으로 다루는 데 있어서 중요한 주제를 소개하고 있다. 건강한 성장과 번영을 촉진하는 습관과 동기 등이 그것이다. 우리는 긍정심리학으로 알려진 심리학의 새 분야를 정의하고 그 기원을 설명하는 것으로 시작하겠다.

긍정심리학 : 정의와 간략한 역사

긍정심리학은 개인과 공동체를 성장시키게 하는 강점에 대한 과학적 연구다. 이 분야는 사람들이 의미 있고 충만한 삶을 살고, 자신 안에서 최상의 것을 기르고, 사랑, 일, 놀이의 경험을 향상시키기를 원한다는 믿음에 바탕을 두고 있다. — Positive Psychology Center(2015)

긍정심리학은 어디서 유래했는가? 왜 새로운 천 년이 시작하는 시기에 출현했는가?

Martin Seligman(1999)은 이 새로운 하위 분야를 시작하고 통합한 인물이다. 1998년 미국 심리학회(APA) 학회장으로 취임하면서, Seligman은 전통적으로 심리학 연구의 대부분은 사회적, 정서적, 인지적, 행동적 문제 등 인간을 괴롭히는 약점들을 강조해 왔다는 명백한 사실을 지적했다. 사람들에게 심리학자란 누구인가를 물으면, 대부분은 우울, 불안, 기타 다양한 장애 문제들을 다룰 수 있게 도와주는 사람이라고 대답할 것이다. 다시 말해, 심리학자들의 초점은 긍정보다는 부정에 맞춰져 있다.

Seligman은 약간이라도 인간 경험의 유익한 점으로 초점이 변하길 바랐다. 그는 적당한 시기에 적당한 장소에 있었다. 그 당시, 비슷한 생각을 가진 많은 연구자들이 사람들의 선(good)을 연구하기 시작했고, 더 행복하고 충만한 삶을 살게끔 사람들의 긍정적 본성을 확립하도록 돕는 방법 등을 연구했다(예 : Aspinwall & Staudinger, 2002; Keyes & Haidt, 2003). 15년쯤 지나면서 긍정심리학은 무수히 많은 연구논문, 책, 심지어는 저널까지, 사람들로 하여금 번영(flourish), 즉 높은 수준의 웰빙과 낮은 수준의 정신적 질병을 경험하도록 돕는 다양한 연구 결과들을 내놨다(Keyes, 2009).

이 책의 내용을 읽고 던질 수 있는 질문은 "당신은 번영하고 있는가?"이다. 즉 관계, 자존감, 목적, 낙관주의를 포함하는 삶의 중요한 영역에서 당신은 성공적인가 하는 것이다. 긍정심리학자 Ed Diener와 동료들은 사람들이 일상생활에서 번영하고 있는 정도를 평가하는 다음과 같은 질문지를 제작했다. 번영 수준을 평가하기 위해 자기평가 질문지를 완성하라. 이 책을 읽으며 여러분은 많은 질문지에 답하게 될 것이다.

번영 척도

다음 8개의 진술문을 읽고 동의하는지 혹은 동의하지 않는지, 1~7점 척도를 사용해서 답하라.

7=매우 동의한다　　　6=동의한다　　　5=약간 동의한다　　　4=중간이다

3=약간 동의하지 않는다　2=동의하지 않는다　1=절대 동의하지 않는다

_____ **1.** 나는 목적 있고 의미 있는 삶을 산다.

_____ **2.** 나의 사회적 관계는 지지적이고 보상적이다.

_____ **3.** 나는 일상적 활동을 흥미를 가지고 열심히 한다.

_____ **4.** 나는 다른 사람의 행복과 웰빙에 적극적으로 기여한다.

_____ **5.** 나는 내게 중요한 활동을 유능하게 해낸다.

_____ **6.** 나는 좋은 사람이고 좋은 삶을 살고 있다.

_____ **7.** 나는 미래에 대해 낙관적이다.

_____ **8.** 사람들은 나를 존중한다.

출처 : Diener, E., Wirtz, D., Tov, W., Kim-Prieto, C., Choi, D., Oishi, S., & Biswas-Diener, R.(2009). New measures of well-being: Flourishing and positive and negative feeling. *Social Indicators Research, 39*, 247-266.

채점 8개 문항의 점수를 더한다. 점수의 범위는 최하 8에서 최고 56까지이다. 높은 점수는 당신이 많은 심리적 자원과 강점을 가지고 있다는 것을 나타낸다.

　이 책의 목표 중 하나는 일상적 삶에서 번영할 수 있게 돕는 도구를 제공하는 것이다. 이 척도의 점수가 출발점이다. 여러분이 이 책의 장들을 통해 작업해나가면서 인간 강점에 관해 생각하고 개발한 결과로 번영 점수가 변화했는지 알아보기 위해, 마지막 장에서 이 자기평가 척도를 다시 해보게 될 것이다.

인간 행동의 이유

인간의 생명력 혹은 취약성, 미덕 혹은 악덕 중 어느 것을 관찰하든지, 우리 모두는 다른 사람을 이해하려고 노력하는 아마추어 심리학자들이다(Heider, 1958; Malle, 2011). 누구나 인간 본성에 대한 이론을 가지고 있다. 기본적으로 사람들은 친절하고 자비로

운가, 혹은 이기적이고 쾌락 추구적인가? 합리적인가 혹은 비합리적인가? 각자는 독특한가 혹은 쉽게 범주화되는가? 이 질문들에 대한 답변에 따라 우리가 생각하고 느끼고 행동하는 방식에 영향을 주는 심리적 세계도 달라진다.

가장 중요한 것은 우리도 심리 전문가들처럼 인간 행동의 '이유'를 알고 싶어 한다는 것이다. 우리는 행동의 근본 원인을 찾는다. 자기통제, 몰입 및 즐거움 같은 인간 강점의 뿌리를 어디서 발견할 수 있는가? 유전적 청사진? 어린 시절 환경? 현재의 상황? 개인적 가치와 선택?

'이유'를 찾는 작업은 중요한 쟁점들로 이어진다 — 우리는 자신의 사고, 느낌, 행동들에 대해 어느 정도 통제력을 가지고 있는가? 만약 사람이 오직 유전과 과거 경험에 의해서만 만들어진다면, 강점을 개발하려는 노력은 헛된 일이다. 통제할 수 없는 힘이 동기와 행동을 결정한다면, '미덕'을 추구하고, '인성'을 강화하고, '좋은' 사람이 되려는 노력은 의미 없는 일이다. 사람들은 행동을 선택할 수 있는 경우에만 행동에 책임이 있다고 생각한다. 예컨대, 심각한 문제를 못 본 체했다고 말하거나 혹은 도움이 필요한 사람을 도우려 했지만 여의치 않았다고 말한다.

유전과 과거 경험은 인간 번영에 기여하는 중요한 요인이다. 하지만 우리들 대다수는 삶의 방향을 선택하고, 변화시키고, 통제할 어느 정도의 능력을 가지고 있다. 이 책은 대부분의 긍정심리학 연구자들이 취하는 가정을 반영한다. 즉 사람들은 지혜, 사랑, 희망 같은 강점을 주도적인 방식으로 확립할 능력을 가지고 있다.

⋯⊹ 요약

> 긍정심리학의 목표는 인간의 강점을 이해하고 확립해서 사람들이 번창하고 번영할 수 있게 돕는 것이다. 사람들은 선행과 악행의 근본 원인이 무엇인지 궁금해하고, 자신의 행동에 대해 어느 정도의 통제력을 가지고 있는지 알고 싶어 한다. 이에 대해 긍정심리학자들은 인간은 자신들의 삶의 방향을 선택하고, 변화시키고, 통제할 수 있다고 이야기한다. 이 주장은 인간의 강점을 확립하고 시민적 미덕을 기르는 노력을 타당화한다.

인간의 자유

우리는 당구공이나 돌멩이가 아니다. 자유의 느낌을 가치 있게 생각하고, 자기결정에 따라 행동하려고 노력한다. 하지만 '자유롭다'는 것은 어떤 의미인가? 자유에는 세 가지 핵심 구성요소가 있다. 삶의 방향을 결정하는 '선택', 전형적 행동양식을 바꾸는 '변화', 삶의 결과에 영향을 주는 '통제'가 그것이다.

선택

경험적으로 우리는 우리가 선택을 한다는 것을 안다. 실제로 의사결정은 삶의 원천이다. Steven Pinker(2002)의 사고 실험을 생각해보라. 잠시 동안 자신의 행위에 대해 숙고하지 않는 순간을 상상해보라. 결국 그것은 시간 낭비다. 어차피 모든 게 이미 결정되어 있다. 깊이 생각하지 말고, 순간을 살고, 좋다고 느끼는 것을 하라. 이와 같이 의사결정을 포기하려고 노력하면 무슨 일이 일어나는지 조금만 생각해보면 분명해진다 ─ 선택의 경험은, 뇌가 어떻게 작동을 하든지 혹은 경험이 우리를 어떻게 조형하든지 상관없이 실제이다. 당신은 선택 밖으로 나갈 수 없고, 당신 없이는 선택도 계속될 수 없다. 왜냐하면 선택이 바로 당신이기 때문이다.

여기, 간단한 시지각의 예를 보자. 서로 반대 방향으로 향해 있는 화살표들이 있다. 오른쪽을 가리키는 화살표를 보기로 선택할 수도 있고, 아니면 왼쪽을 가리키는 화살표를 보기로 선택할 수도 있다. 시험해보라. 선택이 가능한가?

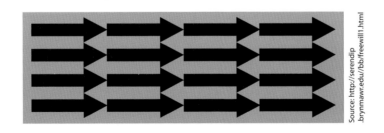

Source: http://serendip
.brynmawr.edu//bb/freewill1.html

우리는 자유의 느낌에 매우 높은 가치를 두는 경향이 있고, 별로 중요하지 않은 선택을 할 때조차 선택의 능력을 보호하기 위해 애쓴다(Brehm & Brehm, 1981). 실제로 우리가 "지금은 왼쪽을 가리키는 화살표만을 봐야 합니다."라는 말로 당신의 선택을 지시하려 했다면, 당신은 "아니요, 난 그렇게 생각하지 않아요. 나는 조종받는 걸 좋아하지 않습니다. 나는 오른쪽 방향의 화살표를 보기로 선택했어요."라고 결정을 내릴 수 있다.

거리에서 누군가가 당신이 약간 지지하는 사안에 대한 탄원서에 찬성하는 사인을 부탁한다고 가정해보자. 당신이 잠시 생각하는 동안, 또 다른 사람이 "절대로 그런 탄원서를 배포하거나 사인하도록 놔둬서는 안 된다."고 말한다. 당신은 어떻게 반응할 것이라 생각하는가? 자유를 제한하려는 이 같은 노골적인 시도가 탄원서에 대한 사인 가능성을 실제로 증가시킬 것 같은가? Madeline Heilman(1976)이 뉴욕 시 거리에서 진행한 실험에 따르면 정확히 그렇다.

연구자들은 데이트 중인 커플로부터 때때로 **로미오와 줄리엣 효과**를 관찰하기도 했다. 로미오와 줄리엣 효과는 부모의 반대가 심할수록 연인들이 서로 더 많이 사랑한다고 느끼는 현상이다. 비록 이러한 양상이 필연적인 것은 아니지만, 이런 효과는 부모가 십 대 아이들의 만남을 금지시키기 전에 고민하게 한다(Brehm, Miller, Perlman, & Campbell, 2002; Driscoll, Davis, & Lipetz, 1972).

이 원리는 역으로도 작용한다. 사랑을 강요하면 잃는다. 아이에게 좋아하는 후식을 **의무적으로** 먹게 하면, 갑자기 입맛을 잃는다. 이미 즐겁게 하고 있는 일에 압력을 가하면 그 행위에 대한 만족감이 아주 빨리 감소한다.

필 짐바르도의 재미있는 넌지 이야기를 생각해보라. 넌지는 이탈리아 이민자로 제화공이다(Middlebrook, 1974, p. vi).

매일 방과 후에 어린 미국 소년 패거리들이 넌지의 가게에 와서 놀리고 괴롭혔다. 소년들을 멈추게 하려고 여러 가지 전략을 쓴 후에야 넌지는 해결책을 찾아냈다.

소년들이 다음 날 왔을 때, 넌지는 가게 앞에서 달러 지폐 뭉치를 흔들고 서 있었다. 넌지는 소년들에게 "이유는 묻지 말고, 너희들이 매일 열 번씩 '넌지는 더러운 이탈리아 놈이다. 물러가라.'라고 목청껏 외쳐 주면, 매일 각자에게 1달러씩 주겠다."라고 말했다. 돈을 받은 소년들은 일제히 큰 소리로 구호를 외쳤다. 다음 날 오후에는 패거리들에게 단지 50센트씩만 주고 구호를 외치도록 유도하는 데 성공했다. 그러나 사흘째 되는 날 넌지는 10센트짜리 동전 한 움큼을 들고 서 있었다. "가게가 잘 안돼서, 어제처럼 멋지게 구호를 외쳐준다고 해도 10센트씩밖에 줄 수가 없게 됐다.”

우두머리 격인 소년이 말했다. “미쳤어요? 우리가 그깟 10센트에 욕하고 소리쳐 줄 것 같아요?”

또 다른 녀석이 합세했다. “야, 10센트 받고 멍청한 사람을 위해 일하느니 더 좋은 일을 찾아보자.” 그 소년들은 떠났고, 다시는 넌지를 괴롭히지 않았다.

사람들이 늘 찬성하거나 혹은 거부한다면, 즉 명령을 따르거나 그 반대로 행동한다면, 자유롭다고 하기 어렵다. 자율성(autonomy)은 진정한 선택의 느낌을 가지고 행동하는 것을 의미한다. 자율적일 때, 사람들은 자신이 하고 있는 일에 관심을 갖고 몰입할 수 있게 되며 참된 자기를 표현하게 된다(Deci, 1995). Deci는 자율성이 인간의 근본적 욕구라고 주장한다. 현재 여러분 삶에서는 자율성의 욕구가 만족되고 있는가?

 자기평가

자율성

다음 문장을 잘 읽고 그 내용이 당신의 삶과 얼마나 관련 있는지 생각해본 다음, 7점 척도를 사용해서 답하라.

1	2	3	4	5	6	7
전혀 그렇지 않다		어느 정도 그렇다			매우 그렇다	

_____ **1.** 나는 내 삶을 어떻게 살 것인지 나 스스로 자유롭게 결정한다고 느낀다.

_____ **2.** 나는 내 삶에서 압박감을 느낀다.

_____ **3.** 나는 일반적으로 내 생각과 견해를 표현하는 데 자유롭다고 느낀다.

_____ **4.** 매일의 삶에서 나는 흔히 지시에 따라야 한다.

_____ **5.** 내가 매일 관계하는 사람들은 나의 느낌을 고려해주는 편이다.

_____ **6.** 나는 일상적 상황에서 나의 본연의 모습을 보일 수 있다고 느낀다.

_____ **7.** 일상생활에서 일하는 방식을 나 스스로 결정할 기회는 많지 않다.

출처 : Johnston, M. M., & Finney, S. J., "Measuring basic needs satisfaction: Evaluating previous research and conducting new psychometric evaluations of the Basic needs Satisfaction in General Scale," *Contemporary Educational Psychology*, *35*, 280-296. Copyright © 2010 Elsevier. Reprinted by permission.

채점   이 책 전반에 걸쳐 자기평가 활동에 대한 답변을 채점하기 위해, 처음에는 이상하게 보일 수 있는 간단한 역채점 방법을 배워보자. 이 자율성 척도에서는 2, 4, 7번 문항의 답변 점수를 역채점 해야 한다. 즉 1은 7로, 2는 6으로, 3은 5로, 4는 그대로 남겨두고, 5는 3으로, 6은 2로, 7은 1로 바꾸고, 2, 4, 7번 문항의 점수만 바꾼다. 1, 3, 5, 6번 문항의 점수는 그대로 둔다. 최종적으로 7개 문항 모두의 점수를 더한다. 총점의 범위는 7~49점이다. 점수가 높을수록 당신이 매일의 삶에서 높은 자율성을 경험하고 있음을 의미한다. 중간 점수인 28점 이상의 점수는 당신이 자유로운 선택을 하고 있다고 느끼고 있음을 나타내고, 28점 이하의 점수는 그렇지 않음을 나타낸다.

선택을 제약하면 과제의 즐거움이 약화되듯이, 사용 가능한 대안이 많아지면 대개 즐거움이 증가한다. Deci(1995)는 한 실험연구에서 참가자들의 자유 경험을 다양하게 조절했다. 한 집단의 피험자들에게는 작업할 퍼즐을 선택하도록 했다. 다른 집단의 피험자들에게는 실험자가 퍼즐을 할당하였다. 간단한 선택권이 주어진 피험자들은, 선택권이 없었던 피험자들에 비해, 더 오랜 시간 퍼즐을 즐겼고 더 재미있다고 보고했다.

자율성 욕구에 대한 충족은 웰빙과 개인적 성취에 중요하다. 자율성의 욕구는 이 책의 뒷부분에서 전념을 함양하는 요인들을 살펴볼 때 다시 다룰 것이다.

변화

사람들은 변화할 수 있는가? 사람들은 석고처럼 굳어 있는가? 혹은 점토처럼 부드러운가? 성격 특성은 기본적으로 고정적인가? 혹은 잘 변하는가? 당신은 어떻게 생각하는가? 사람들의 본성은 변화할 수 있는가? 그들은 다른 혹은 심지어 '새로운' 사람이 될 수 있는가? 다음 척도는 사람이 변화할 수 있는지에 대한 믿음 정도를 평가한다. 실체 이론가(entity theorist)들은 인간의 특성은 고정적이라고 생각하고, 성장 이론가(incremental theorist)들은 특성이란 변화할 수 있다고 믿는 경향이 있다.

실체 이론 대 성장 이론

각 문장을 읽고 동의하는 정도에 따라 숫자를 적으라.

1=매우 동의한다   2=동의한다   3=대체로 동의한다
4=대체로 동의하지 않는다   5=동의하지 않는다   6=절대 동의하지 않는다

_____ **1.** 사람의 특성은 매우 근본적이라서 크게 변화하기 어렵다.

_____ **2.** 사람들은 다르게 행동할 수는 있지만, 자신의 본질을 나타내는 중요한 부분은 실제로는 변화하지 않는다.

_____ **3.** 누구나 자신의 근본적 특성을 의미 있게 변화시킬 수 있다.

_____ **4.** 인정하기 싫겠지만, 늙은 개에게 새로운 재주를 가르칠 수 없다. 사람들은 자신의 깊은 본성을 절대 변화시킬 수 없다.

_____ **5.** 사람들은 자신의 존재를 상당히 변화시킬 수 있다.

_____ **6.** 모든 사람은 특정 유형에 속해서 실제로 변화시킬 수 있는 부분은 별로 없다.

_____ **7.** 어떤 유형의 사람이든 항상 의미 있게 변할 수 있다.

_____ **8.** 누구나 자신의 가장 근본적인 특질을 변화시킬 수 있다.

출처 : From Dweck, C. S., Self-theories: Their role in motivation, personality and development. Copyright © 1999 Psychology Press (Taylor & Francis). Reprinted by permission.

👤 **채점** 총점을 구하기 위해서, 먼저 3, 5, 7, 8번 문항의 점수를 역채점한다(1은 6, 2는 5, 3은 4, 4는 3, 5는 2, 6은 1로). 그런 다음 모든 문항의 점수를 더한다. 점수의 범위는 8~48점이다. 중간 점수인 28점보다 낮은 점수는 특성이 고정적이라는 믿음을 나타낸다(실체 이론). 반면에 28점보다 높은 점수는 특성은 변할 수 있다는 믿음을 나타낸다(성장 이론).

사회 각계각층의 사람들이 교육 수준에 상관없이 각각의 관점을 지지할 수 있지만, 어떤 이론을 선택하는가에 따라 결과가 달라진다. 우리가 선택하는 이론은 사회를 보는 렌즈 같은 것이기 때문이다. 이론은 자신의 행동에 대해 생각하고 평가하는 방식에 영향을 줄 뿐 아니라, 다른 사람을 지각하고, 판단하고, 관계 맺는 방식에도 영향을 준다. 가장 중요한 것은 변화를 위한 노력에 영향을 준다는 점이다.

성장 이론가들과 대비해서, 실체 이론가들은 한 번의 행동 혹은 수행이 그 사람의 근본 성격을 드러내 보이는 것이라고 생각하기 쉽다. 이것은 좋은 행동, 나쁜 행동 모

두에 적용된다. 실체 이론가들은 겉으로 보이는 것이 그 사람의 내면이라고 믿는 경향이 있다. 당신이 보는 그대로라는 것이다.

극단적으로 보면, 이와 같은 믿음은 더 안정적인 사회에서 이득이 있는 듯 보인다. 우리는 타인을 빠르게 파악하고 더 쉽게 행동을 예측할 수 있다. 만약 사람들이 이해하기 어려운 존재가 아니라면 삶은 더 단순하고 더 안전할 것이다. 물론 현실 세계는 그리 단순하지 않다. 사람들은 복잡하다. 지적이고 자기통제력이 있고 지혜가 있는 사람과 그렇지 않은 사람의 구분이 딱 떨어지지 않는다.

아마 가장 중요한 것은 두 이론이 동기와 책임감에 깊은 영향을 준다는 것이다. 만약 특성이 고정적이라면, 변화를 위해 할 수 있는 것이 별로 없을 것이다. 우리는 자신의 유형에 갇혀 있게 된다. 할 수 있는 최선은, 이미 가지고 있는 강점들을 확인하고 그 강점들이 인정을 받고 거절을 피하는 데 도움이 되기를 희망하는 것이다. 마찬가지로 타인의 성장을 장려하려는 노력도 의미 없다. 우리가 아무리 노력해도 그들은 그대로 남아있을 것이다.

반면에 자기와 세계가 역동적이라고 보는 성장 신념은 가능성을 보고, 심지어는 발전에 대한 책임을 부여한다. 이와 같은 사고방식은 우리로 하여금 성장하고, 문제를 해결하고, 약점을 개선하는 방식을 찾도록 고무한다. 예를 들어 우리가 우리 자신에 관해 말하는 스토리에 작은 변화를 주면, 자신을 보고 생각하는 방식에 변화가 생기고, 그에 따라 바람직한 방식으로 행동할 기회가 생겨난다(Wilson, 2011). 성장 신념의 관점은 또한 타인의 가능성을 찾아서 그들의 성장을 도울 수 있게 해준다.

두 신념 체계가 특정 영역에서 어떻게 펼쳐지는가? Carol Dweck(2000, 2008)이 주로 연구한 지능 영역을 살펴보자.

생 각 해 보 기

지능의 속성

다음 공식을 완성하라(Mueller & Dweck, 1997).

지능 = _____ % 노력 + _____ % 능력

과학 잡지에서 'IQ 테스트'라는 제목의 퍼즐을 보고 있다고 상상해보라. 당신은 매우 오랜 시간 그것을 붙들고서 헷갈려 하면서 처음부터 다시 시작한다. 시간이 많이 걸렸지만 결국 해결한다. 당신은 어떤 느낌인가? 너무 많은 노력을 들인 나머지 자신이 좀 우둔하다고 느끼는가?
아니면 열심히 했고 결국 완성해서 똑똑하다고 느끼는가?

출처 : From Dweck, C. S., Self-theories: Their role in motivation, personality and development. Copyright © 1999 Psychology Press (Taylor & Francis). Reprinted by permission.

마지막으로, 아이가 학교에서 공부를 아주 못하는데 당신에게 도움을 요청한다고 상상해보라.
뭐라고 말하거나 행동하겠는가?

출처 : Dweck, 1999, p. 84.

실체 이론가와 성장 이론가들은 이들 질문과 도전에 달리 반응한다. 실체 이론가들은 능력에 더 가중치를 줄 것이다. 예를 들면,

$$지능 = \underline{\quad 35 \quad}\% 노력 + \underline{\quad 65 \quad}\% 능력$$

성장 이론가들은 반대다. 능력보다 노력에 더 높은 가중치를 줄 것이다.

$$지능 = \underline{\quad 65 \quad}\% 노력 + \underline{\quad 35 \quad}\% 능력$$

양측 이론가들은 노력에 관해 달리 생각한다. 실체 이론가들에게 있어, 과학 잡지의 IQ 퍼즐을 해결하기 위해 많은 노력을 들인다는 것은 낮은 지능의 증거인 것이다. 그들은 "만약 당신이 어떤 문제를 해결하기 위해 열심히 노력해야 한다면 당신은 아마도 그것을 잘하지 못하는 것이다.", "진짜 천재인 사람은 모든 것이 쉽다."라는 문장에 동의한다. 반면에 성장 이론가들에게 있어 노력이란 사람들의 지능을 활성화시키고 그것을 최대한 활용하도록 돕는 무엇이다. 그들은 "당신이 어떤 일을 잘할 때, 열심히 노력하는 것은 그 일을 정말로 이해하게 해준다.", "천재조차도 천재성을 발견하기 위해서 열심히 노력해야 한다."라고 믿는 경향이 있다.

상상할 수 있듯이, 실체 이론가와 성장 이론가는 학교 공부를 잘 못하는 아이에게

다르게 반응한다. 실체 이론가는 난처할 것이다. 대개는 별로 충고할 것이 없다. 왜냐 하면 "공부를 잘하거나 못하는 것은 결정되어 있기 때문이다." 최선의 반응은 공감을 표현하는 것이다.

그러나 성취가 오랜 노력 과정을 통해 이루어진다고 믿는 사람들은 조언할 내용이 많다. 한 성장 이론가는 다음과 같이 대답했다 ― "쉽게 중도에 그만두니? 1분 정도 생 각하고 그만두니? 만약 그렇다면 좀 더 오래 생각해야 해. 아마 2분 정도 생각해야 할 수도 있지. 만약 이해가 안 되면 다시 읽어야 할 수도 있어. 그래도 이해가 안 되면 손 을 들고 선생님께 질문하면 돼"(Dweck, 1999, p. 84).

지능을 고정된 것으로 보는 사람들은, 과제를 잘 해내지 못한 것은 머리가 나쁘다 는 의미라고 본다. 실제로 많은 사람들이 실패할 때마다 자신이 "무가치하거나 완전한 실패자처럼" 느껴진다고 말한다. 그들은 또한 "만약 내가 학교에서 잘 해내지 못한다 면 나는 한 사람으로서 부족하다고 생각하게 된다."라고 결론짓는다. 간단히 말하면, 그들은 학업적 수행을 지능으로, 더 나아가 인간적 가치로 일반화하는 것이다. 지능 에 대해 유연한 관점을 갖는 사람들은 실패에 대해서도, 성공하려면 다음에는 다른 방 식으로 해야 함을 의미하는 것으로 본다. 가장 중요한 점은 그들이 그렇게 하려고 한 다는 것이다. 이 사람들에게 있어, 특정한 수행은 그 순간 그의 기술 수준을 반영할 수 있지만, 더 넓은 의미의 지적 능력에 관해서는 말해주는 바가 없다. 그리고 그 사람의 가치에 관해서는 아무것도 시사하는 바가 없음도 확실하다.

실체 이론가들은 때로 그들이 실수를 하거나 혹은 자신의 무지가 드러날까 두려운 나머지 중요한 학습의 기회를 포기하기도 한다. 이상하지 않은가? 학습이라는 개념 자체가 자신이 모르는 무엇이 있다고 가정하는데 말이다. 삶의 중요한 성취는 대부분 당신이 얼마나 똑똑한가에 상관없이 많은 노력의 투자를 요구한다.

실제로 대부분의 천재들은 엄청나게 열심히 일했고(Dweck, 1999), 그들 중 많은 사 람들이 처음에는 평범했다. 찰스 다윈, 레오 톨스토이, 윌리엄 제임스, 존 스튜어트 밀, 노버트 와이너 등 몇 명만 예로 들어도 그들은 특별한 어린아이가 아니었다. 발명 가 토머스 에디슨은 "천재는 1%의 영감과 99%의 땀이다."라고 말했다. 훌륭한 음악가 역시 태어나기보다는 만들어지는 경우가 더 많다. 창의성을 연구한 연구자들은 '10년 법칙'을 주장했다 ― 진정 위대한 창조적 업적은 최소 10년의 집중적 노력과 준비 없이는 불가능하다(Simon & Chase, 1973). 모차르트의 초기 작품은 독창적이지도 특별히 주목할 만하지도 않았다.

이는 사람들이 남의 도움 없이 자력으로 일어선다는 의미가 아니다. 사회적 지지는 중요하다. Dweck이 경고한 것처럼, 계속해서 동일한 환경에 있는 사람이 어떤 교육적 혹은 심리학적 도움 없이 변화할 것이라 믿는 것은 어리석을 수 있다. 개인적 노력이 필수적이지만, 외부적 지지 역시 필수적이다. 부모와 선생님이 특히 중요한 역할을 한다. 학생이 뭔가를 잘할 때, 그것이 학업이든, 운동이든, 예술공연이든, 어려운 취미활동이든, 어른들은 그들의 능력이 아니라 그들의 노력을 칭찬해야 한다. 하지만 실패를 다룰 때는, 부모와 선생님은 전반적 진술문("너는 게임하는 동안 처음부터 끝까지 집중을 못했어.")을 피하고, 대신에 학생이 잘못한 부분("네가 스윙에 집중하지 못한 것 같아.")과 다음에 노력할 수 있는 부분("다음번에는 스윙을 바짝 몸쪽으로 붙여서 해 봐.")에 대한 구체적인 피드백을 줘야 한다.

부모와 선생님은 또한 학생들이 도전을 즐길 수 있도록 가르칠 수 있다. 쉬운 과제를 하는 것은 흔히 시간 낭비다. 재미란 어려운 과제에 직면해서 해결 방법을 발견할 때 일어난다. 마지막으로 Dweck이 충고하듯이, 어른들은 아이들이 학점보다는 학습에 가치를 두도록 도와줘야 한다. 대부분의 아이들이 자신의 가치를 증명하기 위해 점수에 의지한다. 물론 점수도 중요하다. 하지만 통지표와 성적 증명서는 학습 과정에서 획득한 기술만큼 의미 있지는 않다.

통제

스스로 선택하는 것과 변화 가능하다고 믿는 것의 중요성을 방금 살펴보았다. 이제 개인적 통제감이 자유의 느낌에 어떻게 영향을 주는지에 초점을 맞춰보자.

불확실성은 흔히 불안을 일으킨다. 인질이나 전쟁포로였던 사람들은 흔히 자신들의 경험에서 최악의 부분은 운명에 대한 예측 불가능성이라고 말한다. 그들은 개인적 통제감을 지키기 위해 모든 노력을 했다고 보고한다. 1980년대 초반에 이란에 억류되었던 미국인 인질 중 한 명은 아침 식사로 받은 음식을 약간 남겼다가 나중에 자기 감방에 온 누군가에게 내놓았다. 그는 이 전략이 감방을 거실로 바꿔주었고, 자신을 인질이 아니라 손님을 대접하는 주인으로 만들어주는 효과가 있었다고 말했다.

개인적 통제감은 행동 및 행동의 결과에 대한 책임감에 기여한다. 우리는 중요한 목표를 추구하는 데 있어서 그것을 성취할 능력이 있다고 느낄 때라야 책임감을 느낀다. Delroy Paulhus는 개인적 성취 상황에서 통제감을 측정하기 위해 다음과 같은 척도를 개발했다.

✎ 자기평가

개인적 효능감

각 문장을 읽고 동의하는 정도에 따라 7점 척도로 답하라.

　1 = 절대 동의하지 않는다　　　　　2 = 동의하지 않는다　　3 = 약간 동의하지 않는다
　4 = 동의하지도 동의하지 않는 것도 아니다　　5 = 약간 동의한다　　6 = 동의한다
　7 = 매우 동의한다

_____ **1.** 내가 원하는 것을 이룰 수 있었던 이유는 대개 열심히 일했기 때문이다.

_____ **2.** 계획을 세울 때, 나는 그것을 해낼 수 있다고 거의 확신한다.

_____ **3.** 나는 순수한 기술을 요구하는 게임보다는 약간의 운이 포함된 게임을 선호한다.

_____ **4.** 나는 마음만 먹으면 거의 어떤 것이든 배울 수 있다.

_____ **5.** 나의 중요한 성취는 전적으로 나의 노력과 능력에 기인한다.

_____ **6.** 목표를 완수하기 위해 요구되는 힘든 시간 때문에 나는 대개 목표를 설정하지 않는다.

_____ **7.** 경쟁은 탁월함을 좌절시킨다.

_____ **8.** 흔히 사람들이 성공하는 것은 단지 운이 좋아서이다.

_____ **9.** 어떤 시험이나 경쟁에서든 내가 다른 사람에 비해 얼마나 잘하는지 알고 싶다.

_____ **10.** 내게 너무 어려운 어떤 것에 계속 노력을 들이는 것은 무의미한 일이다.

👤 **채점**　채점을 위해, 3, 6, 7, 8, 10번 문항의 점수를 역채점한다. 즉 1은 7로, 2는 6으로, 3은 5로, 5는 3으로, 6은 2로, 7은 1로 바꾼다. 그런 다음 전체 10문항의 점수를 더한다. 총점

은 10~70점 사이이고, 총점이 높을수록 개인적 통제감이 높음을 나타낸다. Burger(2004)의 대학생 표집의 평균 점수는 남자가 51.8점, 여자가 52.2점이었다.

심리학 연구에 따르면, 어떤 사람들은 내적 통제소재를 가지는 경향이 있다. 그들은 자신의 운명을 스스로 통제한다고 믿는다. 다른 이들은 외적 통제로 기울어 있다. 그들은 그들의 운명이 우연이나 힘 있는 타인에 의해 결정된다고 믿는다. 예를 들어 학문적 성취 면에서 내적 통제소재를 가진 학생은 학점이 공부습관에 달려 있다고 믿는다. 외적 통제소재를 가진 학생은 학점이 운 혹은 선생님의 기분에 따라서도 달라질 수 있다고 믿는다.

내적 통제소재를 가진 사람들은 학교에서 잘할 뿐만 아니라 또한 삶의 많은 다른 측면에 대해서도 더 큰 통제를 발휘한다(자기통제는 4장에서 더 상세히 검토할 강점이다). 여러 연구들(Burger, 2004; Myers, 2004; Ryon & Gleason, 2014)에 따르면, 스스로를 더 내적으로 통제한다고 지각하는 사람들은 다음과 같이 행동할 가능성이 좀 더 많다고 한다.

- 금연에 성공한다.
- 일상의 골칫거리와 근심거리를 더 적게 보고한다.
- 안전벨트를 착용한다.
- 더 좋은 신체적 건강과 정서적 적응을 보인다.
- (운명에 의존하기보다는) 산아제한을 한다.
- 행복하다.
- 직업 만족도가 더 높다.
- 스트레스에 더 잘 대처한다.
- 장기적 목표를 성취하기 위해 만족을 지연한다.

내적 통제소재를 가진 사람들은 자신의 내적 세계에 대해 더 큰 통제력을 보일 뿐만 아니라, 사회적 세계에서 더 큰 영향력을 발휘한다. 학교에서 더 많은 성취를 하고, 더 독립적이고, 부부 문제에 더 직접적으로 대처하고, 타인을 설득하는 데 더 성공한다. 또한 사회적, 정치적 변화를 위해 더 참여적으로 일을 하는 경향이 있다(Levenson,

1981). 그들은 삶의 많은 영역을 책임지고, 결과에 대해 더 많은 책임감을 갖는다 (Larsen & Buss, 2002).

반면에, 스스로 개인적 통제력이 거의 없다고 느끼는 사람들은 도전을 피하고, 좌절에 직면했을 때 행동을 포기하는 경향이 있고, 흔히 불안이나 우울로 고통받는다. 그러나 만약 개인적 효능감 자기평가에서 낮은 점수를 받았다고 해도 염려 말라. 이 책을 통해 보게 되겠지만, 우리 모두는 변화에 대한 잠재력을 가지고 있다.

⊹⊹ 요약

우리는 자유를 가치 있게 생각하며, 자유를 제약하려는 타인의 노력에 저항한다. 선택, 변화, 통제는 개인의 자유감에 강력하게 영향을 미치는 세 가지 요인이다. 의사결정은 인간 경험의 중심이다. 자율성은 웰빙과 개인적 성취에 중요한 인간의 근본적인 욕구인 것 같다. 인간 본성이 변화될 수 있다는 믿음은 동기에 영향을 주고 책임감을 느끼게 한다. 특성이 고정적이라고 보는 실체 이론가들은, 특성을 바꿀 수 있다고 믿는 성장 이론가들에 비해 노력을 덜 한다. 사람들은 개인적 통제감에서 다양하다. 내적 통제소재를 가진 사람은 자신의 운명을 자신이 만든다고 믿는다. 외적 통제소재를 가진 사람은 운이나 힘 있는 타인이 자신의 결과를 통제한다고 믿는다. 외적 통제자에 비해, 내적 통제자는 학업 성적이 더 좋고, 더 독립적으로 행동하며, 신체적·심리적으로 더 좋은 웰빙 상태에 있다.

인간의 한계

선택, 변화 및 통제를 경험하는 것은 인간의 번영과 개인적 발달에 매우 중요하다. 더 즐겁고 책임감 있게 살게 해준다. 그럼에도 인간 강점과 미덕에 대한 연구의 서론에, 동전을 뒤집는 부분이 없으면 불완전할 것이다. 우리는 무제한의 선택권이 있는가? 모든 것을 변화시키고 통제할 수 있는가? 분명히 아니다. 인간의 책임을 더 온전하게 이해하기 위해, 선택, 변화, 통제에 대해 간단히 재검토해보자.

무제한의 선택과 통제 착각

우리의 통제 범위는 매일 크게 증가하는 듯 보인다. 사람들은 대학, 직업, 휴가지, 심지어는 집이라 부르는 곳까지, 무한한 선택지를 갖는다. Barry Schwartz(2000)가 관찰한 바에 따르면, 비교적 사소한 물건에 대해서조차 의사결정은 쉽지 않다. 간단한 식료품 쇼핑 과제를 생각해보자. 아침 식사용 식품 통로에서 데워먹는 시리얼을 사야 할까 아니면 데울 필요 없는 시리얼을 사야 할까? 설탕을 입힌 것 혹은 상대적으로 무가당인 것? 겨가 들어 간 것 혹은 들어가지 않은 것? 혹은 아침 식사 대용의 시리얼 바를 골라야 할까? 자동차를 사야 한다면 더 심하다. 새 차를 사야 할까 혹은 중고차를 사야할까? 외제차 혹은 국산차? 자동 혹은 수동? 쿠페, 세단, 혹은 미니밴? 2도어 혹은 4도어? 6기통 혹은 4기통? 검은색, 흰색, 녹색, 파란색, 베이지 혹은 노란색?

너무 많은 대안들을 갖게 되면 압도된다. 이 모든 선택에서 올바른 결정을 내리기 위해 충분한 정보를 어떻게 모을 것인가? 그리고 최종적으로 선택을 할 때, 다른 선택이 더 좋은 결과를 만들지 않을 것이라는 것을 어떻게 확신할 수 있는가? Barry Schwartz의 결론에 따르면, "구속받지 않는 자유"란 "마비를 일으키고, 일종의 골치 아픈 압제가 된다"(2000, p. 81). 너무 많은 옵션은 사람들을 마비시키고, 실망시키고, 성취감을 못 느끼게 한다. 실제로 Schwartz와 동료들은 보통, 극대화자(maximizer)가 만족자(satisficer)보다 더 낮은 웰빙을 보고한다는 것을 발견했다. 여기서 극대화자란 일상적으로 최적 혹은 '최선'의 결정을 찾으려고 애쓰는 사람을 말하고, 만족자란 '그런대로 쓸만한' 결정을 만들려는 사람을 말한다(Dar-Nimrod, Rawn, Lehman & Schwartz, 2009; Roets, Schwartz, & Guan, 2012). 만족자에 비해, 극대화자는 보통 더 좋은 대안을 찾기 위한 망루 위에 있으면서, 사소한 결정조차 도전으로 보며, 자신에 대한 높은 기준을 유지한다. 문제는 무엇인가? 극대화자는 만족자에 비해 높은 수준의 후회와 불만을 가질 위험이 있다. 또한 그들은 덜 낙관적이고, 더 우울한 경향이 있다. 우리는 당신이 어느 정도로 극대화자인지 7장에서 알아볼 것이다.

제조업자들은 마침내 제한적 대안의 지혜를 학습하고 있다. 어떤 거대 기업은 그들이 제안하는 옵션의 수를 간소화했다. P&G(Proctor & Gamble)는 매우 유명한 자사 제품인 헤드앤숄더 샴푸의 종류를 엄청나게 많은 26개에서 15개로 줄였다. 그 결과는? 판매가 10% 상승했다(Schwartz, 2000).

너무 많은 선택은 또한 통제의 착각을 부추길 수 있다. 자신의 운명을 스스로 만들려는 강한 욕망과 결합해서, 우연한 사건조차도 개인적 통제하에 있다고 지각하게 될수 있다. 때때로 엘리베이터 버튼이 이미 눌려 있는데도, 어떻게든 엘리베이터를 더빨리 내려오게 만들 것이라고 생각하며 재차 누르는가? 볼링공을 굴린 후에 당신 몸을 회전시키는 것이 볼로 하여금 핀들을 더 많이 쓰러뜨리게 만들 거라고 확신하며 몸을 뒤트는가? 우리 대부분은 이 같은 종류의 행동을 한다. 우리가 엘리베이터의 속도를 더 빠르게 할 수 없고, 더 많은 핀을 쓰러뜨릴 수 없다는 것을 마음과 머리로 알고있을 때조차도 말이다.

도박장은 통제 착각이 만연한 곳이고, 사람들은 그 때문에 시간과 돈을 낭비한다. 통제에 대한 과도한 지각은 문제를 오히려 키운다. 여기 생생한 예가 있다(McQuaid, 1971).

라스베이거스에서 한 도박사가 매번 주사위를 던지기 전에 주사위에 입김을 불었다.

"그것이 당신에게 행운을 가져올 것이라고 생각합니까?" 그 도박사 옆에 서 있던남자가 물었다.

"그럴 거라는 것을 압니다." 도박사가 확신하며 말했다. "라스베이거스는 매우건조한 기후죠. 그렇죠?"

"맞아요." 옆의 남자가 끄덕였다.

"그래서 주사위가 보통 매우 건조합니다. 내 숨은 매우 축축하고, 나는 항상 6과에이스에 숨을 불어 넣습니다. 그것은 6과 에이스에 약간의 가외의 무게를 줄 뿐 아니라, 테이블을 구를 때 그 숫자가 테이블에 들러붙게 만들죠. 그래서 반대쪽 면이나오게 됩니다. 6과 에이스의 반대쪽 면은 에이스와 6입니다."

"정말 그런가요?" 옆자리 남자가 물었다.

"물론, 항상은 아니에요." 도박사가 인정했다. "입김이 충분히 실리지 않아요. 하지만 나는 온종일 뜨거운 액상의 음식을 먹었고, 오늘밤은 판돈을 싹쓸이하는 시간이어야 합니다"(p. 289).

Ellen Langer(1977)의 도박 실험은 통제 착각에 대한 사람들의 준비된 민감성을 보여준다. 예를 들어 운으로 하는 게임을 하는데, 연구 참가자들은 상대가 자신감 있고 번듯한 사람일 때보다 어색하고 자신 없어 보이는 사람일 때 더 많은 돈을 걸었다. 복권 숫자를 배정받은 사람에 비해, 자신이 숫자를 선택한 사람은 그 복권을 되팔도록 했을 때 4배나 많은 돈을 요구했다. 하지만 운으로 하는 과제에서, 확신이나 개인적 선택이 어떤 차이를 만들어낼 수 있겠는가? 실제로 통제의 지각은 착각일 수 있다. 운 게임에 건 돈이 클 때, 즉 잃을 것이 많은 경우에만 우리는 통제의 지각을 누그러뜨리는 것으로 보인다(Dunn & Wilson, 1990).

생물학적 및 환경적 제약

우연적 사건뿐만 아니라 자연적이고 생물학적인 제약도 인간의 선택과 통제의 범위를 제한한다. 이 장의 앞에서 봤던 두 가지 유형의 화살을 다시 보자. 서로 반대쪽으로 향하는 두 가지 유형의 화살을 동시에 보려고 시도해보라. 가능한가? 쉽지 않을 것이다. 30피트 담을 뛰어넘는 것을 선택할 수 있는가? 1마일을 3분에 달리기로 결심하는 것은? 브리태니커 사전을 암기할 수 있는가? 이것들은 의미 없는 일이고 시간 낭비다. 당연히 그 같은 제약은 분명하다. 세심하고 생산적인 수많은 심리학적 연구들이 덜 분명한 다른 제약들을 정의한다.

예를 들어 신경과학자들은 몸과 뇌가 어떻게 긍정 및 부정 정서, 기억, 감각적 경험 등을 만들어내는지를 이해하는 데 지대한 발전을 이루어 왔다. 뇌의 생물학을 행복과 연관 지은 경우도 있다(Edelman, 2012). 진화심리학자들은 자연이 유전자의 영속성을 촉진하는 특성을 선택한다고 본다. 행동 유전학자들은 독특한 유전적 청사진이 지능, 성격, 성적 지향, 및 심리 장애에 대한 취약성의 개인차에 기여함을 입증한다. 예를 들어 대다수 성격 특성의 약 50 %는 유전에 기인할 수 있다(Seligman, 2002). 인간 강점이라고 예외가 아니다. 행복을 생각해보자. Martin Seligman에 따르면, 우리는 특정 수준의 행복 혹은 슬픔으로 몰고 가는 유전적 성향을 물려받았다고 한다.

긍정심리학자 Sonja Lyubomirsky(2007)는 핵심 요인들이 행복에 어떻게 영향을 주는가에 있어서 더 분명한 입장을 갖고 있다. 행복에 영향을 주는 요인을 세 조각의 파이로 생각해보자. 파이의 반은 유전적 영향에 넘겨진다. 누군가는 남들보다 더 행복하거나 덜 행복하다. 우리가 가진 파이의 이 부분은 실제로 변화될 수 없다. 파이의 10%

조각은 행복에 영향을 주는 환경과 환경안의 것들과 관련된다. 파이의 40%에 해당하는 세 번째 조각은 우리를 더 행복하게 만들어줄 수 있는 의도적 활동들이다. 운동하고, 여행하고, 새로운 사람을 만나고, 오랜 우정을 새롭게 하고, 의미 있고 보람 있는 일을 찾는 등의 활동들이다. 간단히 말해 우리는 웰빙을 증진시키고, 행복을 점차 북돋아줄 것들을 할 수 있다. Lyubomirsky에 따르면, 우리는 가상의 행복 척도에서 극적으로 멀리 움직일 수는 없다. 하지만 몇 가지 통제를 훈련함으로써 이전보다 나은 방향으로, 즉 6에서 7 혹은 8까지도 움직일 수 있지 않겠는가?

Seligman(1994)은 저서 아픈 당신의 심리학 처방전 : 내 인생에서 바꿀 수 있는 것과 바꿀 수 없는 것(*What You Can Change and What You Can't*)에서, 특정 심리적 상태의 변화를 어렵게 만드는 행동의 생물학적 기초를 보여준다. 부분적으로는 생물학적 이유로, 공포증은 비만보다 변화가 더 쉽다. 우울은 조현병 같은 심각한 정신장애보다 치료가 더 쉽다. 유사하게, 유전자 덕에 어떤 사람은 특정 적응적 스킬과 강점을 다른 것에 비해 쉽게 숙달할 수 있다. Seligman의 결론은 자신의 변화 영역을 신중하게 선택하라는 것이다. 더 쉽게 조정할 수 있는 특성이나 행동을 바꾸는 데 투자하라는 것이다.

환경효과는 어떤가? 중요한 측면에서 우리는 우리를 둘러싼 환경의 산물이다. 전형적으로 환경이 보상하는 행위를 반복하고 그렇지 않은 행위를 피하는 것을 학습한다. 집, 또래집단 및 문화에서의 모델링이 지속적인 각인을 남긴다. 문화는 우리의 믿음 체계와 가치관에 심오한 영향을 미친다. 행동 및 사회 문화 심리학자들은 개별 상황의 극적인 힘을 시연해왔다.

부모와 교사가 아이들의 자기이해와 이후 성취 수준에 어떻게 영향을 미치는가에 대한 Carol Dweck의 분석에서, 우리는 이미 환경의 힘을 보았다. 현재 환경, 즉 어디서 누구와 함께 살고 있는가가 행복 수준에 영향을 준다는 것을 보여주는 다른 연구들도 있다. 부유한 민주주의 국가에서 살고 있는 사람들은 가난한 독재국가에 살고 있는 사람들보다 행복하다(Seligman, 2002). 유사하게, 사회 연결망을 풍부하게 가지고 있는 사람들은 고립된 삶을 사는 사람들보다 더 나은 웰빙을 경험한다. 긍정심리학의 중요한 목표 중 하나가 건강한 가족, 이웃 공동체, 좋은 학교 같은 긍정적 생태학을 구축하는 일임은 전혀 놀랄 일이 아니다.

그렇다면 David Lykken(1999)이 한때 단정했다가 그다음 강력히 철회했던 것처럼,

"더 행복하려고 노력하는 것은 키 크려고 노력하는 것과 같은가?" 그렇지 않다. 비록 행동에 대한 생물학적, 환경적 영향이 우리의 한계를 정의하지만, 생물학도 환경도 운명이 될 수는 없다. Seligman은 유전적 조타수가 웰빙에 영향을 주지만 우리의 행위가 여전히 차이를 만든다고 했다. Lykken 역시, 유전에 의해 만들어진 넓은 경계 내에서 자신의 배를 조종하고 있음을 인정하였다ᅳ"나는, 네 명의 조부모에게 집단적으로 조종을 맡겼다면 놓쳤을 수 있는, 긍정적인 물결을 만들어가며 나아갈 수 있다"(1999, p. 66).

생물학적 · 환경적 영향에 대한 연구는 자신과 타인의 강점을 기르는 노력을 위한 구체적 방향을 제공한다. 새로운 이해가 통제와 변화를 추구하는 더 현명한 선택을 만들게 한다. 예를 들어 균형 잡힌 아침 식사를 하는 사람이 정오경에 더 기민하고 덜 피로하다는 발견은 먹는 행위에 새로운 책임감을 갖게 한다. 정기적으로 운동을 하는 사람이 금연, 체중 감량 및 일반적 웰빙 유지에 더 성공적이라는 연구는 우리를 더 많이 움직이게 한다. 사회적 연결이 신체적 · 심리적 안녕 모두에 필수적이라는 연구는 친밀한 관계에 우선순위를 두도록 지혜를 동원한다. 우리는 환경을 선택하고 그 환경은 우리를 만든다. 역설적이게도 인간 행동의 내적 · 외적 결정요인에 대한 지식은 중대한 방식에서 우리의 책임을 감소시키기보다 오히려 증가시킬 수 있다.

백 년 전쯤, Dorothy Sayers는 여기서 시작 : 신념의 표현(*Begin Here: A Statement of Faith*)(Yancey, 1989에서 인용)에서, 심리적 결정론과 인간의 자유의 관계를 담은 유용한 비유를 사용했다. 그것은 우리의 논의를 잘 요약하고 있다.

인간이 자신의 심리적 기질에 의해 지배된다는 것은 사실이지만, 이는 예술가가 재료에 의해 지배된다는 의미 정도다. 조각가가 화강암을 깎아 금 브로치를 만드는 것은 불가능하다. 그만큼에서 조각가는 그가 작업하고 있는 돌의 종복이다. 하지만 그가 화강암을 사용해서 돌 자체의 성질에 적합한 방식으로 예술적 의도를 표현하는 것은, 바로 그의 솜씨다. 이것은 노예의 의미가 아니라, 조각가의 자유와 돌의 자유가 함께 조화롭게 작용한다는 의미이다. 조각가가 원재료의 참된 성질을 잘 이해할수록 그것을 사용하는 데 있어 그의 자유는 커진다. 이는 모든 사람에게 마찬가지이다. 자신의 마음과 정서를 자신의 의식적 의도를 표현하는 데 사용할 수 있다(p. 30).

> 비록 사람들이 자유에 가치를 두지만, 너무 많은 선택권은 마비를 일으킬 수 있다. 또한 통제의 착각을 부채질할 수 있다. 제약 안에서의 자유는 최적의 기능을 촉진한다. 정상적인 신체적 제약이 인간 선택의 범위를 제한한다. 행동의 생물학적·환경적 결정요인을 살피는 연구는 우리의 한계를 정의할 뿐만 아니라, 성공적인 변화와 통제를 위한 노력에 방향을 제시한다.

주도성과 인간의 가치들

Christine Robitschek(1998)이 개발한 개인적 성장 주도성 척도(Personal Growth Initiative Scale, PGIS)는 개인적 발전에 대한 선택, 변화, 통제의 중요성을 측정한다. 그러나 이 척도가 포함하는 또 다른 핵심적 번영 요소가 있다. '분명한 방향성을 갖는 것'이 그것이다. Robitschek에 따르면, 개인적 성장은 한 사람으로서 변화하고 발전하려는 능동적이고 의도적인 관여이다. 성장은 의도적 과정이어야 한다. 당신은 무엇을 선택하고, 변화시키며, 통제하려 하는가? 스스로 노력하라.

📝 **자기평가**

개인적 성장 주도성 척도

각 문장에 동의하거나 그렇지 않은 정도를 숫자로 표시하라.

1=절대 동의하지 않는다   2=대체로 동의하지 않는다   3=약간 동의하지 않는다
4=약간 동의한다   5=대체로 동의한다   6=매우 동의한다

_____ **1.** 나는 내 삶에서 변화되길 원하는 특정 부분을 변화시킬 방법을 안다.

_____ **2.** 나는 내 삶이 어디를 향해 가는지에 대한 감각이 좋다.

_____ **3.** 만약 내 삶에서 뭔가 변화되길 원한다면 변화과정을 어떻게 시작해야 하는지 안다.

_____ **4.** 나는 집단에서 내가 하고 싶은 역할을 선택할 수 있다.

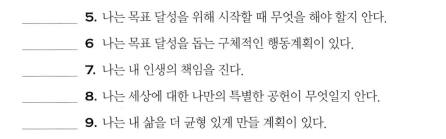

_____ **5.** 나는 목표 달성을 위해 시작할 때 무엇을 해야 할지 안다.

_____ **6** 나는 목표 달성을 돕는 구체적인 행동계획이 있다.

_____ **7.** 나는 내 인생의 책임을 진다.

_____ **8.** 나는 세상에 대한 나만의 특별한 공헌이 무엇일지 안다.

_____ **9.** 나는 내 삶을 더 균형 있게 만들 계획이 있다.

출처 : Robitschek, Christine (1998), Personal growth initiative: The construct and its measure. *Measurement and Evaluation in Counseling and Development* Vol. 30(4), pp. 183-198. Copyright ⓒ 1998 by the Association for Assessment in Counseling and Education, a division of the American Counseling Association. Reprinted by permission of SAGE Publications, Inc.

채점 각 문항의 점수들을 더해서 총점을 구한다. PGIS 점수의 범위는 9~54점이다. 31.5점이 중간 점수인데, 그보다 더 높은 점수를 얻은 사람은 개인적 변화를 위한 기회를 인식하고 활용하는 사람이다. 게다가 그들은 자신의 성장을 북돋을 상황을 찾아서 만들어낸다. 반면에 낮은 점수를 얻은 사람은 그들을 성장하도록 도전을 일으키는 상황을 능동적으로 피한다.

PGIS 점수는 심리적 웰빙과는 매우 정적으로 관련되고, 심리적 고통과는 부적으로 관련되는 듯하다(Robitschek & Cook, 1999). PGIS 점수가 높은 개인은 적극적이고 내적 통제소재를 가지는 경향이 있다. Robitschek과 동료들은 PGIS 2판, 즉 PGIS-II를 개발했다. 이 척도는 16개 문항과 4개의 하위척도(변화에 대한 준비성, 계획성, 사용 자원, 의도적 행동)를 포함한다. 변화에 대한 준비성과 계획성은 인지적 스킬인 반면, 사용 자원과 의도적 행동은 사람들이 사용하는 외적 행동들을 대표한다. 만약 개인적 성장의 다중 차원 관점에 관심이 있다면, Robitschek과 동료들(2012)의 더 긴 척도를 참고하라.

비록 자유의 느낌이 개인적 발달에 중요하긴 해도, PGIS는 그걸로 충분하지 않다고 본다. 그것은 또한 현명한 선택을 하고, 올바른 변화를 만들고, 그 과정에서 적절한 통제를 훈련하는 문제다. 그리고 궁극적으로는 인간적 가치들이 개인적 발달의 핵심에 있다. Bert Hodges(2000)가 썼듯이, 가치는 "삶의 여정에서 우리가 길을 찾도록 도와주는, 원거리지만 실제적 가이드를 제공한다. 가치는 위치뿐만 아니라 전망도 제공한다. 우리가 어디서 와서 어디로 갈 것인지를 알려준다"(p. 478).

그러나 무슨 가치를 말하는가? 무엇이 인생의 '게임'인가? 더 구체적으로 Barry Schwartz(2000)는 다음과 같이 묻는다. "학생이 된다는 것은 어떤 종류의 게임인가?

재정적으로 돈을 많이 벌 직업을 위해 준비하는 것인가? … 지적으로 도전하는 것인가? … 공공 서비스를 제공하는 것인가?"(p. 80) 사업가가 된다는 것은 어떤 종류의 게임인가? 회사의 이익을 위해 일하는 데 제한이 있는가? 사업가는 사람들이 구입한다면 그게 무엇이든 제공해야 하는가? 사람들이 믿을 거라 생각하는 것이면 무엇이든 말해야 하는가? 그들은 윤리도덕과 공정성에 관해 관심을 가져야 하는가? 환경 보호를 행동으로 보여주어야 하는가? 배우자 혹은 연인이 된다는 것은 어떤 게임인가? 연인들은 파트너의 관심과 욕구를 채워주기 위해 자신의 것을 접어둬야 하는가? 헌신은 언제 예속으로 바뀌는가? 어떤 시점에서 자기실현이 이기주의로 바뀌는가? 책임감이라는 개념 자체도 가치의 문제이다. 무엇을 위한 누구를 위한 책임감인가?

우리들 대부분은 우리가 자신, 타인, 환경과 미래세대에 대해서 책임을 갖는다는 데 동의할 것이다. 자신의 직업 혹은 가족 역할에 상관없이 즐겁고 책임감 있게 살고자 한다. 우리는 충만하고 생산적인 삶을 원한다. 하지만 또한 대인관계에서 자비, 헌신, 자기통제를 발휘하고 싶어 한다. 온전하게 산다는 것은 자기 자신이 되는 능력과 동시에 타인과 친밀하게 연결되는 능력을 요구한다.

Mihaly Csikszentmihalyi(2003)의 주장에 따르면 의미 있고 생산적인 삶은 두 가지 과정을 포함한다. 구별(differentiation)은 우리의 독특한 재능들을 개발하고 사용함(즉, 행위를 통해 우리의 존재를 나타내는 것을 즐김)에 있어서, 강한 개인적 책임감을 나타낸다. 통합(integration)은 우리가 얼마나 독특하든지 간에 "다른 인간 존재들, 문화적 상징과 결과물들 그리고 주변 환경과의 관계 망 속에 깊게 연결되어 있다."는 깨달음이다(p. 29). 간단히 말하면, 행복하기 위해서 사람들은 최선을 다하는 것을 즐겨야 하고, 동시에 이상적으로는 미래에 얻게 될 효과를 갖는 행위를 통해 자기 자신을 넘어서는 무언가에 기여해야 한다. Robert Sternberg(2003)는 "책임감이란 자신뿐 아니라 … 타인에 대해서도 책임지는 지혜를 포함한다(p. 5)."고 썼다.

이 책임감은 이후에 다시 다룰 것이다. 우선은 자율성이란 무심하고 이기적이거나 심지어 '독립적'인 것도 아니며, 그보다는 선택의 경험이다. 통제되고 책임 있는 선택이다. 선택의 자유는 자기 자신뿐만 아니라 타인에 대한 의무를 인정하고 마주할 때 책임감과 연결된다. 다행히 우리는 자유롭기를 원할 뿐만 아니라 타인과 연결되어 있다고 느끼고 싶어 한다. 소속되고자 하는 근본적 욕구인 관계성의 동기를 갖고 있다

(Deci, 1995; Ryan & Deci, 2000). 자연스럽게 우리가 의지하고 좋아하는 타인과 연결을 형성하는 경향이 있다. 이 주제는 2장에서 제대로 다룰 것이다.

연구에 따르면 종래의 생각과 달리, 자율성과 관계성의 욕구는 서로 잘 들어맞는다. 예를 들어, 한국과 미국의 비교 문화 연구에서 자율성은 개인주의적 태도보다 집단주의적 태도와 더 강하게 관련됨을 발견했다(Kim, Butzel, & Ryan, 1998). 더 흥미로운 것은 연구자들이 미국 십 대들에게서 발견했던 자율성과 관계성 간의 정적인 연결이다. 고등학교는 청소년들이 가족으로부터 독립하려는 투쟁의 시기이다. 어떤 이는 부모와의 연결 포기가 성숙으로 가는 중요한 단계라고 말했는데, 그것은 틀린 말이다. 다른 연구에서는 오히려 부모로부터 강한 독립보다는 부모에 대한 선택적 의존이 십 대의 통합과 웰빙에 더 긍정적으로 연결된다는 것을 보여주고 있다(Ryan, Stiller, & Lynch, 1994). 부모들과 강한 연결을 가진 십 대들은 행복하고, 학교에서 수행이 더 좋은 경향이 있다.

Edward Deci(1995)는 Garth Fagan 현대 무용단을 인용해 책임 있는 자유의 미를 설명한다. '서곡 : 자유에의 훈련(Prelude: Discipline in Freedom)'이라 불리는 루틴에서, 무용가는 우아한 동작으로 믿을 수 없는 높이까지 뛰어 오른다. 그들은 정말 놀라운 에너지와 힘을 보여준다. 그럼에도 그들의 행위에는 어떤 혼란이나 무질서도 없다. 실제로 모든 사람들이 정확하게 제시간에 제 자리에 존재한다. 거기에는 자유와 융통성이 있고, 훈련과 타인에 대한 책임감도 있다.

요약

개인적 성장은 자유를 행사하는 문제 이상이다. 현명한 선택, 올바른 변화, 적절한 통제가 또한 핵심이다. 가치관이 개인적 발달의 중심에 놓여 있다. 대부분의 사람이 자기 자신, 타인, 환경, 미래세대에 스스로 책임이 있다는 것에 동의할 것이다. 생산적이고 의미 있는 삶에는 우리의 독특한 재능의 개발과, 우리 자신을 넘어서는 무언가에 대한 헌신이 필요하다. 우리는 자율성에 대한 욕구와 소속에 대한 욕구 둘 다를 갖고 있다.

긍정심리학 연구 입문

다른 심리학자들과 마찬가지로, 긍정심리학자들도 인간 행동에 관한 지식은 세심한 관찰과 비판적 평가를 통해 습득되어야 한다고 믿는다. 가능하다면 긍정심리학자들은 실험적 연구를 사용한다. 최소한 하나의 **독립변인**(independent variable)이 실험자에 의해 조작되고, 결과 변인인 **종속변인**(dependent variable)은 어떤 행동적 변화를 평가하기 위해 측정된다. 진짜 실험은 항상 연구 설계 내에 최소 두 집단을 포함한다. **실험집단**(experimental group)은 독립변인과 관련해 특별한 처치를 받는다. 반면에 **통제집단**(control group)의 구성원들은 특별한 처치를 받지 않지만, 그 외에는 실험집단 사람들과 동일한 경험을 갖는다. 만약 두 집단이 독립변인의 조작에 의해 만들어진 차이를 제외한 모든 측면에서 유사하다면, 종속변인으로 측정한 두 집단 간의 모든 차이는 독립변인의 조작이 원인이어야 한다.

간단한 긍정심리학 실험을 생각해보자. Seligman, Steen, Park 그리고 Peterson(2005)은 피험자들을 무선적으로 실험집단 혹은 통제집단에 할당했다. 실험집단에게는 1주일 동안 매일 좋았던 일 세 가지와 그 이유를 쓰도록 했다. 그들은 각각의 좋았던 일에 대해 인과적 설명을 제공해야 했다. 통제집단은 좋았던 일을 기록하는 것이 아닌 일반 과제를 했다. 통제집단과 비교해서, 실험집단은 6개월 동안 행복 수준의 증가와 우울 증상의 감소를 보였다.

긍정심리학의 모든 연구가 실험연구는 아니다. 연구에 근거한 모든 결론이 인과적이지는 않다는 의미이다. 긍정심리학 연구는 때때로 두 변인 간의 관계나 상관에 대한 검토를 수반한다. 상관관계는 일반적으로 정적 혹은 부적이다. **정적 상관**(positive correlation)이란 두 변인이 같은 방향으로 "공변한다(covary)"는 의미로, 한 변인의 값이 커지면 다른 변인의 값도 커지고, 한 변인의 값이 감소하면 다른 변인의 값도 감소한다. 예를 들어, 친구들과의 사회적 활동은 행복과 정적으로 연관된다(Weiten, Dunn, & Hammer, 2015). 친구들과 함께 하는 활동이 많을수록 행복도가 더 높고, 친구들과의 활동이 적을수록 행복도가 더 낮다. 둘 간의 관계는 정적 상관에 해당한다. **부적 상관**(negative correlation)은 두 변인이 반대 방향으로 공변하는 것이다. 예를 들어 학점 평균과 학기 중 참석한 파티 수 간의 관계에 대해 생각해보자. 학기 중에 파티에 적게 참석한 학생들은 더 높은 학점을 받았을 가능성이 높고, 마찬가지로 더 많이 파티에 참석한 학생들은 더 낮은 학점을 받았을 것이다. 즉 한 변인의 값이 커지면, 다른 변인의 값은 떨어진다.

상관연구(correlational research)와 실험연구(experimental research) 간의 중요한 구분은 상관이 인과를 의미하지 않는다는 것이다. 심리학자들이 한 변인을 조작해서 다른 변인에 대한 그 영향을 측정하는 실험을 실시하면, 변인들 간에 인과적 설명이 가능하다. 상관연구는 다르다. 어떤 사람이 내내 공부만 하는데 학점이 낮다고 해보자. 다른 사람은 공부를 전혀 안하는데 매번 성적 우수자 명단에 이름을 올린다면 왜 그럴까? 이 경우 매우 흔하게 어떤 알려지지 않은, 즉 측정되지 않은 제3의 변인이 작용했을 수 있다. 사회적 활동과 행복 간의 관계를 생각해보자. 외향성은 두 변인과 정적 상관이 있다고 한다. 즉 외향성은 더 많은 사회적 활동을 이끌 뿐만 아니라 더 높은 행복도와도 관련이 있을 수 있다. 원인과 결과를 결정하는 실험을 하기 전까지는, 하나가 영향을 줬는지 혹은 둘 다가 영향을 줬는지, 아니면 둘 다 영향을 주지 못했는지 알 수 없을 것이다. 다시 말하지만 상관은 인과를 의미하지 않는다. 이 책에 나오는 긍정심리학의 연구들을 공부하면서 기억해야 할 것은, 그것이 실험연구든 상관연구든 어느 한 연구도 확고한 것이 아니라는 점이다. 긍정심리학자들이 하는 일은 이론을 구성하고, 특정 장면에서 특정 변인이 다른 변인에 어떤 영향을 주는지를 살펴보는 여러 조사에 의존해서 이론을 지지하는 경우를 만드는 것이다.

긍정심리학 개관

긍정심리학은 과학적 방법을 적용해서 인간의 강점을 측정하고, 이해하고, 그 강점을 확립하거나 증진시키고자 한다. 좋은 삶을 사는 법을 배우는 것은 가치 있는 목표이다 (Franklin, 2010). 이 책은 이 분야의 가장 중요한 발견들을 전달하기 위해 설계된 것이다. 행복과 웰빙을 촉진하거나 촉진하지 않는 요인들을 강조하고(Lyubomirsky, 2013), 개인적 성장에 그것들을 적용할 방법을 탐색하도록 도울 것이다. 이 책의 중심 주제와 전략을 여기 요약해보았다.

1. 우리는 개인적 및 사회적 세계의 창조자이다. 우리는 자유의 경험을 원하고, 스스로를 외적 힘의 노리개가 아니라 관리자로 보고자 한다. 선택, 변화, 통제가 가능한 역동적 자기에 대한 믿음은 우리가 선택하는 목표와 그것을 추구하는 에너지에 영향을 준다. 잘 기능하는 사람들은 행위와 그 결과에 책임을 진다.

2. 우리는 또한 우리 세계의 창조물이기도 하다. 생물학적 요인, 과거 경험, 현재의 상황은 우리의 행동을 조형한다. 외적인 요인의 영향을 이해하면, 웰빙을 증진시킬 변화를 만들어내는 데 더 현명한 선택을 할 수 있게 되고, 더 효과적인 통제를 실행하게 된다. 인간의 강점과 시민적 미덕을 구축하기 위해서는 더 건강한 가족, 긍정적 작업장, 공동체적 이웃관계, 더 효과적인 학교, 사회적으로 책임감 있는 매체 등을 구축해야 한다.

3. 심리학은 과학적 방법을 신중히 적용해서 허구로부터 사실을 구분해내는 데 도움을 줄 수 있다. 이는 주관적 웰빙과 시민적 미덕을 이해하는 데 특히 중요하다. 심리장애를 이해하는 데 도움을 줬던 과학적 방법이 인간 강점의 뿌리와 결실의 이해를 명확하게 할 수 있다. 때때로 이 방법들은 전통적 지혜와 상식적 생각들을 확증한다. 하지만 이 방법들이 일반적인 가정에 이의를 제기하는 경우도 있다. 예를 들어, "돈으로 행복을 살 수 없다." 같은 친숙한 격언을 강하게 지지하는 연구를 살펴 볼 것이다. 그러나 또한 타인이나 즐거운 경험(예 : 함께 점심 식사하기, 콘서트 관람)에 돈을 쓰는 것은 행복을 증진시킬 수도 있음을 배울 것이다. 더 놀라운 것은 나이, 성별, 인종, 교육 수준이 달라도 거의 동일한 행복 수준을 보인다는 발견이다. 자기존중에 대한 연구를 살펴보면 기대할 수 있는 것처럼, 높은 자존감을 가진 사람들은 실패에도 불구하고 좌절하지 않고 계속 노력한다는 것을 알게 될 것이다. 하지만 다른 한편 자존감을 키우는 것은 공격성 같은 사회적 문제에 대해서 효과적인 백신이 아니라는 것을 많은 연구들이 보여준다.

4. 비록 최근에 새롭게 강조되긴 하지만, 실제로 긍정심리학은 오래되고 풍성한 역사를 가진 분야이다. 수십 년간 연구자들은 사랑, 공감, 자기통제 같은 인간 강점을 이해하려고 노력해왔다. 대부분의 중요한 이론적 관점은 긍정적 정서, 긍정적 성격, 긍정적 기관의 이해에 기여한다. 다른 관점의 심리학자들은 인간 번영의 중요한 생물학적·환경적·인지적 구성요소를 이해하는 데 도움을 준다. 심

리학 연구가 인간 강점과 시민적 미덕을 연구하는 다른 분야의 연구를 보완하듯이, 이들 관점들도 서로 보완적이다.

5. 인간 강점을 연구하는 데 있어서 심리학의 독특한 공헌 중 하나는 개인차의 측정이다. 강점을 측정하는 척도는 이 책의 모든 장에 포함되어 있다. 척도들은 스스로 완성할 수 있는 중요한 연구 도구다. 학습은 우리가 능동적으로 참여할 때, 특히 우리가 새로운 재료를 자신에게 대입시킬 때, 최상으로 이루어질 수 있다. 척도들은 연구자들이 특정 인간 강점들을 어떻게 정의하고 연구하고 있는지 이해하는 데 도움을 줄 것이다. 척도는 연구 도구이지 진단 도구가 아니라는 것을 기억하라. 그럼에도 척도에 정직하게 답한다면, 특정 강점을 추구하는 데 도움 될 아이디어를 얻을 수 있을 것이다.

6. 각 장에서는 기본적 연구의 의미와 적용을 살펴볼 것이다. "자기 자신과 타인의 강점과 미덕을 기르기 위해 연구가 제안하는 바는 무엇인가? 인간의 웰빙과 시민적 책임감을 어떻게 증진하는가? 어떻게 건강한 사회적 환경을 구축할 수 있는가?" 당신은 이 과정에 참여하도록 초대받은 것이다. 연구 결과를 예측하고 해석하는 것뿐만 아니라 적절한 적용까지 당신의 비판적 판단을 훈련하도록 한다.

7. 가치는 연구 주제, 연구 방법, 결과에 대한 해석, 결과의 적용까지 심리학자들의 모든 작업을 관통한다. 예를 들어 인간의 강점 자체에 주의를 기울이려는 긍정심리학의 요구는 가치 판단을 반영한다. 무엇이 강점 혹은 약점을 구성하고, 미덕 혹은 악덕을 구성하는가에 대한 결론 역시 가치 판단이다. 가치들은 논의되고, 토론될 수 있도록 공개적으로 진술되어야 한다. 이 장 그리고 이 책의 중요한 가정 중 하나는 우리 각자는 자기 자신이고자 하는 욕구뿐만 아니라 소속되려는 욕구 또한 있다는 것이다. 우리는 자율성뿐만 아니라 관계성에 대한 욕구를 가지고 있다. 따라서 웰빙에 대한 모든 처방전은 둘 다를 인정해야 한다.

이 중요한 주제들은 이 책의 나머지 부분에서 구체적인 인간 강점을 논의할 때 다시 다룰 것이다. 일주일에 한 번 수행할 수 있는 한 가지 활동(예를 들면, 최고 멋진 가능한 자기에 관해 생각하기)을 기록한 긍정적인 메모부터 시작하기로 한다(Kurtz & Lyubomirsky, 2008). 가능한 최고 멋진 자기는 무엇인가? 당신의 미래 모습에 대해 생각해보라. 특히 모든 것이 생각한 대로 이루어진 경우 말이다. 당신은 쉬지 않고 열심히 일하고 있고, 자신이 세운 삶의 목표를 달성하는 데 전반적으로 성공했다고 가정해보자. 최선의 가능한 자기는 꿈을 실현하고 잠재력과 연결되는 것이다. 당신이 해야 할 일은 다음과 같다. 일주일에 한 번 20분 정도, 조용한 곳에 앉아서 자신의 가능한 미래 모습을 떠올려본다. 그렇게 하기 위해서 미래의 좋은 삶이 어떤 모습일지에 대한 상세한 묘사를 적어본다. 매주 생각하는 영역(예 : 직업적 열망, 낭만적 관계, 운동 목표, 건강 등등)이 변화될 거라 확신하면서, 개인적 삶과 직업적 삶 둘 다의 측면들에 관심을 기울인다.

⊹ 요약

긍정심리학자들은 우리가 개인적 및 사회적 세계의 창조물이자 창조자임을 인정한다. 과학적 방법을 적용해서 인간 강점과 시민적 미덕을 연구함에 있어서, 서로 다른 이론적 관점을 가진 연구자들이 인간의 번영을 이해하는 데 기여하고 있다. 특정한 강점의 측정은 웰빙에 대한 과학적 연구에 긍정심리학이 의미 있게 기여한 부분 중 하나다. 긍정심리학자들은 인간의 번영에 자율성 및 관계성의 중요성과 아울러 가치의 영향을 인정한다.

사랑

애착

사랑 탐구

친밀한 관계의 확립

사랑이란 나의 행복보다 다른 사람의 행복이 더 중요할 때이다.
— *H. Jackson Brown, Jr., 1991*

사랑을 알게 된다는 것은 삶을 알게 된다는 것과 마찬가지이다.
— *Harry Harlow, 1970*

"어떤 요소가 당신에게 행복을 가져다줄까요?"라는 물음을 던진 한 연구에서, 대부분 사람이 "사랑"이라고 답했다(Freedman, 1978). 사실 성인 다섯 명 중 네 명은 사랑이 자신의 행복에 가장 중요하다고 평가했다. 유사하게 그들에게 '자신에게 일어난 가장 나쁜 일'을 기술하도록 했을 때, 미국 응답자의 대다수가 의미 있는 관계의 파탄 혹은 상실을 꼽았다(Veroff, Douvan, & Kulka, 1981). 대부분의 사람들은 사랑하는 관계에 있거나 다른 사람을 진심으로 사랑할 수 있는 것이 우리를 더 좋은, 더 만족스러운 인간 존재로 만들어준다는 것을 알고 있다(Hojjat & Cramer, 2013).

진화심리학자들은 사회적 연결이야말로 행복을 예측할 뿐만 아니라 종의 생존을 결정하는 가장 중요한 단일 요인이라고 주장한다(Berscheid, 2003; Buss, 2006). 우리 선조들은 머릿수로 이득을 얻었다. 사냥이든, 주거지를 만드는 일이든, 포식자로부터 자신들을 보호하는 일이든, 2명보다는 12명의 손이 낫다. 작은 협동체로 사는 사람들이 생존이나 종족 보존에 더 유리했기 때문에 오늘날 우리는 사회적 연결 성향을 갖는 유전자를 가지게 된 것이다.

책 내용을 더 읽기 전에, 다음의 사고 실험을 해보자.

당신에게 있어 가장 행복한 기억 한 가지를 떠올려보라. 그것은 무엇인가? 그 기억에 포함된 사람은 누구인가?

_____

_____

다음으로 가장 고통스러운 경험 한 가지를 떠올려보라. 마찬가지로 그것은 무엇인가? 거기에도 어떤 사람이 포함되어 있는가?

_____

_____

만약 당신의 기억에 삶에서 의미 있는 사람 혹은 사람들이 포함된다면 이는 사회진화 이론가의 믿음을 지지하는 것으로, 이들은 사랑 같은 사회적 유대가 전반적 웰빙에 막대한 영향을 준다고 본다. 삶에서 타인과 형성한 유대를 탐구하는 동안 이 기억들을 마음에 담아두라.

애착

유아는 어른이 기본 욕구들을 해결해줄 때만 생존이 가능하다. 인생의 초기에 우리는 양육자와 유대를 형성한다. Deborah Blum(2002)은 "사랑은 시작부터 시작된다."라고 말했다. "아마 어느 누구도 아이보다 사랑을 더 잘하고 더 필요로 하지 않을 것이다"(p. 170).

가장 중요한 첫 질문은, 나의 양육자가 내가 필요로 할 때 가까이 있으면서 즉각 반응하리라는 것을 내가 확신할 수 있는가 하는 것이다. 질문에 대한 세 가지 가능한 대답이 있다 — 그렇다, 아니다, 아마도(Hazan & Shaver, 1994). 어린 시절로 돌아가 생각해보라. 어떤 대답을 얻었는가?

첫 애착

다음의 세 단락을 읽고, 당신이 어린아이였을 때 어머니와의 관계를 가장 잘 기술한 단락을 선택하라. 그다음 아버지와의 관계를 가장 잘 기술한 단락을 선택하라.

_____ _____ **1.** 따뜻한/반응적인 — 그녀/그는 전반적으로 따뜻하고 반응적이었다. 나를 지지해줘야 할 때와 스스로 하게 놔둬야 할 때를 알고 잘했다. 우리 관계는 항상 편안했고, 내게는 어떤 심각한 의구심이나 불평이 없었다.

_____ _____ **2.** 냉담한/거부적인 — 그녀/그는 꽤 냉담했고, 거리감이 있거나 거부적이었으며 별로 반응적이지 않았다. 나는 그녀/그의 최우선 순위가 아니었다. 그녀/그의 관심은 흔히 다른 곳에 가 있었다. 차라리 나를 낳지 않는 편이 나았을 수도 있을 것 같다.

_____ _____ **3.** 양가감정적/비일관적 — 그녀/그는 나에 대한 반응에 일관성이 전혀 없었다. 때로는 따뜻했고, 때로는 그렇지 않았다. 그녀/그는 자신의 의도가 있었고, 그것이 때때로 내 욕구들에 대한 수용성과 반응성을 방해했다. 그녀/그는 분명히 나를 사랑하긴 했지만, 언제나 최선의 방식으로 그것을 보여주지는 않았다.

출처 : Hazan & Shaver, 1986. Reprinted with permission of the author.

연습문제에 대한 대답들은 선천적인 요인(우리의 내재적 유대 경향성)과 후천적 요인(양육자의 반응성)이 어떻게 사회적 연결을 형성하는지를 보여준다(Ainsworth Blehar, Waters, & Wall, 1978). 어린 시절 상호작용은 세 가지 상이한 방식의 애착을 산출한다 — 안정 애착, 회피 애착, 불안 애착.

따뜻하고 반응적인 부모를 경험한 유아는 안정 애착(secure attachment)을 보인다. 유아들은 실험실의 놀이방에 양육자와 함께 있게 되었을 때 친숙하지 않은 환경을 행복하게 탐색한다. 만약 양육자가 자리를 비우면, 유아는 스트레스를 받지만 양육자가 다시 돌아오면 달려가 안긴다. 그러고는 편안해져서 다시 놀이로 돌아간다. 북미 유아의 약 60% 정도가 이런 패턴을 보인다(Hazan & Shaver, 1994).

냉담하고 거부적인 양육자의 아기들은 회피 애착(avoidant attachment)을 보인다. 친숙하지 않은 놀이방에서 아기들은 엄마와의 분리나 재회에서 거의 스트레스 반응을 보이지 않는다. 아기들은 낯선 이에게도 부모에게 했던 똑같은 무반응적 방식으로 반응하고 장난감에만 주의를 둔다. 북미 유아의 약 25% 정도가 이런 유형에 속한다.

일관성 없는 양육을 경험한 유아들은 **불안 애착**(anxious attachment)을 보인다. 친숙하지 않는 장면에서 그들은 불안하여 엄마에게 매달리고 엄마가 자리를 뜰 때 울지만 돌아왔을 때 무관심하거나 적대적이다. 이 유아들은 환경을 거의 탐색하지 않는 경향이 있다. 많은 유아들이 엄마에게 안긴 후에서도 계속해서 울고 쉽게 진정이 안 된다. 이 유형은 세 유형 중 가장 드물긴 한데, 북미 표집에서 보면 약 15% 정도가 여기에 속한다.

요람에서 무덤까지

당연히 초기 양육 경험은 우리의 사회적 세상에 대한 관점에 영향을 준다. 사람들은 신뢰할 만한 존재인가? 그들이 보호와 지지를 제공한다고 믿을 수 있는가? 나는 사랑받을 만한 사람인가, 보살핌을 받을 가치가 있는 사람인가? 이 질문에 대한 대답들은 우리가 친밀한 관계에 어떻게 접근할지를 결정한다. 가장 중요한 점은, 어떤 식으로 대답했는가가 (1) 친밀감을 편안해 하는 수준과 (2) 버림받는 것에 대한 불안 정도에 영향을 준다는 것이다.

생애 초기에 양육자와 형성한 정서적 유대는 성인이 되어서 맺는 애정 관계를 위한 기초가 된다. 심리학자들은 삶에서 핵심적 친밀한 관계인 성인 애착이 어린 시절 애착의 특징에서 시작된다고 주장한다.

📝 **자기평가**

낭만적 관계

특히 현재 혹은 잠재적 낭만적 사랑 관계에 적용했을 때 다음 중 어떤 문항이 당신의 현재 느낌들을 가장 잘 기술하는가?

_____ **1.** 안정적(secure) — 나는 다른 사람과 가까워지는 것이 비교적 쉽고, 그들에게 의지하는 것도 편안하게 느낀다. 흔히 버림받을까 봐 혹은 누군가가 너무 친해지려 하는 것에 관해 걱정하지 않는다.

2. 회피적(avoidant) — 나는 다른 사람과 가까워지는 것이 좀 불편하다. 그들을 완전히 믿고 의지하는 것은 어려운 일이라고 생각한다. 누군가 너무 친하게 다가오면 불안하고, 흔히 나의 애정 파트너들은 내가 편안하게 느끼는 것보다 더 친밀해지기를 원한다.

3. 불안한(anxious) — 나는 다른 사람들이 내가 좋아하는 만큼 가까워지기를 꺼려한다고 생각한다. 자주 내 파트너가 나를 정말 사랑하지 않는 것이 아닌가 혹은 나와 함께 있고 싶어 하지 않는 것이 아닌가 걱정한다.

출처 : Hazan & Shaver, 1990. Reprinted with permission of the author.

낭만적 관계에 대한 자기평가가 당신의 부모에 대한 앞선 평가와 얼마나 일치했는가? 성인의 애정 관계는 유아기의 애착을 반영하는 경향이 있다(Myers, 2002).

- 안정적 성인들은 다른 사람과 친해지는 것을 편안하게 생각하고, 너무 의지하게 되거나 버림받게 될 것에 대해 걱정하지 않는다. 그들 관계의 특징은 행복, 신뢰, 우정이다. 그들은 파트너가 잘못을 한 경우에도 파트너를 수용하고 지지할 수 있는 듯하고, 관계가 더 오래 지속된다. 성인 애착 연구에서 보면 약 55%가 안정적 성인으로 분류된다.
- 회피적 성인들은 관계에 덜 투자하는 경향이 있고 더 쉽게 관계를 떠난다. 두려워서 그러는 경우도 있고 ("나는 다른 사람과 친해지는 것이 불편하다."), 중요하게 여기지 않아서 그러는 경우도 있다("내게는 독립적이고 자립적이라고 느끼는 것이 매우 중요하다."). 그들 관계의 특징은 정서적 기복이다. 그들은 또한 사랑 없이 짧게 성적 만남을 갖기도 쉽다. 대략 25%가 회피적인 성인이다.
- 불안한 성인들에게 사랑은 집착이다. 이 성인들은 사람을 덜 믿고, 보답을 요구하며, 일반적으로 더 소유욕이 강하고 질투를 보인다. 그들은 같은 사람과 여러 번 헤어질 수도 있다. 의견 차이를 논의할 때, 그들은 흔히 감정적이 되고 화를 낸다. 연구에 따르면 성인의 20% 정도가 불안 범주에 속한다.

안정적인 상대와 비교해서, 회피적 애착의 남성과 불안 애착의 남녀 모두는 낮은 관계 만족도를 보고한다(Tucker & Anders, 1999). 안정적 애착인 사람들은 덜 안정적 애착의 사람들보다 더 좋은 정신 건강을 보인다(Haggerty, Hilsenroth, & Vala-Stewart, 2009). 사실 불안정 애착인 사람은 흔히 낮은 자존감과 자신감뿐만 아니라 불안, 분노, 원망, 외로움, 우울 등의 심리사회적 문제와 상승된 자의식을 보고한다(Cooper et al, 2004; Mikulincer & Shaver, 2003).

애착의 발달

선천적 요인(유아의 타고난 유대와 소속 욕구)과 후천적 요인(부모의 반응성) 둘 모두 애착에 기여한다. 비록 많은 심리학자들이 한때는 부모의 성격이 양육 방식을 결정했다고 가정했었지만, 더 최근 연구에서는 유전에 기반을 둔 유아의 기질이 부모의 다른 반응을 유발할 수 있고, 이것이 애착 방식에 영향을 준다고 본다. 명백히 선천적 요인과 후천적 요인이 상호작용한다.

세 가지 요인이 애착에 기여한다—친밀감, 돌봄, 헌신. 친밀한 신체적 접촉(close physical proximity)은 유아와 성인기 애착이 펼쳐지는 맥락이다. 동기는 다르다. 유아에게는 안전이고, 성인에게는 성적 끌림이 더해진다. 두 유형의 관계에서 친밀한 신체적 접촉은 정서적 유대를 발전시킨다. 유아와 성인 모두 일반적으로 신체 접촉을 좋아하고 분리되면 스트레스를 느낀다. 그리고 재회했을 때 강한 감정을 표현한다. 우리는 부모와 아이의 관계, 연인 간의 관계를 '가장 친밀한 관계'로 생각하는 경향이 있고, 그 관계에서만 지속적인 신체 접촉이 정상적인 것으로 여겨진다. 친밀한 접촉에 대한 욕구 강도는 점차로 감소한다. 그 이유에 대해서는 아직 충분한 설명이 주어지진 않았다(Hazan & Shaver, 1994).

친밀감으로부터 두 번째 중요한 애착의 특징이 생겨난다. 안전한 안식처가 그것이다. 접촉은 우리를 함께 연결시켜주고, 애착이 편안함과 정서적 지지를 포함하는 돌봄(care)을 제공하는 정도가 시간이 지나면서 커진다. 부모와 파트너가 우리를 어떻게 여기는가 하는 것은 우리에게 매우 중요하다. 연구에 따르면(Kotler, 1985), 장기간에 걸친 관계 강도의 훌륭한 예언자는 열정적인 애착이 아니라 민감하고 반응적인 돌봄이다.

시간이 지나면서, 헌신(commitment)을 통해 안전한 안식처는 안심의 토대가 된다. 항상 곁에서 지지해주고 안심시켜주는 양육자와 함께 하면서 사람들은 삶에서 주어지는 매일의 도전에 자신 있게 직면할 수 있다. 관계에 대한 염려 없이 아이는 열심히 새로운 세계를 탐색하고, 성인은 열정적으로 일과 지역사회의 기회에 관여한다. 헌신이란, Cindy Hazan과 Philip Shaver(1994)에 따르면, 관계를 함께 결합시켜주고 장기간에 걸쳐 안전과 안심을 보장해주는 접착제이다. 대부분의 부모들은 자연스럽게 자신의 아이들에게 헌신한다. 반면 성인의 관계는 선택된 것이고, 우리는 삶의 파트너에 대한 헌신을 발전시켜야 한다.

친밀감, 돌봄, 헌신은 애착 그리고 이제 살펴볼 사랑을 만드는 요소를 이룬다.

애착 양식은 변화 가능한가?

성인의 애정 관계에 대한 더 구체적인 연구로 넘어가기에 앞서, 여러분이 궁금해 할 수도 있는 중요한 질문을 생각해보자. 대인관계 양식의 질에 대한 영향에도 불구하고 초기 애착 양식은 변화 가능한가? 회피 혹은 불안 애착은 안정 애착이 될 수 있는가? 그렇다! 애착 양식은 유전과 환경 둘 다가 우리 삶의 과정을 어떤 식으로 조형하는가에 대한 극적인 예를 제공한다. 그럼에도 이들 양식은 고정된 것이 아니다. 연구자들은 변화를 가능하게 하는 몇 가지 경로를 제공한다. 이 장에서 살펴본 것처럼, 자신과 타인에 관한 믿음이 어떤 식으로 어린 시절 경험에 그 뿌리를 두고 있는지를 단순히 돌아보는 것만으로도, 회피적 애착이나 불안 애착을 변화시킬 중요한 첫 걸음을 떼게 된다.

연구자들은 애착 양식이 유아기부터 청년기 후반까지 다소간 안정적으로 유지된다고 본다(Fraley, 2002). 그러나 삶의 사건들은 그러한 안정성을 약화시킬 수 있다. 아동의 애착은 부모의 이혼, 학대, 부모의 약물남용 및 부모 사망 등으로 인해 안정 애착에서 불안정 애착으로 바뀔 수 있다(Waters et al., 2000). 성인의 애착은 파트너의 지지 정도에 따라 더 강해질 수도 더 약해질 수도 있다(Shaver & Mikulincer, 2008). 흥미롭게도 단기간의 치료적 개입이 개인으로 하여금 불안정 애착을 안정 애착 양식으로 바꿀 수 있게 도움을 줄 수 있다(Travis et al., 2001).

John Bowlby(1988)는 '교정적(corrective)' 관계 경험 또한 더 안정적 애착을 조성한다고 주장한다. 애착의 기능이 안정성을 획득하는 것이라는 것을 고려하면, 변화는 불안정 애착보다는 안정 애착 쪽으로 일어나기 쉽다. 우리는 과거에 경험했던 것보다 더 안정적인 관계로 들어갈 가능성이 크다. 그리고 연구에 따르면 안정적 유대는 회피 혹은 불안 애착보다 더 안정적이다. 우리는 이 점을, 후에 애정 관계를 기르는 더 구체적인 전략을 검토할 때 다시 다룰 것이다.

⠿ 요약

사회적 애착은 개인적 행복에 중요하고, 종으로서의 생존을 가능하게 했다. 첫 양육자와의 상호작용은 서로 다른 애착 양식을 산출하는데, 안정적 애착, 회피적 애착, 불안 애착이 그것이다. 생애 초기에 형성된 정서적 유대는 이후의 애정관계를 위한 초석이 된다. 아동기 애착과 성인기 낭만적 애착은 신체적 친밀감, 돌봄, 장기적 헌신이 특징이다. 선천과 후천 둘 다가 애착 양식을 형성하는 데 중요한 요인이고, 우리의 관계 양식은 변할 수 있다.

사랑 탐구

사랑을 정의하는 것은 어려운 일이다. 하지만 전형적으로 사랑을 보거나 혹은 경험할 때, 우리는 그것이 사랑이라는 것을 안다. 사회심리학자들은 열정적 사랑과 우애적 사랑을 구분함으로써 사랑을 정의한다(Hatfield & Rapson, 1987). **열정적(passionate)** 혹은 낭만적 사랑은 특정 대상에 대한 갈망, 흥분, 욕구의 강렬한 느낌을 수반한다. **우애적(companionate)** 혹은 호감적 사랑은 친밀감, 상호 이해, 배려가 특징이다. 일반적으로 열정적 사랑은 새로운 애정 관계의 불꽃과 출발을 표시하는 반면에, 우애적 사랑은 장기적 결혼 관계와 다른 지속적인 관계에 중요한 요소이다.

　우리는 먼저 사랑의 중요한 특징들을 검토하고, 그것들이 영향력 있는 사랑의 모델에 어떻게 통합되는지를 살펴볼 것이다. 그런 다음 심리학자들이 광범위하게 연구한 이 두 가지 유형의 사랑을 검토할 것이다.

사랑의 특징

어떤 연구자들은 응답자들에게 인간 특질의 중요한 속성 혹은 특징을 찾아보도록 요청함으로써, 강점을 포함하는 인간의 특질을 연구해왔다. 예를 들어 만약 당신에게 '외향성'이라는 개념의 특징을 나열하라고 한다면, '활기', '명랑함', '사회성' 등을 적을 것이다. '사랑' 개념의 중요한 속성 혹은 특징은 무엇인가? 1~2분 동안, 마음에 떠오르는 10가지 특징을 목록으로 작성해보라.

1. _____   6. _____

2. _____   7. _____

3. _____   8. _____

4. _____   9. _____

5. _____   10. _____

다른 응답자들은 사랑의 중요한 특징을 어떻게 생각했을까? Beverly Fehr(1988)는 141명의 남녀에게 질문한 결과, 가장 자주 언급된 특징이 배려(응답자의 44%), 행복(29%), 상대와 함께 있고 싶어 함(28%), 우정(23%), 무엇이든 자유롭게 말할 수 있음(20%), 따뜻한 느낌(17%), 상대의 방식을 수용함(16%), 믿음(15%), 헌신(14%), 공유(14%), 항상 상대를 생각함(14%), 희생(14%)이라는 것을 발견했다. 총 68개의 특징이 한 명 이상에서 언급되었다.

두 번째 집단에게는 이 68개 특징 각각이 사랑 개념에서 얼마나 중요한지를 평가하게 했다. 1은 사랑의 매우 부족한 특징, 8은 사랑의 매우 좋은 특징을 나타내는 8점 척도를 사용해서, 가장 중요하다고 여겨진 특징들은 믿음(7.50), 배려(7.28), 정직(7.18), 우정(7.08), 존중(7.01), 상대의 웰빙에 대한 관심(7.00), 충실(7.00), 헌신(6.92), 상대의 방식을 수용함(6.82), 지원(6.78), 상대와 함께 있고 싶어 함(6.82)이었다. 좀 낮은 평가를 받은 것들 중에는 따뜻한 느낌(6.04), 만짐(5.82), 성적 열정(5.81), 에너지(4.29)가 있었다.

사랑의 삼각형

요인분석이라는 정교한 통계적 도구를 사용해서, Arthur Aron과 Lori Westbay(1996)는

68개의 사랑의 원형적 특징이 열정, 친밀감, 헌신의 세 가지 범주로 조직화될 수 있음을 발견했다. Robert Sternberg(1986, 2006)의 사랑의 삼각형 이론에서는 이 세 가지 차원을 사랑의 주요 요소로 보고 각각을 삼각형의 꼭짓점으로 봤다. 열정(passion)은 사랑의 강렬한 동기적 요소로서, 매력, 로맨스, 성적 욕망을 반영한다. 친밀감(intimacy)은 따뜻한 느낌, 가까움, 믿음, 아주 사적인 생각과 감정의 공유를 포함한다. 헌신(commitment)은 매일의 삶의 과정에서 발생하는 불가피한 도전에도 불구하고 돌봄의 관계를 유지하겠다는 실제적 결심이다. 헌신은 짧게 지속될 수도 있고(누군가를 사랑하겠다는 선택) 혹은 더 길게 지속될 수도 있다(장애물에도 불구하고 관계를 지속하겠다는 결심).

Sternberg의 사랑 척도에 답하는 데는 이 책의 다른 척도들보다 시간이 좀 더 걸리지만 노력을 들일 만한 가치가 충분할 것이다. 척도에 답하고 점수를 매겨보면 사랑에 대한 연구를 더 잘 이해할 수 있게 되고, 당신 자신의 친밀한 관계의 성질에 대한 통찰을 얻게 될 것이다.

📝 **자기평가**

Sternberg의 사랑의 삼각형 척도

당신이 사랑하거나 깊이 좋아하는 한 사람을 떠올린다. 그런 다음 9점 척도를 사용해서 각 항목에 얼마나 동의하는지를 평가한다. 척도에서 중간 점수인 5점은 중간 정도의 감정 수준을 나타낸다.

1	2	3	4	5	6	7	8	9
전혀 아니다				중간이다				매우 그렇다

_____ **1.** 나는 파트너의 웰빙을 적극적으로 지원한다.

_____ **2.** 나는 파트너와 따뜻한 관계를 맺고 있다.

_____ **3.** 파트너를 보기만 해도 나는 흥분한다.

_____ **4.** 내가 파트너에 대해 염려하고 있다는 것을 알고 있다.

_____ **5.** 나는 하루에도 자주 파트너에 관해 생각하고 있는 나 자신을 발견한다.

_____ **6.** 나는 힘들 때 파트너에게 의지할 수 있다.

_____ **7.** 나는 파트너와의 관계를 유지하는 데 헌신한다.

_____ **8.** 나는 파트너와의 관계가 안정적이라는 확신이 있다.

_____ **9.** 파트너와의 관계는 매우 낭만적이다.

_____ **10.** 내 파트너는 힘들 때 내게 의지할 수 있다.

_____ **11.** 나는 파트너가 매우 매력적이라고 느낀다.

_____ **12.** 다른 사람이 우리 사이에 끼어들지 않도록 나는 파트너에게 헌신한다.

_____ **13.** 나는 파트너와의 사랑이 남은 인생 동안 계속되리라 기대한다.

_____ **14.** 나는 파트너를 이상화하고 있다.

_____ **15.** 나는 파트너와 내 자신과 내 소유물들을 공유할 의사가 있다.

_____ **16.** 나는 내 파트너만큼 나를 행복하게 만들 다른 사람을 상상할 수 없다.

_____ **17.** 나는 다른 어떤 사람보다도 파트너와 함께 있고 싶다.

_____ **18.** 나는 그 어느 것도 파트너에 대한 나의 헌신을 방해하게 놔둘 수 없다.

_____ **19.** 나는 파트너로부터 상당한 정서적 지지를 받고 있다.

_____ **20.** 나는 항상 파트너에 대해 강한 책임감을 느낄 것이다.

_____ **21.** 나는 파트너에게 상당한 정서적 지지를 주고 있다.

_____ **22.** 내게 파트너와의 관계보다 더 중요한 것은 아무것도 없다.

_____ **23.** 나는 파트너와의 신체적 접촉을 특히 좋아한다.

_____ **24.** 나는 파트너와 말이 잘 통한다.

_____ **25.** 나는 인생에서 내 파트너가 매우 중요하다.

_____ **26.** 나는 파트너와 가깝다고 느낀다.

_____ **27.** 나는 파트너에 대한 나의 헌신을 확고한 것으로 본다.

_____ **28.** 나는 파트너와의 관계가 끝나는 것을 상상할 수 없다.

_____ **29.** 파트너와의 관계에는 거의 마술적인 뭔가가 있다.

_____ **30.** 나는 파트너와의 관계가 편안하다.

_____ **31.** 나는 파트너를 아주 좋아한다.

_____ **32.** 나는 파트너에 대한 나의 사랑을 확신한다.

_____ **33.** 나는 파트너와의 관계가 영원할 것이라고 본다.

_____ **34.** 나는 파트너가 없는 삶을 상상할 수 없다.

_____ **35.** 나는 파트너와의 관계를 잘한 결정이라고 생각한다.

_____ **36.** 나는 파트너를 정말 이해하고 있다고 느낀다.

_____ **37.** 파트너와 나의 관계는 열정적이다.

_____ **38.** 나는 파트너가 나를 정말로 이해하고 있다고 느낀다.

_____ **39.** 나는 파트너를 향한 책임감을 느낀다.

_____ **40.** 나는 내가 정말 파트너를 신뢰한다고 느낀다.

_____ **41.** 낭만적인 영화나 책을 볼 때면 파트너를 생각하게 된다.

_____ **42.** 나 자신의 매우 개인적인 정보를 파트너와 공유한다.

_____ **43.** 나는 파트너와의 관계를 계속 지속할 작정이다.

_____ **44.** 파트너와 힘들 때조차도, 나는 관계에 계속 헌신할 것이다.

_____ **45.** 나는 파트너에 대해 공상을 하곤 한다.

출처 : Sternberg & Whitney, 1991, pp. 82-84. Copyright © Robert J. Sternberg. Reprinted by permission.

👤 **채점**　　점수를 구하기 위해, 먼저 열정에 해당하는 하위척도(3, 5, 9, 11, 14, 16, 17, 22, 23, 29, 31, 34, 37, 41, 45번 문항)의 점수를 더한다. 그런 다음 친밀감의 하위척도(1, 2, 6, 10, 15, 19, 21, 24, 25, 26, 30, 36, 38, 40, 42번 문항)의 점수를 더한다. 헌신의 하위척도(4, 7, 8, 12, 13, 18, 20, 27, 28, 32, 33, 35, 39, 43, 44번 문항)의 점수를 더한다. 세 가지의 총점을 각각 15로 나눠서 세 요소의 평균 점수를 구한다.

열정 = _____　　　친밀감 = _____　　　헌신 = _____

하위척도의 평균에서 5점은 하위척도가 나타내는 요소의 중간 수준을 의미한다. 예를 들어 친밀감 척도에서 평균 5점은 당신이 선택한 관계의 친밀감이 중간 정도임을 나타낸다. 5보다 더 높은 점수는 친밀감이 높음을 나타내고, 더 낮은 점수는 친밀감이 낮음을 나타낸다. 세 가지 하위척도 각각의 점수를 검토하면, 당신이 사랑의 중요한 차원들의 관점에서 자신의 사랑 관계를 어떻게 지각하고 있는지에 대해 알 수 있을 것이다.

Sternberg의 사랑 모형(1988)에 따르면, 열정, 친밀감, 헌신의 세 가지 요소가 삼각형의 꼭짓점을 이룬다. 이 세 요소들의 조합이 일곱 가지 사랑의 기본 하위유형을 만들어낸다.

사랑관계 유형	열정	친밀감	헌신
좋아함	낮음	높음	낮음
짝사랑	높음	낮음	낮음
낭만적 사랑	높음	높음	낮음
공허한 사랑	낮음	낮음	높음
우애적 사랑	낮음	높음	높음
얼빠진 사랑	높음	낮음	높음
완전한 사랑	높음	높음	높음

다음은 Sternberg의 사랑의 삼각형이다. 자신의 점수를 다시 살펴보고 이 삼각형 위에 자신의 특정 사랑 관계를 나타낼 수 있는가?

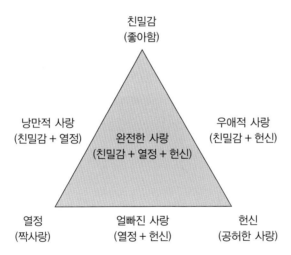

출처 : Aron, A., Aron, E. N., & Smollan, D. (1992). Inclusion of other in the Self Scale and the structure of interpersonal closeness. *Journal of Personality and Social Psychology*, 63, 596–612. American Psychological Association. Adapted with permission.

Sternberg가 설명한 완전한 사랑의 발전은 안정적 애착의 전개와 유사하다. 신체적 접촉과 관련된 열정은 매우 빠르게 커지고 관계 초기에 두드러진다. 시간이 지나면서 열정은 감소한다. 근접성과 열정은 상호 공유와 배려를 촉발하고, 건강한 사랑 관계는 느리지만 안정적인 친밀감의 증가를 보인다. 헌신은 누군가를 사랑하겠다는 단기적 결심과 그 사랑을 유지하겠다는 장기적 결심 둘을 포함한다. 관계를 지속하면서 헌신은 처음에는 서서히 증가하다가 가속화되어 그다음 높은 수준을 유지한다. 연구에 따르면 3-요소 모형은 이성 간 사랑 관계뿐만 아니라 동성 간의 낭만적 사랑 관계에도 적용된다(Baumeister & Bushman, 2011).

실용적인 측면에서, 사랑의 삼각형 모형은 커플들과 치료자 모두에게 파트너가 관계를 어떻게 보는가에 대한 더 나은 분별력을 줄 수 있다. 삼각형 사랑 척도에서의 차이는 관계를 유지하고 강화하기 위해 어떤 변화가 필요할지를 알려준다.

낭만적 사랑

Sternberg가 제시한 사랑의 유형 중에, 심리학자들은 낭만적 사랑과 우애적 사랑을 더 광범위하게 연구했다. 낭만적 사랑의 구성요소들을 고려할 때, 먼저 짝 선호도(mate preference)를 생각해보자.

🖉 자기평가

짝 선호도

이상적인 낭만적 파트너를 생각할 때, 어떤 이미지가 마음에 떠오르는가? 다음에 제시된 18개 특성 목록이 수년간 짝 선호도를 조사하는 연구에서 사용되어 왔다. 다음 척도를 이용해 짝을 선택하는 데 있어서 중요도의 관점에서 각 특성을 평가해보자.

3=필수적인   2=중요하지만 필수적이진 않은   1=바람직하지만 중요하진 않은   0=무관한

_____ **1.** 야망과 근면함

_____ **2.** 순결(사전 성경험 없음)

_____ **3.** 믿을 만한 성격

_____ **4.** 가정과 아이에 대한 욕구

_____ **5.** 교육과 지능

_____ **6.** 정서적 안정과 성숙

_____ **7.** 유리한 사회적 지위 혹은 등급

_____ **8.** 좋은 요리와 살림꾼

_____ **9.** 좋은 재정적 전망

_____ **10.** 좋은 건강

_____ **11.** 좋은 외모

_____ **12.** 상호 끌림-사랑

_____ **13.** 기분 좋은 성향

_____ **14.** 세련되고 말쑥함

_____ **15.** 유사한 교육

_____ **16.** 유사한 종교적 배경

_____ **17.** 유사한 정치적 배경

_____ **18.** 사회성

출처 : Buss, 1989.

David Buss(1989)는 37개 문화권의 수백 명을 대상으로 한 포괄적인 연구에서 이 특성 목록과 관련된 결과를 보고했다. 이 국제적 표집에서 남녀 모두, 상호 끌림-사랑(12), 믿을만한 성격(3), 정서적 안정과 성숙(6), 기분 좋은 성향(13)을 가장 중요한 특성으로 평가했다. 순결(2), 유사한 종교적 배경(16), 유사한 정치적 배경(17)은 가장 덜 중요한 것이었다. 당신의 평가는 어떤가?

Buss는 또한 짝 선호도에서 중요한 성차를 발견했다. 좋은 외모(11)와 순결(2)은 남자들에게 더 중요했고, 좋은 재정적 전망(9)과 야망, 근면함(1)은 여자들에게 더 중요했다. 당신의 점수는 Buss의 발견들을 지지하는가?

진화심리학자들은 이 발견들에 대한 아주 흥미로운 설명을 제공한다. 그들에 따르면, 자연은 유전자를 미래로 보낼 가능성을 높이는 행동 경향성을 선택한다고 한다. 분명히 짝 선택은 중요하다. 유전자가 생존할 가능성은, 관계에 헌신적이고, 믿을 수 있고 협력적이고 비이기적인 짝을 가졌을 때 더 높아진다. 양성 모두 상호 끌림, 믿을 수 있음, 안정성 및 기분 좋은 성향을 짝의 필수적인 자질로 여기는 것도 당연하다!

번식의 생물학에서의 성차는 짝 선호도에서의 중요한 성차로 이어질 수 있다. 진화심리학자들은 난자에 비해 정자는 저렴하다는 것을 지적한다. 여성은 한 아이를 품고 키우는 반면, 남성은 다른 많은 여성들을 임신시켜 자신의 유전자를 퍼뜨릴 수 있다. 우리 조상들의 역사에서, 여성들은 대부분 현명하게(wisely) 짝짓기를 해서 자신의 유전자를 미래로 보냈고, 남성들은 넓게(widely) 짝짓기해서 그렇게 했다(Myers, 2002). 여성들은 짝에게서 자손을 보호해주고 지원해줄 속성을 찾는다. 따라서 야망, 근면함

(1)과 아울러 좋은 재정적 전망(9)이 중요하게 된다. 생각해보라. 임신과 자녀 양육의 부담 때문에, 제한된 전망을 가진 파트너와 성관계를 갖는다는 것은 여성에게 있어 위험하고 대가가 큰 일이다(Buss & Schmidt, 1993). 반면에 남성은 좋은 생식력을 제공받고 아버지임을 확인할 수 있는 속성을 바란다. 좋은 외모(11), 특히 젊음을 나타내는 속성들은 번식능력을 암시하고, 순결(2)은 자신이 아버지임을 확신시켜준다. 왜 아버지임을 확인하는가? 진화심리학자들은, 여성에게 있어 자신이 아이들의 어머니임은 항상 확실하지만, 남성들은 자신이 아버지임을 결코 확신할 수 없다고 설명한다. 흥미롭게도 연구에 따르면 남자들은 자신의 짝이 다른 상대와 성관계를 갖는 것에 가장 큰 질투를 느끼지만, 여성들은 자신의 짝이 다른 상대와 정서적으로 애착관계가 되는 것에 더 큰 질투를 느끼는 경향이 있다고 한다(Larsen & Buss, 2002).

열정

남녀 모두에게서, 상호 끌림-사랑(12)은 짝을 선택하는 데 중요한 특성들의 목록에서 최상위에 있다. 그 같은 끌림은 무엇을 수반하는가? 분명히 '사랑에 빠짐(being in love)'은 '사랑(love)'과 다르다. Ellen Berscheid와 Sarah Meyers(1996)는 대학생들에게 세 가지 목록을 작성하도록 했다—그들이 '사랑했던(loved)' 사람, '사랑에 빠졌던(in love with)' 사람, '성적으로 끌렸던 사람(sexually attracted to)'. '사랑' 범주에 속한 사람의 2%만이 '성(sex)' 목록에도 나타났다. 그러나 '사랑에 빠짐'과 '성'의 중첩은 85%였다. 유사하게 Pamela Regan과 동료들(1988)이 사람들로 하여금 낭만적 사랑의 특징을 목록화하도록 했을 때, 2/3가 성적 욕망을 언급했다. 그것은 행복, 신의, 공유, 혹은 헌신을 앞질렀다. 그렇다. 열정은 낭만적 사랑의 핵심요소인 것이다.

이제 질문에 답해보자. 만약 한 남자 혹은 여자가 당신이 짝에게 바라는 모든 다른 자질을 가지고 있지만 당신이 사랑하지는 않는다면, 이 사람과 결혼하겠는가? 1967년에는 미국 여성의 76%와 미국 남성의 35%가 "예"라고 답했다. 20여 년이 흐른 뒤에는 단지 20%의 여성과 14%의 남성만이 사랑하지 않는 그 사람과 결혼할 것이라고 대답했다(Simpson, Campbell, & Berscheid, 1986). 나의 최근 학생 중 하나가, 자신의 친한 이성 친구의 모든 뛰어난 자질을 자발적으로 나열한 후에, 무미건조하게 다음과 같이 결론지었다. "하지만 어떤 화학작용도 없고 스파크도 없고 … 우리는 결코 결혼할 수 없어요." 불꽃이 없으면, 미래도 없다.

Elaine Hatfield(1988)는 열정적 사랑이란 "다른 사람과 하나가 되고 싶은 강렬한 열망의 상태"라고 썼다. 만약 사랑이 돌아온다면 그 사람은 만족하고 황홀하기까지 할 것이다. 그렇지 못하다면 절망하고 불안할 것이다. 열정적 사랑을 설명하면서 Hatfield는 모든 생리적 각성 상태는 우리가 그 정서를 어떻게 해석하고 명명하는가에 따라 몇몇 정서 중 하나로 경험될 수 있다고 했다. 쿵쾅거리는 심장과 땀에 젖은 손바닥은 환경적 맥락에 따라 공포, 분노 혹은 놀람으로 해석될 수 있다. 만약 상황이 잠정적으로 낭만적이라고 해석된다면, 예를 들어 끌리는 사람과 함께 있다면 그 각성은 열정으로 경험될 수도 있다.

몇몇 연구의 발견이 Hatfield의 이론을 지지하고 있다. Dutton과 Aron(1974)은 노스밴쿠버에 있는 두 다리 중 하나를 건넌 젊은 남자들에게 기발한 현장연구를 실시했다. 그들이 건넌 다리는 견고하고 안전한 구조물이거나, 혹은 가파른 절벽 230피트 높이 지점에 있는 좁고 흔들리는 다리였다. 남자가 다리를 건넜을 때, 매력적인 여대생이 그에게 접근해서 설문지에 답해줄 것을 요청했다. 그녀가 '수업 계획'을 나중에 설명해주겠다고 제안하고 그에게 전화번호를 남겼다. 안전한 구조물의 다리를 건넌 남자들에 비해 흔들다리를 건넌 남자들이 더 많이 그녀에게 전화를 걸었다. 유사하게 실험실 연구에서도, 운동, 재밌는 비디오 혹은 경보 상황에 의해 각성되어 있던 남자들은 여자 친구 혹은 그들이 방금 소개받은 여성에 대해 더 매력을 느끼는 것으로 나타났다. 쿵쾅거리는 심장은 마음을 더 애틋하게 만든다.

우리의 대중 매체가 사랑에 대한 '쿵쾅거리는 심장' 사례를 어떻게 강화하는지를 생각해보라. 처음에 낯선 남녀가 등장하는 스토리 라인의 액션 영화 제목을 몇 개나 댈 수 있는가? 이 낯선 남녀는 대개 공통되는 게 거의 없는데, 때로는 무관심한 듯 보이기도 하고 심지어는 서로를 싫어하기까지 하다가, 두려움, 분노, 종국에는 희열을 유발하는 끔찍한 일련의 경험을 한 후에 결국 마술 같은 일이 일어난다. 영화의 끝에서 그들은 미친 듯이 사랑에 빠진다. 영화 테마곡과 함께 엔딩 크레딧이 올라간다.

친밀감

그러나 Sternberg의 사랑의 삼각형 모형에 따르면, 낭만적 사랑은 열정만 있는 것이 아니다. 친밀감 또한 있다.

✏️ 자기평가

개방자

다음 척도를 사용해서 각 문항에 답하라.

1	2	3	4	5
전혀 동의하지 않는다				매우 동의한다

_____ **1.** 사람들은 흔히 내게 자기 자신에 관해 말한다.

_____ **2.** 나는 좋은 경청자라는 말을 듣곤 한다.

_____ **3.** 나는 다른 사람에 대해 매우 수용적이다.

_____ **4.** 사람들은 내게 자신의 비밀을 털어놓는다.

_____ **5.** 나는 쉽게 사람들이 '마음을 터놓게' 만든다.

_____ **6.** 사람들은 나를 편안하게 느낀다.

_____ **7.** 나는 사람들 이야기 들어주는 걸 즐긴다.

_____ **8.** 나는 사람들의 문제에 공감적이다.

_____ **9.** 나는 사람들이 느끼고 있는 것에 관해 내게 말하도록 격려한다.

_____ **10.** 나는 사람들이 자기 자신에 대해 계속 이야기하게 할 수 있다.

👔 **채점** 채점을 위해, 10개 문항에 매긴 점수를 그냥 더한다. 점수의 범위는 10~50점이고, 점수가 높을수록 다른 사람으로부터 개방을 끌어내는 경향이 큼을 나타낸다. 487명의 여자 대학생과 253명의 남자 대학생 표집에서 평균 점수는 각각 40.68점과 38.01점이었다.

Hatfield(1988)에 따르면, 친밀감은 상대방과 더 가까워지려고 시도하는 과정이다. 그들은 생각하고 느끼고 행동하는 방식에서 유사성과 차이점을 탐색한다. 가장 확실하게 친밀감을 키워주는 것이 무엇인가? 결정적 요소는 자기개방인 것 같다. 자기개방은 한 사람이 상대방과 개인적 정보를 의도적으로 공유하려 할 때 언제든 일어난다. Lynn Miller, John Berg 그리고 Richard Archer(1983)에 의해 설계된 개방자 척도(Opener Scale)는 타인에게서 친밀한 개방을 끌어내는 능력을 평가한다.

어떤 사람들, 특히 여성은 능숙한 '개방자'이다. 그런 사람을 Carl Rogers(1980)는 '성장 촉진(growth promoting)' 청자라고 불렀다. 그들은 진실하게 자신의 느낌을 드러내고, 타인의 느낌을 수용하고, 타인의 관점을 기꺼이 가정함으로써 공감한다. 우리는 특히 화가 나거나 불안할 때처럼 스트레스 상태에서 자기를 개방하기 쉽다. 우리의 자아상에 대한 위협을 공유할 수 있는 친밀한 파트너가 있다는 것은 스트레스를 이겨내는 데 도움이 된다. 서로에게 자기 자신을 가장 잘 드러내 보이는 연인과 부부는 관계에 대한 만족감이 높고 더 잘 헌신하는 경향이 있다.

친밀감은 사랑 관계에서 중요한 요소다. 전형적으로 친밀감은 파트너끼리 서로 자신을 더욱 더 드러내 보일 때 서서히 증가한다. 개방은 개방을 유발하는 경향이 있고, 이 과정을 적절하게 이르는 말이 개방의 상호성 효과(disclosure reciprocity effect)이다. 한 사람이 약간 개방을 하면 다른 사람이 응답하고, 이 과정은 순환하게 된다. 시간이 흐르면서 서로에 대한 지식이 더욱 더 깊은 수준으로 침투하게 된다. 신뢰가 구축되고 파트너는 수용됨을 느낀다. 가면을 내려놓고 우리가 진짜 누구인지를 알게 함으로써 사랑을 키워간다(Sidney Jourard, 1964).

우애적 사랑

전형적으로 낭만적 사랑의 열정은 멋지다. 그러나 친밀감은 우애적 사랑을 키울 수 있다. 우애적 사랑은 우리의 삶과 엮여 있는 사람에 대한 정서다. 우리는 우리 자신이라는 개념에 파트너를 통합하는 것을 시작할 수 있다.

자기와 타인

당신이 가장 밀접한 관계를 맺고 있는 사람을 생각해보라. 다음의 그림 중 어떤 것이 그 관계를 가장 잘 설명하는가?

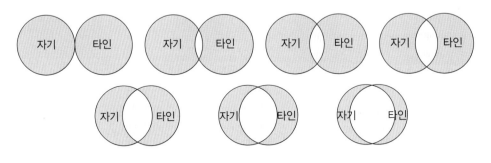

출처 : Aron, Aron, & Smollan, 1992, p. 597.

Arthur Aron과 동료들(1992)에 따르면, 낭만적 관계가 얼마나 오래갈 것인가는 사람들이 그들의 동반자 관계를 어떤 식으로 묘사하는지에 의해 예언될 수 있다. 겹치는 부분이 많을수록, 즉 파트너를 자기에 더 많이 통합시킬수록 관계는 더 오래 지속된다. 겹치는 부분이 많을수록 관계를 유지하기 위한 헌신을 더 잘한다. "사랑은 각자가 다른 사람을 포함하는 방식으로 이루어지는 두 본성의 확장이고, 각자는 상대방에 의해 풍요로워진다."라고 18세기 유럽 철학자 펠릭스 아들러가 주장했다.

우애적 사랑에서 헌신은 친밀감을 동반한다. 관계를 유지하려는 의도인 헌신은 상이한 원천에서 비롯된다. 세 가지 꽤 다른 유형의 헌신이 Jeffrey Adams와 Warren Jones(1997)의 헌신 차원 목록(Dimensions of Commitment Inventory)에서 발췌한 다음의 표본 항목에 나타난다.

헌신

잠시 멈춰서 결혼 상황의 헌신에 대해 생각해보자. 당신이 지금 결혼했든 하지 않았든 다음 진술문이 결혼 관계의 성질에 관한 당신의 믿음을 얼마나 반영하는지 생각해보라.

T   F   **1.** 나는 나의 결혼을 최대한 만족스럽게 만들기 위해 헌신한다.

긍정심리학

T　F　**2.** 나는 완전히 내 배우자에게 헌신한다.

T　F　**3.** 나는 무슨 일이 있어도 결혼은 평생을 가는 것이라고 믿는다.

T　F　**4.** 결혼은 무슨 수를 써서라도 지켜야 한다.

T　F　**5.** 만약 내 배우자와 내가 이혼한다면 내 가족과 친구들은 매우 힘들 것이다.

T　F　**6.** 이혼은 내 평판을 망칠 것이다.

첫 두 문장에 대한 동의는 개인적 헌신(personal commitment)을 나타낸다. 즉 사람들은 관계가 만족스럽고 파트너에게 끌리기 때문에 관계를 지속하고 싶어 한다. 문장 3과 4는 도덕적 헌신(moral commitment) 혹은 의무를 반영한다. 즉 사람들은 결혼이 중요한 사회적 혹은 종교적 제도이고 약속이나 맹세를 깨는 것은 부당하기 때문에 결혼을 지속해야 한다고 느낀다. 문장 5와 6은 제약 헌신(constraint commitment)으로, 관계를 끝내는 것에 대한 사회적, 재정적, 정서적 부담이 두렵기 때문에 관계를 지속해야 한다고 느끼는 것이다.

세 가지 유형의 헌신은 다르게 느껴질 뿐만 아니라 다른 결과를 가져온다(Brehm, Miller, Perlman, & Campbell, 2002). 보통은 개인적 헌신이 더 만족스럽다. 장거리로 낭만적 관계를 맺고 있는 사람들에게는 도덕적 헌신이 개인적 헌신보다 지속 기간을 더 잘 예측한다. 파트너 간에 만족 수준이 줄어들더라도 관계가 온전하게 유지될 수 있다.

사랑하는 관계에서 헌신은 다음과 같은 몇 가지 중요한 기능을 갖는다.

- 친밀감처럼, 헌신은 파트너로 하여금 '나'나 '그', '그녀'가 아니라 스스로를 '우리'로 생각하도록 한다. 파트너를 기쁘게 하는 이벤트는 그 자체로 간접적 이득을 만들어내고, 파트너를 위한 희생은 덜 힘들게 느껴진다.
- 사람들은 자신이 장기적 관계에 있다고 확신하면, 높은 비용과 낮은 보상의 시간을 더 잘 참아낼 수도 있다. 마치 장기 주식 투자자가 낮은 수익의 기간을 참아내듯이 말이다.
- 헌신은 사람들로 하여금 부담이 좀 되더라도 관계를 보호하고 유지하기 위해 더 신

중하게 행동하도록 동기화한다. 헌신적인 사람들은 파트너에게 화가 났을 때 더 자제력을 가지고 반응하고, 좋은 관계를 위해 자기 이익을 더 기꺼이 희생하는 듯하다.

당신의 가장 친밀한 또래 관계, 즉 친구나 낭만적 파트너를 생각했을 때 그 관계를 어떻게 설명할 수 있는가? 당신의 파트너는 관계에 기여하는 바가 당신보다 큰가? 적은가? 아니면 각자가 동등하게 기여한다고 말할 수 있는가?

흔히 조금 아는 사람은 주고받는 교환을 통해 관계를 유지한다. 운전을 번갈아 하는 카풀 동료들부터, 연례 동네 파티의 호스트 역할을 번갈아 하는 이웃들까지, 사람들은 유사한 이익을 거래한다. 그러나 가장 친한 친구나 연인관계를 떠올려보면 어떤가? 아마 아닐 것이다. 관계가 형성되면, 우리는 즉각적 상황에 관심을 덜 갖는다. 연인들은 즉시적 보답을 기대하지 않고 서로의 요구에 반응한다. 마더 테레사는 더 강하게 이것을 표명했다—"만약 여러분이 정말 서로 사랑한다면, 희생을 마다하지 않을 것이다."

이득이 자발적이고, 파트너들끼리 자유롭게 주고받을 때만, 우리는 그 관계를 진실한 우정 혹은 사랑이라고 본다. 사실 Margaret Clark와 Judson Mills(1993)는 관계가 비교적 공식적일 때는 주고받는 교환이 호감을 증가시키지만, 둘의 관계가 친밀해질 때는 동일한 사회적 경제논리는 호감을 감소시킨다고 보고했다. 친밀한 혹은 공동체적 관계는 상호적 사랑, 존중, 관심에 의해 특징지어지고, 한 사람이 상대방을 위해 한 것에 대해 어떠한 보답도 기대하지 않는다.

그럼에도 관계를 지속시키는 중요한 열쇠 하나는 형평성(equity)이다. 즉 관계로부터 얻는 결과는 각자가 관계에 공헌한 것에 비례한다. 장기간 동안 관계가 친밀할 뿐만 아니라 공평하다고 지각될 때 헌신이 발전되는 경향이 있다. 다른 사람이 더 많은 이득을 보고 있다고 지각하는 사람은 스트레스와 짜증을 경험하고 때로는 우울증까지 올 수 있다. 자신이 더 많은 이득을 보고 있다고 믿는 사람은 죄의식을 느낄 수도 있다. 그러나 기대할 수 있는 것처럼 더 많은 이득을 보는 경우는 적은 이득을 보는 경우보다 문제될 것이 적다(Brehm et al., 2002).

R obert Sternberg의 삼각형 이론은 열정, 친밀감, 헌신을 사랑의 핵심 요소로 본다. 이 요인들의 다양한 조합은 서로 다른 유형의 사랑을 만들어낼 수 있다. 낭만적 사랑의 핵심 요소는 열정과 친밀감이다. 비록 남자와 여자가 약간 다른 짝 선호도를 표현하지만, 낭만적 파트너를 선택하는 가장 중요한 요인은 상호 끌림으로 여겨진다. Hatfield의 2요인 이론은 낭만적 맥락에서 일어나는 생리적 각성을 열정으로 해석하는 경향이 있음을 제안한다. 친밀감은 상호적 자기개방에 의해 발전한다.

삶이 서로 밀접하게 관련되어 있는 사람에 대해 느끼는 감정인 우애적 사랑은 친밀감과 헌신이 조합된 것이다. 헌신은 파트너들로 하여금 스스로를 '우리'라고 생각하게 하고, 관계에서 높은 부담과 낮은 보상의 시기를 견딜 수 있게 한다. 장기적 헌신은 결과가 투자에 비례하는 형평성에 의해 힘을 얻는다.

친밀한 관계의 확립

어떤 요인들이 오래가고 만족스러운 애정 관계를 촉진하는가? 무엇이 파트너로 하여금 관계의 연결을 유지하고 증진하게 할 수 있는가? John Harvey와 Julia Omarzu (1997, 1999)는 관계의 마음 씀(minding) 이론에서 한 가지 대답을 제공한다. 먼저 그들의 마음 씀 척도를 완성하라.

📝 **자기평가**

마음 씀 척도

다음 척도를 사용해서 각 문항에 답하라.

1=매우 동의한다	2=다소 동의한다	3=약간 동의한다
4=약간 동의하지 않는다	5=다소 동의하지 않는다	6=아주 동의하지 않는다

_____ **1.** 성공적인 낭만적 파트너들은 대상에 대해 같은 의견을 갖는다.

_____ **2.** 사랑하는 사람에게 자신의 과거에 관해 너무 자세히 말하지 말아야 한다.

_____ **3.** 사람들이 당신에게 도와달라고 요청하면 짜증이 난다.

_____ **4.** 파트너끼리는 가능한 한 많이 비슷해야 한다.

_____ **5.** 사람들은 할 수만 있다면 당신을 이용할 것이다.

_____ **6.** 당신의 과거 관계를 새로운 사랑과 논의할 이유는 없다.

_____ **7.** 다른 의견을 가진 파트너들은 좋지 못한 관계를 맺을 것이다.

_____ **8.** 당신과 다른 과거를 가진 사람과는 친해지기 어렵다.

_____ **9.** 파트너들은 함께 대화할 시간을 많이 가져야 한다.

_____ **10.** 사람들은 주로 가까운 관계에서조차 자신의 복지를 찾는다.

_____ **11.** 당신은 새로운 사랑이 어떤 상대인지 가능한 한 많은 것을 파악해야 한다.

_____ **12.** 사람들은 당신을 사랑할 때조차, 대개 그들 자신에 관해서만 생각한다.

_____ **13.** 관계에서 당신 자신에 관해 뭔가 신비스러운 영역을 남겨놓는 것은 중요하다.

_____ **14.** 낭만적 파트너들은 모든 것에 관해 동의해야 한다.

_____ **15.** 우리가 사랑하는 사람은 실제로는 우리에게 이방인이다.

_____ **16.** 파트너들끼리는 서로의 말을 그게 무엇이든 믿어주어야 한다.

_____ **17.** 당신에게 잘해주는 사람은 보통 당신에게 뭔가 보답을 원한다.

_____ **18.** 친밀한 파트너들도 흔히 다른 친구와 흥미거리를 가지고 있다.

출처 : Copyright © 2001. From Omarzu, J., Whalen, J., & Harvey, J. H., "How well do you mind your relationship? A preliminary scale to test the minding theory of relating," in J. H. Harvey & A. Wenzel (Eds.), *Close romantic relationships: Maintenance and enhancement* (pp. 345-356). Reproduced by permission of Taylor and Francis Group, LLC, a division of Informa plc.

채점　관계의 마음 씀 이론은 특정 유형의 지각과 기대가 만족스러운 친밀한 관계의 핵심이라고 제안한다. 첫째, 어떤 사람은 파트너에 관한 지식의 기반을 만들려고 애쓴다. 2, 6, 9, 11, 13, 15번 문항은 '마음 씀'의 지식 요소를 측정한다. 9, 11번 문항의 점수를 역채점(1 = 6, 2 = 5, 3 = 4, 4 = 3, 2 = 5, 6 = 1)한 후 전체 6개 문항의 점수를 더한다. 점수의 범위는 6~36점인데, 152명 학생들의 평균 점수는 27.73점이고 성차는 없었다. 관계가 발전할 때, 상호적 자기개방은 파트너 간에 생각과 경험을 공유하는 데 있어 매우 편안함을 느끼게 한다. 이때 자기표현은 적게 하고 상대에 관한 정보를 더 많이 끌어내는 것이 중요하다. 아울러 상황이 바뀌면 파트너들끼리 서로 적절하게 대응한다.

　둘째, 파트너들끼리는 서로에 관해 안 것을 기꺼이 수용할 수 있어야 한다. 1, 4, 7, 8, 14,

18번 문항은 '마음 씀'의 수용 요소를 구성한다. 18번 문항의 점수를 역채점한 후 6개 문항의 점수를 더한다. 점수의 범위는 역시 6~36점이고, 평균 점수는 25.07점이다. 역시 성차는 없다. 이 수용은 불가피하게 발생하는 의견, 가치, 습관의 차이를 존중하는 것이다. 존중은 관계를 손상시키거나 파괴할 수 있는 비판에 빠지는 것을 막아준다.

셋째, 마음 씀 이론은 파트너 간에 서로의 행동에 대해 귀인하는 방식이 친밀한 관계를 지지하거나 방해할 수 있다고 본다. 3, 5, 10, 12, 16, 17번 문항은 파트너들끼리 행하는 귀인 양식을 측정한다. 16번 문항 점수를 역채점한 다음 6개 문항의 점수를 더한다. 점수의 범위는 6~36점이고, 점수가 높을수록 더 긍정적 귀인을 제공하는 경향이 있음을 나타낸다. 평균은 24.24점이고 여성의 점수가 남성의 점수보다 약간 높다. 서로 간에 행동을 선의로 해석해주는 파트너들은 관계에서 더 행복하고 그 관계가 오래 유지될 가능성이 높다.

이 이론을 주장한 학자들은 이 같은 행동과 사고의 패턴이 **상호적**(reciprocal)이어야 한다는 점을 분명히 했다(Harvey & Omarzu, 2006). 즉 파트너 둘 다는 관계를 위한 지식, 수용, 긍정적 귀인을 위해 헌신해야 한다. 아울러 이런 기대와 지각은 **연속성**(continuity)을 가져야 한다. 시간이 가도 파트너들은 서로에 대해 알아가는 것을 계속해야 하고 상대방의 개성을 존중해야 하고, 긍정적 귀인을 수행해야 한다.

구체적 전략들

관계의 마음 씀 이론을 포함해서 사랑에 대한 문헌을 검토해보니, 사랑을 강화하는 몇 가지 원리가 있다. 가장 중요하고 효과적인 전략은 다음과 같다.

1. **대화시간을 할애하라.** John Gottman(1994)은 수백 건의 결혼 사례를 심층 검토한 결과, 관계가 지속될지 여부를 90% 이상의 정확도로 예언할 수 있다고 했다. 이혼한 커플에 비해 성공적인 커플들은 주당 5시간 더 결혼생활에 헌신한다. 그들은 무엇을 하는가? 가장 중요한 것은 대화다. 이 커플들은 매일 아침 헤어지기 전 각자 그날 할 일 한 가지를 생각한다. 그리고 하루 일과가 끝난 다음에 스트레스가 적은 대화시간을 가진다.

   한 현자는, 우리가 두 귀와 하나의 입을 가지고 태어난 이유는 말하는 것보다 두 배 더 들으라는 의미라고 지적했다. TV *끄기*를 포함해서 방해물을 제거하는 것이 첫 단계다. 두 번째 단계는 중간에 말을 끊지 않고 듣는 것이다. 물론 대화는 양방향 도로이다. 비록 파트너가 우리를 안팎으로 잘 알 것이라고 생각하지만, 그들은 독심술사가 아니다. 만약 이해받기를 원한다면 말을 해야 한다. 중요한 문제에 관해 이야기할 적당한 시간을 선택하는 것 또한 기술이다. 잠자기 직전에 민감한 주제를 꺼내는 것은 절대 현명한 일이 아니다.

2. **갈등을 건설적으로 다뤄라.** 마음 씀 이론은 우리가 불가피하게 갖게 되는 견해, 가치, 습관의 차이를 수용하도록 노력하라고 추천한다. 의심할 여지없이 어떤 차이는 갈등을 불러온다. Gottman(1994)에 따르면 결혼생활은 의견 충돌과 불만이 얼마나 잘 환기되느냐에 따라 살고 죽는다. 한 유명한 자기계발서에는 다음과 같이 쓰여 있다.

> 결혼의 행복은 누구와 결혼하는가와는 별 상관이 없고, 갈등을 어떻게 해결하는가에 전적으로 달려있다…. 단순한 진리 #2: 비평 한 마디는 20가지 친절한 행위를 지울 것이다…. 깔아뭉개는 말 한마디는 당신이 파트너에게 베푼 많은 친절의 시간을 무효로 만들어버린다(Notarius & Markman, 1993, pp. 20-28).

갈등을 다루는 데 있어서, 파트너에 대한 존중이 분노보다 우선해야 한다. 전형적으로 실패한 관계들은 의견 충돌 시 뱉는 가혹한 말, 파트너의 비판과 모욕, 즉각적인 방어, 의사 방해가 특징이다. Gottman(1994)이 대신 추천하는 것은 평정을 유지하고, 자기 자신을 편집하고(민감한 주제를 논의할 때 화가 나는 모든 생각을 입 밖으로 말하지 않기), 대화의 시작을 부드럽게 하고, 방어적이지 않게 말하고, 파트너를 인정해주고(파트너의 관점이 타당할 수도 있음을 이해하고 인정한다는 것을 표현하기), 영향을 받아들이는 것이다. 성공적 커플은 끝내야 할 때를 알고, 유머를 사용해 상황을 바로잡고, 완전히 다른 주제로 바꾸고, 살살 달래고("당신이 얼마나 힘든지 안다."), 그들이 공동의 장에 서 있음을 소통한다("이것은 우리의 문제고, 우린 여기 함께 있어.").

3. **칭찬을 표현하라.** 마음 씀 이론은 파트너들끼리 서로 믿어주고 서로의 행동에 대해 관계-증진 귀인을 하려고 노력할 것을 제안한다. 부정적 행동은 외부적 원인에 귀인하고 긍정적 행동은 개인적, 내적 원인에 귀인하는 방식이다. 즉 파트

너의 부정적 행동은 관계 외적인 것으로 설명하고, 긍정적 행동은 파트너의 내재적 강점을 반영하는 것으로 보는 것이다.

행복한 부부 이혼하는 부부(*The Seven Principles for Making Marriage Work*)에서 John Gottman과 Nan Silver(1999)는 성공적 관계에서 파트너들은 부정적인 말에 비해 긍정적인 말을 최소한 5배 많이 한다고 제안한다. 직접 칭찬을 주고받아라. "나는 당신이 잘했다는 것을 믿고 당신이 자랑스럽다." 이 같은 참된 칭찬은 관계를 강화해주고 또한 관계를 넘어 확장되는 동기의 강력한 원천이 된다.

4. **애정을 보여라.**   덜 성공적인 커플과 비교해서 성공적인 커플은 세 가지 공통적 행동을 보인다.

- 그들은 정기적으로 만지기, 안기, 키스하기 등 다정함과 용서를 반영하는 신체적 애정을 보여준다
- 1주일에 한 번 데이트를 한다.
- 최소한 하루에 한 번 진정한 감사를 한다.

때로는 아무 말도 필요 없이 다정함을 표현하는 행위만 필요하기도 하다. 즉 TV나 음악회를 보며 손을 만지거나 잡기, 일요일 신문을 읽는 동안 발을 서로 엮기, 정기적으로 저녁 산책하기, 가사 일을 하는 동안 즉흥적인 키스하기 등 말이다.

낭만은 가족이나 가사 책임이 한창일 때 점점 사라진다. 현명한 커플은 그들의 열정을 돋우기 위해 한 걸음 물러나고, 한 걸음 나아간다. 그들은 규칙적으로 함께 하기 위한 데이트를 만든다(Shepell, 2000). 놀이 시간을 마련해놓고, 교대로 데이트의 세부 계획을 세워 재미를 더한다. 정말 좋은 시간을 보내고 있을 때 즐거움을 표현하며, 파트너로 하여금 그들의 느낌을 알게 한다.

5. **공유하는 의미를 만들라.**   Robert Sternberg와 Catherine Whitney(1991)에 따르면, 삶에 대한 책임감을 함께 상정하고 키워나가려는 의지는 성공적인 관계의 근본적인 특성이다. 부정적인 자기 스토리에 갇혀 있을 때 우리는 삶의 선물을 이용하지 못한다. 친밀한 관계에 성공한 사람들은 기꺼이 새로운 것을 시도한다.

커플로서 공유할 수 있는 관심이나 활동을 개발하는 것은 연대감을 강화한다.

취미를 공유하고, 서로의 친구들과 시간을 보내고, 미래를 위해 인생에 변화를 가져오는 계획들(예 : 집을 짓고, 가정을 꾸리는 등)을 세우는 일은 공유하는 의미를 만들기 위한 전략이 된다. 생일, 휴가, 명절 등 중요한 사건들과 관련된 연례 가족 행사도 역시 동질감을 공유하는 기회가 된다.

열정적 사랑에 대한 Hatfield의 2요인 이론을 기억하는가? 낭만적 맥락에서의 생리적 각성은 열정으로 해석될 수도 있다. 아마도 이것은 새롭고 자극적인 활동들(야외활동, 새로운 스포츠, 여행, 심지어 카드게임까지)을 함께 한 커플들이, 더 평범한 활동에 참여한 커플들보다 관계 만족도가 더 큰 이유를 설명할 수 있을 것이다. 조사연구뿐만 아니라 현장연구와 실험연구(손, 팔 혹은 이를 사용하지 않고 장애물 코스를 통과해 베개를 함께 옮기는 간단한 7분짜리의 과제)들도 이 효과를 확증해준다(Aron, Norman, & Aron, 2001).

6. **미켈란젤로를 모방하라.**   친밀한 관계는 강력하게 웰빙을 형성한다. 관계가 만족스러울 때 우리의 삶은 풍요로워진다. 실제로 친밀한 관계는 우리 존재의 진정한 핵심, 즉 자아-정체성에 영향을 준다.

당신과 파트너 모두 서로에게 이렇게 말하고 있는가? "내 파트너는 내가 가장 되고 싶어 하는 사람으로 나를 대해준다.", "내 파트너는 내가 가장 바람직하다고 믿는 특성과 성향을 내가 가지고 있다고 생각한다.", "나는 내 파트너가 내 이상적 자아가 빛날 수 있는 상황을 수시로 만든다고 생각한다." 당신의 파트너와 관계를 맺은 결과로 당신은 어느 정도로 변했는가? 그를 만나기 전보다 당신의 이상적인 자아에 더 가까워졌는가?

지식, 수용, 긍정적 귀인을 구성하는 데 있어서 상호성과 연속성을 포함해서, 관계에 세심하게 마음 쓰다 보면 미켈란젤로 효과를 만들어낼 수 있다(Drigotas, 2002). **미켈란젤로 효과**는 파트너와의 관계를 통해 스스로 각자가 가장 열망하는 사람에 가까워지는 현상을 말한다. 미켈란젤로가 대리석 덩어리에 묻혀있던 이상적인 형태를 해방시켰던 것처럼, 낭만적 파트너는 서로의 이상적인 자아의 실현을 도와줄 수 있다. 긍정적 기대는 자기충족적 예언이 된다.

미켈란젤로를 모방하는 데 있어서 구체적으로 하라. 당신 파트너가 스스로 가치를 두고 있다고 알고 있는 강점 세 가지를 파악하라. 그런 다음 그가 그 강점을 드러내 보였던 최근의 예를 써보고 공유하라.

7. **당신이 결혼생활에서 소통하는 방식을 살피라.** Gottman(2011)은 이혼으로 가는 심각한 위험요인으로 작용하는 네 가지 의사소통 패턴으로 경멸, 비판, 방어, 의사방해를 꼽았다. 경멸(contempt)은 상대방에게 그가 열등하다는 모욕적 메시지를 전달하는 것을 말한다. 비판(criticism)은 지속적으로 파트너에 대한 부정적인 평가를 전하는 것이다. 그 대부분은 비난조의 너로 시작하고 폭넓은 비난으로 끝난다. 예를 들면 "너는 나하고 한 약속을 모두 어겼어.", "너는 내 생각은 조금도 안 하는구나." 등이다. 방어(defensiveness)는 한쪽 파트너가 다른 파트너의 경멸과 비판의 말을 반박, 부정하거나 아니면 틀렸음을 입증할 때 일어난다. 방어적 의사소통은 관계를 방해하고, 흔히 부부 갈등을 악화시킨다. 마지막으로 의사방해(stonewalling)는 파트너의 관심사, 특히 불만사항을 듣거나 인정하지 않으려는 것이다. 비록 여기서는 결혼과 이혼 방지에 관해 이야기하고 있지만, 이 내용은 더 일반적인 관계로 확장될 수 있다. 즐겁고, 열려있고, 진심 어린 의사소통은 우리의 가장 중요한 관계를 유지하는 데 필수적이고 그중에 사랑을 지속하는 데도 필수적이다.

8. **배고플 때는 중요한 쟁점이나 문제로 논쟁하지 말라.** 이 충고는 사소한 것으로 들릴 수 있으나, 실제로는 중요한 것이다. 사람들은 배가 고프면 보통 짜증을 내고, 까다롭게 굴고, 쉽게 화를 낸다. Bushman과 동료들(2014)은 100쌍 이상의 부부들에게서 3주 동안 혈당 수준을 측정했다. 배우자에 대한 화를 측정하기 위해 각 파트너는 일종의 저주 인형(voodoo doll)을 받았고, 매일 밤 핀(0~51개)으로 찌를 수 있었다. 이후 커플들은 실험실에 와서 배우자와 게임을 했고, 둘 다 이어폰을 낀 상태에서 매회 승자는 패자에게 큰 소리를 '꽝'하고 울릴 수 있었다. 결과는? 배가 고파서 혈당치가 낮은 배우자는 배가 덜 고픈 배우자에 비해, 저주 인형에 더 많은 핀을 찌르는 경향이 있었고, 게임에서 더 큰 소리로 공격하는 경향이 있었다. 당신이 부부싸움을 해야 한다면, 배고파서 화가 난 채(hangry) 행동하지 않도록, 심각한 말을 하기 전에 배가 고픈지 여부를 관찰해야 한다.

완전한 사랑?

지금쯤 당신은 아마도 사랑은 멋지고도 복잡한 것이라는 것을 깨달았을 것이다. 파트너, 부모님, 아이들 혹은 친구들에 대한 우리의 사랑은 강력할 수 있다. 하지만 그 사랑의 성격은 아마도 다 다를 것이다. 사실 연인에게 "사랑해."라고 말하는 것은, 부모님이나 형제에게 사랑한다고 말하는 것과는 사뭇 다르다.

아직도 사랑을 생각할 때, 우리의 초점은 낭만적 상대에 맞춰져 있는 경향이 있다. 그로 인해 중요하고 결정적인 질문을 하게 된다 ― 열정, 친밀감, 헌신을 포함하는 완전한 사랑은 실제로 가능한가? 이 장의 논의, 자기평가, 추천된 전략들이 제안하는 것처럼, 대답은 "그렇다."이다. 하지만 모두에게 분명한 도전이다. 견고한 애정관계를 위해서는 노력과 주의가 필요하다. 만약 현재 낭만적 관계를 맺고 있다면, 스스로 완전한 사랑을 위해 노력하고 있는지 여부를 질문하라. 열정, 친밀감, 헌신을 촉진할 일을 하고 있는가? 만약 그렇지 못하다면 궤도 수정을 고려하라. 다른 한편으로 사랑을 찾고 있는 중이라면, 당신과 미래 파트너를 위한 상호 이로운 관계를 만들기 위해 이 장에 소개된 긍정심리학적 지침들을 사용하라.

요약

> 관계의 마음 씀 이론에서는 파트너에 관한 지식을 구축하고, 습관과 가치의 차이를 존중하고, 상대의 행동에 대해 호의적인 귀인을 하는 것이 지속적인 관계를 만든다고 주장한다. 대화 시간을 따로 마련하고, 갈등을 건설적으로 다루고, 칭찬을 표현하고, 애정을 보여주고, 공유하는 의미를 만들고, 미켈란젤로를 모방하는 것은 열정, 친밀감, 헌신의 완전한 사랑을 기르는 부가적 전략들이다.

공감

타인의 관점을 보고 느끼기
성급한 판단의 위험성
용서
공감 기르기

*나는 우리 모두가 공감능력이 있다고 생각한다. 그것을 표현할 용기가
충분하지 않을 수는 있다.* — *Maya Angelou, 2013*

자비는 만물의 상호의존성에 대한 예리한 자각이다.
— *Thomas Merton, 1968*

이 그림은 모호한 그림으로 알려져 있다. 무엇이 보
이는가? 첫 번째 느낌은 무엇인가?

W. E. Hill, 1915.

늙은 여자의 얼굴을 보이는가? 아니면 젊은 여자
의 옆모습이 보이는가? 두 가지 가능성 모두 존재하
지만 우리는 단지 한 번에 한 가지만 지각할 수 있다.

관점이 중요하다. 사실 태도와 행동 모두 바꿀 수
있다. 숀 에릭 에카르트는 이것을 알았다. 토냐 하딩
의 경호원 에카르트는 낸시 캐리건의 체력을 약화시
키는 공격을 획책했다. 캐리건은 1994년 올림픽 피
겨스케이팅 부문에서 하딩과 금메달을 다투는 경쟁자였다. 그녀는 오른쪽 무릎을 강
타당했고, 부상으로 인해 몇 달간 경기에 출전할 수 없게 되었다. 그러나 TV에서 캐리
건이 흐느껴 우는 것을 본 에카르트는 그녀가 불쌍해졌고 후회가 밀려와서 친구에게
속마음을 털어놓았다. 일련의 사건들은 결국 공격자의 체포로까지 이어지게 되었다.

또 존 그리샴의 소설 **타임 투 킬**(*A Time to Kill*)에 나오는 칼 리 헤일리의 경우를 생각해보자. 미국 남단 미시시피 주에 사는 가난한 흑인 농부인 헤일리는 사형을 면할 가능성이 희박한 상태였다. 그의 죄목은? 그는 자신의 딸을 강간한 두 남자를 총으로 살해해서 법정에 섰다. 강간범들은 열 살의 토냐 헤일리를 몇 번이나 잔혹하게 성폭행한 후 죽도록 내버려 두었다. 그들이 그런 벌을 받을 만하다는 데 의문의 여지가 없다.

그럼에도 경험이 부족한 피고측 변호사, 편협한 판사, 몰인정한 배심원단을 상대로 헤일리는 거의 불가능하다고 할 수 있는 힘겨운 투쟁을 하게 된다. 그러나 배심원단의 심의 중에, 완다 워맥이라는 여성이 백인 동료 배심원들에게 간단한 역할극을 제안한다. 그녀는 희생자가 당신 딸이고, 두 가해자는 흑인이며, 그들이 백인을 저주하며 당신 딸을 반복해서 강간했다고 상상해보라고 말했다. 그들은 당신 딸의 입을 발로 차서 이와 턱을 몽땅 부러뜨리고 코를 으스러뜨렸다. 완다는 "이제 스스로에게 정직하게 말해보라."고 간청했다. "당신이라면 그들을 죽이지 않았겠는가?" 비밀 무기명 투표에서 12명 전원이 강간범들을 죽였을 것이라는 데 동의했다. 칼 리 헤일리는 무죄를 선고받았다.

타인의 관점을 보고 느끼기

다른 사람의 상황을 지각하게 되면 강한 정서가 유발될 수 있고, 때로는 **공감**(empathy)이라 불리는 규정하기 어려운 감정까지도 일으킬 수 있다. 공감이란 단어는 관찰자가 자신을 그림의 장면에 투사하는 경향성을 나타내기 위해 심리학자 Edward Bradford Titchener(1909)가 만들었다. 지금은 대부분의 심리학자들이 공감을 다른 사람의 느낌과 관점을 이해하고 공유하는 능력이라고 정의한다.

Ezra Stotland(1969)는 어려움에 처한 타인의 관점을 가정하는 것이 공감의 감정을 키운다는 것을 증명했다. 연구 참가자들은 고통스러운 의학적 처치를 받고 있다고 여겨지는 어떤 사람을 지켜봤다. 그 '환자'가 어떻게 느낄지를 상상하도록 지시받은 관찰자들은 단지 환자의 움직임을 주시하도록 요청받은 사람들에 비해, 더 큰 생리적 각성을 보였고 강한 공감적 느낌을 보고했다.

공감이란 타인의 눈을 통해 세상이 보이는 방식을 상상하는 능력을 포함한다. 우리가 타인의 세상을 생각할 때, 우리의 심장은 그 정서적 영향으로 진동한다. 상대의 입장이 되어봄으로써, 그가 보는 것을 볼 뿐만 아니라 그가 느끼는 것을 느낄 수 있게 된다. 공감과 밀접하게 연관된 용어인 자비(compassion)는 라틴어인 'cum passio'에서 유래했는데, "함께 고통을 느끼다." 혹은 "타인과 나란히 고통을 겪다."란 의미이다. 현대적 용어로, 자비는 타인이 곤경에 빠진 것을 봤을 때 일어나는 느낌이고, 존재하는 고통을 덜어주고 싶은 동기를 촉발하는 느낌을 나타낸다.

Mark Davis(1980)가 제작한 다음의 자체 진단검사는 공감의 '보기(seeing)' 요소와 '느끼기(feeling)' 요소를 측정한다. 검사를 통해 많은 심리학자들이 연구했던 공감의 성질을 이해하고, 현재 당신의 공감 수준을 다른 사람의 것과 비교해볼 수 있을 것이다.

📝 **자기평가**

공감의 구성 요소

각 문항에 대해, 다음 척도를 사용해서 문장이 얼마나 자신을 기술하는지를 평가하라.

0	1	2	3	4
나를 잘 기술하지 못한다				나를 매우 잘 기술한다

_____ **1.** 누군가를 비판하기 전에, 내가 만약 그 입장이라면 어떻게 느꼈을까 상상하려고 노력한다.

_____ **2.** 만약 어떤 일에 관해 내가 옳다고 확신한다면, 남의 의견을 듣느라 많은 시간을 낭비하지 않는다.

_____ **3.** 나는 상대의 관점에서 그 일이 어떻게 보일지 상상함으로써 내 친구를 더 잘 이해하려고 한다.

_____ **4.** 나는 모든 문제에는 양면이 있다는 것을 믿고, 둘 다를 보려고 노력한다.

_____ **5.** 나는 때때로 '다른 이'의 관점에서 뭔가를 보는 것이 어렵다는 것을 발견한다.

_____ **6.** 나는 결정을 내리기 전에, 의견 차이가 있는 모두의 입장을 보려고 노력한다.

_____ **7.** 누군가에게 화가 날 때, 나는 보통 잠시 상대방의 입장에서 바라보려고 노

력한다.

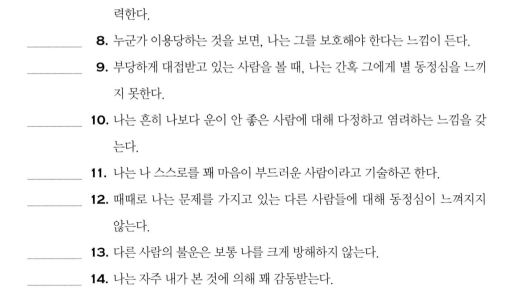

_____ **8.** 누군가 이용당하는 것을 보면, 나는 그를 보호해야 한다는 느낌이 든다.

_____ **9.** 부당하게 대접받고 있는 사람을 볼 때, 나는 간혹 그에게 별 동정심을 느끼지 못한다.

_____ **10.** 나는 흔히 나보다 운이 안 좋은 사람에 대해 다정하고 염려하는 느낌을 갖는다.

_____ **11.** 나는 나 스스로를 꽤 마음이 부드러운 사람이라고 기술하곤 한다.

_____ **12.** 때때로 나는 문제를 가지고 있는 다른 사람들에 대해 동정심이 느껴지지 않는다.

_____ **13.** 다른 사람의 불운은 보통 나를 크게 방해하지 않는다.

_____ **14.** 나는 자주 내가 본 것에 의해 꽤 감동받는다.

출처 : Davis, 1980. Reprinted by permission of the author.

채점　문항 1~7까지는 자기 밖으로 한걸음 나와서 타인의 관점을 가정하는 능력을 평가한다. 점수 계산을 위해, 먼저 2번, 5번 문항의 점수를 역채점(즉, 0 = 4, 1 = 3, 2 = 2, 3 = 1, 4 = 0)한 후, 7개 문항 점수를 모두 더해서 총점을 구한다. 평균 점수는 17 혹은 18점이고, 점수가 높을수록 관점 수용 능력이 크다는 것을 의미한다.

　문항 8~14까지는 따뜻함, 자비, 및 타인에 대한 관심을 경험하는 능력을 평가한다. 9, 12, 13번 문항의 점수를 역채점(즉, 0 = 4, 1 = 3, 2 = 2, 3 = 1, 4 = 0)한 후, 7개 문항 점수를 모두 더해서 총점을 구한다. 평균 점수는 대략 20점 정도이고, 점수가 높을수록 공감적 관심이 크다는 것을 의미한다.

공감과 사회적 행위

다른 흐름의 증거는 공감이 변화를 가져온다고 제안한다(Batson, Ahmad, & Lishner, 2009). 예를 들면, Davis의 질문지로 측정한 공감과 사회적 행위 간의 의미 있는 긍정적 관계를 보고한 몇몇 연구가 있다(Schroeder, Penner, Dovidio, & Piliavin, 1995 참고). 공감 점수가 높은 사람들은 예기치 못한 도움 요청에 더 잘 반응했고, 지적 장애아를 위한 특별 올림픽 육상 경기를 돕는 일이든, 연구자가 연구를 끝마치도록 자원해서 돕는 일이든 상관없었다. 공감은 또한 장기적 도움에 대한 헌신에도 관련된다. 예를 들어, 여러 자선 단체에서 활동하고 있는 400명 이상의 성인에 대한 분석 결과, 그들은 관점 수용과 공감적 관심 둘 다에서 높은 점수를 보이는 것으로 나타났다(Unger & Thumuluri, 1997).

20세기 가장 용감한 이타주의자(자신을 돌보지 않고 남을 도운 사람) 중에는, 나치가 유린한 유럽에서 유대인을 구하기 위해 자신의 목숨을 건 사람들이 있었다. 그들의 놀라운 노력의 동기를 이해하기 위해, Samuel과 Pearl Oliner는 400명이 넘는 구조자들을 광범위하게 인터뷰했다. 많은 사람들이 공감의 감정이 그들의 행동을 이끌었다고 말했다. 어떤 경우에는 단순히 타인의 위험이나 고통을 자각하기만 해도 자비가 일어났다. 단지 타인이 고통스럽다는 것을 알기만 해도 자비를 불러일으키는 데 충분했다. "나는 일어나고 있는 매일의 고통을 손 놓고 서서 보고 있을 수 없었다"(1988, p. 168). 한편, 공감이 도와달라는 강렬한 간청에 대한 반응인 경우도 있었다. 한 여성은 강제 수용소에서 도망쳐 나온 헐벗고 굶주린 유대인 남자를 도와준 이야기를 하면서, "어떻게 그런 사람을 도와주지 않을 수 있겠어요? …그가 떨고 있었고 나도 감정이 북받쳐 떨고 있었어요"(1988, p. 189).

물론 공감이 인간의 고통에 대한 유일한 반응은 아니다. 인간의 비극과 타인의 고통에 대한 우리의 본능적 반응은 쇼크, 분노, 두려움을 포함할 수 있고, 혹은 무관심이나 양가감정일 수도 있다. 고통받는 것을 보는 것은 개인에게 상당한 고통을 안겨줄 수 있다.

Daniel Batson(1991, 2002, 2010)은 자기고양적이면서 이타적인 관심이 도움행동을 동기화한다고 믿는다. 누군가가 고통스러운 것을 보면, 우리는 스트레스를 받고 스트레스 상황을 피함으로써 안도하려 할 수 있다. 그러나 고통은 또한 공감을 유발하는데, 특히 희생자와 애착을 느낄수록 더 하다. 그러한 '다른' 관점은 우리로 하여금 자기중심적 욕구를 넘어서게 하며, 참된 자비를 반영한다. 우리는 도망이 가능할지라도 도와준다.

통제된 실험실에서 진행된 실험들은 인간 고통에 대한 다른 반응들이 어떤 식으로 행동에 영향을 주는지를 가려내는 데 특히 도움이 됐다. Batson과 동료들(1981)은 스트레스 조건하에서의 과제수행에 대한 연구에서, 몇몇 연구 참가자들에게 '수잔'이라는 젊은 여성이 전기쇼크(가짜)를 받고 있는 것을 보게 했고 그 여성이 그들과 태도와 가치관 면에서 매우 유사하다고 말해주어 공감을 일으켰다(수잔은 실제로는 실험 협조자였고 실제 전기쇼크는 없었다). 실험 과정에서 수잔은 어린 시절 전기 울타리에 떨어진 적이 있는데, 그 때문에 쇼크에 몹시 민감해졌다고 설명한다. 공감을 표현할 수 있도록, 실험자는 관찰자들에게 수잔의 자리로 가서 나머지 쇼크를 대신 받을 수도 있다고 제안한다. 그런 다음 연구팀은 일부 관찰자들에게 실험에서 그들의 파트가 끝났고 수잔의 고통을 그만 봐도 된다고 말한다. 나머지 관찰자들에게는 피해자의 고통을 계속해서 볼 거라고 말한다. 요컨대 이 관찰자들에게 도피는 없다. 결과는 공감적 관심을 느꼈던 사람들이 도피가 가능하든 가능하지 않든 상관없이 도움을 준 것으로 나타났다. 공감을 느끼지 않았던 사람들은 할 수 있다면 도피를 더 많이 선택하는 경향이 있었다.

⊹⊹ 요약

> 개인들은 단순한 자극조차 꽤 다르게 지각할 수 있다. 타인에 대한 판단도 많은 부분 보는 이의 눈에 달려있다. 다른 사람의 입장이 되어봄으로써, 우리는 그들이 보는 것을 보고, 그들이 느끼는 것을 느끼기 시작한다. 연구에 따르면, 공감은 친사회적 행위의 중요한 원천이다. 실제로 실험실 연구는 공감이 참된 이타주의를 촉진할 수 있다는 것을 보여준다.

성급한 판단의 위험성

비록 우리의 지각이 거의 자동적일지라도 항상 정확한 것은 아니다(Kahneman, 2011). 다음 퍼즐을 풀어보라.

이 모양이 나선형으로 보이는가? 이제 도형의 반을 가리고 보라. 일련의 동심원을
보게 될 것이다.

Seckel, A. (2002). *More Optical Illusions*. New York: Carlton Books.

다음 도형의 선들이 직선인가, 혹은 비뚤한가? 자를 대고 검토해보라.

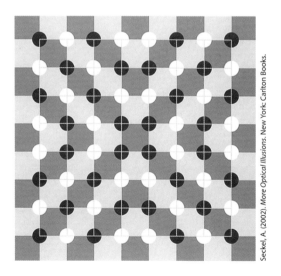

Seckel, A. (2002). *More Optical Illusions*. New York: Carlton Books.

마지막으로 이 패턴에 있는 모든 선들이 같은 길이인가? 재보라.

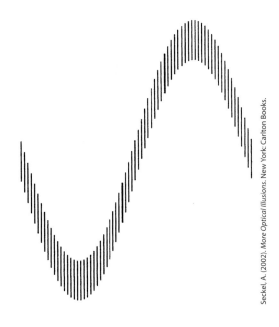

Seckel, A. (2002). *More Optical Illusions*. New York: Carlton Books.

대상들이 항상 보이는 대로는 아니다.

우리는 재빨리 그리고 쉽게 성급한 판단을 내린다(Fiske, 2014). 이는 우리가 다른 사람의 마음을 읽을 수 없기 때문이다(Uleman & Saribay, 2012). 여기 최근 내 강의 수강생들의 몇 가지 인상이 있다. 한번 보라. 당신이 가진 인상은 어떤가? 여기 보고된 누군가와 매치되는 사람이 있는가?

1. **행동** : 이른 아침에 있는 심리학개론 수업의 첫 3일 동안, 한 남학생이 매번 10분씩 늦게 들어왔다. 인상 : 이 지각생은 책임감이 없고, 사려 깊지 못하고, 의욕이 없는 것 같다.

2. **행동** : 한 유학생은 강의실 뒤쪽 근처에 앉는다. 그는 쉬운 질문도 몇 번이고 반복해줘야 했다. 인상 : 이 의욕 없는 학생은 아마도 결코 제대로 공부할 수 없을 것이다. 그는 정신 차려야 한다.

3. **행동** : 첫 시험 전 주에 한 학생이 내 연구실에 몇 차례 와서 강의 교재 이해를 위한 도움을 청했다. 시험 날 그녀는 늦게 도착했고, 시험을 잘 보지 못했다. 인상 : 그녀는 관심받기를 열망하지만, 성공하는 데는 능력과 동기 둘 다가 부족하다.

4. **행동** : 수업 시간에 맨 앞줄에 앉아있는 한 학생은 감정이 없는 것처럼 보인다. 그녀는 주의를 기울이긴 하지만 말 한마디 안 한다. 항상 혼자 들어오고 혼자 나가는 그녀는 인사도 못 본 척한다. **인상** : 그녀는 냉담하고 사회적으로 서툴다. 아마 사회적으로 미숙하기도 한 것 같다.

5. **행동** : 이 수업에서 가장 높은 점수를 받은 학생은 다른 과 학생이다. 자주 히죽거리는 그는 좀처럼 눈 맞춤을 하지 않고, 수업 시간의 토론에 전혀 참여하지 않는다. **인상** : 그는 여기서 그저 코스의 필수사항만 챙기고 있다. 좀 거만한 그는 이 과목이 도전적이지도 흥미롭지도 않다고 생각하고 있다.

각각의 경우에서 학생들의 삶의 상황을 고려했을 때, 이 성급한 판단과 인상들은 매우 잘못된 것임이 입증되었다. 지각생은 혼자 아이를 키우고 있는 아빠였고, 수업 시작 직전에 유치원 버스에 아이를 태워야 했다. 버스를 태운 후 이 애 아빠는 달려서 수업에 들어온 것이다. 유학생은 어떤가? 그는 최근에 아버지가 말기 암이라는 것을 알게 되었다. 그는 아버지를 마지막으로 뵈러 집에 갈 돈도 없었다. 개인적으로 지도를 받은 학생은 학교 오는 길에 자전거를 도둑맞았다. 비록 심각하게 충격을 받고 늦게 도착했지만, 그녀는 열심히 공부했었고, 시험을 연기하고 싶지 않았다. '냉담한' 학생은 학기말 과제에서 이전에는 털어놓은 적이 없었던, 어린 시절 수년간 당한 성적 학대 이야기를 가슴 아프게 기술했다. 이 비극적 경험은 그녀의 정서적, 사회적 삶을 완전히 황폐화시켰던 것이다. 그렇다면 '거만한' 학생은 어떤가? 그는 극도로 부끄럼을 탔다. 그는 심리학을 부전공하려고 그다음 학기 선택과목에 들어왔다.

사람들에 대한 첫인상이 항상 맞는 것은 아니다. 그렇다고 부정적 판단이 항상 잘못되었다거나, 사람들이 자신의 실패에 결코 책임이 없다고 말하는 것은 아니다. 단지 삶의 상황들은 독특하고, 우리가 아는 것 이상으로 행동을 조형한다는 것이다. 성급한 판단은 공감을 방해하는 가장 강력한 경쟁자이다. 우리는 사람들의 행동과 삶의 결과들이 필연적으로 그들의 내적 특성을 반영한다고 생각하는 경향이 있다. 사람들의 행동에 대한 상황의 영향은 덜 분명하고, 때때로 과거에 묻혀있기도 하기 때문에 상황이 행동의 중요한 결정요인임에도 불구하고 흔히 무시된다. 우리는 매우 자주 사람에 초점을 맞추고 (흔히 근거 없는) 성격 특성의 존재를 추정한다. 그러고는 행위에 대한

(보통은 알려지지 않은) 상황의 영향을 무시하거나 줄여서 생각한다(Ross, 1977). 상황적 맥락을 고려하는 데는 시간과 노력이 든다.

심리학자 Martin Hoffman은 "가장 단순하게는 공감이란 다른 사람의 느낌과 같은 것을 느끼는 것이다."라고 했다(Glass, 2001, p. 72에서 인용). "가장 복잡하게는 그의 전체 삶의 상황을 이해한다는 것이다." 자비는 흔히 우리가 참된 이해와 통찰을 구하고 있을 때 표면 밑을 보는 것을 필요로 한다.

그러나 매일의 삶에서의 요구와 압박은 어쩔 수 없이 성급한 판단을 하게 만든다. 우리는 중요한 할 일이 있는 사람들이다. 그것들을 잘 하려고 하고 방해받고 싶어 하지 않는다. 수업도 들어야 하고, 약속도 지켜야 하고, 책도 읽어야 하고, 논문도 써야 하고, 옷 세탁도 해야 하고, 방 청소도 해야 한다. 일정표는 꽉 채워져 있고, 시계 알람이 맞춰져 있다. Lewis Smedes(1982, p. 30)는 일중독자들이 항상 경쟁 우위를 점한다는 것을 관찰했다 — "우리는 너무도 도덕적이기 때문에 변명할 만하다."

Timothy Miller에 따르면, 공감의 첫 단계는 성급한 판단을 내리려는 우리의 경향성을 극복하는 것이다. 그는 "한 사람에 대한 성격, 지능, 의도 혹은 사회적 가치에 대한 대부분의 일괄적인 비난은 무자비한 것이다. 그것들이 이미 말로 표현되었는지 혹은 표현되기 전인지 여부는 중요하지 않다"(1995, p. 101).

다음의 '생각해보기' 부분을 실행해봄으로써 공감을 연습하라. 그런 다음 공감 수준에 대한 선입견과 기대의 효과들을 생각해보라.

🏃 생각해보기

공감 연습

먼저 자비롭지 않은 자동적 반응을 허용하면서, 다음 좌절 상황을 읽는다. 그런 다음 Miller가 제안한 그 사람이 처했을 수 있는 삶의 상황을 고려한 더 공감적 생각을 해본다.

좌절/짜증나는 상황	자비롭지 않은 생각	자비로운 생각
1. 피자 주문이 누락되어서 다시 배달 주문 전화를 해야 한다.		
2. 학교 친구가 자신의 최근 성취를 계속 자랑한다.		

3. 이웃집 개 짖는 소리 때문에 아침 일찍 깬다.		
4. 텔레마케터가 당신에게 자동차 보험을 할인해준다고 전화를 한다.		
5. 공항에서 만나기로 약속한 친구와 만나지 못한다.		

선입견과 기대 : 세상은 공정한가?

다음 문항에 동의하는가? 그것들은 사실인가 혹은 거짓인가?

T   F   **1.** 기본적으로 세상은 공정한 곳이다.

T   F   **2.** 대체로 사람들은 그들이 받은 것을 받을 만하다.

T   F   **3.** '행운'을 얻은 사람들은 보통 자신들의 좋은 운을 받은 것이다.

T   F   **4.** 불운을 맞은 사람들은 흔히 그것을 자초한 것이다.

T   F   **5.** 학생들은 거의 항상 학교에서 그들이 받은 학점을 받을 만하다.

출처 : Selected items from Rubin & Peplau, 1975.

이 문항들에 동의하는가 혹은 동의하지 않는가? 세상이 공정하거나 혹은 공평한 곳이라고 믿는가 혹은 아닌가?

심리학자 Melvin Lerner(1980)가 제안한 것처럼 성급한 판단을 하는 또 다른 이유는 공정한 세상에 대한 뿌리 깊은 믿음이다. 우리는 일반적으로 세상이 받을 만한 것을 받는 곳이라고 믿어야 한다. 어릴 적부터 우리는 권선징악을 배웠다. 성공은 옳은 일을 한 사람의 것이고, 고통은 그렇지 않은 사람의 것이다. 열심히 일하면 성공할 것이고 게으르면 그렇지 않을 것이다.

Lerner에 따르면, 사람들은 자기 자신뿐만 아니라 타인에 대한 공정성에 대해서도 관심을 가진다. 이 관심은 사람들로 하여금 고통 중에 있는 사람들을 돕도록 동기화할 수 있다. 공정한 세계에 대한 믿음을 위협하는 것으로 지각되는 것을 제거하기 위해서 말이다(예 : "만약 나쁜 사건이 남들에게 닥치면, 어허! 아마 내게도 일어날 수 있을 것이다."). 그러나 공정한 세계에 대한 욕구는 또한 불공정을 합리화하게 만들 수도 있다. 2차 대전 후 영국이 독일 민간인들을 베르겐-벨젠 강제 수용소로 데려갔을 때, 한 독일인이 말했다. "이 죄수들은 그런 대접을 받아야 할 만큼 끔찍한 범죄자들이었다."

우리는 상을 받은 사람은 좋은 사람이고 벌을 받은 사람은 악한 사람이라고 믿게 될 수도 있다. 특히 뭔가를 변화시킬 힘이 없다고 느낄 때, 사람들은 받을 만한 것을 받는다는 믿음으로부터, 그들이 받은 것은 그럴 만하다는 쪽으로 한 발짝 옮겨간다.

지각된 차이점

공감 — 그리고 성급한 판단을 하지 않는 것 — 은 우리 모두가 동일한 기본 물질로 구성되어 있다는 자각으로부터 나오는 것 같다. 나치하의 유럽에서 유대인을 구조한 사람들에 대한 Samuel과 Pearl Oliner의 인터뷰에서, 구조자들을 동기화한 것은 인간적 동류의식에 대한 지각이었음을 반복해서 언급하고 있다. 일반적으로 구조자들은 다양한 사람과 집단들에 연결감을 경험했다. 그들은 타인들을 자신과 유사한 존재로 보는 경향이 있었다. 비구조자들은 차이점을 강조하는 경향이 더 많았다. 유사성에 대한 지각이 직계 가족을 넘어서서 아는 사람, 친숙하지 않은 집단, 궁극적으로 전 인류를 포함하는 정도를 평가하는 포괄성 평가를 사용해서, Samuel과 Pearl Oliner는 구조자와 비구조자를 73% 정도 식별할 수 있었다.

보편적 불꽃 : 복잡한 세계에서 헌신의 삶 이끌기(*Common Fire: Leading Lives of Commitment in a Complex World*, Daloz, Keen, Keen, & Parks, 1997)는 100명이 넘는 인도주의자들의 이야기를 소개하고 있다. 비록 타인을 돕는 여러 가지 동기가 있긴 하지만, 모든 개개인은 공통적인 한 가지 경험을 공유했다. 이 미래의 인도주의자들은 어린 시절 그들이 전에는 자신과 아주 다르다고 생각했었던 어떤 사람을 매우 잘 알게 되는 경험을 했다. 함께 일하거나 공부하거나 여행을 하면서, 사람들이 다른 점보다 비슷한 점이 더 많다는 것을 이해하게 되었다. 이 경험은 '우리'와 우리 아닌 사람에 대한 이해를 변화시켰다.

지각된 차이점과 타인의 관점을 가정하지 못하는 분명한 무능력은 행동에 반대의 효과를 갖는다. 공감의 부재를 상상해보면, 사이코패스 범죄자, 아동 성추행범, 배우자나 파트너 학대자, 강간범, 고문 기술자들이 어떻게 그렇게 끔찍한 행위를 할 수 있는지를 이해하게 된다.

요약

> 성급한 판단은 공감의 주요한 장애물이다. 사람들의 행동을 특성으로 이해하려는 강한 경향성은 흔히 삶의 상황들을 간과하게 만든다. 시간의 압박, 공정한 세계에 대한 믿음, 지각된 차이점 또한 자비심을 줄어들게 한다.

용서

고통을 당하는 피해자를 공감하는 것과, 고통의 가해자를 공감하는 것은 별개의 문제다. 특히 우리가 가해의 대상이면 더욱 그렇다. 누군가 당신을 따돌리고, 괴롭히고, 심지어 의도적으로 당신을 무시한 적이 있는가? 그것을 용서하기가 쉬운가? 용서를 해야 하는가? Jack W. Berry와 동료들(2001)이 제안한 범죄 묘사 검사(Transgression Narrative Test, TNT)는 자신에게 해를 가한 사람을 용서하기 쉬운지 여부를 간단하게 측정한다.

✍️ **자 기 평 가**

용서 가능성

자기 자신을 발견할 수 있는 많은 상황들을 다음에 제시하였다. 사람들은 이 상황들에 대해 무엇을 용서할 것인가의 관점에서 다른 방식으로 반응한다. 각 상황을 읽고 그것이 당신에게 일어났다고 상상해보라. 다음 척도를 사용해서 이 상황에 어떻게 반응할 것이라고 생각하는지를 체크하라.

1=절대 용서 못한다   2=용서 못할 것 같다   3=중간이다
4=용서할 수 있다   5=틀림없이 용서한다

_____ **1.** 수업에서 이따끔 보는 어떤 친구가 주말에 과제가 있었다. 당신은 이미 이 과제물을 제출했고, 당신 친구는 시간에 쫓기고 있다면서, 당신에게 참고할 수 있도록 과제물을 빌려달라고 요청한다. 당신은 동의하고, 그 친구는 당신의 과제물을 그냥 타이핑만 다시 해서 제출한다. 교수는 그 페이퍼를 알아보고,

둘 다 교수실로 불러 꾸짖고 학사경고를 주지 않은 것을 다행으로 알라고 말한다. 그런 상황에 놓인 자신을 상상해보고, 과제물을 빌려줬던 그 사람을 용서할 수 있을지 평가하라.

_____ **2.** 꽤 친한 친구가 당신에게 다가올 휴일을 위해 여분의 돈이 좀 필요하다고 말한다. 당신은 2~3일 정도 밤에 세 살짜리 아이를 돌봐줄 사람을 구하는 부부를 알고 있고 그 친구를 추천한다. 친구는 고마워하며 그 일을 하기로 한다. 첫날 밤에 아이는 당신 친구가 TV를 보다 잠이 든 사이 침대에서 빠져 나와서 부엌 싱크대 아래에 있던 액체 세제를 마신다. 아이는 앰뷸런스로 병원에 옮겨지고, 상태 관찰과 치료를 위해 이틀 동안 병원에 입원한다. 아이 부모는 당신에게 말하지 않을 것이다. 그런 상황에 놓인 자신을 상상해보고, 친구를 용서할 수 있을지 평가하라.

_____ **3.** 한 친구가 당신의 구직 서류를 마감 기한까지 우체국에 내주겠다고 한다. 일주일 후 당신은 잠재적 고용주로부터 편지를 받는다. 당신의 지원서류가 마감 기한 이후의 우편소인이 찍혔고 자신들은 이 부분에 대해 매우 엄격한 방침을 가지고 있기 때문에 받을 수 없다는 것이다. 당신 친구는 그날 옛 친구를 만나서 점심을 먹다가 시간 가는 줄을 몰랐다고 말한다. 서류를 기억해냈을 때는 우체국이 문 닫는 시간이었고 거기에 가려면 미친 듯이 뛰어야 했을 것이라는 것이다. 그는 마감이 보통 그리 엄격하지 않다고 생각하고 다음 날 아침까지 기다렸다가 서류를 우편으로 부쳤다. 그런 상황에 놓인 자신을 상상해보고, 제시간에 지원서류를 부치지 않은 그 친구를 용서할 수 있을지 평가해보라.

_____ **4.** 고등학교 졸업 후 당신은 새로 일을 시작한다. 고등학교 때 반 친구도 거기서 일하고 있음을 알게 된다. 당신은 아는 사람이 있어서 잘 됐다고 생각한다. 그 친구는 당신 무리의 일원은 아니었지만 최소한 알아보는 얼굴이다. 둘은 곧바로 죽이 맞아서 옛날이야기를 나눈다. 몇 주 후 당신은 카페에서 점심을 먹다가 당신이 근처에 있는 줄 모르고 동료 몇 명이 나누는 이야기를 우연히 듣는다. 그들은 당신 이야기를 하며 웃고 있다. 당신을 욕하고 적개심을 보이기까지 한다. 당신 친구가 당신이 매우 부끄럽게 생각하고 남들이 알기를 원치 않는 학교 때 일을 그들에게 이야기했음을 알게 된다. 그런 상황에 놓인 자신을 상상해보고, 당신의 비밀을 남들에게 이야기한 옛 친구를 용서할 수 있을지 평

가하라.

5. 어렸을 때 이후로 본 적이 없는 먼 친척이 어느 날 전화를 해서 일자리와 있을 곳을 구할 때까지 함께 지낼 수 있는지 묻는다. 당신은 좋다고 한다. 그는 그날 밤 버스 정류장까지 자신을 데리러 와달라고 요청하고 당신은 그렇게 한다. 다음날 아침 그에게 일자리와 이 지역 아파트에 대해 조언을 해주고 볼일을 보러 나간다. 그날 밤 집에 들어오다, 집 앞에서 친척과 이웃이 말다툼하고 있는 것을 목격한다. 친척은 보기에도 만취해서 욕을 하고 그야말로 통제불능 상태였다. 당신은 무슨 일인지 묻는다. 그때 친척이 순식간에 병을 던져서 당신 머리 옆쪽이 찢어진다. 경찰이 오고 실랑이 끝에 친척을 제압하고 당신은 응급실로 가서 상처를 몇 바늘 꿰맨다. 다음날 오후 친척은 경찰서로부터 오라는 연락을 받는다. 그는 모든 일에 대해 미안하다며 자신답지 않았다고 말한다. 그는 그날 세 군데의 일자리로부터 거절당해서 화가 났었다는 것이다. 그런 상황에 놓인 자신을 상상해보고, 그 친척을 용서할 수 있을지 평가하라.

👤 **채점** 총점을 구하기 위해, 다섯 가지 상황에 대한 평가치를 더한다. 총점의 범위는 5~25점이고 점수가 높을수록 용서할 수 있는 성향이 큼을 나타낸다. 대서양 연안 도시에 있는 대학의 대학생 88명 표집에서 얻은 평균치는 13.3점이다.

용서 기르기

용서는 누군가 당신에게 행한 나쁜 일에 대해 분개하고 복수하고 싶은 마음을 느끼는 것을 멈추려는 의도적 결정을 수반한다. Michael McCullough와 동료들(2000)에 따르면, 용서의 핵심은 동기의 변화다. 나쁜 일을 한 사람이 용서를 받을 만한 자격이 있는지 여부에 상관없이 하는 것이다. 용서할 때 사람들은 가해자에게 위해를 가하려는 행동을 덜하게 된다. 실제로 그들은 자신들을 이롭게 할 방식으로 행동하도록 더 동기화된다.

용서는 신체적 건강, 심리적 웰빙, 호의적인 관계와 긍정적으로 연관되는 것 같다(McCullough et al., 2009). 용서하는 사람은 용서를 덜 하는 사람에 비해 불안이 낮고, 우울, 적대감 및 분노를 적게 보고한다. 용서의 동기가 강한 사람은 (혹은 남에게 피해를 당했을 때 복수심을 품지 않는 사람은) 니코틴 의존이나 물질 남용 문제가 적다.

용서가 신체적 웰빙과 관련 있다는 연구는 특별히 흥미롭다. 예를 들면 Charlotte vanOyen Witvliet과 동료들(2001; Witvliet & McCullough, 2007)은 대학생들을 대상으로 현실 속 범죄자들에 대해 용서하는 방식과 용서하지 않는 방식으로 반응하는 상상을 하게 하고 대학생들의 생리적 반응을 검사했다. 이 같은 상상을 하게 하는 동안, 범죄자도 인간임을 강조하고 용서하는 것을 상상하도록 했을 때 학생들의 생리적 스트레스와 부정 정서 수준은 낮게, 긍정 정서 수준과 지각된 통제감은 높게 경험되었다. 그 의미는 분명하다—용서를 택한 사람들은 최소한 단기적으로라도 심리적 및 생리적 이득을 얻을 수 있다. 다른 연구는 용서를 상상하는 것이 실제로 혈압을 낮추고 심장박동률을 감소시킨다고 제안한다. 그 반대도 마찬가지다. 참가자들은 아직 용서해야 할 과거 폭력에 대해 원한을 곱씹거나 논의할 때 그 반대의 결과를 보였다(Lawler et al., 2003; Witvliet et al., 2001). 마지막으로 용서 성향은 양질의 사회적 지지와도 관련되고, 그것은 긍정적, 정신적, 신체적 건강과 연결된다(House, Landis, & Umberson, 1988).

당신은 어떤가? 당신에게 나쁜 짓을 한 사람과 친사회적 관계를 고취하기 위해서 용서하고 그의 죄를 잊을 수 있는가? 다음 척도는 범죄−관련 대인관계 동기 질문지(Transgression-Related Interpersonal Motivations Inventory, TRIM-18)로서, 용서 동기를 측정한다.

📝 **자기평가**

TRIM-18

다음 질문을 읽고, 당신에게 피해를 입힌 사람에 관한 현재의 생각과 느낌을 평가하라. 즉 **바로 지금** 당신이 그 사람에 관해 어떻게 느끼는지를 평가하라. 문항 옆에 현재 생각과 느낌을 가장 잘 기술하는 숫자를 써넣으라.

절대 동의하지 않는다	동의하지 않는다	중간이다	동의한다	매우 동의한다
1	2	3	4	5

_____ **1.** 나는 그에게 대가를 치르게 할 것이다.

_____ **2.** 나는 우리 사이에 가능한 한 거리를 많이 두려고 노력하고 있다.

_____ **3.** 그의 행위가 내게 상처를 줬지만 나는 그에 대해 선의를 갖는다.

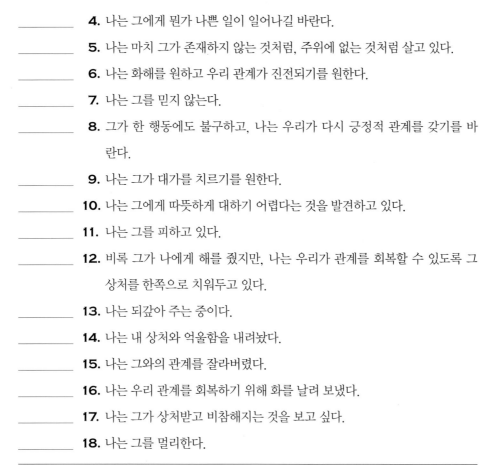

_____ **4.** 나는 그에게 뭔가 나쁜 일이 일어나길 바란다.

_____ **5.** 나는 마치 그가 존재하지 않는 것처럼, 주위에 없는 것처럼 살고 있다.

_____ **6.** 나는 화해를 원하고 우리 관계가 진전되기를 원한다.

_____ **7.** 나는 그를 믿지 않는다.

_____ **8.** 그가 한 행동에도 불구하고, 나는 우리가 다시 긍정적 관계를 갖기를 바란다.

_____ **9.** 나는 그가 대가를 치르기를 원한다.

_____ **10.** 나는 그에게 따뜻하게 대하기 어렵다는 것을 발견하고 있다.

_____ **11.** 나는 그를 피하고 있다.

_____ **12.** 비록 그가 나에게 해를 줬지만, 나는 우리가 관계를 회복할 수 있도록 그 상처를 한쪽으로 치워두고 있다.

_____ **13.** 나는 되갚아 주는 중이다.

_____ **14.** 나는 내 상처와 억울함을 내려놨다.

_____ **15.** 나는 그와의 관계를 잘라버렸다.

_____ **16.** 나는 우리 관계를 회복하기 위해 화를 날려 보냈다.

_____ **17.** 나는 그가 상처받고 비참해지는 것을 보고 싶다.

_____ **18.** 나는 그를 멀리한다.

채점　　TRIM-18은 세 가지 하위척도로 구성된다—회피 동기, 보복 동기, 자애 동기.

회피 동기 : 2, 5, 7, 10, 11, 15. 18번 문항 점수를 더한다. 높은 점수는 가해자와의 접촉을 피하려는 동기를 나타낸다(점수 범위는 7~35점).

보복 동기 : 1, 4, 9, 13, 17번 문항의 점수를 더한다. 높은 점수는 가해자에게 복수하려는 동기를 나타낸다(점수 범위는 5~25점).

자애 동기 : 3, 6, 8, 12, 14, 16번 문항의 점수를 더한다. 높은 점수는 가해자를 용서하고 관계를 지키려는 욕구를 나타낸다(점수 범위는 6~30점).

TRIM-18의 세 가지 하위척도에서 당신의 점수를 검토하라. 회피 점수가 얼마나 높은가? 피해를 준 사람을 피하는 것은 그 사람을 결국 따돌리지 않는 이상 정상적인 반응이다. 따돌림(ostracism)은 인간관계의 거부를 포함한다. 다른 사람을 의도적으로 무시하고 거부하고 배제하는 것이다(Williams, 2001). 따돌림은 상처를 준다. 다른 사람 혹은 사람들에 의해 사회적으로 거부당한 사람은 사회적 고통이 지속되고, 분노를 경험하고, 외로움을 느끼며, 자존감은 고통받는다(Williams et al., 2002). 어떤 의미에서 다른 사람을 따돌리는 것은 — 그가 잘못을 했고 그런 대우를 받아 마땅한 사람일지라도 — 그 사람에게 당신이 경험했던 것과 유사한 느낌을 만들어낸다. 만약 복수가 목적이라면 가해자를 진지한 방식에서 피하는 것은 효과적일 수 있다. 하지만 당신이 진정 원하는 것이 상대방에게 괴로움을 주는 것인가? 자비심을 가지고 용서를 하면 아마도 당신에게 더 나은 행위과정을 가져다줄 것이다.

이제 당신에게 상처 준 사람을 기꺼이 용서할지에 대해 좀 생각해 봤을 것이다. 이 사람에 대한 생각과 느낌을 탐구할 수 있는 한 가지 훈련, 즉 용서일지(Forgiveness Journal)를 더 해보자.

생각해보기

용서일지

아마도 대부분의 사람들이 누군가로부터 받은 상처의 기억과 함께 살아간다. 흔히 그 누군가는 우리와 친밀한 사람이었다. 우리는 용서해야 하는가? 그리고 용서할 수 있는가? 용서는 선택이다(*Forgiveness is a Choice*)에서 Robert D. Enright(2001)는 당신에게 상처를 준 사람의 스토리를 이야기해볼 것을 제안한다. 자비를 기르는 노력의 일환으로 당신의 일지는 다음의 질문들을 강조할 것이다.

1. 가해자가 성장할 때 그의 삶은 어떠했는가? 대부분의 상처는 가까운 사람에 의해 일어나기 때문에, 우리는 보통 그들 삶의 역사를 어느 정도 안다. 가해자의 세계로 들어가서, 그 사람의 취약성에 기여했을 수 있는 그의 과거에 관해 서너 가지 정도 기술해본다. 용서(forgiving)와 변명(excusing)을 혼동하지 않도록 주의하라. 그 사람의 고통이 내 것이 되지는 않도록 한다.

2. 상처가 된 사건 당시 그 사람의 삶은 어떠했는가? 그가 어떤 생각과 느낌이었을지 상상해보라. 그가 상당한 압력하에 있거나 상처받기 쉬운 취약한 상태였는가?

3. 그 사람과 당신의 관계에 대한 이야기를 더 넓게 말해보라. 당신은 그 사람을 얼마나 오래 알고 지냈는가? 좋은 시간을 함께한 적이 있었나? 그 사람이 훌륭한 판단이나 강인한 성품을 보였던 경우를 최소한 3번 생각해보라.

4. 그 고통스러운 사건의 결과로서 가해자가 당신보다 더 나쁜 상황에 있을지도 모를 상상도를 적어보라. 그 일 때문에 그의 삶은 어떠한가?

5. 그 사람은 나쁜 행동을 제외하면 어떤 것 같은가? 용서는 그 사람이 당신의 남자친구 혹은 여자친구, 고용주, 혹은 친한 친구로 돌아오는 것을 환영해야 한다는 의미는 절대 아니다. 단지 그 사람을 내재적 가치를 가진 인간 공동체의 구성원으로 바라보려고 노력하라. 이전 질문에 대한 당신의 대답을 재검토하고 무엇이 그 사람을 인간으로 만들지를 기술하라.

6. 그 사람에 대한 당신의 관점이 이 질문들에 대답하는 과정에서 어떤 방식으로 변화했는가? 그 사람에 대한 스토리를 여전히 심화하고 넓혀야 하는 뭔가가 있는가?

⣏⣿ 요약

> 우리에게 해를 끼친 사람들에 대한 공감은 특별한 도전이다. 하지만 용서는 웰빙과 정적으로 연결되어 있다. 그 사람에 대한 스토리를 다시 이야기해보는 것은 용서로 가는 효과적인 경로일 수 있다.

공감 기르기

왜 공감을 기르는가? 먼저 자비를 발전시킴으로써 얻게 되는 많은 이득을 생각해보자.

공감의 이득

철학자와 심리학자들 모두 공감이 인간 도덕성의 기반이라고 주장해왔다. 도덕적 의무를 수행하는 도구라는 이유만으로도 공감을 기를 수 있다. 그러나 자비는 의무 이상이다. 여러 가지 면에서, 공감은 세상에서 가장 자연스러운 것이다. 우리 대부분은 공감이 프로그램 되어 있다. 신생아들은 다른 아기의 울음소리에 반응해서 같이 운다.

단순한 메아리가 아니라, 격렬하고 치열하고 자발적인 울음이다. 그것은 주의를 끌고 우리로 하여금 위로를 제공하게 한다. 병원의 신생아실에서 한 아기의 괴로움은 울음 합창을 유발할 수 있다. 만 2세 이전의 아동들도 흔히 가장 기본적인 형태의 자비와 도움행동을 보인다. 예를 들어 완전 이성을 잃은 형제자매에게 장난감을 주는 것 같은 행동 말이다. 종종, 홀로코스트 동안 유대인을 구출한 자신들의 동기를 생각해보도록 요청받은 사람들은 자기 자신을 영웅적으로 보는 것을 거부했다. "나는 그렇게 하는 것이 지극히 당연한 일이라고 말할 수밖에 없어요."라든지 혹은 "나는 특별한 일을 한 게 아니에요. 거기에 있었다면 누구라도 그렇게 했을 거예요.", 혹은 "그들이 다른 어디에 갈 수 있었겠어요? 내가 받아줘야지."

주의를 타인에게 돌림으로써, 자비는 자기 자신에게 너무 정신이 팔리는 것을 막아주고 더 많은 목적과 자유를 가지고 살 수 있게 해준다. 마더 테레사는 "심하게 고통받는 사람들에게 자비로운 마음으로 손을 내미는 것 말고는, 그 어떤 것도 당신을 행복하게 만들지 못한다."라고 했다(Myers, 1992, p. 194). 캘커타의 사랑의 선교회에서 활동하며 배운 것을 돌아보며 한 자원봉사자는 다음과 같이 썼다. "한 가지 교훈은 당신이 자기 자신이 아닌 다른 사람의 취약성에 대해 생각할 때 덜 취약하게 된다는 점이다. 다른 사람들을 돕는 데 온전히 몰두할 때, 우리 자신의 두려움에 대해 걱정할 시간이 거의 없다는 것을 알게 된다. 그 결과 그 두려움은 사라지게 된다."

Neal Plantinga도 이와 똑같은 단순한 진리를 발견한다. "자기 자신에게 관심이 몰두될수록, 흥미로운 것을 발견하기가 더 어려워진다. 다른 사람에게 진심으로 열중하지 못하고 그들에 대한 동일시나 관심도 없다면, 다시 말해 자비심이 부족하면 자신의 세계는 자신의 두개골 속 비좁은 구역으로 축소된다. 인생은 말할 것도 없고 장거리 자동차 여행도 혼자하게 되면 …"(1987, p. 17).

생각해보기

행복과 도움 주기

간단한 검사를 해보자. 당신이 잘 아는 10명을 머리글자나 닉네임을 써서 적어보라.

1. _____

2. _____

3. _____
4. _____
5. _____
6. _____
7. _____
8. _____
9. _____
10. _____

각 이름 옆에, 그 사람이 행복한 편이면 H, 행복하지 않은 편이면 N을 쓴다.

목록을 다시 살펴보면서 그 사람이 이기적인 편이라면, 즉 주로 자신의 관심과 복지에 시간과 자원을 쓰고, 타인에 의해 불편해지는 것을 꺼리는 안정적 경향성을 보인다면 S를 쓴다. 그 사람이 이기적이지 않다면 U를 쓴다.

목록을 검토해보라. H와 N, S와 U 간에 어떤 패턴이 있는가?

대부분의 사람들은 행복한 사람은 이기적이지 않을 거라 지각한다. 마찬가지로 행복하지 않은 사람은 이기적으로 특징짓기 더 쉽다. Bernard Rimland(1982)는 이러한 관계가 재미있는 역설을 제공한다는 데 주목한다 — 이기적인 사람은 자기 자신의 행복을 위해 몰두하는 사람이다. 그러나 다른 사람이 판단할 때, 이 이기적인 사람은 남을 행복하게 하는 데 몰두하는 사람에 비해 행복할 확률이 훨씬 낮다.

용서와 마찬가지로 공감-유도 이타주의(empathy-induced altruism) 또한 신체적·심리적 웰빙을 증진한다(Batson, 1991, pp. 222-223). 정기적으로 친사회적 행위에 참여한 1,700여 명의 여성을 조사한 결과, 돕는 동안에는 '감정의 고조(high)'를 경험했고 그 후에는 '평온함(calm)'을 경험했다. 유사하게 심장병 환자들로 하여금 타인의 복지에 대해 관심을 갖게 하고 타인을 위해 뭔가를 하도록 했을 때, 환자들의 기분이 더 좋아졌을 뿐만 아니라 실제로 관상동맥 막힘 증상이 감소했다. Robert Cialdini에 따르면(Elias, 2002, p. 4A에서 인용), '헬퍼스 하이(helper's high)'는 스트레스 호르몬의 영향을 낮추고 면역계를 강화한다.

실제로 "받는 것보다 주는 것이 더 좋다."는 오래된 격언은 사실인 것 같다. 자비심이 많은 사람은 더 오래 산다. 미시간대학교 심리학자인 Stephanie Brown과 동료들 (2003)이 423쌍 커플을 5년 주기로 추적 조사한 결과, 지원과 도움을 주는 것이 받는 것보다 장수의 훌륭한 예언자임을 발견했다. 매일매일 도움을 준다고 보고한 사람들은 연구가 끝날 때까지 사망 확률이 절반이었다. 그들이 연구 시작 단계부터 더 건강한 것은 아니었음을 확인하기 위해 연구자들은 장수와 연관된 일련의 요인, 예를 들면 나이, 성, 흡연, 음주 등을 통제했다.

공감 발전시키기

어떻게 공감을 기르는가? 어떻게 우리 자신 안에 그리고 우리 아이들 안에 사회적 자비를 기를 것인가? 적절한 심리학적 연구들에 대한 이 장의 간략한 개요가 몇 가지 구체적인 대답들을 제시한다.

1. **새로운 안경을 껴라.** 만약 실제로 우리가 사람들의 행동에 대해 성급한 판단을 내린다면 반대로 행동하는 것을 훈련하도록 돕는다. 특히 상대가 우리를 짜증나게 할 때는 더 그렇다. 그녀의 어떤 상황요인들이 그녀가 약속했던 대로 전화하는 것을 방해했는가? 그의 인생에 무슨 일이 있었길래 그처럼 소통하기도 어렵고 쌀쌀맞아 보이게끔 만들었는가? 어떤 요인이 그로 하여금 실제로 일어난 것을 과장하고 왜곡하도록 만들었는가?

2. **수용기를 켜라.** 자비를 훈련하는 데는 능동적 경청이 필요하다. 우리와 가까운 사람뿐만 아니라 매일 삶에서 거의 이야기할 일이 없는 고통받는 사람들의 이야기를 경청한다. Alfie Kohn(1990, p. 162)은 "노숙자들과 이야기하는 시간을 갖다 보면, 그들이 가진 아주 적은 것을 누군가 훔쳐 갈까 봐 잘못된 장소에서 잠드는 것이 얼마나 두려운 일인지, 절망을 가리기 위해 어떻게 술을 마시는지, 골목과 공원 등에서 얼마나 격렬하게 충실한 우정이 꽃 피는지를 배우게 된다. 이것은 추상적 문제(노숙자)를 진짜 인간 존재로 변하게 하는 것이다."라고 썼다.

3. **스토리와 영화들로부터 배워라.** 이야기는 사회적 문제에 인간의 얼굴을 덧씌우고, 자기 자신과 아이들을 위한 유익한 의사소통 채널을 제공한다. 우리들을 특별한 개인과 가족들의 경험으로 데려다주는 영화는 공감을 기르는 데 특히

효과적이다. 여러 해 전에 두 가지 영화 시리즈 — '뿌리(Roots)'와 '홀로코스트 (Holocaust)' — 가 미국 흑인과 유대인의 고통에 큰 공감을 일으켰다. 더 최근에는 알츠하이머 질환을 묘사한 '스틸 앨리스(Still Alice)'와 AIDS 질환에 걸린 사람의 눈을 통해 AIDS를 보도한 '달라스 바이어스 클럽(Dallas Buyer's Clubs)'은 끔찍한 질병으로 고통받는 사람들에 대한 공감을 발전시켰다.

4. **경험의 범위를 넓혀라.** "당신이 그들처럼 살지 않는다면 어떻게 가난한 사람들을 진심으로 알 수 있겠는가?" 마더 테레사는 이의를 제기했다(1995, p. xxxi). 대학 캠퍼스에서 가장 고무적인 발전 중 하나는 봉사교육의 폭발적인 증가였다. 프로그램들에 참여한 학생들은 이후에 시민연대, 사회적 책임, 협동, 리더십에서 더 좋은 결과를 보였다(Andersen, 1998; Putnam, 2000). 노숙자 쉼터에서 자원봉사를 한 후에 한 학생은 다음과 같이 적었다. "쉼터에서 내가 한 일은 정서적 학습이었다. 나는 내 마음속에 우리와 그들 간 장벽을 만든 나의 가정(assumption)들에 직면하도록 강요당했다. 무료 급식을 필요로 하는 예전 고등학교 동창이 노숙자들 틈에서 나타났을 때, 나는 얼마나 좁은 선이 내 삶과 그녀의 삶을 분리시켰는지를 깨달았다. 나는 돌봄이 취미가 아니라 소명이 되는, 남을 돕는 직업에 경력을 추가했다"(Mother Teresa, 1995, p. 183).

5. **역할극** 잠시만이라도 우리와 가장 가까운 사람의 역할을 가정해보는 것은 상호적 이해를 증진할 수 있다. 고민상담가 Ann Landers(1990)의 마음 따뜻해지는 메모를 읽어보라.

> 내가 아내에게 고맙다고 말할 수 있게 당신이 도와주길 바랍니다. 우린 둘 다 직장에 다니고, 가계를 꾸리기에 충분합니다. 어젯밤 우리는 세탁기에서 건조기로 옮겨야 할 세탁물 한 무더기가 남아있다는 것을 알았지만 둘 다 잠이 들었어요. 나는 12시 15분쯤 잠에서 깼는데, 내 아내가 내일 일하러 갈 때 입을 옷이 세탁기 안에 있다는 것을 알았죠. 그래서 건조기에 그 옷들을 넣어야 겠다고 생각했어요. 세탁실에 갔을 때, 건조기 안은 꽉 차 있었고 세탁한 옷을 담는 바구니도 마찬가지였어요. 나는 다음 세탁물을 위한 공간을 마련하기 위해 속옷과 양말을 접어서 정리하기 시작했어요. 한 바구니 안에 최소 100개 정도의 세탁물이 있었고, 나는 내 아내가 매주 최소한 네댓 무더기의

빨래를 처리한다는 것을 알았어요. 음, 35분 정도 차가운 시멘트 바닥에 서 있고 나서, 나는 내 아내가 불평 한마디 없이 매주 여러 번 해온 일에 대해 깊은 감사를 느꼈어요. 나는 이 글을 익명으로 하기로 결정했어요. 왜냐하면 아마도 제 아내 같은 수천 명의 여성들이 있을 거예요. 그리고 나는 그들 모두가 이 감사의 글이 자신을 고마워하는 배우자로부터 온 것이라고 생각했으면 좋겠습니다.

– 행운의 사나이, Canton, Ohio

6. **유사성을 보라.** 자비를 기르기 위해서 우리는 직계가족, 집단, 나라를 넘어서 인류 전체로 연대감을 확장시켜볼 필요가 있다. Robert C. Roberts(1982, p. 110)가 주목했던 것처럼, 고통, 약점, 죽음에 대한 취약성은 모든 인간 존재가 절대적으로 공유하는 것이다. 이런 측면에서 우리는 함께 하는 모든 이들과 동지이다. 나 역시 질병과 요절에 취약하다. 내가 하는 일이 행복하지 않거나 실직을 한다면 나 역시 고통스러울 것이다. 가족 불화나 사랑하는 사람의 거부도 경험할 수 있다. 그러한 알아차림이 쉽지는 않지만, 공감과 자기이해의 발달에 필수적이다.

7. **무작위로 친절을 베풀라.** 아리스토텔레스는 "우리는 단지 행동을 훈련함으로써만 그렇게 된다. 자기통제를 훈련함으로써 자기통제 하게 하고, 용기 있는 행동을 수행해야 용감해진다."라고 말했다. 그리고 우리는 자비를 훈련함으로써 자비롭게 된다. 우리의 행동은 강력하게 우리의 태도를 조형한다(Wilson, 2011). 우리는 우리가 원하는 사람이 될 수 있다.

8. **도움이 되는 아이로 길러라.** 몇몇 아이 양육 훈련은 자비의 습관을 강화한다.

   a. 책임감 있는 부모가 되라. 아이들과 따뜻한 양육관계를 맺는 부모들은 아이들이 세상이란 자애롭고 안전한 곳이라는 믿음과 느낌을 갖고 삶에 접근하도록 가르친다. 그 결과 아이들 스스로 더욱 배려적이 된다. 아이들에게 공감을 가르치기 위해, 사람들은 아이들에게 공감을 보여주어야 한다(Borba, 2001).

   b. 아이들의 정서적 단어를 개발하라. 부모가 아이들의 느낌에 채널을 맞추고 무엇이 정서의 원인인지를 알아차리고 그 느낌에 이름을 붙일 때 공감을 길러주게 된다. 아이가 정서적 능력을 획득하면 그들은 다른 사람의 관심과 요구를 더 잘 이해하고 경험할 수 있게 된다(Borba, 2001).

c. 아이들에게 당신이 어떻게 느끼는지를 알게 하라. 아이들은 자신이 타인에게 반응한 것에 대한 부모의 설명에 의해 분명히 영향을 받는다. 자비-모델링 부모는 자주 타인의 관점을 고려하고(아들아, 내 생각에는 웨이트리스가 오늘 길고 힘든 하루를 보내서 우리가 주문한 음료를 잊어버린 것 같아) 그에 따라 행동한다.

d. 이유를 제시하라. 부모와 선생님들은 규칙에 대한 이유, 더 구체적으로는 괴롭힘과 도움이 다른 사람에게 주는 영향을 설명해주어야 한다("네가 친구와 너의 종이인형을 공유하면, 친구도 재미있을 거고 그 애를 행복하게 만들 거야."). 규율에 대해 처벌보다는 합리적인 방식으로 양육된 대학생들은 후에 사회봉사와 정치적 활동에 참여하기 더 쉽다(Kohn, 1990, p. 90).

e. 직접 경험을 제공하라. 아이들은 다른 경험을 위해 학교를 떠날 필요는 없다. 메릴랜드 주 컬럼비아의 스완필드 초등학교에서는 유치원부터 5학년까지 모든 학생들을 대상으로 몇 년 동안 학교의 장애 이해 교육의 날에 직접 경험으로 자비를 교육해왔다(Peterson, 1992). 학교 전체가 그날을 안내견과 함께 하는 사람, 휠체어를 탄 사람을 포함해서 장애를 가진 사람들과 보낸다. 그 같은 접촉은 이해를 촉진시켜 부정적인 성급한 판단을 감소시키는 방법이다.

f. 협동학습을 도입하라. 연구에 따르면, Elliot Aronson(Aronson & Bridgeman, 1979; Aronson & Patnoe, 2011)의 '조각그림(jigsaw)' 기법은 아이들의 일반적 공감능력을 길러준다. 조각그림은 성공을 위해서 모두의 협동적 노력이 필요한 집단학습 경험이다. 예를 들어 역사 수업 학생들을 각각 5~6명씩의 소집단으로 나눌 수 있다. 프랑스에 대한 단원에서 한 학생은 프랑스 문화, 또 다른 학생은 정치체제, 또 다른 학생은 경제에 대한 전문가가 되도록 할당한다. 먼저 여러 '전문가들'이 그들에게 할당된 몫에 대해 조사하기 위해 만난다. 그런 다음 각 전문가는 자기 소집단으로 돌아가서 자신이 학습한 것을 수업에서 가르친다. 학생들은 서로에 의지하는 것을 빠르게 배운다. 각자는 퍼즐의 한 조각을 갖는다. 학습 재료를 숙달하는 유일한 방법은 모든 집단 구성원이 말하는 것에 주의를 기울이는 것이다. 학생들은 분명하고 위협적이지 않은 방식으로 질문을 하기 위해서 주의 깊게 듣고 서로의 입장이 되어보는 것을 배우게

된다. 자신감 있는 학생들은 더 말수가 적은 학생들로부터 배우기 위해 주의 깊게 들어야 한다. 그들은 차례차례 자신이 친구들에게 기여할 중요한 무언가를 가졌다는 것을 배운다. 연구의 발견들은 그 전략이 '그 사람들'을 '우리'로 바꿔주고, 새롭게 발견된 공감은 다른 관계로 흘러넘친다고 제안한다.

g. 자비로운 자기상을 격려하라. 실천하는 경험은 행위에 의해 학습을 촉진할 뿐만 아니라 자신을 자비롭고 배려하는 사람으로 생각하도록 격려한다. 따라서 자기충족적 예언이 동작에 담긴다. 좋은 행동을 하는 데 대한 충분한 정당성을 아이들에게 상기시켜주는 것은 그런 행동을 스스로 수행하는 데 있어서 즐거움을 증진시킬 수 있다. 게다가 아이들이 관대하게 행동할 때 예기치 않은 칭찬, 예를 들면 "동생을 도와주는 데 기꺼이 시간을 내줘서 훌륭하구나." 같은 칭찬은 공감적 자기상을 강화하고 지속적인 관대함을 촉진할 수 있다.

9. 타인을 돕는 것은 우리를 돕는다. 남을 도우면 기분이 좋고, 따라서 우리의 행동은 웰빙을 증진한다. 타인을 공감하고 적극적으로 그 느낌에 따라 행동할 때 정신적으로 신체적으로 이득을 본다(Dillard et al., 2008; Omoto, et al., 2009). 예를 들어 자원 봉사에 참여하면 심리적 웰빙이 증진된다(Piliavin & Siegl, 2008). 미국 9·11 테러 공격 이후 사람들을 도왔던 여성들은 도움을 제공하지 않았던 비교 여성 집단에 비해 시간이 지나면서 고통에 큰 폭의 감소가 나타났다는 연구가 있다(Wayment, 2004). 삶에서 자원봉사의 기회를 가질 수 있을지 생각해보라. 당신과 당신이 도와준 사람은 당신이 한 일에 대해 감사할 것이다.

⸬ 요약

공감은 우리가 더욱 더 목적과 자유를 가지고 살 수 있게 해주고, 신체적·심리적 건강을 좋게 한다. 공감의 증진은 장애물을 극복하려는 의식적 노력으로부터 시작된다. 타인의 삶의 상황을 아는 것은 공감 증진을 돕는다. 그런 다음에는 능동적 경청이 공감의 중요한 부분이 된다. 역할극이라도 해서 간접적으로 타인의 경험을 공유하는 것도 도움이 된다. 반응적이고 애정 어린 부모들은 공감의 모델을 제공한다. 아이들이 직접 해보는 경험은 어려움에 처한 사람들과 유대감을 형성하게 하고, 자비로움이 포함된 자기상을 구축하게 한다.

자기통제

즉각적 보상의 힘
내적 상태 통제하기
자기통제력 기르기
장기적 전망 갖기 : 끈기

*나는 적을 정복한 것보다 자신의 욕망을 극복한 것이 더 용감하다고
생각한다. 가장 어려운 승리는 자신을 넘어서는 것이기 때문이다.*
– Aristotle(384~322 B.C.)

호머의 오디세이에 나오는 오디세우스는 인간의 욕망과 충동의 힘을 알고 있었다. 그는 그가 해야 할 일을 알았지만, 그것을 할 수 있는 자신의 능력이 의심스러웠다. 오디세우스는 스스로를 파괴하는 것을 막기 위해 선제 행동을 택했다. 달콤한 멜로디로 남자들을 암초로 유인해 배를 난파시키는 사이렌을 지나 항해하기 위해, 그는 선원들의 귀를 밀랍으로 봉하고 배의 돛대에 스스로를 결박했다.

현대적 예로 생각해보자.

덴버에 있는 코카인 중독 센터에서 환자들은 강제 조항을 따라야 한다. 그들은 중요한 사람 앞으로 약물남용을 고백하는 편지를 쓴다. 편지는 클리닉에 맡겨지고, 그들은 무작위 스케줄의 임상검사를 받는다. 만약 임상검사에서 코카인 사용 증거가 발견되면, 클리닉은 편지를 수신자에게 보낸다. 한 예로, 의사인 환자가 자신이 콜로라도 주 법을 위반하고 코카인을 투약했으니 의사면허를 취소해달라고 고백하는 편지를 주 의학위원회 위원에게 썼다. 그 의사는 경력, 생계, 사회적 지위를 잃을 예상에 직면하면서, 손을 씻으려는 강력한 의욕을 보인다(Schelling, 1992, p. 167).

당신은 어떤가? 통제하려고 노력하고 있는 '죄의식을 동반한 즐거움(guilty pleasure)'을 갖고 있는가? 아마도 비디오 게임을 하거나 혹은 TV를 보는 데 너무 많은 시간을 보내는 것을 걱정하며, 시간을 신중히 '제한'할 수도 있다. 어떤 사람은 스스로 운동에 지나치게 초점을 맞추고 있음을 발견한다. 건강 유지도 중요하지만, 너무 지나쳐서도 안 되고, 다른 중요한 책임을 수행하지 못할 정도로 신체 운동에 초점을 맞추면 안 된다. 예를 들면 많은 학생들이 그들이 학과 공부를 충분히 하고 있는지 걱정한다. 그것은 확실히 많은 자기통제를 요구하는 행위이다. 때때로 다가올 시험을 준비하는 것과 같은 최선의 의도는, SNS 같은 다른 즐거운 기회의 가용성에 의해 약화된다. 즉각적 만족에 대한 갈망을 만족시키는 그 같은 옵션의 가용성은 자기통제의 현실적인 도전이다.

즉각적 보상의 힘

때때로 우리는 우리 자신의 최악의 적이다. 많은 사람이 다음 항목에 대해 죄책감을 가지고 있다.

- 일이나 수업에 가지 않고 잠을 잔다.
- 시험, 심지어 기말시험 전날 밤에 파티를 한다.
- 지불할 돈도 없이 신용카드로 물건을 구입한다.
- 운동이나 공부를 하지 않고 TV를 본다.
- 대학 등록금을 위해 저축하지 않고 값비싼 휴가를 간다.
- 높은 칼로리의 디저트로 다이어트를 날려버린다.
- 뇌와 간을 손상시키는 많은 양의 술을 마신다.
- 암, 폐기종, 다른 질병들에 대한 취약성을 증가시키는 흡연을 한다.
- 강의나 수업토론에 집중하지 못하고 휴대폰으로 업데이트나 메시지를 강박적으로 확인한다.

이러한 자기통제 실패가 가진 공통점은 무엇인가? 각 경우에서 즉각적인 작은 보상이, 크지만 지연된 보상보다 더 강력함이 입증되었다(Logue, 1995). 장기적 건강과 연결된 행동과 관련해서 우리는 즐거움을 주는 습관과 연합된 위험요소를 과소평가하는 경향이 있다. 다른 사람에게서 그 위험성을 인식했을 때조차도 그렇다(Weinstein, 2003).

마시멜로 검사

당신이 네 살이라고 생각해보자. 한 남자가 당신을 방으로 데리고 가서 당신이 좋아하는 마시멜로를 탁자 위에 놓는다. 그리고는 "원한다면 지금 이 마시멜로 1개를 먹을 수 있다. 하지만 내가 잠시 다녀올 때까지 먹지 않는다면 2개를 가질 수 있다."고 말한다.

당신은 어떻게 할 것인가? 기다릴 수 있겠는가?

몇 년 전 Walter Mishcel과 동료들(예 : Mischel, Ebbesen, & Zeiss, 1972)은 스탠퍼드대학교에서 유치원생들의 마시멜로 딜레마를 보여주었다. 아이들은 그 과제가 실제적이고 심히 마음을 사로잡는다는 것을 발견했다. 물론 아이들 대부분은 2배의 과자를 원했고 기다리기로 결심했다. 그러나 실험자가 돌아오기를 기다리며 시간이 흐르는 동안 그들의 인내심이 시험대에 올랐다. 기다리는 시간이 매우 힘들어진다. 아이들은 실험자가 돌아오는데 걸리는 외견상 끝없는 15분을 기다리는 능력에 의미 있는 차이를 보였다.

마시멜로 검사에서 만족을 지연시키는 아이들 능력의 중요성은 몇 년이 흐른 뒤 명백해졌다(Goleman, 1995). 성인이 된 아이들을 재방문한 연구자들은 중요한 차이점을 발견했다. 네 살 때 충동적인 아이들에 비해, 유혹을 참고 견뎠던 아이들은 성인이 돼서 더 자신감이 있었고 믿음직스러웠으며 듬직했다. 그들은 스트레스를 다루는 데 더 능숙했다. 도전을 받아들이고 어려움에 직면해서 인내심이 있었다. 테스트를 받고 십 년 이상 흘렀는데도 여전히 큰 보상을 위해 만족을 지연시키는 능력이 뛰어났다.

더 놀라운 것은 고등학교를 졸업할 때쯤 다시 검사했을 때, 추가의 마시멜로를 위해 인내심을 가지고 기다렸던 아이들이 더 우수한 학생들임이 입증되었다. 유혹에 굴복했던 아이들에 비해, 집중력이 더 강했고 목표를 추구하는 데 더 집요했다. 가장 놀라웠던 것은 대학배치고사에서 훨씬 높은 점수를 받았다는 것이다. 실제로 마시멜로를 위해 가장 오래 기다렸던 아이는 즉시 먹어버린 아이보다 점수가 200점이나 더 높았다. 네 살 때의 IQ 점수보다도 마시멜로 검사를 통과하는 것이 대학 예비 성공의 더 좋은 예언자였다(Goleman, 1998).

이러한 이득은 성인기 동안 오래도록 지속되었다(Mischel, 2014; Mischel et al., 2011). 20대 후반에 추적해보니 유혹을 견뎠던 아이들은 사회적으로 더 유능했다. 비교집단에 비해 그들은 더 안정적인 인간관계를 발전시켰고, 직무 현장에서 더 신뢰감을 줬다(Goleman, 1998). 아이들이 만족을 지연할 수 있는지 여부에 대한, 매우 간단한 이 검사가 자기통제의 역학관계와 결과에 상당한 통찰을 제공했다(Duckworth, Tsukayama, & Kirby, 2013; McGuire & Kable, 2013 참고).

당신은 어떤가? 앞으로 다가올 것에 비해 지금-여기를 더 선호하는가? 현재의 행동이 가져올 미래의 결과들에 대해 얼마나 생각하는가? 다음 척도는 현재 행동이 가져올 먼 미래의 결과에 대해 생각하는 경향을 측정한다.

自기평가

미래 결과 고려 척도

각 문항을 읽고, 그 문항이 당신을 특징짓는지 여부를 다음 척도를 사용해서 평가하라.

1=매우 아니다   2=약간 아니다   3=잘 모르겠다   4=약간 그렇다   5=매우 그렇다

_____ **1.** 나는 미래에 어떤 일이 있을 수 있는지 생각하고, 매일 매일의 행동으로 그것들에 영향을 주려고 노력한다.

_____ **2.** 나는 흔히 수년간 결실을 보지 않을 수 있는 결과를 성취하기 위해 특정 행동을 한다.

_____ **3.** 나는 단지 즉각적인 관심을 만족하기 위해 행동한다. 미래는 어떻게 될 테지 하고 생각한다.

_____ **4.** 내 행동은 단지 행위의 즉각적인(예 : 며칠 혹은 몇 주) 결과들에 의해서 영향받는다.

_____ **5.** 내 편의는 내가 하는 의사결정 혹은 행위에 있어서 큰 요인이다.

_____ **6.** 나는 미래의 결과를 성취하기 위해서 즉각적 행복이나 웰빙을 기꺼이 희생할 것이다.

_____ **7.** 나는 비록 수년간 부정적인 결과가 일어나지 않을지라도, 진지하게 부정적인 결과를 경계하는 것이 중요하다고 생각한다.

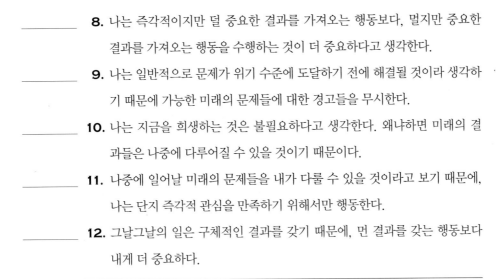

_____ **8.** 나는 즉각적이지만 덜 중요한 결과를 가져오는 행동보다, 멀지만 중요한 결과를 가져오는 행동을 수행하는 것이 더 중요하다고 생각한다.

_____ **9.** 나는 일반적으로 문제가 위기 수준에 도달하기 전에 해결될 것이라 생각하기 때문에 가능한 미래의 문제들에 대한 경고들을 무시한다.

_____ **10.** 나는 지금을 희생하는 것은 불필요하다고 생각한다. 왜냐하면 미래의 결과들은 나중에 다루어질 수 있을 것이기 때문이다.

_____ **11.** 나중에 일어날 미래의 문제들을 내가 다룰 수 있을 것이라고 보기 때문에, 나는 단지 즉각적 관심을 만족하기 위해서만 행동한다.

_____ **12.** 그날그날의 일은 구체적인 결과를 갖기 때문에, 먼 결과를 갖는 행동보다 내게 더 중요하다.

채점 채점을 위해서, 먼저 3, 4, 5, 9, 10, 11, 12번 문항의 점수를 역채점한다(예를 들어, 1 = 5, 2 = 4, 3 = 3, 4 = 2, 5 = 1). 그런 다음 12개 문항 전체의 점수를 더한다. 총점의 범위는 12~60점이고 점수가 높을수록 미래의 결과를 생각하는 경향이 크다는 것을 나타낸다. 미주리대학교에서 심리학개론을 듣는 학생들의 평균 점수는 42.5점이었다.

미래 결과 고려 척도에서의 점수가 차이를 만드는가? 연구자들은 높은 점수를 받은 사람이 더 양심적이고, 희망적이고, 낙관적이라는 것은 발견했다. 그들은 건강에 더 관심이 많았고, 흡연과 음주를 더 적게 했다. 높은 점수를 받은 사람들은 환경적인 의식이 있어서 재활용을 하고, 연비가 좋은 자동차를 몰고, 절수형 샤워꼭지를 사용하였다.

자기통제 : 가장 중요한 덕성

만족 지연 학습은 성숙의 지표이자, 생산적이고 사회적으로 책임 있는 삶의 핵심이다. 대학 학점과 의미 있는 경력을 위해 노력하는 것은, 만족 지연이 가져오는 이득의 고전적 예를 대표한다.

건강심리학자들은 우리 모두가 세 가지만 지키면 더 오래 살 거라고 말한다. 규칙적으로 운동하고, 금연하고, 제대로 된 음식을 먹는 것(Twenge & Baumeister, 2002). 그러나 쉬운 일이 아니다. 순간의 즐거움은 우리를 TV를 보며 소파에서 밤을 보내게 하고, 담배를 피우게 하고, 초콜릿 한 박스를 먹게 만든다.

마시멜로 연구와 미래 결과 고려 척도로 행해진 연구들은 학문적 성취와 직업적 성공에 있어서 자기통제의 중요성을 강조한다. June Tangney와 Roy Baumeister(2000)는 자기통제라는 특성 측정치에서 높은 점수는 높은 대학 학점을 포함해서 많은 활동에 걸친 성공과 연결된다는 것을 발견했다. 학교나 직장에서 부진한 수행은 흔히 과제를 끝까지 해내는 데 실패한 데서 기인한다(잠시 생각해보라. 당신은 일단 시작한 과제는 끝마치는 경향이 있는가?). 항상 존재하는 미루기의 유혹―초콜릿, 비디오게임, 인터넷 서핑만큼 마음을 끄는 유혹―도 우리를 망칠 수 있다. 자기통제는 심지어 대학 및 프로 풋볼 선수들에게도 영향을 준다. 코치들은 자제력이 좋은 선수들이 풋볼 능력이 더 좋고, 더 동기화되어있고, 강한 리더십을 보인다고 평가했다.

번갈아 사용 가능한 용어인 자기조절 혹은 자기통제는 또한 행복하고 안정적인 인간관계에 중요하다. 만족을 지연하는 능력은 강한 가족 응집성, 더 안정적 애착, 더 나은 분노 조절과 관련되어 있다(Tangney & Baumeister, 2000). 반면에 자기통제에 실패한 사람은 스스로에게뿐만 아니라 그들과 친밀한 사람들에게까지 불행을 가져온다. 어떤 행동의 미래 결과를 무시하는 것은 최악의 반사회적 행위의 기저가 된다. 실제로, 자기통제 결핍은 범죄에 가장 많은 기여를 하는 요인일 수 있다(Gottfredson & Hirschi, 1990).

Roy Baumeister와 Julie Exline(1999)에 따르면, 자기통제는 가장 중요한 덕성이다. 실제로 Baumeister와 동료들(1994)은 강한 자기통제력을 심어주는 것이 아이들을 사회화시키는 데 가장 중요한 한 가지 목표여야 한다고 주장한다. 그들은 "부모가 자기통제를 가르치는 것을 아이 양육의 제1 목표로 삼을 것"을 추천한다(p. 259). 그들은 이것이 자존감, 창의성, 순종, 사교성 혹은 심지어 부모에 대한 사랑을 기르는 일보다도 더 중요하다고 제안한다.

자기통제의 한 형태인 의지력은 명백히 사람들이 그것을 행사한 후 고갈될 수 있다(Baumeiser, Bratslavsky, Muraven, & Tice, 1998). 이 가능성을 검증하기 위해 대학생들을 대상으로 가상적인 미각 연구를 실시했다. 한 집단에게는 5분 안에 몇 개의 무를 먹도록 하고, 가까이 있는 초콜릿칩 쿠키와 캔디는 손대지 못하게 했다. 두 번째 집단에게는 쿠키와 캔디를 먹으라고 했고 무를 먹으라고 하진 않았다. 세 번째 집단(통제집단)에게는 아무 말도 하지 않았다. 연구의 다음 진행을 기다리는 동안, 모든 학생들은 퍼즐을 풀며 시간을 보내라고 요청했다. 그들은 그 퍼즐이 풀리지 않는다는 것을 알지 못했다. 기대한 것처럼, Baumeiser와 동료들은 무를 먹은 학생들이 다른 학생들보다 퍼즐을 해결하려는 노력을 더 빨리 포기한다는 것을 발견했다. 다른 두 집단의 학생들에 비해 시도도 더 적게 했다. 왜 그런가? 연구자들은 유혹적인 쿠키와 캔디를 먹지 않기 위한 의지력 행사가, 무를 먹지 않은 집단이나 아무것도 먹지 않은 통제집단의 경우에 비해 자기통제력을 더 고갈시킨다고 가정한다. Baumeister와 동료들은 무를 먹은 학생들은 좌절적인 퍼즐을 풀도록 동기화하는 데 필요한 의지력이 적었다고 주장한다. 따라서 우리는 때때로 심각한 자기통제(좋은 일)가 의지를 약화시킬 수 있고 예기치 않은 결과(별로 좋지 않은 일)를 가져올 수 있다는 것을 염두에 둬야 한다.

의지력은 항상 감소하는가? 꼭 그렇진 않다. Baumeister(2002b)는 의지력이 근육과 같을 수 있다고 제안한다. 모든 근육이 그렇듯 '운동' 후에 피로해질 순 있지만, 규칙적으로 훈련하면 강도가 증가할 수 있다. 자기통제를 규칙적으로 훈련하면, 많은 유혹을 피할 수 있는 힘을 갖게 될 것이다.

많은 사람들이 의지력과 자기통제력을 훈련하기 위해 애쓰는 경기장인 온라인 활동으로 옮겨보자. 당신은 얼마나 많은 시간을 온라인에서 보내는가? SNS를 체크하거나 웹 서핑을 하고 있는가? 당신은 인터넷 중독인가?

📝 **자기평가**

인터넷 중독 검사

이 척도를 사용하여 다음 질문에 답하라.

0=해당 없음   1=드물게   2=때때로   3=자주   4=흔히   5=항상

_____ **1.** 얼마나 자주 의도한 것보다 오래 온라인상에 머무는가?

_____ **2.** 얼마나 자주 온라인에서 시간을 보내느라 집안일을 등한시하는가?

_____ **3.** 얼마나 자주 파트너에게 애정표현 하는 것보다 인터넷 즐기기를 더 좋아하는가?

_____ **4.** 얼마나 자주 온라인 사용자와 새로운 관계를 맺는가?

_____ **5.** 얼마나 자주 사람들이 당신의 온라인 사용 시간에 관해 불평하는가?

_____ **6.** 얼마나 자주 온라인 사용 시간 때문에 학점이나 학업이 피해를 보는가?

_____ **7.** 얼마나 자주 할 일을 하기 전에 이메일을 먼저 체크하는가?

_____ **8.** 얼마나 자주 인터넷 때문에 직무 수행이나 생산성에 피해를 보는가?

_____ **9.** 얼마나 자주 누군가 당신에게 온라인상에서 무엇을 하는지 물을 때 방어적이 되거나 비밀스럽게 되는가?

_____ **10.** 얼마나 자주 삶에서 힘든 생각이 들 때, 마음을 달래주는 인터넷 생각으로 차단하는가?

_____ **11.** 얼마나 자주 온라인에 다시 연결될 예상을 하고 있는 자신을 발견하는가?

_____ **12.** 얼마나 자주 인터넷 없는 세상이 지루하고 공허하고 재미없을 것임을 두려워하는가?

_____ **13.** 얼마나 자주 당신이 온라인 상태일 때 누군가 귀찮게 한다면 화내고 소리 지르거나 짜증을 내는가?

_____ **14.** 얼마나 자주 늦은 밤 인터넷 접속 때문에 잠을 설치는가?

_____ **15.** 얼마나 자주 인터넷에 접속하지 않고 있을 때에 인터넷에 사로잡힌 느낌이 들거나 온라인 상태에 대한 공상을 하는가?

_____ **16.** 얼마나 자주 온라인 연결 중일 때, "몇 분만 더"라고 말하는 자기 자신을 발견하는가?

_____ **17.** 얼마나 자주 온라인에서 보내는 시간을 줄이려 노력하고 또 실패하는가?

_____ **18.** 얼마나 자주 온라인에 얼마나 오래 접속해 있었는지 숨기려 하는가?

_____ **19.** 얼마나 자주 사람들과 밖에 나가는 것보다 온라인에서 시간 보내는 것을 선택하는가?

_____ **20.** 얼마나 자주 온라인 연결 상태가 아닐 때 우울하거나 멍하거나 초조함을 느꼈다가, 접속하면 사라지는가?

출처 : From Young, K., *Caught in the net*. Copyright © 1998 John Wiley & Sons. Reprinted by permission.

🔵 **채점**   각 항목의 점수를 모두 더하라. 점수가 높을수록 인터넷 중독 수준이 높은 것이다.

20~49점 : 당신은 평균적 사용자이다. 때로는 긴 시간 웹 서핑을 하기도 하지만 사용을 조절

할 수 있다.

50~79점 : 인터넷 때문에 종종 문제를 경험하고 있다. 그것이 당신 삶 전반에 미치는 영향을 생각해봐야 한다.

80~100점 : 당신의 인터넷 사용은 삶에 심각한 문제를 일으키고 있다. 당신의 삶에 인터넷이 미치는 영향을 평가하고 그로 인해 일어나는 직접적인 문제들을 다루어야 한다.

당신의 인터넷 중독 점수는 무슨 말을 하고 있는가? 이것은 자기통제를 훈련하기 위해 작업할 기회인가? 만약 당신의 점수가 당신이 원하는 것보다 높다면, 어떻게 온라인 사용 시간을 줄이기 시작할 것인가? 만약 점수가 비교적 낮다면, 그렇게 많은 사람들이 허우적대고 있는 이 행동적 무대에서 왜 의지력을 훈련할 수 있었는지에 관해 생각해보라.

┅╬┅ 요약

> 자기통제는 흔히 더 크고 지연된 보상을 위해 즉각적 보상은 무시할 것을 요구한다. 마시멜로 검사를 실패한 아이들에 비해 통과한 아이들은 성인이 돼서 개인적·사회적 유능감이 더 좋은 것으로 나타났다. 자신의 행동에 대해 미래의 결과를 고려하는 것은 더 나은 건강, 더 좋은 직업적 성공, 더 강건한 대인관계와 연합되는 것으로 보인다. 자기통제는 가장 중요한 덕성이라고 할 수 있다.

내적 상태 통제하기

마시멜로 검사에서 몇몇 아이들은 어떻게 2개의 과자를 얻었는가? 어떤 아이들은 보지 않기 위해서 눈을 가렸다. 다른 아이들은 혼자서 말을 하거나 노래를 불렀다. 심지어 잠을 자려고 노력하는 아이들도 있었다. 주의 전환을 사용해서 그들은 보상을 극대화했다(Mischel, 1974).

핫 'Go' 대 쿨 'Slow'

자기통제는 '핫(hot)' 대 '쿨(cool)' 시스템 작동의 관점에서 가장 잘 이해될 수 있다

(Metcalfe & Mischel, 1999). 핫 정서 시스템은 'go' 신호를 보낸다. 그것은 단순하고 반사적이며 빠르고, 태어났을 때에 완전하게 발달되어 있다. 즉각적 보상, 즉 욕구와 충동의 빠른 만족을 추구한다. 반면에 쿨 사고 시스템은 'slow' 신호를 보낸다. 그것은 복잡하고 사색적이며 융통성이 있고, 나이 먹으며 발달한다. 자동 반응에 대한 브레이크에 해당된다. 행위의 미래 결과를 생각하고 그렇게 함으로써 자기통제를 할 수 있게 한다.

핫/쿨 시스템 분석은 주의 전환 전략의 사용이 왜 마시멜로 검사에서 성공적인 지연의 가장 좋은 예언자인지를 이해할 수 있게 한다. 보상에 주의를 둬서 핫 정서 시스템을 활성화시킨 사람들은 기다릴 수가 없다. 다른 무언가에 주의 초점을 맞추고, 쿨 시스템을 활성화시킨 사람들은 검사를 통과했다.

본래 연구(Mischel, 1974)를 영리하게 변형시킨 한 연구의 연구자들은 아이들에게 마시멜로에 관해 다르게 생각하도록 지시하기만 해도 지연하는 능력에 영향을 준다는 것을 발견했다. 그들은 몇몇 아이들에게 그들이 기다리고 있는 마시멜로를 뭉게뭉게 피어 오른 둥근 구름이라고 생각하도록 지시했다. 이는 보상의 쿨하고 추상적인 특징에 초점을 맞추게 한 것이다. 다른 아이들에게는 마시멜로가 입안에서 얼마나 달콤하고 쫄깃쫄깃할지에 관해 생각하라고 지시했다. 즉 보상의 핫하고 즐거운 측면에 초점을 맞추게 한 것이다. 결과는? 보상을 핫한 용어로 생각했던 아이들은 평균 5분 정도만 기다릴 수 있었던 반면, 쿨한 용어로 생각했던 아이들은 평균 13분 기다릴 수 있었다.

분명히, 자기통제는 우리의 행동뿐만 아니라 생각과 느낌을 잘 다루는 것도 포함한다. 욕구를 해결하기 위해 외부 환경을 조성하기보다는, 때때로 환경에 적합한 내적 세계를 갖춰야 한다. 당신 자신의 내적 상태를 어느 정도로 통제할 수 있다고 믿는가? 다음 척도는 사람들이 불쾌한 사건들이 그들의 정서, 사고, 신체적 웰빙에 미치는 영향을 흡수할 수 있다고 믿는 정도를 평가한다. 스스로 해보라.

📝 **자기평가**

내적 상태의 지각된 통제감 척도

다음 척도를 사용해서 각 문항에 동의하는 정도를 나타내라.

1=절대 동의하지 않는다   2=동의하지 않는다   3=중간이다   4=동의한다   5=매우 동의한다

_____ **1.** 나는 스트레스 상황에 대한 정서적 반응들을 잘 통제하지 못한다.

_____ **2.** 기분이 나쁠 때, 나는 기운 내기 어렵다.

_____ **3.** 내 느낌은 보통 꽤 안정적이다.

_____ **4.** 나는 보통 나쁜 기분을 스스로 돌릴 수 있다.

_____ **5.** 삶에서 무슨 일이 일어나든, 정서적으로 대처하는 나의 능력을 확신한다.

_____ **6.** 나는 어떤 스트레스 상황에 대처할 좋은 기술을 많이 가지고 있다.

_____ **7.** 나는 내 문제에 관해 생각하는 것을 멈추기 어렵다고 생각한다.

_____ **8.** 만약 내가 뭔가에 대해 걱정하기 시작한다면, 보통 주의를 딴 데로 돌려서 더 좋은 뭔가를 생각할 수 있다.

_____ **9.** 만약 내가 어리석은 생각을 하고 있다는 것을 깨달으면, 보통 멈출 수 있다.

_____ **10.** 나는 보통 내 생각을 통제하에 둘 수 있다.

_____ **11.** 나는 미래에 어리석은 생각이 나를 제압할 많은 상황들이 있을 거라고 생각한다.

_____ **12.** 나는 내가 처한 상황에서 분명하고 합리적으로 생각하도록 도울 수 있을 거라고 확신하는 수많은 기술들을 가지고 있다.

_____ **13.** 압력을 받는 상황에서도 보통 평온하고 이완된 상태를 유지할 수 있다.

_____ **14.** 나는 스트레스 상황에서 이완상태를 유지하는 데 사용하는 기술 혹은 요령을 많이 가지고 있다.

_____ **15.** 불안하거나 긴장했을 때 스스로 이완을 도와줄 방법이 거의 없는 것 같다.

_____ **16.** 긴장할 때 이완할 수 있는 방법이 별로 없다.

_____ **17.** 나는 대처를 도와줄 거라고 확신하는 이완 방법을 많이 가지고 있다.

_____ **18.** 만약 나의 스트레스 수준이 너무 높아진다면, 나 스스로를 도와줄 수 있는 것들이 있다는 것을 안다.

채점 채점을 위해, 먼저 1, 2, 7, 11, 15, 16번 문항 점수를 역채점한다(1 = 5, 2 = 4, 3 = 3, 4 = 2, 5 = 1). 그런 다음 18개 문항 모두의 점수를 더한다. 점수의 범위는 18~90점이고, 점수가 높을수록 내적 상태에 대한 지각된 통제감이 높다는 것을 의미한다. 다양한 나이와 교육 수준을 포함한 250명의 성인 표집의 평균은 64.08점이었다(Pallant, 2000).

비록 삶에서 부정적인 사건의 발생을 통제할 수 없을지라도, 스트레스에 직면해서 생각, 느낌, 반응을 통제하는 법을 배울 수 있다. 그럼으로써 스트레스를 더 효과적으로 다룰 수 있게 된다. 자신의 내적 상태를 통제하는 기술과 능력을 갖고 있다고 지각하는 사람들은 주요 인생 스트레스원의 부정적 효과에 굴복할 가능성이 더 적다.

내적 상태의 지각된 통제감에 관한 연구는 높은 점수의 사람들이 우울과 불안이 더 적고 신체적 증상도 더 적게 경험한다는 것을 발견했다. 그들은 자존감이 높고, 외부 환경을 다루는 데 더 능숙하다고 느끼고, 더 낙관적인 기대를 가지며, 일반적으로 삶의 만족이 높았다. 통제감이 높은 사람은 스트레스 상황을 위협적으로 볼 가능성이 적다(Pallant, 2000). 행동을 요하는 상황에서, 그들은 의사결정 과정을 흐리는 핫한 'go' 시스템에 의해 방해받을 가능성이 적다. 그들의 자신감은 가장 적절한 대처 전략을 선택하고 그것을 효율적으로 실행하는 데 의미 있는 이득을 제공한다. 반면에, 낮은 통제감의 사람은 불쾌한 사건을 위협으로 받아들이고 적응적으로 대처하지 못할 가능성이 크다.

잘못된 조절

물론 지각된 통제감이 반드시 효과적인 정서 조절을 보장하진 않는다. 사람들은 여러 가지 방식으로 잘못 조절할 수도 있다. 즉 바람직한 결과를 가져오는 데 실패하는 방식으로 통제를 사용할 수 있다. 예를 들어 때로는 친구와의 교제가 나쁜 기분을 개선하는 효과적인 방법이다. 그러나 이 방법은 역효과를 내기도 한다. 우울감을 걷어 내기 위해 다른 사람과 이야기하는 슬픈 사람은 기분이 나아지지 않음을 발견할 수도 있다. 단지 상대방 기분을 좋지 않게 만들기만 한다. 유사하게 삶의 불공평과 자신의 분노에 관해 이야기하는 것은 단지 듣는 사람의 분노만 유발할 수도 있다(Tice & Bratslavsky, 2000).

마시멜로 연구는 스트레스가 되는 문제로부터 마음을 돌리는 주의 전환 기법의 사용이 때때로 생각과 정서를 통제하는 유용한 수단이 될 수 있음을 제안한다. 그러나 항상은 아니다. 마시멜로 연구를 약간 변형한 한 연구에서, 몇몇 아이들에게 재미있는 생각을 하라고 했다. "만약 원한다면 기다리는 동안, 엄마가 그네를 밀어주는 것을 생각할 수 있단다." 아이들에게 기분 좋은 주의 전환 생각을 하도록 했을 때, 그들은 오래 기다릴 수 있었다. 그러나 슬픈 생각("지난번 그네에서 떨어졌던 것을 생각해보렴.")을 하도록 한 다른 아이들은 실제로 유혹에 저항하는 힘이 떨어졌다. 주의 전환이 효과적이지 않았다. 슬픈 생각을 한 아이들은 오래 기다릴 수 없었다.

만약 주의 전환이 그 자체로 문제가 있다면, 단지 하나의 스트레스원을 다른 것으로 바꾸고 있다는 것이다. 우울한 사람들은 우울에서 주의를 돌리려는 노력으로 부정적인 생각을 하는 경향이 있다. 그것은 우울을 악화시킬 뿐이다. 일반적으로 부정적인 생각은 스트레스와 좌절을 증가시키고, 유혹에 대한 저항을 약화시킨다. 바꿔 말하면, 불쾌한 정서를 경험하는 것은 사람들의 정서 조절 능력을 망가뜨린다(Baumeister, Zell, & Tice, 2007).

때때로 우리는 정서 조절 우선순위를 다른 형태의 자기통제에 줌으로써 조절을 잘못한다. 영화를 보거나 친구를 만나는 것은 미루기와 관련된 불안을 다루는 효과적인 전략이 아니다. 실제로 많은 사람들이 '더 기분 좋아지기 위해' 먹기, 마시기, 흡연, 쇼핑, 도박 같은 여러 부적응적 대처 반응을 사용한다(Tice & Bratslavsky, 2000).

조절 부족

어떤 사람들은 정서를 통제할 수는 있겠지만 그래야 한다고 생각하지 않는다. 사실 많은 서양 문화에서 강조하는 전통적인 지혜에 따르면, 건강한 사람들은 정서를 자유롭게 표현해야 한다는 생각을 지지하는 것 같다.

사회심리학 수업을 듣는 많은 학생들이 "정신적으로 건강하기 위해서, 공격성을 밖으로 표출해서 터뜨리는 기회가 필요하다."는 데 동의한다. 그들은 감정을 터뜨리는 것이 부정적인 기분을 끌어올리는 데 전반적으로 효과적이지 않다는 것을 알지 못한다. 실제로 감정을 터뜨리는 것은 부정적 정서를 연장시키고 때로는 증가시키기까지 한다(Lohr et al., 2007).

분노의 공격성을 표현하는 것은 그것을 증폭시킨다. 가능한 이유 중 하나로, 분노를 터뜨리는 것은 효과적으로 주의를 돌리는 것을 방해한다. 오히려 감정을 터뜨리는 것은 주의를 정확하게 잘못된 것에, 주로 자신의 스트레스와 그것을 만들어낸 것에 초점화하게 한다. 아울러 정서적 표현에 포함된 안면근육, 자세, 나머지 신체로부터 오는 신체적 피드백은 부정적 기분을 연장시키는 역할을 한다(Baumeister et al., 1994).

저항할 수 없는 충동?

우리는 때때로 내적 상태의 무기력한 희생자들인가? 어떤 충동은 저항할 수 없는가? 아니면 자기통제가 약해지는 것을 묵인하고 허용하는가?

자기조절 실패는 흔히 능동적 참여를 포함한다. 비록 우리가 압도되어 힘이 고갈됨을 느낄지라도, 역설적이게도 우리는 여전히 자신의 응석을 받아주는 능동적 역할을 하고 있다는 것이다.

예를 들어 완전히 스트레스 받을 때, 어떤 이는 폭식을 한다. 그러나 거기에는 능동적으로 음식을 찾고, 입에 넣고, 씹고, 삼키는 행위가 포함된다. 그들은 스트레스로 자신이 압도되고 약하다고 느꼈겠지만, 먹는 동안에서는 무력감에서 벗어난다. 유사하게 흡연자들이 언제 어디서 담배를 피워야 할지 많은 제약이 주어진 경우, 흡연을 마음껏 즐기려면 상당히 창의적이어야 한다. 자기통제의 상실은 압도되는 것보다는 포기와 관련된다. '자기조절 실패'는, Baumeister와 동료들(1994)에 따르면, "충동이 너무 강력해서가 아니라, 자기 자신을 통제하는 노력이 너무 불편하기 때문에 통제를 포기하는 것이다"(p. 249).

베트남에서 헤로인에 중독되었던 미군들은 흔히 집에 돌아왔을 때 중독치료 없이도 즉각 회복되었다(Peele, 1989). 어떤 이들은 미국에서도 헤로인을 사용했으나 중독으로 다시 돌아가진 않았다. 유사하게 알코올 중독 중에 폭음은 실제 생리적 의존성보다, 저항할 수 없다는 믿음과 기대에 더욱 기인할 수도 있다. 미국계 유대인은 흔히 술을 마시지만 거의 알코올 중독에 걸리지 않는다. 왜일까? 이는 술꾼을 봐주지 않는 개인적 책임에 대한 문화적 강조에 기인한 것이다(Peele, 1989).

동남아시아의 말레이 반도 사람들은 길에서 사람이나 다른 대상을 공격하는 극도로 파괴적인 사람을 "미쳐 날뛴다(running amok)."고 표현한다. 그 문화 안에서, 스트레스, 수면 부족, 극단적인 열기는 이 '저항할 수 없는' 행동의 중요한 원인들로 생각되었다. 그러나 엄밀한 검사 결과 공격의 대상이 거의 임의적이지 않은 것으로 나타났다. 정부가 미쳐 날뛰는 행위에 대해 심각한 처벌을 도입하자, 문제는 극적으로 감소했다(Tice & Bratslavsky, 2000).

흥미롭게도, 첫 번째 실험 과제에서 자기통제력이 '고갈'되었던 참가자들에게 수행을 잘하는 것에 대해 상당량의 돈을 제공했더니 두 번째 과제에서 그럭저럭 자기통제를 보였다(Muraven, 1998). 실제로 식초를 가미한 쿨에이드를 마시는 데 한번에 25센트를 제공했을 때, 한 참가자는 40온스를 마셔 10달러를 받았다. 1온스당 1센트를 제공했을 때는 통제력–고갈 참가자들은 자기통제를 행사하지 않기로 결정했고, 통제집단과 비교했을 때 식초를 탄 쿨에이드를 더 적게 마셨다.

미루기 : 잘못된 조절의 특별한 경우

Bruce Tuckman(1991)은 미루기를 "행동을 연기하거나 완전히 자기통제하에 두는 것을 회피하는 경향성"으로 정의한다(p. 474). 미루기는 정서적 스트레스가 자기통제에 미치는 중요한 역할을 보여준다. 걱정과 불안을 유발하는 어려운 프로젝트(수업과제, 구두 발표)든지 혹은 지루하게 느껴지는 너무 단순한 과제(잔디 깎기, 방 청소)든지, 일을 미루는 것은 나쁜 기분으로부터 준비된 그러나 일시적인 도피를 제공한다. 마시멜로 검사는 우리가 장기 목표를 기다릴 때 어떤 식으로 때때로 자기통제가 요구되는지 보여준다. 다른 한편 미루기는 자기통제가 어떤 식으로 우리를 빨리 움직이게 하는지를 보여준다.

📝 자 기 평 가

미루기 척도

다음 척도를 사용해서 각 항목에 반응하라.

4=확실히 내 이야기이다   3=그런 편이다   2=그렇지 않은 편이다   1=확실히 내 이야기가 아니다

_____   **1.** 나는 중요한 일조차 끝내는 것을 미룬다.

_____   **2.** 나는 내가 하고 싶지 않은 일은 시작을 미룬다.

_____   **3.** 마감이 있을 때 나는 마지막 순간까지 기다린다.

_____   **4.** 나는 힘든 결정을 미룬다.

_____   **5.** 나는 나의 작업습관을 향상시키는 것을 미루고 있다.

_____   **6.** 나는 뭔가를 하지 않을 변명을 찾으려 노력한다.

_____   **7.** 나는 공부같이 지루한 과제에도 필요한 시간을 할애한다.

_____   **8.** 나는 구제불능의 시간 낭비자이다.

_____   **9.** 나는 현재 시간 낭비자이다. 그러나 그에 관해 어떤 조치도 할 수 없는 것

같다.

_____ **10.** 다루기가 너무 힘들 때, 나는 그것을 미룰 생각을 한다.

_____ **11.** 나는 무언가를 할 거라고 나 자신과 약속하고는 늑장을 부린다.

_____ **12.** 나는 행동계획을 세우면 언제나 그것을 따른다.

_____ **13.** 시작하지 않는 나 자신을 싫어해도, 그것이 나를 시작하게 하지는 않는다.

_____ **14.** 나는 항상 중요한 일을 여유있게 끝마친다.

_____ **15.** 나는 시작하는 것이 얼마나 중요한지를 알면서도 꼼짝 않는다.

_____ **16.** 내일까지 일을 연기하는 것은 내가 일하는 방식이 아니다.

출처 : Tuckman, 1991. Copyright © 1991 SAGE Publications Inc. Reprinted by permission.

🧑‍💼 **채점** 총점을 구하기 위해서, 먼저 7, 12, 14, 16번 문항의 점수를 역채점한다(4 = 1, 3 = 2, 2 = 3, 1 = 4). 그런 다음 전체 16개 문항의 점수를 더한다. 점수의 범위는 16~64점이다. 점수가 높을수록 미루는 경향이 크다는 것을 나타낸다. 대학생의 평균 점수는 약 40점으로, 정확히 척도의 중간 점수다.

우리 대부분은 최소한 때에 따라 미룬다는 것을 인정한다(Tice & Baumeister, 1997). 실질적 소수는 그런 행동이 자기패배적이라는 것을 인정한다. 그러나 모두가 그것이 문제라고 생각하지는 않는다. 실제로, 어떤 이는 "나는 압력을 받고 있을 때 일을 최고로 잘한다."고 말한다. 다른 이는 좀 더 온건하게 "만약 같은 양의 일을 할 거라면, 일찍 하나 늦게 하나 무슨 차이가 있는가?"라고 묻는다.

대학생들의 미루기를 검토하면서, Diane Tice와 Roy Baumeister(1997)는 미루기가 프로젝트의 초기 단계에서 걱정 없고 태평스러운 태도로부터 이득을 보는 것 같다는 점을 발견했다. 하지만 그 이득은 지속되지 않는다. 종합적으로, 제시간에 시작하는 사람에 비해 미루는 사람은 총 스트레스와 심지어 질병 수준조차 더 높았다. 일의 질은 어떤가? 미루기를 하는 사람은 결국 질 낮은 작업을 하게 된다. 연기는 질과 타협하고 질을 희생하게 하는 것 같다. Tice와 Baumeister(1997)는 "미루기는 사람들이 주장하는 것처럼, 시간 관리에 있어서 도움이 되거나 이득이 있기는커녕, 중립적이고 무해한 형식도 아니다"(p. 457)라고 결론지었다. 사람들은 마지막 순간까지 기다리는 것이 무슨 문제냐고 생각할 수 있지만, 연구 결과는 실제로 그 결과가 중립적인 게 아니라 부정적이라는 것을 보여준다.

미루기는 자기통제에 대한 환상적인 퍼즐을 제공한다. 우리는 하고 싶고, 어떤 의미에서는 할 수 있고, 때로는 하려고 노력하는 것이 무엇인지 안다. 그럼에도 그것을 하지 않는다(Sabini & Silver, 1982). 왜일까? 이 질문에 대한 대답을 찾으려는 심리학자들의 노력은 더 일반적으로 자기통제의 도전에 세 가지 중요한 통찰을 제공한다. 이 자기통제 실패의 원인을 파악하는 것은 또한 가능한 치료법을 일러준다.

첫째, 대학생들을 대상으로 한 Baumeister와 Tice의 발견은 많은 형태의 자기패배적 행동처럼, 미루기도 단기적 이득과 장기적 손해가 특징이라고 본다. 수업과제를 하는 것처럼 자신을 과제에 투자하는 것은 최종적 수행 평가에 대해 불안을 유발할 수 있고, 이상을 만족하지 못했다는 데 대해 우울해지거나, 그냥 좀 지겨울 수 있다 (Baumeister et al., 1994). 미루는 게 좀 더 나을 수도 있다. 미루기는 나쁜 기분을 빨리 바꿔준다. 고통스럽거나 이해하기 어려운 과제들은 특히 스트레스를 유발하기 쉽고 따라서 미루기 후보가 될 수 있다. Baumeister는 초월(transcendence), 즉 즉각적 지금 여기를 넘어서서 장기 목표를 보기 위해 한걸음 물러나 생각할 것을 주장한다. 초월은 현재의 스트레스를 제치는 중요한 열쇠다.

둘째, 때때로 무엇을 해야 할지 모를 때 미룬다. 우리는 장기적인 목표를 인식하는 데 실패하기도 한다. 그러나 단기적 목표를 설정하지 못해서 미루는 것이 좀 더 흔하다. 생각해보자. 수업과제물은 매우 힘든 과제다. 그러나 그것을 작은 단위의 과제로 나누면 다루기 쉽게 된다. 문헌 조사, 개요 작성, 서론, 초고 등등. 놀랍게도 리포트 완성!! 미루기 문제의 일부는 큰 과제를 더 작고 다룰 수 있는 단위로 쪼개는 능력이 부족해서일 수 있다. 그들은 단지 무엇을 해야 할지 모를 수도 있다. 그 의미는 구체적인 지침(어떤 단계를 거쳐야 하지?)을 찾는 것이 행동적 정체를 푸는 방법이라는 것이다.

셋째, 비현실적으로 높은 목표를 세울 때도 미루는 경향이 있다. 역설적이게도 완벽주의자들은 특히 미루기 쉽다. 걸작을 창작해내는 일, 완벽한 일을 시작하는 일, 제대로 된 생일선물을 마련하는 일, 이상적 파트너를 만나는 일 등은 모두가 글쓰기, 직업 물색, 선물 구입, 결혼 과정에 지연을 이끌게 된다. 만약 충분히 길게 지연한다면, 우리는 자신의 높은 기준에 대해 스스로 자랑스러워하며, 결코 잘못된 선택을 하는 것으로 절망하지 않을 것이다.

Peter Gollwitzer(1999)에 따르면, 실행 계획은 사람들로 하여금 시작하도록 하는 데 도움을 준다. 그런 계획은 언제 어디서 어떻게 시작할지를 말해준다. 구체적인 상황을 특정 반응에 연결한다 — "상황 x가 일어나면, 반응 y를 행할 것이다." 우리가 단순한 실행 계획을 사용할 때, 마침내 오래 미뤄온 운동 프로그램을 개시할 수도 있다 — "나는 저녁 뉴스를 보는 동안 오늘 저녁 실내 운동 자전거를 탈 것이다." 내 친구 중 하나는 상당한 시간을 수영장에서 '첨벙거리고 놀고' 나서야 진지하게 제대로 수영을 시작했다.

Gollwitzer와 Veronika Brandstätter(1997)는 대학생들에게 휴가 동안 하려고 생각했던 두 가지 프로젝트를 명명하도록 했다. 하나는 쉬운 것, 다른 하나는 어려운 것으로. 학생들에게 그 프로젝트를 언제 어디서 시작할지에 대한 계획이 있는지 물었을 때, 몇몇은 그렇다고 답했다. 휴가 후에, 연구자들은 누가 프로젝트를 완수했는지 체크했다. 어려운 프로젝트의 경우, 계획을 세웠던 참가자의 2/3가 실제로 그것을 이행했다. 계획이 없었던 사람들은 대부분 프로젝트를 완수하는 데 실패했다. 쉬운 프로젝트의 경우, 계획을 세우는 것이 프로젝트를 완수했는지 여부에 별 영향이 없었다. 결국 계획은 어려운 것을 시작할 때 매우 중요한 것 같다.

Gollwitzer와 Brandstätter는 그다음에 참가들에게 실행하기 어려운 과제를 주었다. 휴가 가기 전에 그들이 12월 24일을 어떻게 보낼지에 대한 보고서를 쓰도록 요청했다. 그 보고서를 작성해서 연구자에게 48시간 안에 메일로 보내야 했다. 짐작컨대 참가자들은 연구자들이 현대인들이 휴가를 어떻게 보내는지를 연구하고 있다고 믿었다. 절반의 피험자에게는 주어진 48시간 동안 보고서를 언제 어디서 쓸 계획인지 실행계획을 세우도록 지시했다. 나머지 절반에게는 아무 지시도 하지 않았다. 누가 과제를 완성했을까? 실행계획을 세웠던 참가자의 3/4과 계획을 세우지 않았던 참가자의 1/3이 실제로 보고서를 썼다.

보통 일을 소홀히 하는 사람들에게 계획은 행동을 촉발한다. 제대로 된 계획이 있으면, 의식적으로 생각하지 않아도 결정적인 시간과 상황이 즉각적으로 행동을 '개시한다'.

자 기통제는 자신의 생각, 느낌, 행동을 조절하는 것이다. 내적 상태에 대한 지각된 통제감은 성공적인 대처와 연관되고, 우울과 불안을 낮춘다. 정서 조절의 실패는 자기통제 실패의 흔한 원인이다. 미루기는 한 가지 친숙한 예를 제공한다. 다른 형태의 자기패배적 행동처럼, 미루기는 단기적 이득과 장기적 부담이 특징이다. 우리는 분명한 목표를 세우는 데 실패했을 때 혹은 비현실적으로 높은 목표를 가졌을 때, 미루기를 가장 많이 한다. 실행계획은 사람들로 하여금 시작하도록 도와준다.

자기통제력 기르기

웰빙에 필수적인 자기통제 능력은 어떻게 발달하는가? 이 중요한 질문에 대답하기 위해서, 먼저 유용한 이론과 그 적용을 검토할 것이다. 그다음 자기조절 문제를 다룰 구체적인 계획을 생각할 것이다.

자기조절 이론

자기조절 이론은 행동이 사람 안에서 나온다고 가정한다. 더 구체적으로 자기조절은 세 가지 구성요소인 기준, 관찰, 및 강점으로 되어있다(Carver & Scheier, 1981).

기준(standards)은 자기조절의 목표 대상이다. 정서를 효과적으로 통제하기 위해, 먼저 어떤 느낌 혹은 표정이 적절할지 분명하게 파악해야 한다. 기준이 없거나 비현실적이거나 갈등적인 기준을 갖게 되면 자기관리 문제가 발생한다. 기준에 도달하는 단기적 및 장기적 목표 모두를 갖는 것 역시 중요하다. 이런 목표를 갖지 못한 사람들은 전형적으로 자기통제 실패를 경험한다. 설정된 기준을 해결하는 데 보상과 처벌을 분명하게 정하는 것은 자기통제를 기르는 효과적인 전략일 것이다. 만약 규칙적으로 운동을 하는 것이 목표라면, 자기 자신과 계약할 수 있다. "만약 내가 저녁 전에 계획한 2마일을 달린다면, 오늘밤 내가 제일 좋아하는 TV 프로그램을 볼 수 있다. 만약 목표를 달성하지 않으면 최소한 내일까지 TV를 보지 않는다."

효과적인 자기조절은 또한 자신에 대한 관찰(monitoring), 즉 자신의 행동을 기준과 비교하는 과정이 필요하다. 사람들은 자의식(self-consciousness) 측면에서 다양해 보인다. 다음 문항들 중 당신에게 해당하는 것이 몇 가지나 되는가?

T F **1.** 나는 일반적으로 나의 내적 느낌에 주의를 기울인다.

T F **2.** 나는 항상 내가 뭔가를 하는 이유에 관해 생각하고 있다.

T F **3.** 나는 때때로 멀찍이서 스스로를 점검하기 위해 내 마음 안에서 한걸음 물러난다.

T F **4.** 나는 내 기분의 변화를 빠르게 알아차린다.

T F **5.** 나는 문제를 겪을 때 내 마음이 작동하는 방식을 안다.

출처 : Copyright © 1999. From "Alternative factor structure for the Revised Self-Consciousness Scale," *Journal of Personality Assessment, 72*, 266–282, by Martin, A. J., & Debus, R. L. Reproduced by permission of Taylor & Francis LLC (http://www.tandfonline.com)

자신을 효과적으로 관찰하기 위해 우리는 자의식을 연마하거나 혹은 우리 반응에 관한 지식을 획득하는 대안적 방법을 개발해야 한다. 자신을 관찰하는 것이 어려운 사람들, 즉 위의 질문에 대해 'T' 반응이 매우 적은 사람들은 달력에 진행상황을 기록하는 것 같은 외적인 관찰이 도움이 될 수 있다. 가족이나 친구들을 포함시키는 것도 편향되지 않은 외적인 관찰의 유용한 수단이 될 수 있다.

때로는 거울도 도움이 된다. Stacey Sentyrz와 Brad Bushman(1988)은 사람들이 자기 자신의 모습을 볼 때 건강하지 않은 음식을 덜 먹는다는 것을 발견했다. 연구자들은 대학생들에게 바게트에 바른 전지(full-fat) 크림치즈와 무지방 크림치즈를 시식하도록 했다. 거울 방의 학생들은 거울이 없는 방의 학생들보다 더 적은 양의 전지 크림치즈를 먹었다. 이후 Sentyrz와 Bushman은 식료품을 사는 사람들에게 전지, 저지방, 무지방 마가린을 시식하도록 했다. 테이블 윗면에 거울이 있는 시식대에서 시식한 사람들은 지방이 많은 타입을 덜 먹었다. 거울은 자기초점화 주의를 촉발한다. 우리는 자신의 기준을 위반하는 자기 자신을 보고 싶어 하지 않는다(Duval & Wicklund, 1972).

강점(strength)은 자기조절의 3번째 주요 요소이다. 우리는 바라는 변화를 만들어내는 능력을 가져야 한다. 행동을 자신의 기준에 맞도록 변경해야 한다. 예를 들면 미루는 행동을 키우는 부적절한 정서를 제쳐둘 수 있는 강점이 필요하다.

자기통제는 제한된 자원인 듯하다. 스트레스에 대처하고 부정적인 정서를 통제하려는 시도는 제한된 의지력의 잔고를 고갈시킨다. 일상생활에서 사람들은 피곤하거나 심한 압박을 받으며 일할 때 충동적 범죄를 저지르고, 중독 문제를 갖고, 폭식을 하기 쉽다.

이런 사실로부터 우리는 한 번에 많은 것을 통제하려 하지 않는 것이 최선임을 배울 수 있다. 만약 새해 다짐으로 여러 가지를 결심했다면 실패하기 쉽다. 게다가 새로운 환경(새로운 학교) 혹은 익숙하지 않은 일의 압박(새로운 직업이나 기대하지 못한 업무 할당)에 적응하는 것 같은 요구는 다른 영역의 자기통제 노력에 심각하게 지장을 준다. 반대로 이완, 휴식, 수면, 명상, 긍정 정서는 이 강점을 보충해준다.

근육처럼, 자기통제 또한 훈련에 의해 강화된다. 작더라도 자주 자기를 발전시키려는 도전을 함으로써 자제력을 기를 수 있다. 2주간 여러 가지 자기통제 연습과제(자세 개선, 기분 조절, 먹기 관찰)를 행한 학생들은 이후에 자기조절 능력에서 더 높은 지구력을 보였다(Muraven, Baumeister, & Tice, 1999). 더 의미 있는 점은 알코올 중독을 극복하는 데 성공하는 것은 금연의 성공률을 높여줬다(Breslau et al., 1996).

우리의 주의나 초점을 더 잘 통제하는 데는 명상이 도움이 된다(Baumeister et al., 1994). 비록 하루 한두 번 명상 시간을 내는 것이 쉽진 않지만, 투자할 가치가 있다. 처음에는 그 효과가 상반되는 듯 보일 수도 있다. 명상 초기에 우리는 우리의 마음과 주의를 거의 통제할 수 없을 것이다. 하지만 훈련은 우리의 노력을 더 생산적으로 만든다.

정확한 자기이해를 추구하는 것이 자기관리의 중요한 부분임을 기억하라(Baumeister et al., 1994). 우리 대부분은 자신이 이미 이것을 하고 있다고 생각한다. 그러나 연구에 따르면 그렇지 않다(Dunning, 2011; Wilson, 2002). 오히려 그것이 정확하든 아니든, 자신에 관한 긍정적인 말을 듣고 싶어 한다! 약점과 결점뿐만 아니라, 강점과 덕성의 현실적 목록을 만드는 것도 쉬운 일이 아니다. 그럼에도 이 훈련은 효과적인 자기통제를 촉진한다.

잘 정의된 계획

미루기, 흡연, 주로 앉아서 지내는 생활방식, 과식, 손톱 깨물기, 치아 위생 불량 혹은 다른 문제적 습관 등의 문제 행동을 변화시키기 위해, 심리학자들은 잘 구조화된 계획과 강한 동기가 필요하다고 말한다(Insel & Roth, 2002).

당신의 문제행동 중 하나를 다뤄보기 위해, 다음 단계를 실행해보라.

단계 1 — 어떤 행동을 바꾸고 싶은가? 만약 당신이 즉각적 의료 개입을 요하는 행동을 갖고 있지 않는 한, 변화시킬 행동으로 보통 단순한 행동을 선택하는 것이 좋다. 행동변화과정으로 경험을 쌓으면 더 도전적인 행동들을 더욱 성공적으로 변화시킬 수 있을 것이다.

어떤 행동을 바꾸고 싶은가? _____

단계 2 — 이 행동을 바꿈으로써 얻을 수 있는 이득은 무엇인가? 새로운 행동의 이득을 확인하는 것은 이 행동을 변화시킬 동기를 높여줄 것이다.

예 :

- 나는 더 행복할 것이다.
- 나는 가족과 친구들과 보낼 시간이 더 많아질 것이다.
- 내 생활에 스트레스가 줄어들 것이다.
- 나는 더 높은 질의 삶을 즐기게 될 것이다.

이 행동 변화로부터 예상되는 개인적 이득을 확인하라.

1. _____
2. _____
3. _____
4. _____
5. _____

단계 3 — 행동 변화 목표는 무엇인가? 현실적이고 성취 가능한 목표는 성공적이고 건강한 행동 변화를 위한 기반이다. 장기 목표는 원하는 전반적 행동 변화를 확인해주는 반면, 단기 목표는 과제를 더 작고 더 다루기 쉬운 단계들로 쪼갤 수 있게 한다. 단기 목표가 성취될 때, 장기 목표도 성취된다.

장기 목표 : 행동 변화를 위한 전반적 목표를 확인한다.

예 : 나는 시간을 관리해서 즐거운 일을 하는 데 하루 한 시간을 허용할 것이다.

당신의 장기 목표는 무엇인가? _____

단기 목표 : 목표를 달성하기 위해 단계별 계획을 만들 단기 목표를 확인하라.

예 :

- 나는 즐거움을 위한 시간을 우선적으로 만들 것이다.
- 나는 매일 '해야 할 일' 목록을 작성할 것이다.
- 나는 '해야 할 일' 목록을 우선적으로 처리할 것이다.
- 나는 매일 '할 수 있는 일'의 목록을 작성할 것이다.

당신의 단기 목표는 무엇인가?

1. _____

2. _____

3. _____

단계 4 ─ 변화할 준비가 되었는가? 만약 변화를 수용할 준비가 되어 있지 않다면 성공적인 행동 변화를 달성하기 어렵다.

만약 다음의 목표 행동 검사(Target Behavior Test)의 질문들 중 어느 문항에라도 "아니요"라고 대답을 한다면, 당신은 환경 혹은 우선순위를 변경하는 것을 생각하거나, 당신의 마음을 더 끄는 다른 행동을 선택하려고 생각할 수도 있다. 그렇지 않다면 목표 행동 검사에 있는 모든 질문들에 "예"라고 대답을 할 수 있도록 더 성취 가능한 목표를 설정하라.

당신은 얼마나 준비되었는가?		
1. 이 행동을 바꾸는 것은 내게 중요하다.	☐ 예	☐ 아니요
2. 나는 이 행동을 성공적으로 변화시킬 내 능력에 대해 긍정적 태도를 갖는다.	☐ 예	☐ 아니요
3. 나는 이 행동을 변화시킨다면 더 건강해지거나 더 건강한 환경에서 살게 될 것이다.	☐ 예	☐ 아니요
4. 필요하다면 이 행동의 변화를 돕는 데 필요한 돈을 기꺼이 지출할 수 있다.	☐ 예	☐ 아니요
5. 나는 이 행동을 변화시키는 데 필요한 시간을 기꺼이 들일 것이다.	☐ 예	☐ 아니요

6. 나는 내가 측정하거나 셀 수 있는 목표행동을 선택했다. ☐ 예 ☐ 아니요

7. 나는 달성 가능한 목표를 선택했다(예를 들어, '운동 수 ☐ 예 ☐ 아니요
준을 높여서 1주일에 1파운드 감량할 것이다.'는 아마도
현실적인 목표일 것이다. '나는 이번 달에 20파운드 감량
할 것이다.'는 안전하지 않은 비현실적 목표일 것이다).

8. 나는 나의 행동 변화를 지지해줄 주변 사람을 확인할 수 ☐ 예 ☐ 아니요
있다.

단계 5 — 이 행동 변화를 돕거나 방해하는 것은 무엇인가? 전략을 확인하는 것은 세 가지 부분으로 구성된 과정이다. 첫째, 목표를 달성하기 위해 가능한 전략들의 목록을 작성한다. 다음으로 목표 달성을 방해하는 장애물을 생각해본다. 마지막으로 그 장애물을 극복할 방법을 생각한다.

도와주는 요인의 예 :

- 나는 재밌는 일이 내 일상의 일부가 되도록 일정을 잡을 것이다.
- 나는 피트니스 프로그램에 참여해서 PT를 받을 것이다.
- 나는 심장 건강에 좋은 음식만을 구입할 것이다.
- 나는 가족과 친구들과 더 많은 시간을 보낼 수 있도록 직업을 바꿀 것이다.

A. 당신을 도와주는 요인의 목록을 작성하라.

1. _____
2. _____
3. _____

행동 변화 과정을 잠정적으로 방해할 수 있는 장애물을 파악하라.

장애물의 예 :

- 예정된 즐거운 시간을 방해할, 예기치 않은 일이 일어날 수도 있다.
- 나는 멤버십과 PT를 받을 여유가 없을 수도 있다.
- 때때로 나는 충분한 의지력이 없는 듯하다.
- 재정상 나는 월급이 많기 때문에 내 직업을 유지해야 한다.

B. 목표 달성을 방해할 가능성이 있는 장애물 목록을 작성하라.

1. _____

2. _____

3. _____

당신이 방금 파악했던 장애물을 극복할 방법을 찾아보라. 장애물을 극복할 준비를 하는 것은 성공을 성취할 가능성을 올려줄 것이다.

장애물을 극복할 해결책의 예 :

- 나는 자유 시간을 없애기보다 우선순위를 조정할 것이다.
- 나는 운동을 위해 덜 비싼 옵션을 찾아볼 것이다.
- 나는 장애물에 직면할 때면 긍정적·사회적 지지를 준비하고 과거의 성공을 기억할 것이다.
- 나는 다른 시간 소비를 줄이고 내 건강 변화를 최우선 순위에 둘 것이다.

C. 장애물을 극복할 당신의 해결책 목록을 작성하라.

1. _____

2. _____

3. _____

단계 6 — 무엇이 최선의 조력자일 것인가? 당신이 가장 성공적일 것이라고 믿고 있고, 기꺼이 헌신할 전략이나 전략들을 선택하라.

당신이 선택한 도움이 될 전략을 기록하라. _____

단계 7 — 변화를 지원하기 위해 주변을 어떻게 바꿀 수 있는가? 당신 주변의 사람들과 대상들은 당신의 행동에 매우 큰 영향을 미칠 수 있다. 지지적 환경은 성공 가능성을 높인다. 자신의 지지 시스템(작업 환경, 가정환경, 가족, 친구들)을 점검하고 목표를 달성하기 위해 장애물을 제거하고 긍정적 지지를 키우는 방향으로 환경을 변화시킨다.

A. 새로운 행동에 정착하는 데 장애물은 줄이고 욕구는 높여줄 작업 공간의 분위기나 가정환경을 어떻게 만들 것인가?

예 : 다른 사람과 일과 가정의 책임을 공유하라.

B. 자신을 위한 지지 네트워크를 어떻게 구축할 것인가?

예 :

- 나는 비슷한 관심을 공유하는 다른 사람들과 시간을 보낼 것이다.
- 나는 매일 이완을 위한 시간을 가지기 위해 가족 구성원이나 친구에게 아이 돌보는 책임을 줄일 방안을 요청할 것이다.
- 나는 내 감독관에게 일을 유능하게 해낸 나의 성공적 노력을 긍정적으로 인정해줄 것을 요청할 것이다.

C. 몇몇 친구들의 지원을 요청하라. 행동 변화를 위한 다음과 같은 계약서를 사용해 보라.

행동 변화를 위한 계약서

나는 _____ 다음의 목표를 해결하기로 약속한다 : _____

이 계약서에 사인한 내 친구는 다음과 같은 방식으로 나를 지원할 것에 동의한다.

1. _____

2. _____

3. _____

우리는 나의 행동 변화를 논의하고 행동 변화 노력에 대한 지원을 확인하기 위해 (날짜)에 만날 것이다.

_____   _____   _____   _____
사인   날짜   친구 사인   날짜

단계 8 — 무엇으로 보상할 것인가? 성공적인 행동 변화를 이끌기 위해 즐겁고 긍정

적인 보상을 선택한다. 장기 목표뿐만 아니라 단기 목표 달성에 대해서 보상을 주라. 보상은 외적 보상도 좋고 내적 보상, 예를 들면 노력과 성공에 관한 긍정적인 생각 등도 좋다.

보상에 관한 힌트

- 당신의 노력과 성공에 관한 외적 보상과 긍정적인 생각으로 자신을 보상하도록 한다.
- 성공했을 때, 가능한 한 빨리 자신을 보상하라.
- 필요에 따라 당신의 보상을 조정하라.
- 처음 행동 변화를 시작할 때는 성공할 때마다 매번 스스로를 보상하라. 당신의 목표 행동이 안정이 된 후에는 보상 빈도를 낮춘다.
- 변화하겠다는 당신의 결정, 변화의 용기, 지속하는 투지에 대해 그리고 도전에도 불구하고 변화를 만들어낸 과거 노력에서 어떻게 성공했는지에 관해 긍정적으로 생각하는 훈련을 하라.

단기 목표를 성취하는 데 적합한 보상 목록을 작성한다.

1. _____
2. _____
3. _____

장기 목표를 달성하기 위한 보상 목록을 작성한다.

1. _____

보상의 예 :

- 나는 집에 친구를 초대해서 비디오를 같이 볼 것이다.
- 나는 친구와 함께 느긋하게 자전거를 탈 것이다.
- 나는 내가 얼마나 잘하고 있는지 스스로를 격려하고, 신체적으로나 정신적으로 얼마나 더 잘 느끼고 있는지 생각할 것이다.
- 나는 마사지를 즐길 것이다.

단계 9 — 계획을 집행하고, 발전을 기록하라. 이제 실제로 행동 변화를 시작할 시간이다. 간단히 점검해보면,

1. 행동 변화의 이득을 생각한다.

2. 목표를 분명히 한다.

3. 당신이 성공할 것이라고 믿는 조력자를 둔다.

4. 장애물을 마주하고 극복할 계획을 세운다.

5. 삶의 방식의 변화를 지원할 환경을 만든다.

6. 자신을 확실히 보상한다.

7. 즐긴다.

행동 변화 과정에서의 진전을 기록하라.

기록하기는 성공을 도울 수 있다. 당신의 진전을 관찰함으로써, 성공 혹은 실패의 이유를 발견할 수 있다.

다음에 제시한 행동 추적 표 혹은 스스로 만든 표를 사용해서, 당신의 진전을 기록하라.
표를 정기적으로 작성하고, 발전 과정뿐만 아니라 행동을 촉진하는 상황과 방해하는 상황을 파악한다.

행동 추적 표

| 날짜 | 하려는 계획 | 한 것 | 그렇게 된 이유 | | 이 장애물을 어떻게 극복할 것인가 |
			도움이 된 것	방해한 것	
10/20/17	'할일' 목록 만들기	'할일' 목록 만듦	어젯밤 자기 전 목록을 만듦		
10/20/17	여가 시간을 우선 챙기기	아픈 아이를 돌보느라 여가 시간 포기		아이가 아파서 아이 돌보기가 우선이 됨	내가 여가 시간을 즐기는 동안 친구나 친척에게 아이를 잠시 봐줄 것을 부탁

단계 10 — 다음번을 위해 조정할 수 있는 것은 무엇인가? 만약 추적표를 검토한 후 희망했던 성공이 일어나지 않았다고 판단된다면 목표, 장애물, 사회적 지원 네트워크를 점검하고 적절하게 조정하라. 지속하는 것이 중요하다는 것을 기억하라. 그러나 만약 행동 변화 과정이 모두 일거리이고, 재미도 없고, 변화가 두렵거나 끝내고 싶다고 느끼기 시작한다면 아마도 접근법을 변경해야 할 것이다.

예 : 나는 이완 시간을 갖는 데 대해 죄책감을 느끼고, 그래서 내 시간을 즐기지 못한다. 스스로 이완 시간을 다시 생각할 충분한 시간을 갖기 전까지는 이중 목적, 즉 이완과 질적인 가족 시간을 갖는 활동을 할 것이다.

건강 행동 교정을 위한 첫 시도부터 성공적인 사람들은 드물다. 실패로부터 배우고 지속적으로 실천하는 것이 결국에 성공하는 사람들의 두 가지 자질이다. 만약 미끄러진다면 다시 하면 된다. 행동 변화는 시간이 걸린다는 것을 기억하라. 다섯 명 중 네 명 정도는 행동을 변화시키려 시도할 때 다시 나쁜 습관으로 돌아가려는 경향이 나타날 것이다(Insel & Roth, 2002). 단지 네 명 중 한 명만이 첫 번째 시도부터 성공적이다. Insel과 Roth는 만약 당신이 실수할 때조차 변화에 대한 헌신을 유지한다면, 헌신하기 전보다 더 오래 유지할 수 있다고 말한다. 다시 시도하라. 필요하면 또 다시 시작하라. 만약 변화되는 것이 더 좋은 행동이라면 노력은 가치가 있다.

장기적 전망 갖기 : 끈기

여러 차례 깨달았겠지만, 여러 가지 도전에서 성공하기 위해 얼마나 열심히 일하는지와 관련해서 사람들은 천차만별이다. 지능 같은 핵심적 차원에서 서로 유사한 사람들조차도 어떤 사람은 남들보다 더 많은 것을 성취한다. 그러한 상황에서 성공한 사람들은 흔히 끈기(grit)로 알려진 특성에서 높은 수준을 갖는다(Duckworth, et al., 2007). 끈기는 장기적 목표에 도달하기 위한 인내심과 열정이다. 자신의 '끈기' 수준을 측정하기 위해 https://sasupenn.qualtrics.com/SE/?SID=SV_9H6iT93yv4rozeB에 링크해서 끈기 척도를 완성해보라. 일단 점수가 나오면 계속해서 읽어보라.

끈기 척도에서 높은 점수를 받은 사람들은 남들보다 더 열심히 일하고 더 정력적이어서 인내심을 갖고 목표를 성취한다. 끈기는 성실성과 긍정적으로 연관된다. 그 의미는 끈기가 있는 사람들이 흔히 정돈되고, 시간관념이 있고, 보통 믿을 만하고, 신뢰감을 준다는 것이다(Duckworth et al., 2007; MacCann, Duckworth, & Roberts, 2009). 높은 끈기 점수는 또한 대학생들의 높은 학점 평균과도 관련된다(Duckworth et al., 2007). 미국 철자 대회에 참가한 아이들에 관한 연구에서, 끈기 점수가 높은 아이들은 더 똑똑하거나 철자법에 더 능한 것도 아닌데도 불구하고, 점수가 낮은 아이들보다 경합에서 더 발전적이었다(Duckworth et al., 2011). 그 아이들은 단지 대회를 더 열심히 준비했다. 마지막으로, 끈기를 보이는 초보 선생님들은 동료들보다 더 나은 결과를 냈고, 첫해가 끝나기 전에 교단을 떠날 확률이 낮았다(Robertson-Kraft & Duckworth, 2014).

만약 당신의 끈기 점수가 희망하던 것만큼 높지 않더라도 실망하지는 말라. Duckworth는 끈기를 학습할 수 있다고 믿는다(Hanford, 2012). 그것은 자기통제의 또 다른 이로운 형식 같은 것이다. 어떤 긍정심리학자들은 끈기를 좋은 성격의 표시로 보기도 하고, 혹은 도덕적 강점의 한 예로 보기도 한다. 적어도 시간이 지나서 분명한 이익 배당금을 받게 되는 사회적-정서적 유능감의 한 좋은 예를 보여준다.

⊹ 요약

자기조절을 위해서는 분명한 기준을 정해야 하고, 세심하게 행동을 점검해야 하고, 바람직한 변화를 만들기 위한 강점을 구축해야 한다. 문제 행동을 변화시키기 위해서는 목표 행동을 분명하게 명시하고 변화의 이득을 확인하는 잘 구조화된 계획이 필요하다. 시작 날짜, 매일의 스케줄, 사회적 지원 가능성은 계획을 수행하는 우리의 능력을 촉진한다. 장애물을 예측하고 진전을 세심하게 추적하는 것은 성공적으로 행동을 변화시킬 가능성을 증가시킨다.

5 지혜

정서지능
성공지능
지혜를 이해하기
지혜를 학습하기

지능은 사람들로 하여금 핵폭탄을 만들 수 있게 했다. 지혜는 그것을
사용하지 않도록 하고 심지어 그것을 만든 것의 어리석음을 생각하게 만
든다. —*Robert J. Sternberg, 1997*

사람들은 지적이지만 지혜롭지 않을 수 있다. 똑똑한 사람들이 흔히 어리석은 일을
한다. 실제로 그들은 자신의 삶과 가족, 친구들의 삶을 완전히 엉망으로 만들 수 있
다. 지혜롭게 사는 것은 전통적인 IQ 검사로 측정한 학업적 적성 이상을 요구한다. 그
런 검사는 중요한 인간의 특성을 간과한다. 정서지능, 실용지능이 그것이다. 지혜는
조망수용의 기술, 즉 큰 관점에서 삶을 찬찬히 살펴보는 기술을 수반한다(Peterson &
Seligman, 2004, p. 106). 그것은 지식과 경험을 효과적으로 접목시킴으로써 가능하고,
그럼으로써 자신의 웰빙과 타인의 웰빙을 증진시킬 수 있다. Baltes와 Staudinger의 주
장에 따르면, "지혜는 삶의 의미와 행동에서의 전문지식이다"(2000, p. 124). 다른 강
점들은 지혜에 기여하기 때문에 지혜의 발달은 평생의 도전을 의미한다.

정서지능

연구자들이 작업장에서 성공적이지 않은 매니저와 성공적인 매니저를 구분하는 요인

을 검토한 결과, 가장 중요한 차이가 매니저의 대인관계와 관련이 있다는 사실을 발견했다(Lombardo et al., 1988). 해고된 매니저는 둔감하고 오만하다고 평가되었다. 이 감독관 밑에서 일했던 직원들은 그들을 몹시 야망적이고 감정적이며, 요구는 많지만 비협조적이라고 지각했다. 성공적인 매니저와 달리, 엉망인 매니저는 심리학자들이 **정서지능**(emotional intelligence, EI)이라고 부르는 것이 결여된 듯 보였다(Mayer, Salovey, Caruso, & Cherkasskiy, 2011). 정서지능(EI)은 정서를 정확하고 적응적으로 지각하고 평가하고 표현하게 해준다. 정서와 정서적 지식을 이해하게 해주고, 자신의 정서와 타인의 정서를 효과적으로 조절하게 해준다(Salovey, Mayer, Caruso, & Yoo, 2009).

다음의 척도는 이 강점을 평가한다.

📝 **자기평가**

정서지능의 측정

다음 척도를 사용해서 각 항목이 당신에게 적용되는 정도를 표시하라.

1=절대 동의하지 않는다   2=동의하지 않는다   3=중간이다
4=동의한다   5=매우 동의한다

_____ **1.** 나는 다른 사람에게 언제 내 개인적 문제를 이야기해야 하는지를 안다.

_____ **2.** 장애물을 만나면, 유사한 장애물을 만나서 극복했던 때를 떠올린다.

_____ **3.** 나는 내가 시도하는 대부분의 일을 잘할 것으로 기대한다.

_____ **4.** 다른 사람들은 내게 쉽게 비밀을 털어놓는다는 것을 발견한다.

_____ **5.** 나는 남들의 비언어적 메시지를 이해하기 어렵다.

_____ **6.** 내 삶의 어떤 중요한 사건들은 나로 하여금 무엇이 중요하고 중요하지 않은지 재평가하게 했다.

_____ **7.** 기분이 달라지면, 나는 새로운 가능성을 본다.

_____ **8.** 정서는 내 삶을 살만한 가치가 있는 것으로 만든다.

_____ **9.** 나는 정서를 경험할 때 그 정서를 알아차린다.

_____ **10.** 나는 좋은 일이 일어나리라 기대한다.

_____ **11.** 나는 내 정서를 남과 공유하기를 좋아한다.

_____ **12.** 나는 긍정적 정서를 경험할 때, 그것을 어떻게 지속시킬지 안다.

_____ **13.** 나는 남을 즐겁게 할 이벤트를 마련한다.

_____ **14.** 나는 나를 행복하게 만들 활동들을 찾아낸다.

_____ **15.** 나는 다른 사람이 보내는 비언어적 메시지를 알아차린다.

_____ **16.** 나는 남들에게 좋은 인상을 주는 방식으로 나 자신을 내보인다.

_____ **17.** 나는 긍정적인 기분일 때 문제 해결이 쉽다.

_____ **18.** 상대의 표정을 보면 그 사람이 경험하고 있는 정서를 안다.

_____ **19.** 나는 내 정서가 변하는 이유를 안다.

_____ **20.** 나는 긍정적인 기분일 때, 새로운 아이디어를 생각해낼 수 있다.

_____ **21.** 나는 내 정서를 통제해왔다.

_____ **22.** 나는 내가 경험하는 정서를 쉽게 알아차린다.

_____ **23.** 나는 내가 맡은 과제에 대해 좋은 결과를 상상함으로써 스스로를 동기화
한다.

_____ **24.** 나는 다른 사람이 뭔가를 잘했을 때 칭찬한다.

_____ **25.** 나는 다른 사람이 보낸 비언어적 메시지를 알아차린다.

_____ **26.** 어떤 사람이 내게 자기 삶의 중요한 사건에 관해 이야기할 때, 나는 거의
그 사건을 내가 겪은 것처럼 느낀다.

_____ **27.** 나는 정서에 변화를 느낄 때, 새로운 아이디어가 떠오르는 경향이 있다.

_____ **28.** 나는 도전에 직면하면, 실패할 거라 믿기 때문에 포기한다.

_____ **29.** 나는 다른 사람을 보기만 해도 그가 무엇을 느끼는지 안다.

_____ **30.** 나는 다른 사람이 처져있을 때 기분을 좋게 만들어줄 수 있다.

_____ **31.** 나는 장애물에 직면해서도 계속 노력하기 위해 좋은 기분을 사용한다.

_____ **32.** 나는 사람들의 목소리 톤을 듣고 그들이 어떻게 느끼는지 말할 수 있다.

_____ **33.** 나는 사람들이 왜 그렇게 느끼는지 이해하기 어렵다.

출처 : Schutte et al., 1998. Copyright ©1998 Elsevier. Reprinted by permission.

채점 총점을 구하기 위해, 먼저 5, 28, 33번 문항의 점수를 역채점한 다음(1 = 5, 2 = 4, 3 = 3, 4 = 2, 5 = 1) 전체 33문항의 점수를 더한다. 총점의 범위는 33~165점이고, 점수가 높을수록 정서지능이 높음을 나타낸다. 연구자가 제시한 평균치는 각각 여성 131점과 남성 125점이었다.

연구자들은 이 척도의 결과를 해석하는 데 주의할 것을 권한다. 그들은 이 척도가 정서지능의 개략적 측정치만을 제공한다고 강조한다. 따라서 직원을 채용하는 등의 중요한 삶의 결정에는 사용하지 말아야 한다. 그보다는 이 책에 제시된 많은 자기보고 척도처럼, 새롭고 중요한 개념을 소개하는 것이다. 바라건대 삶의 목표를 정하고 추구하는 데 있어서 강점과 약점을 찾는 데는 도움이 될 것이다.

미국에서 이 척도를 사용한 연구에 따르면, 점수가 높을수록 심리적 웰빙 측정치에서 낙관성이 높고 우울과 충동성이 낮은 것으로 나타났다. 점수는 또한 미국 중등학교에서 첫해의 높은 학업 성취를 예측했다. 하지만 신기하게도 학업 적성을 측정하는 SAT나 ACT 점수와는 무관했다. 이것은 정서지능과 학업지능이 다른 개념일 수 있음을 제안한다. 높은 수준의 정서지능은 좋은 건강(Schutte, Malouff, Thorsteinsson, Bhullar, & Rooke, 2007), 더 만족스러운 낭만적 관계(Malouff, Schutte, & Thorsteinsson, 2014) 및 부정적 정보에 접했을 때 전반적으로 긍정적인 기분과 더 높은 자존감의 유지(Schutte et al., 2002) 등과 정적으로 연합된다.

정서지능 모델

Peter Salovey와 John Mayer의 중요한 정서지능 모델(Salovey, Mayer, & Caruso, 2002)은 네 가지 중요한 구성요소를 강조한다.

1. **정서적 지각과 표현** : 이 요소는 자신의 정서를 파악하고 타인의 정서를 인식하는 능력과 관련된다. 만약 다른 사람의 얼굴에서 언뜻 스치는 두려움을 본다면, 당신은 그 신호를 놓쳤을 때보다 그 사람에 관해 더 많은 것을 이해하게 될 것이다. 이 요소는 또한 긍정 정서와 부정 정서 둘 다를 정확하게 표현하는 능력을 포함한다. 만약 우리가 항상 불쾌한 정서로부터 주의를 돌려 외면해버린다면 우리의 정서적 삶에 관해 거의 알 수가 없을 것이다.

2. **정서적 사고 촉진** : 정서가 사고를 방해할 수도 있지만, 더 효과적인 문제 해결과 의사결정에 활용되기도 한다. 때때로 기분 변화는 여러 가지 관점을 인식할 수 있게 한다. 예를 들어 우리의 관점이 회의적인 것에서 수용적인 것으로 바뀔 때, 문제에 관해 더 깊고 창의적으로 생각하게 된다.

3. **정서 이해** : 이 요소는 정서에 단어로 이름 붙이는 능력과 여러 가지 정서의 원인

과 결과를 이해하고, 그들 간의 관계를 인식하는 능력과 관련된다. 복잡하고 때로는 모순되는 느낌과 그것들이 시간에 따라 어떻게 변화되는지를 이해하는 것은 정서지능의 중요한 차원이다.

4. **정서 관리** : 사람들은 기분을 조절하기 위해 다양한 기법을 사용한다. 때때로 이것은 우리 자신이나 타인의 골치 아픈 느낌들을 감소시킴을 의미한다. 더 흔하게는, 효과적인 정서 조절이란 설득력 있는 연설가가 청중의 마음을 '움직일' 때처럼 정서들을 활용하는 것을 필요로 한다. 정서적 자기조절은 우리의 느낌을 깊이 생각하고 그것을 다른 사람에게 적절하게 노출하는 능력을 포함한다.

Salovey, Mayer 그리고 David Caruso(2002; Salovey et al., 2009 참고)는 다중 요인 정서지능 척도를 사용해서 몇 가지 의미 있는 결과들을 보고하고 있다. 예를 들어 정서지능은 다음과 연관되는 듯하다.

- 청소년과 대학생들에게 있어서 높은 친사회적 행동과 낮은 공격성
- 청소년들의 흡연과 음주 같은 물질 남용의 낮은 수준
- 작업장에서 리더십 효과에 대한 높은 평가
- 소비자 불만을 조절하는 데 있어서 높은 직원 수행 평가(흥미롭게도 정서지능은 불만을 다루는 속도와는 부적으로 연합된다. 연구자들이 짐작하듯이 고객의 느낌을 효과적으로 다루는 데는 아마도 시간이 필요한 것 같다)
- 정서지능이 낮은 사람들보다 친구가 더 많고 친한 친구와 갈등도 적다.
- 높은 수준의 삶의 만족과 심리적 웰빙

Daniel Goleman(2002)은 정서지능이 좋은 리더의 특징적인 속성일 수 있다고 주장했다. 그들은 더 똑똑하거나 억세지도 않았다. 그보다는 정서를 지각하고 이해하고 다루는 데 뛰어났다. 2001년 9·11 여파로 뉴욕 시 시장 루디 줄리아니는 세계무역센터 붕괴로 인해 얼마나 많은 사람이 죽었는지를 묻는 리포터의 질문에, 말로 형용할 수 없는 국민들의 느낌과 연결했다. 줄리아니 시장은 "우리는 정확한 숫자는 알지 못합니다. 그러나 숫자가 얼마이든 우리가 견딜 수 있는 그 이상일 것입니다."라고 말했다.

그들이 책임지고 있는 것이 나라든, 도시든, 회사든, 학급이든, 좋은 리더는 사람들의 정서를 어루만져서 영감을 준다고 Goleman은 주장한다. 그들은 공감하며 듣고, 관

계를 만들고, 분쟁을 해결한다. 다른 사람들이 자신이 하는 일을 즐길 수 있도록 사람들을 웃겨준다. 그들의 성공적 정서 관리는 단순하지만 절묘하다. 작업 환경에서 정서지능이 높은 직원은 더 큰 성과급을 받고, 더 사교적으로 보이고, 동료와 감독관에 의해 유쾌한 직업 환경에 기여하는 것으로 지각된다(Lopes et al., 2006).

⋯╬ 요약

지혜는 학업지능 이상에 관여한다. 어떤 심리학자들은 정서지능이 학업 적성과는 별도로 생산적인 삶의 중요한 열쇠라고 제안한다. 정서지능의 주요 구성요소는 정서를 지각하고 표현하고 이해하고 관리하는 능력을 포함한다. 연구들은 이 능력이 많은 영역에서 더 효과적인 기능을 가능하게 하는 중요한 인간 강점이라고 제안한다.

성공지능

Robert Sternberg(1996, 2011, 2012)는 IQ 검사가 측정하는 적성이 생산적 삶에 기여하지만 그것으로는 충분하지 않다고 믿는다. 성공적으로 지적이기 위해서는 세 가지 다른 방식으로 잘 생각해야 한다 — 분석적(analytically), 창의적(creatively), 실용적(practically).

2001년 9.11에 창문 닦는 일을 했던 Jan Demczur는 성공지능을 증명했다(Goleman, 2002). 뉴욕의 세계무역센터 빌딩에서 멈춰버린 엘리베이터에 Jan과 다섯 명의 남자들(대부분이 경영 간부)이 함께 갇혔다. 그는 평소처럼 양동이와 고무롤러가 달린 막대를 가지고 있었다. 거의 희망이 없는 상황을 분석해보고, 그는 남자들이 그의 막대를 이용해서 나갈 수 있을 것으로 생각했다. 함께 작업해서 엘리베이터 문을 막대로 지렛대 삼아 열었으나, 그들 앞에는 '50'이라는 거대한 숫자가 적힌 두꺼운 벽이 있었다. 그러나 다시 Jan은 도전을 해결했다. 그의 지시하에, 남자들은 고무 롤러 손잡이의 날카로운 모서리를 사용해서 벽을 긁어냈다. 이 지루한 과제를 교대로 하며, 여섯 명의 남자들은 분석적, 창의적, 실용적 지능을 사용했고, 결국 세 겹의 석고판에 구멍을 뚫어 자유를 찾았다.

암묵 지식

실용지능의 핵심적 요소는 암묵 지식(tacit knowledge)이다(Sternberg, 1996; Sternberg & Horvath, 1999). 암묵 지식이란 함축되고 이해되었지만 거의 말로 표현하기 어려운 지혜를 말한다. 그것은 '무엇을 아는(knowing what)' 것보다는 '방법을 아는(knowing how)' 문제이다. 이 지식은 행위와 밀접하게 관련되어서 절차적(procedural)이고, 매일의 목표 달성에 도구적이다. 사람들이 암묵 지식을 획득할 때, 모델을 관찰하는 것이 도움이 되긴 하지만 전형적으로는 타인으로부터 직접적인 지시 없이 획득한다.

ﬁﬁﬁ 생 각 해 보 기

학교와 일터에서의 '노하우'

다음 연습문제를 시도하면서 암묵 지식에 대한 감을 잡을 수 있을 것이다. 학교나 일터에서 결코 교재나 직무설명서에서 읽은 적이 없는데도 성공적으로 해낸 한두 가지 일을 확인하라.

_____

_____

_____

_____

암묵 지식은 '만약-그러면' 조건문으로 표현할 수 있다. 예를 들어 만약 당신이 당신 상사에게 나쁜 뉴스를 전해야 하는데, 만약 상사의 골프 게임이 우천으로 전날 취소되었고 직원들은 눈치를 보는 듯하다면 상사의 일주일을 망치지 않기 위해 나쁜 뉴스 전달을 나중으로 미루는 것이 좋다(Sternberg, 1996).

적응, 조성, 선택

때때로 실용지능은 기존 환경에 맞춰 우리 자신을 변화시키거나 적응(adapt)할 것을 요구한다. 다른 경우에는 우리 자신이나 타인에게 더 적합하도록 만들기 위해 환경을 조성(shape)할 것을 요구한다. 또 다른 경우에는 우리로 하여금 새로운 환경을 선택

(select)할 것을 요구한다.

적응, 조성, 선택 간의 차이를 이해하고 평가하는 다음 상황을 생각해보자.

실제 세계의 문제들

다음에 제시된 각각의 상황에서 첫 번째 옵션은 적응을 나타낸다. 즉 환경에 적응하려는 시도다. 두 번째 옵션은 조성을 나타낸다. 즉 자신에게 환경을 맞추려는 시도다. 세 번째 옵션은 선택을 나타낸다. 즉 기존 환경을 떠나 새로운 환경을 찾으려는 결정이다. 주어진 한정된 정보를 고려했을 때 당신이 생각하는 최선의 해결책을 선택해보라. 각 경우에서 Sternberg(1986)는 다음 질문을 던져볼 것을 제안한다.

1. 당신 자신을 고려해볼 때, 당신의 반응을 더 적응적으로 만들기 위해 당신 자신을 바꿀 수 있는가?

2. 만약 그것이 불가능하다면 당신에게 더 적합하도록 상황을 변화시킬 방법을 알 수 있는가?

3. 어떤 대안도 가능하지 않다면, 완전히 새로운 환경을 찾는 것이 더 나을 수도 있는가? 만약 그렇다면 어떤 대안적 환경이 가능할 것인가?

다시 말하지만 여기에 맞거나 틀린 대답은 없다. 올바른 대답은 개인, 상황, 그들 간의 상호작용에 따라 다르다. 당신의 목표는 당신에게 올바른 선택을 확인하는 것이어야 한다. 옵션들에 관해 생각하고, 성격과 능력이 상황과 어떻게 상호작용할 것인가에 관해 생각하면, 여기 제시된 것 같은 상황에서 더 실용적으로 똑똑한 결정을 할 수 있을 것이다. 각 항목에 대해 a, b, c 중 어느 하나를 선택하라.

1. 드라고니아란 나라는 독재적 구조, 엘리트주의 문화, 반대 의견에 대한 잔혹한 억압, 전반적인 편협함이 특징이다. 이 미개발의 제3세계 국가에서의 삶은 예측 가능하고, 단조롭고, 음울하다. 적은 수의 엘리트 계급은 관료주의적이고 군사적 지위를 갖고 있는 반면, 이류의 시민 부대는 도시 공장과 집단 농장에서 일하며 살아가고 있다. 당신은 유럽의 명문 고등교육기관에서 방금 교육을 마친 상류층의 젊은이다. 드라고니아로 돌아가야 한다면, 당신은 :

a. 상류층 출신의 소명을 받아들이고, 당신의 능력에서 최선을 다해 의무를 수행하기로 결심하겠는가?

b. 엘리트주의 문화를 버리고 더 공정한 질서를 구축하려고 애쓰겠는가?

c. 그런 위선과 도덕적 부패 가운데 살 수 없어서, 상대적으로 자유롭고 잊힌 채 살 수 있는 또 다른 큰 문화 도시로 옮기기로 결심하겠는가?

2. 거트루드 숙모가 크리스마스 선물로 당신 스타일이 아닌 셔츠를 줬다. 불쌍한 거트루드 숙모는 항상 가장 끔찍한 선물을 주는데, 이것도 예외가 아니다 — 흉측한 빨간색 체크무늬에 100% 폴리에스테르의 악몽. 이 까다로운 상황에서 당신은 :

a. 셔츠를 더 나은 옥스퍼드 버튼다운 셔츠로 교환하겠는가?

b. 거트루드 숙모를 따로 불러 당신이 미래에 받고 싶은 선물의 성격을 사적으로 논의하겠는가?

c. 옷장 뒤쪽에 셔츠를 걸어놨다가, 다음 할로윈 파티에 그것을 입고가기로 결심하겠는가?

3. 당신의 단짝 친구인 질은 항상 둘이 테니스를 칠 때 속임수를 쓴다. 그녀는 라인 가까이 떨어진 공조차도 반사적으로 아웃을 외친다. 이 납득할 수 없는 어이없음에 당신은 :

a. 속이지 않는 다른 테니스 파트너가 많이 있으므로, 그녀와 테니스 치는 것을 거부하겠는가?

b. 테니스는 즐기는 게임일 뿐이고 마음속으로는 당신이 더 좋은 선수라는 것을 알기에 그녀의 어리석음을 참아내는 것을 택하겠는가?

c. 질을 따로 불러 이런 행동이 끔찍한 것이라는 것을 느끼도록 재치 있게 이야기를 하고 똑바로 게임하겠다는 약속을 받아내겠는가?

4. 당신이 다니는 직장에 있는 카페테리아는 사실상 못 먹을 음식을 내놓는다. 회사의 모든 사람들이 그 음식이 끔찍하다는 데는 동의하지만 아무도 해결책에 일치를 볼 수 없다. 당신은 :

a. 망치기 어려운 과일과 요거트를 살 것인가?

b. 새롭고 나아진 음식 서비스를 위한 진정서를 내는가?

c. 거리에 있는 식당에서 먹는가?

5. 당신이 고등학교 수학 선생님이라고 상상해보라. 어느 날 아침, 칠판지우개가 없음을 발견한다. 이 참사에서 당신은 :

a. 한 학생을 보내 다른 것을 찾아보도록 하는가?

b. 손으로 칠판을 지우는가?

c. 대신에 프로젝터를 사용하기로 결정하는가?

👤 **채점**   각 문제에 대한 대안적 접근은 적응, 조성, 선택을 반영한다. 다음에 제시된 설명표와 비교해서, 당신의 선택이 적응, 조성, 선택 중 어떤 것을 반영하는지 평가해보라.

1. a. 적응   3. a. 선택   5. a. 조형
   b. 조형   b. 적응   b. 적응
   c. 선택   c. 조형   c. 선택

2. a. 선택   4. a. 적응
   b. 조형   b. 조형
   c. 적응   c. 선택

출처 : Sternberg, 1986, pp. 316, 318-319. Reprinted by permission of the author.

이들 경우에서, 당신의 선택은 주로 적응인가, 조형인가, 선택인가? 당신의 선택이 '현명한' 것이었다고 믿는가? 만약 우리가 적응만 한다면, 자신의 개인적 욕구는 해결되지 않은 채 남아있게 되고, 건설적인 사회 변화는 결코 일어나지 않을 것이다. 만약 조형만 한다면, 다른 사람의 욕구를 무시하는 것이고 불필요한 사회 갈등을 만들어낸다. 선택만 한다면, 사회적 안정성을 보장할 장기적 노력을 약화시키게 된다. Sternberg에 따르면, 지혜는 적응, 조성, 선택의 균형을 요구한다. 무엇보다도 지혜는 광범위한 관심을 균형 잡는 일을 한다.

···╬··· **요약**

> R obert Sternberg의 제안에 따르면, 성공지능은 분석적이고, 창의적이고, 실용적으로 생각할 것을 요구한다. 암묵 지식은 성공지능의 중요한 요소이다. '무엇을 아는' 것보다는 '방법을 아는' 것과 관련되어 있고, 중요한 삶의 목표를 성취하는 데 결정적이다. 성공지능은 때때로 우리가 환경에 적응할 것을 요구하기도 하고, 환경을 조형하도록 하기도 하고, 새로운 환경을 선택하도록 요구하기도 한다.

지혜를 이해하기

학업 적성, 정서지능, 암묵 지식은 지혜에 기여한다. 그러나 그것들로 충분한가?

교활한 테러리스트는 여러 목표물들의 유리한 점과 불리한 점을 평가하는 데 있어서 분석적으로 똑똑하다. 심지어 그의 공격을 가하는 데 있어서 실용적으로도 지능적이다(Sternberg, 2002a). 부도덕한 사업가는 쓸모없는 물건을 파는 데 충분한 정서지능을 지녔을 수 있지만, 그를 신뢰한 대중을 배신하게 된다. 사악한 독재자는 자기 것이 아닌 영토와 자원을 통제할 암묵 지식을 사용할 수도 있다. 테러리스트, 배신자, 독재자는 성공적일 수는 있으나, 우리 모두가 동의하듯이 지혜롭지는 않다. 지혜를 이해하는 한 가지 방법은 그 전형을 생각해보는 것이다.

👤👤👤 생각해보기

지혜의 전형과 특징

친구나 가족은 아니지만 잘 아는 지혜로운 사람을 생각할 때(살아있든 아니든 상관없이), 누가 마음에 떠오르는가? 세 명을 적어보라.

1. _____

2. _____

3. _____

이제 잠시 생각해보라. 당신은 왜 그 특별한 사람을 선택했는가? 특별히 지혜로운 사람의 몇 가지 특징을 잠시 확인해보라.

1. _____

2. _____

3. _____

4. _____

5. _____

6. _____

대학생들에게 지혜의 전형을 물었을 때, 상위권 후보로 간디, 공자, 예수, 마틴 루서

킹 주니어, 소크라테스, 마더 테레사, 솔로몬, 부처, 교황, 오프라 윈프리, 윈스턴 처칠, 달라이 라마, 넬슨 만델라, 엘리자베스 영국 여왕 등을 꼽았다(Paulus et al., 2002). 지능과 창의성에 대한 전형을 요청했을 때, 학생들은 매우 다른 목록을 만들어냈다. 신기하게도 단 한 명만이 지혜와 지능 둘 다의 전형에 이름을 올렸다. 오프라 윈프리였다. 지혜의 전형과 창의성의 전형에서는 중복이 없었다.

Robert Sternberg(1985)는 몇몇 응답자들에게 지혜로운 사람들의 특징적인 행동을 찾아내게 했고, 다른 사람들에게는 40개의 상위권 행동들을 '함께 묶일 수 있는' 행동들에 기초해서 원하는 만큼의 덩어리로 정리하게 했다. 그 결과 다음 6개의 패턴을 확인했다. 당신의 목록과 어떻게 비교되는가?

1. **추리 능력** : 문제를 보는 능력과 해결하는 능력을 가진다. 논리적 마음과 엄청난 정보저장소를 가지고 있다. 지식을 특정 문제에 적용할 수 있다.

2. **인간 이해** : 여러 사람을 상대하면서 인간 본성을 이해한다. 타인에 대한 관심을 나타내고, 좋은 경청자이며 조언을 사려 깊게 생각한다.

3. **경험을 통한 학습** : 아이디어에 중요성을 부여하고, 타인의 실수로부터 배운다.

4. **우수한 판단력** : 말하거나 행동하기 전에 생각한다. 합리적이고 자신의 신체적, 지적 한계 안에서 행동한다.

5. **효율적인 정보 사용** : 경험적이고 성숙하다. 정보, 특히 세부적인 내용을 찾아낸다.

6. **정확한 관점** : 직관적이다. 사물을 관통해볼 수 있고, 행간을 읽을 수 있으며, 옳음과 진실의 편에 있는 해결책을 제시한다.

지혜로운 사람과 지혜로운 특징의 목록은 분석적 능력(문제를 보고 그것을 해결하는 능력), 정서지능(인간 본성을 이해하고 좋은 경청자가 되는 것), 암묵 지식(지식을 특정 문제에 적용하는 것)의 중요성을 확인해주었다. 하지만 그 이상이 있다.

모든 지혜의 전형들은 즉시적 사리사욕 너머를 보는 사람들이다. 테러리스트, 배신자, 독재자는 우리 목록을 오염시키지 않았다. 왜일까? 그런 사람들은 자신에게는 좋지만 남에게는 나쁜 결과를 추구하기 때문이다. 지혜의 특징은 '타인에 대한 관심'을 포함하고, '옳음과 진실의 편에 있는 해결책'을 선택한다. 반면에, 사리사욕은 타인의 요구에 대한 관심 없이 목표, 기회, 이득만을 추구한다. '나 먼저'의 사고방식이라고 할 수 있다.

지혜의 균형 이론

Sternberg에 따르면, 지혜의 핵심적 목표는 공동의 선에 봉사하는 것이다. 지혜로운 사람은 (a) 개인 내(intrapersonal), (b) 개인 간(interpersonal), (c) 개인을 넘어선(extrapersonal) 관심에 균형이 있다. Sternberg의 말을 빌자면, 지혜는 "단순히 자신이나 누군가의 사리사욕을 극대화하는 것이 아니라, 다양한 자기에 대한 관심(개인 내)을 타인에 대한 관심(개인 간) 및 우리가 살고 있는 맥락의 다른 측면(개인을 넘어선), 즉 도시, 국가, 환경, 심지어 신에 대한 관심과 균형을 잡는 것이다"(2001, p. 231). 지혜로운 사람은 공동의 선을 잘 고려해서, 암묵 지식와 외현 지식을 사용하여 기존의 환경에 적응하고, 때로는 환경을 조성하고, 새로운 환경을 선택한다.

지혜가 어떻게 매일의 삶에서 표현되는가? Sternberg는 한 교사의 예를 제시했다. 그 교사는 주 전체 평가 시험에서 학생들의 점수를 최고로 만들라는 교장의 지시를 받았다. 그 교사는 교장이 학생들에 대한 참된 교육을 못하게 강요한다고 믿었다. 지혜로운 행위 과정의 선택에 영향을 주는 중요한 요인들은 무엇인가?

1. **목표와 관심의 균형** : 사람들은 공동선을 추구하는 정도에서 다양할 뿐만 아니라, 무엇을 공동선으로 보느냐에 있어서도 다양하다. 교사는 주에서 실시하는 시험을 위해 단순 암기식 과제들만을 하는 것이 아이들의 최대 관심은 아니라고 믿을 수 있다. 교장은 아이들의 관심을 다르게 볼 수 있다. 게다가 선생과 교장 모두 자신들의 진실성과 명성을 위태롭게 본다. 결국 학생들이 학습하는 것은 부모와 공동체에 대한 의미를 갖는다. 교사는 관련된 당사자들의 최선의 관심이 무엇인지를 결정해야 하는 책임을 떠안았다.

2. **단기 관심과 장기 관심의 균형** : 교사는 결국에 좋은 교육은 단순 암기식 이상을 포함한다고 믿을 수 있다. 그러나 그녀는 또한 주 평가 시험의 수행이 교장과 학교뿐만 아니라 학생들의 즉각적 웰빙에도 영향을 준다는 것을 알 수 있다.

3. **환경 맥락에 대한 반응들의 균형** : 교사는 교장이 지시했던 것을 함으로써 환경에 적응할 수도 있다. 그녀가 해야 한다고 믿는 것을 정확하게 하거나, 교장과 자신의 목표 둘 다를 만족시킬 어떤 균형점을 발견하려 노력함으로써 환경을 조성할

수도 있다. 마지막으로 그녀는 교장의 교육철학과 공존할 수 없다고 결정할 수도 있다. 즉 다른 곳으로 자리를 옮기는 선택을 할 수도 있다.

4. **미래의 느낌을 예측하는 우리 능력의 한계 수용** : 우리는 지금 이 순간을 사는 대신, 흔히 미래에 어떻게 느낄 것인가를 계획한다―휴가 때가 되면 얼마나 좋을지, 여름이 끝나면 얼마나 슬플지 등등. 문제는 이러한 **정서적 예보**(affective forecasting) 능력(Wilson & Gilbert, 2003, 2005)은 매우 제한적이어서, 미래의 사건이 발생할 때 경험할 것이 얼마나 유쾌할지 불쾌할지 일상적으로 잘못 판단한다는 것이다. 정확한 자기평가를 잘 못하는 이유는 우리가 좋은 혹은 나쁜 사건 자체에 너무 많은 초점을 맞추고 맥락적 영향을 무시한다는 데 있다. 사건은 별개로 일어나지 않는다. 우리의 삶은 느낌을 다투고 생각에 영향을 주는 다양한 상황, 사건, 사람들로 채워져 있다(Wilson et al., 2000). 어떤 사건도 별개로 일어나지 않는다. 이런 맥락에서 지혜는 어떤 사건도 우리가 기대하는 느낌의 강도를 촉발하기 쉽지 않다는 것을 기억하게 한다. 그 사건이 좋은 것이든 나쁜 것이든, 행복한 것이든 슬픈 것이든 마찬가지다. 중간 정도의 기대들이 어느 정도 더 정확한 예보, 더 우호적 전망, 잠재적으로 이따금씩 행복한 서프라이즈를 이끌 수 있다.

5. **암묵 지식의 획득과 사용** : 앞에서 봤던 것처럼, 사람들은 그들이 암묵 지식을 획득한 정도도 다르고, 그것을 어떻게 온전히 사용하는가에 있어서도 다양하다. 교사는 가르치는 방식에 관한 꽤 복잡한 암묵 지식을 가졌을지도 모른다. 이는 그녀가 그녀 자신의 관점과 교장의 관점 사이에서 절충을 반영하는 방식으로 가르치는 것을 결정할 수 있다는 의미이다. 아니면 그녀는 가르침에 대한 암묵 지식이 거의 없을 수도 있다. 그러면 교장이 말하는 것을 하는 것 외에 달리 선택사항이 없다. 명백히, 개입된 여러 당사자들의 관심들을 균형 잡는 방법에 관한 교사의 지식은 행위의 과정을 조성할 것이다.

Sternberg의 균형 이론에 관해 배운 것을 다음 도전에 적용해보자.

긍정심리학

도전 사례

Sternberg(2002a)의 또 다른 도전적 사례에서 중요한 이슈를 확인해보자.

찰스와 마거릿은 둘 다 엔지니어이고 결혼한 지 5년 되었다. 3년 전 찰스는 유럽에서 일자리를 제안받았다. 마거릿은 미국에서 자기 일을 정리하고 찰스와 함께 유럽에 가는 데 동의했다. 그 일자리는 찰스를 위해서는 훌륭한 직업 전환이었다. 이직 후에 그들은 아이를 가졌다. 아이가 태어나고 마거릿은 다시 일을 시작하기로 결심했다. 그리고 노력한 결과 보수도 좋은 매우 흥미로운 일자리를 발견했다. 그 사이 찰스는 미국으로 돌아가는 이동을 제안받았다. 마거릿은 새로운 일자리에서 의미 있는 경력 발전을 위해서 1~2년 정도가 더 필요하다고 느끼고 있다. 이사에 진력이 나기도 했다. 그녀는 찰스를 따라 다니느라 수년을 이미 포기했다. 찰스는 아내의 직장이 자신의 것만큼 중요하다는 것을 안다. 그러나 미국으로 돌아가는 것이 결국 그들 모두의 경력에 도움이 될 거라고 생각한다. 찰스는 어떻게 해야 하는가?

출처 : Sternberg, 2002a. Reprinted by permission of the author.

이 도전에 대한 반응으로, Sternberg의 지혜의 균형 이론을 적용해보라. 다음 질문에 대한 대답을 포함하라.

1. 찰스는 누구의 관심을 고려해야 하는가?
2. 각 당사자의 단기 관심과 장기 관심은 어떻게 다를 수 있는가?
3. 찰스의 행동은 환경의 적응 혹은 조성을 어떻게 반영할 수 있는가?
   새로운 환경을 선택한다는 의미는 무엇인가?
4. 암묵 지식이나 정서지능은 이 상이한 상황을 이해하고 해결하는 데 어떻게 관련될 수 있는가?

_____

_____

_____

_____

_____

_____

_____

_____

전형적인 지능 검사에서 제기된 문제와 달리, 이 실제 삶의 딜레마에는 다양한 해결책이 있고, 각각은 장단점이 있다. 가장 중요한 것은 가치가 지혜의 균형 이론에 필수적이라는 것이다(Sternberg, 2001). 가치는 관심들에 대한 숙고, 환경에 대한 적절한 반응의 식별(예 : 적응, 조성, 선택) 및 공동선에 대한 이해까지를 관통한다. 분명히 큰 견해의 차이는 있을 것이다. 그럼에도 Sternberg의 주장처럼, 우리는 인간 삶에 대한 존중, 사회 정의 그리고 인간을 자신의 온전한 잠재력에 닿게 하는 보편적 가치에 대한 합의에 확실히 도달할 수 있다.

무엇이 '지혜로운' 판단을 이루는가에 대한 합의가 사람들 간에 가능할까? 이는 막스 프랑크 인간 발달 연구소(Max Planck Institute for Human Development)의 Paul Baltes와 동료들이 답하려고 시도했던 질문이다.

지혜의 연구

Baltes와 동료들은 지혜를 단순히 삶에서 중요하지만 불확실한 문제에 관한 좋은 판단과 조언으로 정의한다(Baltes & Smith, 1990). 웹스터 사전(Goldman & Sparks, 1996, p. 1025)의 정의와 크게 다르지 않다—"삶의 지식과 경험으로부터 오는 좋은 판단."

Baltes의 연구팀은 지혜의 연구를 이론적인 것으로부터 경험적인 것으로 옮기려 시도했다. 실험실에서 그들은 독일인 참가자들을 대상으로 어려운 삶의 딜레마들에 관해 '생각을 소리 내어 말하도록' 했다. 참가자들에게는 문제를 논의하거나 조언을 제공하라고 간단하게 요구했다. 여기 한 예가 있다. 당신은 어떻게 반응하겠는가?

또 다른 도전 사례

열다섯 살짜리가 곧바로 결혼하기를 원한다. 그녀는 무엇을 생각하고 행동해야 하는가?

_____

_____

_____

_____

_____

_____

Baltes와 동료들은 지혜로운 판단에 다섯 가지 요소를 가정했다.

1. **삶의 문제들에 관한 사실적 지식** : 인간의 본성, 인간관계, 사회적 규범에 관한 지식을 포함한다.

2. **절차적 지식** : 삶의 문제를 다루고 목표를 저울질하는 전략, 갈등을 다루는 방법, 조언을 제공하는 방법 등을 포함한다.

3. **인생 주기의 맥락 주의** : 상이한 삶의 역할과 맥락(예 : 가족, 친구, 일, 취미)에 관한 지식과 이들이 인생 주기에 걸쳐 어떻게 변화하는가에 대한 지식.

4. **불확실성에 대한 인식과 관리** : 인간의 지식이 제한적이라는 것, 미리 미래를 완벽하게 아는 것은 불가능하다는 것, 삶은 예측할 수 없다는 것에 대한 깨달음. 완벽한 해결책도 없다는 것에 대한 인정.

5. **해결책에 관한 상대주의** : 가치와 인생의 우선순위에 있어서 개인과 문화적 차이가 있음을 인정.

Baltes와 동료들은 연구 참가자들에게 다른 사람이 인생의 딜레마에 대해 내놓은 반응을 읽고 그들의 지혜에 관해 전반적인 판단을 내리도록 했다. 다른 참가자들은 다섯 가지 지혜의 준거 중 하나로 반응을 평가하도록 훈련받았다. 그 결과, 전반적 지혜의 판단은 다른 참가자들이 다섯 가지 준거 각각으로 한 평가들과 상관이 매우 높았다. 이 발견은 지혜가 신뢰롭게 파악되고 평가될 수 있다는 주장을 지지한다.

여기 Baltes의 예 중, 낮은-지혜 반응의 한 예를 제시했다.

열다섯 살이 결혼하고 싶다고? 안 된다, 절대 안 된다. 열다섯 살에 결혼하는 것은 완전히 잘못된 것이다. 누군가는 그 소녀에게 결혼은 불가능하다고 말해야 한다. 그런 생각을 지지하는 것은 무책임한 일이다. 미친 생각일 따름이다.

이번 예는 높은-지혜 반응이다.

음, 표면적으로는 쉬운 문제처럼 보일 수 있다. 평균적으로 보면 열다섯 살 소녀가 결혼하는 것은 좋은 일은 아니다. 하지만 평균이 맞지 않는 상황도 있다. 아마도 이번 예에서 소녀가 불치병에 걸린 것 같은 특별한 삶의 상황이 포함되었을 수도 있다. 혹은 그 소녀가 부모를 잃었을 수도 있다. 또 다른 문화권이나 역사적 시점에 살고 있는지도 모른다. 아마도 그녀는 우리와는 다른 가치체계로 양육되었을 것이다. 또한 그녀와 대화할 적절한 방법을 생각해야 하고, 그녀의 정서적 상태를 고려해야 한다.

지혜에 관한 Max Planck 연구들의 중요한 발견 중에, 다음과 같은 것이 있다(Baltes, Glück, & Kunzmann, 2002; Kramer, 2000).

1. 검사한 학생들 중 단지 5% 정도만 지혜에서 높은 점수를 얻었다. 검사한 학생들 모두의 평균 수행은 주어진 준거에서 가능한 7개 중 약 3개 정도였다.
2. 지혜는 청소년기와 청년기 동안 급격하게 증가하는 것처럼 보인다. 비록 중년기와 노년 초기까지 비교적 안정적으로 유지되긴 하지만, 50, 60대에 정점인 듯하다.
3. 전문가적 경험과 함께한 연륜은 사람에 따라서는 지혜에 이득을 가져다주는 것 같다. 지혜로운 사람은 인적 서비스 직종, 지도자 출신이거나 혹은 자서전을 준비하거나 혹은 나치 치하의 제3 제국 동안 레지스탕스 활동을 했던 것처럼, 특별한 개인 내적 혹은 개인 간 경험을 갖고 있는 경향이 있다. 심지어 특정 전문 분

야는 지혜 과제에서의 추리에 차이를 만들었다. 예를 들어 임상심리학자들은 비임상심리학자들보다 수행을 더 잘했다.

4. 지혜는 특정 사고방식과 정적으로 관련된다. 예를 들어 평가하고 비교하기를 좋아하는 사람 혹은 애매함에 대한 내성이 높은 사람, 기꺼이 기존 규칙을 넘어서는 사람들은 지혜 과제를 더 잘 수행한다.

5. 경험에 대한 개방성, 즉 창의적이고 독립적이며 일상을 넘어선 다양성을 선호하는 등의 특성은 지혜의 강한 성격 예측변수 중 하나이다.

6. 어려운 삶의 딜레마에 관해 다른 사람들과 대화하는 기회는 지혜 과제에서 수행을 개선했다. 나이 든 성인은 젊은이들에 비해 실제적 상호작용에서 더 많은 이득을 봤다.

7. 기분 좋게 상상으로 세상을 여행하며 다른 문화에서의 삶에 대해 생각해보도록 지시하면, 다섯 가지 지혜 준거 중 두 가지에서 수행이 개선되었다.

⋯⫶⋯ 요약

지혜의 사례와 정의적 특성에 관한 연구는 이 인간 강점이 분석능력, 정서지능, 암묵 지식을 포함한다고 제안한다. 아울러 지혜로운 사람은 즉각적 이기심 너머를 보고 진실과 정의의 가치에 헌신한다. 균형 이론은 지혜가 자신의 단기적 및 장기적 관심을 타인의 것과 그리고 자신의 가치 및 다른 상황적 요인들과 조심스럽게 균형 잡는 것을 포함한다고 주장한다. 지혜로운 판단은 강한 사실적 및 절차적 지식을 요구하고, 아울러 삶의 불확실성, 다양한 사회적 역할, 중요한 가치의 차이에 대한 이해를 필요로 한다.

지혜를 학습하기

지혜 연구는 지혜의 발달에 관해 무엇을 말해주고 있는가? 지혜의 습득에 좋은 특정 태도와 행위가 있는가? 여기 몇 가지 팁이 있다.

1. 열심히 지혜를 습득하기 위해 노력하기로 하라.   건전하게 판단하고 신중하게 행동하는 능력은 획득된 강점이다. 지적 잠재력이 발달될 수 있다는 생각은 시간이 지남에 따라 천재성을 성장시키는 중요한 믿음이다(Dweck, 2002). 지혜는 고정된 특성이 아니다. 지능에 적용되는 것이 지혜에 더 잘 들어맞는다. 지혜로운 판단을 하는 것은 유전적으로 좋은 행운의 산물이 아니라, 노력, 경험, 자기조절의 결과이다. 지혜를 기르기 위해 자기발달과 자기발견의 긴 과정을 따라갈 것을 기대하라.

2. 경험에 열려 있으라.   이것은 지혜의 발달에서 가장 영향력이 큰 요인일 수 있다(Kramer, 2000). 많은 색다른 것들에 대해 모험을 하고 탐구심을 가져라.

3. 인간의 지식과 직관의 한계를 면밀히 인식하라.   모호함을 견디고 삶의 예측 불가능성을 수용하는 것을 학습하라. 흔히 문제를 바라보는 다른 방법이 있다. 그리고 삶의 복잡성과 불확실성은 때때로 완벽한 해결책은 없을지도 모른다는 것을 의미한다.

   힘 있는 위치에서 우리는 특히 직관에 있어 세 가지 오류에 취약하다 — 우리가 아는 것보다 더 안다고 생각하는 것, 우리가 전능하다고 믿는 것, 우리는 항상 보호받을 것이라고 느끼는 것(Sternberg, 2002b). 인간의 그 같은 자기기만 능력을 알아차리고, 전지전능, 불사신의 환상을 포기하라.

4. 여러 다른 관점으로부터 의미 있는 문제들에 대한 이해를 구하라.   다른 사람들과 삶의 중요한 도전들을 논의하는 것은 타인의 가치관뿐만 아니라 자신의 가치관에 대해서 알고 비평할 수 있게 해준다. 우리가 존중하는 다른 사람과의 상호작용은 사회적 판단에서의 오류를 식별하고 교정할 수 있게 해주며, 대안적 행위 과정을 생각할 수 있게 해준다. 의사결정 과정을 공개함으로써 지식이 어떻게 좋게 혹은 나쁘게 사용될 수 있는지 더 잘 이해하게 된다.

5. 사례들을 연구함으로써 지혜를 숙달하라.   고전적 문헌작업과 철학을 연구하고, 그 시대의 집단적 지혜와 현대에 적용할 방법을 숙고하라. 현대적 역할 모델도 찾아내라. 이것은 특정 환경에 우리를 적응하게 하는 암묵 지식을 이해하는 데 도움을 줄 것이다.

6. 언제 적응하고, 언제 새로운 환경을 선택할지를 아는 것 간에 적절한 균형을 찾는 것을

배우라. Sternberg(1996)가 가정했듯이, 당신은 교육자를 위한 소프트웨어를 제작하고 싶어서 컴퓨터 회사에 취직을 했는데, 자신의 새로운 일에 경쟁자들의 아이디어를 훔쳐오는 일이 포함되었음을 알게 되었다고 생각해보라. 지혜로운 사람은 적응하지 않고 떠난다. 지혜로운 사람은 또한 세 번째 옵션을 인식한다. 환경을 조성하는 것이다. 한 명의 짜증나는 동료 때문에 일을 그만두지는 않는다. 아이가 안 좋은 행동을 한다고 가족을 버리지는 않는다. 첫 번째 큰 부부싸움으로 이혼을 하지는 않는다. 그 대신, 견디면서 환경을 조성할 방법을 찾는다. 당신은 효과적으로 안정성 및 연속성의 요구와 변화의 필요 사이에서 균형을 잡아야 한다.

7. **효과적인 문제 해결 단계들을 열심히 숙달하라.** Sternberg(1996)는 성공적으로 지적인 사람들의 다섯 가지 핵심 기술을 파악했다.

   a. 감당할 수 없게 되기 전에 문제의 존재를 인식하라.

   b. 문제를 정확하게 정의하고 어떤 부분이 해결할 가치가 있는지 결정하라.

   c. 문제를 해결할 장기적인 전략을 세심하게 만들어내라.

   d. 즉각적 및 장기적 미래를 위한 자원을 할당하는 것에 대해 조심스럽게 생각하고, 이득을 최대화할 할당을 선택하라.

   e. 오류를 발견하면 수정할 수 있도록 당신의 결정을 모니터하고 평가하라.

8. **자신의 관심과 다른 사람의 관심에 균형을 잡아라.** 따뜻함과 자비를 보여주라(Kramer, 2000). 그리고 느낌을 이해하고 관리할 수 있도록 당신의 정서적 지능을 개발하라. 효과적인 삶과 자기실현은 전통적 의미의 성공 이상을 의미한다. 자신을 관리하는 것을 학습하는 것이 중요하다. 만족을 지연시키는 학습은 우리를 충동성으로부터 보호한다. 공동의 선을 발견하고 추구하는 것은 우리 자신과 다른 사람들을 편안하게 해준다.

매일 지혜와 창의성을 훈련하기

지혜로운 선택을 위해 이질적인 요소들을 심사숙고해서 함께 묶도록 하는 것과 같은 여러 흥미롭고 문제 중심적 상황에서 지혜의 자리를 탐구해보았다. 그러나 매일의 장면에서는 어떤가? 우리는 주의력을 갈고 닦기 위해, 더 창의적으로 생각하기 위해, 웰빙을 증진시키기 위해, 우리의 정신 에너지를 어떻게 재충전할 수 있는가?

그렇게 하는 것은 상상 이상으로 더 쉽다는 것이 밝혀졌다. 밖으로 나가서 자연을 경험하라. 몇몇 흥미로운 실험 증거에 따르면, 공원, 정원, 숲이나 산림, 나무가 많은 이웃, 심지어 자기 집 뒷마당이라고 녹색 공간에 잠시 나가는 것은 사람들에게 이로운 회복 효과를 가져온다. 더 인지적으로 주의력이 좋아지고 정서적으로 기능적이게 된다(Berman et al., 2012). 한 간단한 연구에서 대학생들로 하여금 30분 정도 수목원 주변을 걷거나 혹은 중간 정도 크기 도시의 다운타운 지역을 배회하게 했다(Berman, Jonides, & Kaplan, 2008). 그런 다음 두 집단의 학생들은 실험실로 돌아와서 몇몇 스트레스 측정치와 단기기억 측정치를 완성했다. 결과는? 수목원 주변을 걸었던 학생들은 다운타운을 배회한 학생들에 비해, 스트레스 수준은 더 낮았고 주의 수준은 상승했다. 주의 회복 이론(Attention Restoration Theory, ART)으로 알려진 것을 사용해서, 연구자들은 자연환경이 번잡한 도시 장면보다 정신적으로 부담이 적고 덜 산란하다고 주장한다. 슬라이드로 자연 대 도시경관을 보여주는 다른 연구에서도 유사한 결과를 발견했다.

생각해보라. 우리 모두는 초록의 입이 무성한 공간이 기분을 좋게 하고 이완을 촉진한다는 것을 안다. 그런데 우리는 왜 그 이득을 더 취하지 못하는가? 왜 우리는 매일 잠시만이라고 초록의 공간에서 시간을 보내려는 노력으로 얻을 수 있는 지혜를 포기하는가? 대부분 사람들에게 그것은 엄청난 도전도 아니다. 우리는 단지 하려고 결심하면 된다.

더 최근에 행해진 이와 관련된 연구에 따르면, 산책은 또한 창의성을 끌어올려야 할 때 특히 이득이 있다. 우리 모두는 정기적 운동(달리기, 수영, 자전거 타기)이 건강과 기억력 증진에 이득이 있다는 것을 안다. 그러나 새로운 연구에 따르면 걷기 운동은 창의성의 증진을 촉진한다(Reynolds, 2014). 비록 바깥으로 나가 걷는 것이 더 재밌을 수 있지만, 실내 러닝머신에서 걷는 것도 창의성에 유사한 영향을 준다(Oppezzo & Schwartz, 2014). 요점은 간단하다. 걷기는 신체적 운동의 이득과 함께, 생각의 자유로운 흐름을 고무한다. 그러므로 뭔가 막혔을 때는 나가서 걸어라. 그러면 창의적 사고의 정신적 트랙으로 돌아가게 된다.

지혜를 발달시키는 것은 분명이 쉬운 과제는 아니다! 하지만 달성하기 어려운 목표도 아니다. 구체적 가이드라인을 따르면, 우리는 삶의 긴 여정에서 지혜롭게 전진할 수 있다. 예를 들어 경험에 열려 있음으로써 그리고 삶에 내재된 모호함과 예측 불가능성을 수용함으로써 지혜를 키울 수 있다. 다양한 관점으로부터 의미 있는 문제들을 이해하고, 다른 사람과 나의 판단을 비교·검토하고, 특정 세대의 집단적 지혜를 숙고할 수 있다. 암묵 지식을 숙달하고 효과적인 문제 해결 단계들을 익히는 것 또한 지혜로운 판단을 가능하게 하는 중요한 요소들이다. 지혜로운 사람은 안정성과 연속성의 요구와 변화의 요구에 효과적으로 균형을 잡는 사람이다. 그들은 인간의 자기기만 능력을 날카롭게 알아차린다. 지혜로운 사람은 자연과 연결되는 시간을 보내거나 정기적 운동을 함으로써, 창의성을 회복할 길을 찾는다.

전념

노력

노력에 전념하기

전념을 양성하기

탄력성으로 가는 길

나는 실패하지 않았다. 나는 작동하지 않는 만 가지 방법을 발견했다.

—Thomas Edison, 1902

사람들이 "당신은 왜 그것을 하고 있습니까?"라고 물으면, 우리는 대개 우리가 가진 기저의 동기의 관점에서 대답한다. 어떤 심리학자들은 우리의 동기를 '노력(strivings)' 이라 부른다(Emmons, 1999). 이 장에서는 먼저 자신의 개인적 노력과 인내 수준에 영향을 주는 요인들에 관해 생각할 것이다. 그리고 그런 목표를 달성하는 데 있어, 전념의 중심적 역할을 검토하고 전념을 기르는 방법도 살펴볼 것이다. 전념(commitment)* 이란 용어는 어떤 원인이나 개인적 활동에 대해 우리가 헌신하는 정도를 나타낸다.

노력

여기 일반적 노력의 예들이 있다.

---

* 역자 주 : commitment는 일, 사람, 상황 등에 자신을 온전히 던져 최선을 다한다는 의미를 내포한다. commitment가 사랑을 다룬 2장에서는 주로 사람과 관련되어 '헌신'으로 번역했고, 이 장에서는 주로 일과 관련해서 사용되었기 때문에 '전념'으로 번역했다.

- 다른 이의 수용을 얻기

- 학사학위 받기

- 자립하기

- 새롭고 자극적인 경험을 찾기

- 외로운 느낌을 피하기

- 남보다 열등하다는 느낌을 피하기

- 다른 사람이 스스로에 관해 좋게 느끼도록 돕기

- 의미 있고 만족스러운 직업을 구하기

- 남에게 의존적이 되지 않도록 노력하기

실제로 성공적인지 여부에 상관없이 이 노력들은 우리가 '시도하고' 있는 것의 관점에서 표현되었다는 것에 주목하라. 예를 들면 다른 사람이 나를 좋아하게 하려고 노력할 수 있으나, 성공하지는 못할 수도 있다.

노력은 '다른 사람들을 행복하게 만들려고 하는 것'처럼 꽤 광범위할 수도 있고, '내 파트너를 행복하게 만들려고 하는 것'처럼 더 구체적일 수도 있다. 또한 노력은 정적일 수도 있고 부적일 수도 있다. 즉 그것들은 우리가 얻거나 유지하려고 노력하는 것에 관한 것일 수도 있고, 피하거나 막으려고 하는 것에 관한 것일 수도 있다. 예를 들어 우리는 다른 사람으로부터 주의를 얻으려고 할 수도 있고, 자신에게 주위가 쏠리는 것을 피하려고 노력할 수도 있다.

이런 방식으로 자신을 기술하는 것은 특성 형용사(친절한, 지적인, 정직한)를 이용하는 보통의 방식과 다르다는 것에 주목하라. 다음에 제시된 자기평가에서는 특성 형용사를 사용하지 말라. 당신은 결코 이런 방식으로 자신을 생각해보지 않았을 수도 있다. 그러므로 뭔가를 적기 전에 신중하게 생각하라.

📝 **자기평가**

당신의 노력은 무엇인가?

당신의 노력을 최소한 10개 정도 목록으로 작성하라. 주의의 초점을 자신에게 맞추라. 당신이 일반적으로 추구하는 것들을 남들이 추구하는 것과 마음속으로 비교하지 말라. 자신과 자신의 동기만을 생각하라. 가능한 한 정직하고 객관적으로 하라.

이 과제를 하기 위해서, 시작하기 전에 당신의 동기에 관해 생각하는 시간을 가져라.

나는 보통 _____ 하려고 노력한다.

나는 보통 _____ 하려고 노력한다.

나는 보통 _____ 하려고 노력한다.

나는 보통 _____ 하려고 노력한다.

나는 보통 _____ 하려고 노력한다.

나는 보통 _____ 하려고 노력한다.

나는 보통 _____ 하려고 노력한다.

나는 보통 _____ 하려고 노력한다.

나는 보통 _____ 하려고 노력한다.

나는 보통 _____ 하려고 노력한다.

나는 보통 _____ 하려고 노력한다.

나는 보통 _____ 하려고 노력한다.

출처 : Adapted from Emmons, 1999, pp. 181-182.

접근 목표 대 회피 목표

당신의 목록에는 부적인(회피) 목표에 비해, 정적인(접근) 목표가 어느 정도 포함되어 있는가? 즉 당신의 목표는 바람직한 결과를 향한(toward) 움직임을 어느 정도로 반영하고 있는가? 바람직하지 않은 결과를 피하기 위한(away from) 움직임을 어느 정도로 반영하고 있는가? 예를 들어, '승진 하려고' 노력하는 것은 접근 목표(approach goal)를 반영한다. '실패를 피하기 위해' 노력하는 것은 회피 목표(avoidant goal)이다. '스트레스에 대처하려고' 시도하는 것은 정적 노력을 나타내고, '화나게 하는 뭔가를 피하려고' 노력하는 것은 부적 노력이다. 체중을 줄이려고 노력하는 사람에게 '일주일에 세 번 조깅하기'는 바람직한 결과와 관련된 반면에, '사탕 멀리하기'는 바람직하지 않은 결과를 피하는 것을 의미한다. 비록 목표들이 유사해보일지라도, 프레이밍(framing)—특정 단어의 사용이 정적 혹은 부적 기대를 촉발할 수 있는 방식—은 차이를 만든다.

대부분 정적 목표를 가진 사람들과 비교해서 주로 회피 목표를 가진 사람은 스트레스가 더 많고 불안하다(Emmons, 1996; Emmons & Kaiser, 1996). 그들은 낮은 주관적 웰빙을 보이고(Elliot, Sheldon, & Church, 1997), 신체적 고통을 더 많이 겪는다(Elliot & Sheldon, 1998). 회피적 노력을 하는 사람들은 그들의 목표를 성취할 가능성이 낮다 (Coats, Janoff-Bulman, & Alpert, 1996). 실패는 우리의 주의를 미래에 있을 부정적 결과를 피하는 데 두게 할 수 있다. 그러나 또한 성공하지 못할 것 같은 기대와 실제로 성공하지 못하는 부정성의 사이클을 만들어낼 수도 있다.

정적 목표에 도달하기 위해, 우리는 단지 한 경로만을 파악할 필요가 있다(Schwarz, 1990). 바람직하지 않은 결과를 피하기 위해, 우리는 무수한 가능성들을 파악하고 차단해야 한다. '누군가와 친해지는 것'은 목표로 가는 하나의 경로만을 파악하면 된다 (Emmons, 1999). '남들 기분 상하지 않게 하기'는 모든 사람들의 반응을 지속적으로 점검해야 한다. 가장 효과적인 체중 조절 방법은 다이어트 같은 회피 목표보다는, 운동 같은 접근 목표에 더 의존한다(Coats, et al., 1996).

정적 및 부적 노력은 대인관계의 질에도 영향을 준다. 사람들은 배우자가 긍정적인 것을 성취하는 것보다 부정적인 것을 피하는 데 더 관심을 가질 때 결혼 만족도가 더 낮아진다(King & Emmons, 1991). 만족도 수준이 낮은 한 가지 원인은 부정적인 결과를 피하려면 다른 사람들로부터의 사회적 지지를 단념해야 하기 때문일 수 있다 (Emmons, 1996).

노력의 이유

어떤 원예사는 순수한 즐거움을 위해 장미를 기르고 있다. 다른 사람은 생계를 꾸리기 위해 한다. 대부분의 골퍼들은 게임을 즐기기 위해 돈을 지불한다. 어떤 프로 골프 선수는 돈을 위해서만 골프를 친다. 어떤 사람은 매일 5마일을 달리는 것이 아주 신나는 일이라는 것을 발견할 수도 있다. 다른 사람은 체중 조절만을 위해서 관절 통증에도 불구하고 매일 2마일을 달릴 수 있다. 다시 말해 어떤 이가 그 자체가 목적이라고 생각하는 것을, 다른 이는 목적을 위한 수단으로만 보는 것이다.

심리학자들은 내재적 동기(intrinsic motivation)와 외재적 동기(extrinsic motivation)를 중요하게 구분한다(Ryan & Deci, 2000). 내재적으로 동기화된 행동들(예 : 즐거움을 위해 춤추기)은 본질적으로 즐겁고 만족스럽다. 외재적으로 동기화된 행동들(예 : 클럽에서 돈을 벌기 위해 춤추기)은 목적으로 가는 수단이다. 즉 우리의 행동은 어떤 보상(수입)을 얻거나 벌(빚)을 피하게 해준다.

이 구분은 실용적 중요성을 갖는다. 교육자, 고용주, 코치들 모두 그것을 인식한다. 공부에서 도전과 만족을 발견하는 아이들은 인내심을 가지고 계속 할 수 있다. 그들은 더 많이 배우고 가르치는 것을 즐거워한다. 일을 즐기는 고용인들은 더 좋은 제품을 생산할 뿐만 아니라, 감독과 관리를 덜 필요로 한다. 게임을 즐기는 운동선수들은 스스로 훈련을 한다. 다음 연습문제에서 당신이 노력하는 이유는 무엇인지 생각해보라.

📝 **자기평가**

네 가지 종류의 노력

사실 내재적 동기와 외재적 동기는 연속선상의 양끝이다. 사람들은 최소한 네 가지 다른 이유로 목표 추구가 동기화될 수 있다(Ryan & Deci, 2000). 자신의 노력을 검토해본다면 이 이유들을 가장 잘 이해할 수 있을 것이다. 앞에서 파악했던 10가지 노력 각각에 대해, 그 노력의 주된 이유를 살펴보라(파악한 단어를 그 옆에 적으라).

외재적(extrinsic) : 목표를 추구하는 이유가 타인이 원하거나 당신이 해야 한다고 생각하기 때문이거나, 그것을 하면 누군가로부터 뭔가를 얻을 것이기 때문이다. 다르게 말하면 만약 보상, 칭찬, 인정을 얻지 못했다면 이 목표를 추구하지 않았을 것이다.

내사적(introjected) : 만약 이 일을 하지 않는다면 수치스럽거나 죄의식이 들고 불안하기 때문에 이 목표를 추구한다. 누군가 당신이 이것을 해야 한다고 생각하기 때문에 하는 것이 아니라, 당신이 그 무언가를 위해 추구해야 한다고 느끼기 때문에 한다.

자기동일시적(identified) : 이것이 중요한 목표라고 정말 믿기 때문에 노력을 한다. 비록 이 목표가 한때는 다른 사람에 의해 영향을 받은 것일 수도 있지만, 지금은 기꺼이 그 것을 지지하고 진심으로 가치를 둔다.

내재적(intrinsic) : 노력이 제공하는 재미와 즐거움 때문에 순수하게 노력한다. 다른 좋은 이유가 있을 수도 있지만, 가장 주된 이유는 간단하게 경험 자체에서 오는 흥미이다.

출처 : Adapted from Emmons, 1999, p. 187.

만약 당신이 대부분의 사람과 같다면, 당신의 노력은 아마도 이 네 가지 이유의 혼합을 반영할 것이다.

외재적 동기처럼, '내사적' 동기는 더 강요된 것이다. 자신의 목표에 대해 굴복하긴 했지만 주인의식은 적다. 외재적 행동에서는 외적 압력을 경험하고, 내사적 행동에서는 내적 압력을 느낀다.

내재적 동기처럼, '자기동일시적' 동기는 분명한 선택의 느낌과 함께 기꺼이 행한다. 비록 자기동일시적 행동이 즐겁지 않을 수 있지만(예 : 아이 기저귀를 가는 것), 자신의 심층적 믿음과 일관된다. 자유롭게 선택한 목표들은 성장하고 있는 관심이나 핵심적 가치로부터 나온다.

외재적 혹은 내재적 동기의 수준은 또한 개인적 투자를 반영한다. 내재적으로 동기화되었을 때, 우리는 자연스럽고 지속적으로 목표를 추구한다. 네 가지 유형의 노력에 대한 평가에서 내재적 동기와 외재적 동기의 균형 정도를 알 수 있다. 다음 척도는 내재적 동기 수준에만 초점을 맞추고 핵심 요소를 파악하고 있다.

📝 **자기평가**

내재적 동기 : 내가 가진 느낌들

각 문항을 세심하게 읽고 당신의 삶과 관련된 방식을 생각해보고, 당신에게 얼마나 맞는지 다음 척도를 사용해서 답하라.

1	2	3	4	5	6	7
전혀 아니다			어느 정도 그렇다			아주 그렇다

_____ **1.** 나는 삶을 어떻게 살지 스스로 자유롭게 결정한다고 느낀다.

_____ **2.** 나는 만나는 사람들을 정말 좋아한다.

_____ **3.** 나는 종종 내가 아주 유능하다고는 느끼지 않는다.

_____ **4.** 나는 삶에서 압박감을 느낀다.

_____ **5.** 내가 아는 사람들은 내게 할 일을 잘한다고 말한다.

_____ **6.** 나는 만나는 사람들과 잘 지낸다.

_____ **7.** 나는 별로 남과 어울리지 않고 사회적 만남을 많이 하지 않는다.

_____ **8.** 나는 일반적으로 내 생각과 의견을 표현하는 데 자유롭다고 느낀다.

_____ **9.** 나는 정기적으로 만나는 사람들을 내 친구라고 생각한다.

_____ **10.** 나는 최근에 흥미로운 새로운 기술들을 배울 수 있었다.

_____ **11.** 매일의 삶에서, 나는 자주 시키는 일을 해야 한다.

_____ **12.** 내 주변 사람들은 나를 좋아한다.

_____ **13.** 거의 매일 내가 하고 있는 일에 성취감을 느낀다.

_____ **14.** 내가 매일 만나는 사람들은 내 감정을 고려해주는 경향이 있다.

_____ **15.** 삶에서 내가 얼마나 유능한지를 보여줄 기회가 많지 않다.

_____ **16.** 나는 가까운 사람이 많지 않다.

_____ **17.** 매일의 상황에서 나는 거의 내 자신일 수 있다고 느낀다.

_____ **18.** 내가 정기적으로 만나는 사람들은 나를 아주 좋아하지는 않는 것 같다.

_____ **19.** 나는 종종 내가 아주 능력 있다고는 느끼지 않는다.

_____ **20.** 매일의 삶에서 뭔가를 어떻게 할지 스스로 결정할 기회가 많지 않다.

_____ **21.** 사람들은 일반적으로 내게 꽤 우호적이다.

채점　이 척도는 세 가지 근본적 욕구들의 충족경험 정도를 측정한다.

자율성(autonomy) : 자신의 행위를 책임지고 있다는 느낌이다. 1, 4, 8, 11, 14, 17, 20번 문항은 자신의 행동을 결정하는 데 스스로 영향력이 있다는 느낌을 측정한다. 4, 11, 20번 문항의 점수를 역채점한 후(1=7, 2=6, 3=5, 4=4, 5=3, 6=2, 7=1), 7개 문항의 점수를 모두 더한다. 총점의 범위는 7~49점이고, 높은 점수는 매일의 삶에서 자율성의 느낌이 강하다는 것을 나타낸다. 중간값인 28점 이상의 점수는 일반적으로 스스로 행동을 책임지고 있다는 느낌을 갖고 있음을 나타낸다. 중간값보다 낮은 점수는 그렇지 못함을 나타낸다.

유능감(competence) : 환경을 다루는 데 있어서의 효능감이다. 3, 5, 10, 13, 15, 19번 문항은 유능감의 경험을 측정한다. 3, 15, 19번 문항의 점수를 역채점한 후 6개 문항의 점수를 모두 더한다. 점수의 범위는 6~42점이고 점수가 높을수록 세상을 다루는 데 있어서 효능감이 크다는 것을 의미한다. 중간값은 24점이다. 그보다 높은 점수가 유능감을 나타낸다. 그보다 낮은 점수는 효능감과 씨름하고 있음을 나타낸다.

관계성(relatedness) : 다른 사람이 당신에 대해 진실로 마음을 쓰는 느낌을 포함해서, 인간관계에서 갖는 만족 수준을 나타낸다. 2, 6, 7, 9, 12, 16, 18, 21번 문항은 관계성의 느낌을 측정한다. 7, 16, 18번 문항의 점수를 역채점한 후, 전체 8개 문항의 점수를 더한다. 점수의 범위는 8~56점이고, 점수가 높을수록 관계의 느낌이 강하다는 것을 의미한다. 중간값 32점보다 높은 점수는 인간관계에서 상당한 만족감을 경험하고 있음을 나타낸다. 그보다 낮은 점수는 관계에 약간 만족하지 못함을 나타낸다.

세 가지 하위척도의 점수를 더해서, 삶의 전반적인 내재적 동기의 측정치를 얻을 수 있다. 즉 자율성, 유능감, 관계성에 대한 요구가 만족되고 있는 정도를 나타낸다. 총점의 범위는 21~147점이고 중간값은 84점이다. 점수가 높을수록 내재적 동기가 크다.

출처 : Johnston & Finney, 2010.

요약

우리의 노력은 접근 목표와 회피 목표 둘 다를 포함한다. 접근 목표와 비교해서, 회피 목표는 더 높은 스트레스 수준과 관련 있고 성취하기 더 어렵다. 내재적으로 동기화된 행동들은 본질적으로 즐겁고 만족스럽다. 반면에 외재적으로 동기화된 행동들은 단지 목적을 위한 수단이다. 내재적 동기는 유능감, 관계성, 자율성의 근본적 요구들을 충족시킨다.

노력에 전념하기

이제 노력에 대해 배웠으니, 당신이 목표에 얼마나 전념하는지 생각해보라. 다음의 연습문제를 시도해보라.

생각해 보기

전념이란 무엇인가?

만약 외향성이라는 개념의 특징을 목록화하라고 한다면, 활기, 명랑함, 사교성 등등을 이야기할 것이다. 전념의 개념을 생각한다면 어떤 세 가지 특징이 마음에 떠오르는가?

1. _____

2. _____

3. _____

Beverly Fehr(1988)는 연구 참가자들에게 전념의 핵심적 속성을 파악하도록 했다. 그 결과 가장 빈번하게 나온 용어는 '인내심', '책임감', '자신의 말대로 행동하는 것' 등이다. '호감'과 '만족' 같은 단어는 목록의 제일 아래쪽 근처에 있었고, 심지어 '덫에 걸린 느낌'보다 뒤에 있었다. 속성들의 가장 보편적인 테마는 의사결정과 그것을 따르는 것이었다. 전념은 즉시적 만족만을 추구하려는 강한 충동을 의식적, 의도적으로 넘어서는 것을 의미한다. 전념은 비전과 열성을 요구하는 장기적 관점을 수반한다.

유능감, 관계성, 자율성으로 가는 길

다음 사례들을 생각해보자.

멋진 여름 저녁, 오래된 뒷마당에서 친구들과 가족들에 둘러싸여 서로 팔짱을 끼고 서 있다. 촛불이 깜박이고 식탁에는 음식이 가득하고 테라스에 있는 스피커에서는 대형 밴드의 음악이 흘러나오고 있다. 이것은 우리의 40번째 결혼기념일 파티이고, 딸이 우리의 사랑과 헌신에 건배할 때 모든 사람들이 머리 위로 잔을 들었다. 나는 아내의 눈가에 눈물이 반짝이는 것을 보았다. 우리는 쉽게 여기까지 온 것은 아니다. 그러기로 맹세했기 때문에 40년의 결혼생활을 유지했다. 그것은 힘들거나 불편하거나 고통스러울 때조차 결코 물러서지 않는다는 의미이다. 우리는 타협하는 법을 배웠고, 어려운 상황이 우리를 더 강하고 더 참을성 있게 만들 수 있다는 것을 발견했다. 목표와 꿈에 계속 전념하는 것이 쉬운 길을 보장하진 않겠지만, 그 방향으로 내딛는 모든 걸음으로 중요한 무엇을 향해 노력하고 있다는 것이다. 오늘 밤 아내의 얼굴에 비친 미소는 그것이 가치 있었음을 말해준다.

출처 : http://orkut.google.com/c15443841-t400237084d229cfe.html.

풀타임 프리랜서 작가가 되기로 결심하고 처음으로 청하지도 않은 원고를 제출하고 두 달이 지났다. 나는 잡지의 가이드라인을 세심하게 숙지했고, 그들이 내 글을 '개인적 경험' 부문에 받아들여줄 거라고 확신했다. 두 달이 지나고서야 내 글을 실을 수 없다는 간략한 답변을 받았다. 나는 엄청난 충격을 받았다. 나는 글쓰기를 중단하고 싶었다. 애초에 글쓰기를 업으로 삼기로 결심했던 것이 미친 짓이었다는 생각이 들었다. 그때 아들이 내가 완전히 잊고 있던 것을 상기시켜 줬다. "엄마, 그만두는 게 지는 거야." 내가 거절 편지를 받았을 때, 나는 내 피에 투지의 불꽃이 타오름을 느꼈다. 나는 패배자가 되지 않을 것이다. 글쓰기를 중단하지 않을 것이다. 나는 글을 쓰고, 내 스킬을 마케팅하고, 출판계와 거래하는 데 더 유능해져야겠다고 결심했다. 사람은 얼마나 자신만만한가에 의해서가 아니라, 삶이 그를 완전히 찌그러뜨렸을 때 몇 번이나 다시 일어서느냐에 의해 평가된다고 나는 믿는다. 우리는 길 중간에 비통해하며 쓰러져 있을 수도 있다. 혹은 나침반을 보정해서 다시 걸려 넘어지지 않도록 힘을 키우는 데 사용할 수도 있다. 그것은 우리의 선택이다. 역경은 필수다. 거기서 포기하고 패배할 수도 있고, 계속 노력하여 성공할 수도 있다. 그런데 거절당한 글은 어떻게 됐냐고? 다른 잡지를 공략해서 다음 달에 출판될 예정이다.

출처 : Ruby Bayan, http://www.oursimplejoys.com/inspiration/thanks-for-adversities.html.

차근차근하라. 그것이 내가 산에 오르거나 삶을 사는 방식이다. 물론 정상이 목표이지만 매번 세심하게 계산된 움직임이 없다면, 결코 정상에 갈 수 없다. 각각의 작은 걸음과 엄청난 거리는 특별한 도전을 만들어낸다. 벼랑을 오를 때, 나는 바위의 특징을 파악하고 목표를 향해 나아가는 학습된 기법을 적용한다. 아버지는 내게 자신의 경험을 통해 인내심을 가르쳤다. 내가 어렸을 때 아버지가 대학 공부를 다시 시작했던 것을 기억한다. 아버지는 종일 일했고, 저녁에는 수업을 듣고 집에 와서 공부를 했다. 나는 아버지가 그것을 어떻게 해냈는지 모르지만, 어쨌거나 정원 일을 했고 차량을 유지했다. 나는 결코 어떻게 그 일들을 해냈는지 묻지 않았지만 아버지는 했다. 내가 막 열 살이 되었을 때, 아버지는 학위를 땄다. 여러 해가 걸렸지만 목표를 달성했고 그다음 다른 도전을 시작했다. 정상에 도달했을 때, 나는 아래를 되돌아보며 그 순간을 즐긴다. 그러고는 나의 장비를 챙기고 다음 등정을 계획하기 시작한다. 한 번에 조금씩.

출처 : www.forbetterlife.org/values/value_perseverance.php.

이 같은 일상의 예를 살펴보면, 관계, 일, 여가활동에 이르기까지 우리의 노력이 항상 즐겁거나 신나는 것은 아니다. 항상 내재적으로 동기화되지 않는 것도 분명하다. 만약 내재적으로 동기화된다면 전념에 대한 요구는 없을 것이다. 우리는 갈등에 직면하고 장애물을 만나고 실패를 경험하기도 한다. 대안적 노력은 흔히 매력적으로 보인다.

때로는 가장 몰입하게 만드는 행동이 스트레스 요소를 포함한다. 외과 전문의, 등산가, 과학자들은 자신의 기술을 위해 큰 희생을 치르고, 기술 훈련에서 물질적·심리적 위험을 무릅쓴다(Brickman, 1987). 환자들이 죽고, 등산하다 추락하고, 실험은 실패한다. 글쓰기처럼 '외로운' 직업은 어떤가? 작가는 상당 부분 '자신의 머릿속에 살면서', 거기서 일어난 일을 종이에 혹은 온라인으로 세상 밖에 내놓아야 한다. 거절은 항상 있을 수 있고, 출판하기로 했다가도 무산될 수 있다. 어떤 이는 작가의 생각을 좋아하지 않을 수 있고 그것을 표현하기도 한다. 교육 또한 모든 학급이 다르고 또 달라야 하기 때문에 도전일 수 있다. 훌륭한 교사는 지속적으로 기법을 개선하고, 새로운 정보를 더하고, 오래된 교재를 수정하며 자신의 일에 전념한다.

내재적으로 동기화되고 있는 행동조차도 기술 발전에는 항상 즐거울 수만은 없는 힘든 작업과 노력이 필요하다. 도전할 때, 전념은 우리로 하여금 계속 진행하도록 한다. 노력을 방해할 수 있는 모든 것들을 막아줌으로써 성공 가능성을 높인다. 전념은 유능감의 요구를 만족시켜주는 데 필수적이다.

전념은 또한 공동체를 가능하게 한다. 내재적으로 만족스러운 것만을 하려는 초기 아동기의 자유는 여러 사회적 책임의 압력으로 재빨리 대체된다. 성인기에 도달할 때쯤이면, 우리가 하고 있는 것의 많은 부분은 '해야 하는 것'들이다. 매일 필요하긴 하지만 신나지 않는 활동을 해야 하는 자신을 발견하게 된다. 설거지에서 기저귀 갈기까지, 집 청소에서 쓰레기를 버리고 세탁하는 것까지, 이웃집 페인트칠을 도와주는 것에서 아픈 아이를 돌보는 것까지, 우리는 사회적 의무를 실행한다. 시인 T. S. Eliot(1998)은 1915년에 "나는 내 삶을 커피 스푼으로 재서 나눠주었다."라고 썼다.

충실하지 않은 사람들의 사회를 상상해보라. Lewis Smedes는 사람들이 약속을 해놓고 기껏해야, "가능하면 거기에 있도록 노력은 해보겠지만, 기대는 하지 말아요."라고 말하는 경우를 상상해보라고 말한다(1987, p. 12). 룸메이트와 아파트를 공유하는 것부터 평화 유지를 위한 국제 조직까지, 기능하고 있는 모든 사회적 단위는 전념에 의존한다. 전념은 사회적 삶을 가능하게 만든다. 전념은 소속감의 요구인 관계성의 요구에 기여한다.

전념은 자율성의 욕구에도 기여하는가? 언뜻 보기에 전념은 제약이 많은 것처럼 보인다. 아일랜드 배우 리처드 해리스는 죽기 1년 전에, 해리포터 영화에서 지혜로운 늙은 마법사 알버스 덤블도어 교수를 연기하기로 한 약속을 되돌아봤다. 그는 "이런 종류의 전념이 싫다."라고 불평했다. "내 삶이 어쨌든 제약된다는 생각이 싫다." 두 번 이혼한 그는 재빨리 덧붙였다. "내 결혼이 깨진 이유이기도 하다. 나는 전념이 싫다. 나는 정말 신뢰할 수 없는 인간이다"("Star of 'Camelot'", 2002, p. D9).

그러나 전념은 강압이 아니라 언제나 선택임을 기억하는 것이 중요하다. 따라서 자율성의 욕구를 충족시켜준다. 전념은 매일 삶의 오르내림에 따라 널뛰기하는 기분의 변덕으로부터 자유롭게 해준다. 의사결정을 하고 따르는 것 역시 타인에 의해 조종되지 않도록 해준다. 전념을 공개적으로 나타낼 때 우리는 사회적 압력을 가장 잘 견뎌낼 수 있다. 실제로 전념을 세심하게 의식적으로 선택함으로써, 우리의 미래에 대해 책임을 지는 것이다. 충실함을 선택할 자유를 훈련함으로써, 더 분명한 자기의 의미를 발전시키게 된다.

Robert Bolt(1960)의 멋진 연극 '사계절의 사나이(A Man for All Seasons)'에서, 영국에서 권력 2인자인 토마스 모어는 아라곤의 캐서린과 이혼하려는 헨리 8세의 결정에 개인적으로 도전한다. 그 결과 모어는 직위를 잃고, 결국 목숨도 잃는다. 왜일까? 그의 강한 개인적 전념은 그의 자아정체감을 형성했다. 그가 감옥에 있을 때, 딸 마거릿이 찾아왔다. 그녀는 아버지가 자신의 믿음과는 별개로 왕에게 충성을 표할 것을 애원했다. 그러나 모어는 거절한다. "남자가 약속을 하는 것은 물을 담듯이 자기 손에 자신을 담는 것이다. 만약 손가락을 벌린다면 자신은 결국 사라지게 된다"(p. 140).

부정적 요소를 긍정적 요소와 연결하기

전념은 긍정적 요소와 부정적 요소 모두를 갖는다(Brickman, 1987). 열정이라는 긍정적 요소(가치 있고 즐겁기도 한 무언가)가 두드러질 때도 있고, 고집이라는 부정적 요소(의무)가 지배적일 때도 있다.

다음 척도는 전념을 하거나 피하는 경향성을 측정한다. 고집을 반영하는 항목과 열정을 반영하는 항목이 전체 전념 점수에 동등하게 기여한다. 다음의 자기평가를 직접 해보자.

전념 척도

자신에게 해당하는 문항에 체크하라.

_____ **1.** 나는 약속을 지키기 위해 무엇이든 할 것이다.

_____ **2.** 나는 쉽게 주의가 산만해진다.

_____ **3.** 나는 내 삶의 최우선 과제가 무엇인지 안다.

_____ **4.** 나는 내가 사랑하는 것을 위해 대가를 치를 것이다.

_____ **5.** 나는 내가 삶의 목표를 충족하기 위해 많은 발전을 만들어왔다고 느낀다.

_____ **6.** 나는 일을 마칠 때까지 멈추지 않는다.

_____ **7.** 내가 한 일들은 나를 이전과는 다른 사람으로 만든다.

_____ **8.** 나는 내가 믿는 무언가를 위해 기꺼이 희생한다.

_____ **9.** 내 삶은 내게 흥미진진하다.

_____ **10.** 나는 결심하기가 어렵다.

_____ **11.** 나는 삶에서 몇 가지 특별한 것에 전념하고 있다.

_____ **12.** 나는 원칙에 따라 일을 한다.

_____ **13.** 불행할 때도, 나는 일을 끝마칠 때까지 그만두지 않는다.

_____ **14.** 나는 내 삶의 확실한 목적과 의미를 갖고 있다고 본다.

_____ **15.** 나는 내가 믿는 것을 위해 희생한다.

_____ **16.** 현재의 내 삶을 포기하라고 유혹하는 많은 것들이 있다.

_____ **17.** 나는 상황에 희망이 없어 보일 때조차 최선을 다한다.

_____ **18.** 나는 기꺼이 내 삶에 전념한다.

_____ **19.** 내가 뭔가를 하고 있을 때, 끝마칠 때까지 그만둘 수 없다.

_____ **20.** 나는 시간이 지나면서 일에 대한 흥미를 잃는 것을 발견한다.

_____ **21.** 나는 결코 중간쯤만 하는 경우는 없다.

_____ **22.** 나는 내게 정말 중요한 뭔가를 하기 위해서는 하고 싶은 다른 것을 포기할 것이다.

_____ **23.** 나는 자유의 가치보다 내가 사랑하는 일에 가치를 둔다.

_____ **24.** 나는 흔히 내가 하고 있는 것에 대해 의심을 한다.

_____ **25.** 나는 내가 무엇을 하든 내가 해야 할 모든 걸 쏟아 붓는다.

_____ **26.** 나는 일을 끝내는 것보다 더 많은 일을 시작한다.

_____ **27.** 나는 내 삶에 사명이 있다고 느낀다.

_____ **28.** 나는 내 일에 전념한다.

_____ **29.** 나는 마감 기일을 맞추는 것이 옳다고 생각한다.

_____ **30.** 나는 무의미해보이는 활동에서 의미를 발견한다.

출처 : Brickman, 1987, p. 11.

👤 **채점**　2, 10, 16, 20, 24, 26번 문항에 체크하지 않았다면 각각 1점을 준다. 나머지 문항에 대해서는 체크한 경우 1점을 준다. 총점의 범위는 0~30점이다. 중간값은 15점이고 그보다 낮은 점수는 전념을 피하는 경향을 반영하고 높은 점수는 기꺼이 전념하는 경향을 반영한다.

　전념은 우리가 해야 한다고 느끼는 것을 하고 싶어 할 때 지속된다(Brickman, 1987). 앞에서 다룬 내재적 및 외재적 동기의 관점에서, (내적 압력을 느끼는) 내사적인 것은 내면화되게 된다. 전념의 대상이 지속적인 가치나 의미를 갖는다는 것을 발견할 때, 의무는 열정과 합쳐진다. 우리의 삶에서 일에 이것이 어떻게 적용될 수 있는지 살펴보자.

일에 대한 전념

일은 깨어 있는 삶의 거의 절반을 차지한다(Wrzesniewski, Rozin, & Bennet, 2003). 그것은 의무다. 우리들은 생계를 꾸리기 위해 일해야 한다. 그러나 실제 작업에서 얻는 경험은 매일의 힘들고 단조로운 일부터 참된 즐거움까지 범위가 넓다. 월급날만 기다리고 있을 수도 있고, 가장 즐거운 일을 하면서 월급을 받는다는 것을 남몰래 감탄하고 있을 수도 있다. 일의 즐거움과 밀접하게 관련된 것은 충족을 주는 느낌으로서, 일 덕분에 자신이 더 좋은 사람이 되고 세상이 더 좋은 곳이 된다는 확고한 믿음이다(Wrzesniewski et al., 2003).

✍️ **자기평가**

직업, 경력 혹은 천직

다음 단락을 읽고, 인물 A, B, C 중 누가 당신과 가장 유사한지 생각해보라. 만약 당신이 정규 학생이라면 졸업 후 가장 가능성 있는 정규직을 어떻게 경험할지 상상해보라.

A 씨는 주로 생활을 지지해줄 충분한 돈을 벌기 위해 일을 한다. 만약 재정적으로 안심할 상태라면, 그는 현재의 일을 계속 하지 않고 다른 뭔가를 했을 것이다. A 씨의 직업은 기본적으로 삶의 필수품이고, 숨쉬기, 수면 같은 것이다. 그는 일할 때 자주 시간이 더 빨리 지나가길 원한다. 주말과 휴가를 몹시 기대한다. 만약 A 씨가 삶을 다시 산다면, 아마도 지금 같은 일을 하지 않을 것이다. 그는 친구와 아이들에게 자신이 하는 일을 권하지 않는다. A 씨는 은퇴하고 싶은 생각이 간절하다.

B 씨는 기본적으로 일을 즐기지만, 지금으로부터 5년 후에도 지금 직장에 있을 거라고 생각하지는 않는다. 대신에 더 좋은 직장으로 옮길 계획이다. 그는 궁극적으로 원하는 미래를 위한 몇 가지 목표를 가지고 있다. 때때로 일이 시간 낭비처럼 보이지만, 그는 직장을 옮기기 위해서는 현재의 위치에서 충분히 잘해야 한다는 것을 안다. B 씨는 승진하고 싶다. 그에게 있어서 승진은 잘하고 있다는 확인이고 동료와의 경쟁에서 성공했다는 신호이다.

C 씨에게 있어서 일은 삶에서 가장 중요한 부분 중 하나이다. 그는 자신이 하고 있는 일이 매우 좋다. 그에게 있어 일은 자신이 누구인지를 나타내는 중요한 부분이기 때문에 사람들에게 자신을 소개할 때 맨 처음 말하는 것 중 하나이다. 그는 일을 집으로도 가져가고 휴가 때도 가져간다. 친구들은 대부분이 직장 친구들이고, 자신의 일과 관련된 조직과 클럽 몇몇에 소속되어 있다. C 씨는 자신의 일을 사랑하기 때문에 그리고 그것이 세상을 더 좋은 곳으로 만든다고 생각하기 때문에 일을 좋게 느낀다. 그는 친구들과 아이들에게 자신의 직업을 권하곤 한다. 만약 일을 그만두라고 강요한다면 아주 속상할 것이다. 그는 특별히 은퇴를 바라지 않는다.

당신은 A, B, C 씨와 얼마나 비슷한가?

| | 3=매우 | 2=어느 정도 | 1=약간 | 0=전혀 |

_____ A 씨

_____ B 씨

_____ C 씨

출처 : Wrzesniewski, McCauley, Rozin, & Schwartz, 1997, p. 24.

Amy Wrzesniewski와 동료들(1997)은 성인들 대부분이 자신의 일을 직업으로(A 씨),

경력으로(B 씨) 혹은 천직으로(C 씨) 경험하는 경향이 있다는 것을 발견했다. 실제로 사람들은 비교적 쉽게 선택을 했고, 대략 각 범주에 1/3씩 해당되었다. 당신은 자신의 직장을 직업, 경력 혹은 천직 중 무엇으로 보는가?

천직으로서의 일

자신의 일을 바라보는 관점은 웰빙과 직결되기 때문에 차이를 만들어낸다(Caza & Wrzeniewski, 2013). 일이 천직이 될 때, 의무가 열정과 합쳐진다. 자신의 일을 천직으로 여기는 사람들은 직업이나 경력으로 보는 사람에 비해 직무 만족도와 삶의 만족도가 높았다. 당연히 일을 천직 혹은 '소명'(Wrzeniewski, 2012)으로 느끼는 사람들은 보상이 있든 없든, 더 많은 시간을 일에 몰두했다. 그런 일은 의미를 제공한다(Berg, Dutton, & Wrzeniewski, 2013). 흥미롭게도 그들은 일이 여가보다 더 만족을 준다고도 보고한다. 반면에, '직업'과 '경력'인 사람들은 일에서 얻는 만족보다 여가에서 얻는 만족을 더 높게 평가한다. 일이 천직인 사람들에게 일은 삶의 열정이 된다. 직업이나 경력인 사람들은 일터가 아닌 취미와 인간관계로부터 가장 깊은 만족감을 얻는다(Wrzeniewski et al., 2003).

일을 천직으로 만드는 것은 일하는 사람인가 혹은 직장인가? 일차적 직무 만족을 만드는 것은 성격 특성인가 혹은 일의 특성인가? 사람과 상황 둘 다가 중요하다.

직원 참여는 여러 상황적 변인과 연결된다(Harter et al., 2003). 예를 들어 매니저가 명확한 기대를 전달하고, 일하는 데 필요한 재료와 장비를 제공해주고, 잘한 일을 칭찬해주고, 발전을 격려하고, 인간으로서 그들을 배려해줄 때 직원들은 더 전념하기 쉽다. 게다가 자신의 의견이 중요하게 여겨진다고 느끼고, 매일 최선을 다할 기회를 갖는다고 믿고, 동료 역시 질 높은 작업을 위해 전념한다는 것을 알 때 자신의 일에 대해 더 만족감을 느끼고, 더 생산적이게 된다.

동시에 사람이 작업경험을 만들어낸다. 우리는 일의 의미를 형성함으로써 능동적 역할을 한다(Wrzeniewski, Dutton, & Debebe, 2003). Wrzeniewski와 동료들(2003)의 연구에 따르면, 행정보좌관들은 직업, 경력, 천직의 세 가지 일에 대한 관점 모두를 보고했고, 병원 청소부들은 직업과 천직 두 가지를 보고했다. 그들은 낙관주의, 성실성 같은 특성이 천직 의식과 관련될 수 있다고 주장한다. 실제로 일을 대하는 태도는 시간 경과와 직업 유형에 상관없이 매우 안정적이다(Staw, Bell, & Clausen, 1986). 아마도 Wrzeniewski와 동료들이 결론짓듯이, "소명 의식은 일반적으로 삶에 더 긍정적 관점을 갖는 사람들의 휴대용 혜택이다."

아마도 전념에서 가장 중요한 점은 그 사람이 상황과 얼마나 잘 맞는가 하는 것이다. 사람들은 조직에서 자신의 역할과 미션의 목적을 파악할 때 일에 깊이 전념하게 된다. Daniel Goleman(1998)에 따르면, "자신의 존재 가치나 목적을 아는 직원은 조직과의 '적합성(fit)'이 있는지 여부에 관한 분명하고 생생한 의식을 가질 것이다. 적합성을 느낄 때, 그들의 전념은 자발적이고 강력하다"(p. 120). 분명히 자기인식은 전념을 구축하는 하나의 블록이다. 다른 하나는 회사와 조직이 잘 정립된 미션을 갖는 것이다. 그 미션은 세상을 더 좋은 곳으로 만들기 위해 어떤 노력을 해야 할지를 분명하게 정의하는 것이다. 한낱 홍보 술책으로 비전 문구를 사용하는 조직에 대해서 사람들은 그다지 충성을 보이지 않는다. 일하는 데 더 이상적인 곳은 긍정심리학자들이 '긍정적 기관'이라 부르는 곳이다. 긍정적 기관(positive institutions)이란 의도적으로 시민적 덕성을 키우기 위해 애쓰는 작업장과 조직을 말한다. 시민적 덕성은 사람들로 하여금 좋은 시민으로 행동하도록 하고, 집단적 선이라고 부르는 것을 고취하는 가치의 일종이다(Huang & Blumenthal, 2009; Luthans & Youssef, 2009). 당신이 이미 일했던 곳을 생각해보라. 그 곳이 긍정적 기관의 자격이 있는가? 가치의 관점에서 이상적인 작업장은 무엇인가? 물론 좋은 적합성을 발견하는 것이 자동적이지 않다. 때때로 소명과 그 소명을 꽃피워줄 장소를 발견하는 데 시간이 걸린다.

요약

우리의 노력들은 흔히 즐겁거나 신나는 것이 아니다. 전념은 우리로 하여금 유능감, 관계성, 자율성의 요구를 인내심을 갖고 해결하게 한다. 의무는 목표가 지속적인 의미나 가치를 가질 때 열정과 합해진다. 우리는 일을 직업, 경력, 천직으로 볼 수 있다. 일이 천직이 될 때 일과 삶에서 더 높은 수준의 전념과 최상의 만족감을 느낄 수 있다.

전념을 양성하기

우리 자신과 아이들에게서 지속적 전념을 어떻게 기를 것인가? 심리학적 연구는 다음의 아홉 가지를 포함해서 구체적 지시들을 제안한다.

1. **의미를 찾아라.** 사람들은 장기적 중요성을 갖는 행위에 필수적으로 몰입하게 된다. 단순한 즐거움으로는 충분치 않다. 예술에 매료된 십 대들조차, 자신들의 몰두가 더 큰 목적과 연결된다는 것을 발견하지 못한다면 중도에 그만두기 쉽다(Csikszentmihalyi et al., 1993). 유사하게 지겨운 실험실 과제도 의미 있는 근거를 제공한다면 지속한다. Edward Deci와 동료들(1994)은 심리학개론 수강생들을 대상으로 실험실에서 화면에 빛이 나타날 때마다 막대를 누르도록 했다. 만약 이 과제가 항공관제관이 신호탐지능력을 증진시키기 위해 사용했던 과제라고 말해주면, 학생들은 실험 할당 이후 자유활동 시간에도 과제를 계속했다. 그들은 그 과제가 의미도 있고 재미도 있었다고 보고했다.

   부모들은 의미 있는 근거를 제공함으로써 아주 힘든 과제에 아이들의 전념을 강화한다. 아이들은 받아들일 만한 이유가 있다면 방 청소를 더 잘한다 — "청소를 하면 장난감을 잃어버리거나 밟을 염려가 없어져." 만약 우리에게 주어진 의무에서 의미를 찾고 그것이 다른 목표, 가치들과 일관된다는 것을 발견한다면, 우리는 의무를 완수한다.

2. **'해야 한다'를 '원한다'로 바꿔라.** 어떤 사람은 다른 사람보다 사회적 의무에서 더 쉽게 가치를 지각한다. 예를 들어 어떤 십 대는 친척 방문을 유쾌하진 않지만 해야 할 의무로 보는 반면, 다른 이는 거기서 좋은 대화와 긍정적 느낌을 기대한다. 어떤 학생은 수업 출석을 그저 필요요건으로 여기지만, 다른 학생은 배울 수 있는 특별한 기회로 본다. 어떤 부모는 아이들을 운전해서 데려다주는 일을 단지 귀중한 시간을 침식하는 지루한 일로 여기지만, 다른 부모는 아이들과 함께 있는 것을 즐기는 기회로 경험한다.

   사회적 의무에서 가치를 찾도록 요구했을 때, 한 연구의 연구 참가자 대부분은 그렇게 할 수 있었다(Berg, Janoff-Bullman, & Carter, 2001). 사람들은 시험을 대

비해 공부를 하거나, 아픈 친구를 방문하거나, 일하러 가거나, 방 청소를 하는 등의 의무적 과제들을 목록으로 작성했다. 이 과제들을 '해야 한다'가 아니라 '원한다'로 여길 수 있는 이유들을 생각하게 하자, 참가자의 거의 2/3는 최소한 한 가지 이유를 산출했다. 연구에 따르면, '해야 한다'를 '해야 한다 + 바람'으로 전환하는 것이 목표를 달성할 가능성을 증가시킬 뿐만 아니라, 삶의 만족 수준을 올려주었다.

3. **전념을 선택하라.** 수세기 전 Samuel Butler는 "자신의 의지에 반하여 동의하는 사람은 여전히 같은 의견이다."라고 했다. 우리는 자유의지를 소중하게 여긴다. 사람들은 내재적으로 만족스러운 활동을 할 때조차 압력을 받는다고 느낀다면 흥미를 잃게 된다. 예를 들면 얼마나 많은 유망한 운동선수들이 이겨야 한다는 압박에 플레이의 즐거움을 잃고 운동 자체에 흥미를 잃었던가? 부모와 교사들은 Jonathan Freedman(1965)의 초등학생들을 대상으로 한 실험에서 중요한 교훈을 얻을 수 있다. 아이들은 심각한 위협 혹은 가벼운 위협으로 매력적인 장난감을 가지고 놀지 못하도록 제지되었다. 몇 주 후 아이들에게 그 장난감을 가지고 놀 기회를 제공했을 때, 심하게 위협받았던 아이들은 유혹에 굴복하고 그 장난감을 우선적으로 가지고 놀았다. 가벼운 제지를 받았던 아이들은 그렇지 않았다. 가벼운 제지로 장난감을 가지고 놀지 않은 것을 자유롭게 선택했다는 느낌이 들 때, 아이들은 그들의 결정을 내재화했다.

학생들에게 불이 들어올 때마다 바를 누르도록 한 실험실 연구에서, Deci의 연구팀(1994)은 의미 있는 근거뿐만 아니라 선택권을 제공하는 것이 전념을 길러준다는 것을 발견했다. 지시문을 "스페이스 바를 눌러서 활동을 시작해야 한다."에서 "만약 계속하려거든 스페이스 바를 누르면 된다."로 살짝 바꾸기만 해도 내재화를 촉진했다. 피험자들이 경험할 수 있는 갈등적 느낌들을 인정하는 것 또한 전념을 강화했다. "나는 이 작업이 별로 재미없다는 것을 안다. 실제로 많은 피험자들이 좀 지루하다고 말했다. 그래서 당신이 이 작업에서 흥미를 발견하지 못할 수 있다는 것을 완벽하게 이해하고 수용할 수 있다."라고 하면, 사람들은 자신의 성향과 선택의 권리를 존중받는다고 느낀다.

현명한 부모는 아이들에게 올바른 일을 해야 하는 충분한 이유를 제공함으로써 정직 같은 도덕적 가치에 대한 아이들의 전념을 강화한다. Robert Cialdini (2001)가 관찰한 것처럼, "거짓말은 나쁜 짓이야. 만약 내게 들킨다면 혀를 잘라 버릴 거야." 같은 강력한 위협은 당신이 존재하는 한 효과적일 것이다. "정직할 때 일이 더 부드럽게 진행돼."처럼, 아이들에게 진실할 충분한 이유를 제공하는 더 교묘한 접근이 양심을 강화할 수 있다. 아울러 "방 청소가 즐겁지 않다는 것을 안다."라고 말하는 것처럼 공감을 소통하는 교사와 부모는 아이들의 느낌이 정당하고 일하는 것과 절대 모순되는 것이 아니라는 것을 전달한다.

4. **전념을 실행하라.** 때때로 우리는 '바로 해야(just do it)' 한다. 우리는 전념을 강화하기 위해 생각을 바꾸기도 하고 행동을 바꾸기도 한다(Myers, 2002). 심리학자들은 신념이 행동을 만들뿐만 아니라 행동이 신념을 만든다는 것을 오래 전부터 인식해왔다(Wilson, 2011). 때때로 행동은 전념에 앞서기도 한다. 다음 예를 생각해보라.

- 학생을 가르치는 것을 포함해서 타인에게 호의를 베푸는 것은, 그 사람의 호감을 증가시킨다(Blanchard & Cook, 1976).
- 유권자들에게 투표할 건지 물으면, 거의 항상 그럴 것이라고 말한다. 질문을 받지 않은 유권자에 비해 자신의 의도를 표현한 유권자는 유의미하게 더 많이 투표하는 경향이 있다(Greenwald et al., 1987).
- 자기보다 어린아이들에게 도덕적 규범을 가르친 아이들은 나중에 도덕적 코드를 스스로 더 잘 따른다(Parke, 1974).
- 암협회를 홍보하는 배지를 다는 데 동의했던 사람들은 이후에 기부를 두 배나 더 많이 했다(Pliner et al., 1974).

  Thomas More 경은 사계절의 사나이(*A Man For All Seasons*)에서, 자신의 행동을 통해 자신을 알게 된다고 했다. 유명 작가 Flannery O'Connor는 "내가 글을 쓰는 이유는 내가 말한 것을 읽기 전까지는 내가 생각한 것을 알지 못해서이다."라고 했다(Cytowic, 1993, p. 213에서 인용).

5. **공개하라.** 만약 전념을 공개적으로 만든다면 더 쉽게 유지할 수 있다. 우리는 자신뿐만 아니라 남에게도 일관성 있는 모습을 보이고 싶어 한다. 사회는 마땅히 진실성에 가치를 둔다. 샤를 드골에게 심한 흡연을 끝내겠다는 발표가 어떻게 금

연의 이유가 됐는지를 물었을 때 그는 자랑스럽게 말했다. "드골은 약속을 어길수 없다." 많은 체중 감량 클리닉이 고객들에게 체중 감량 목표를 적어서 가능한 한 많은 친구, 친척, 이웃들에게 보여줄 것을 요구하는 것도 놀랄 일이 아니다. 이 간단한 전략이 때때로 다른 방법보다 효과적이다(Cialdini, 2001).

6. **우선순위를 정하라.** 구체적 노력과 전념은 때때로 서로 갈등한다. 그럴 때는 우선순위를 정해야 한다. 만약 너무 많은 것에 전념한다면 결국 어디에도 전념할 수 없을 수 있다. Lewis Smedes(1987)이 주목하듯이, 어떤 사람은 전념에 헌신하거나, 매우 헌신적인 사람이라는 칭찬에 매달린다.

Mark Starr(2003)가 최고의 피겨스케이트 선수 미셸 콴에게 운동에 대한 전념에 관해 물었을 때, 그녀는 현명하게 대답했다. "스케이트가 삶을 통제할 수 있습니다. 나는 남자친구, 학교, 친구, 가족 모두에 균형을 잡으려고 노력해야 한다는 것을 배웠어요. 스케이트는 내 삶의 거대한 부분이지만, 나머지도 그만큼 중요하죠. 스케이트는 친구가 되어주지 않아요. 웃게 해주지도 않죠. 얼음은 당신과 이야기를 나누지 못해요."

7. **전념을 재검토하라.** 전념은 삶에 방향성을 제공함으로써 도움을 준다. 우리는 모든 행위의 장점을 재검토할 필요가 없을 때 더 효율적이다. 하지만 주기적으로 이전 결정과 행위를 재검토할 필요는 있다. 만약 그렇게 하지 않으면, 우리는 결국 더 이상 흥미도 도전의식도 없는 행위를 계속할 수 있다. 다시 말해 더 이상의 진짜 즐거움이 없다면, 왜 우리 자신과 시간과 에너지를 거기에 쏟아야 하는가? 제 3제국의 설계자인 Nazi Albert Speer는 삶의 끝자락에서 다음과 같이 질문했다. "내가 어떻게 이 말도 안 되는 악행에 내 삶을 내주게 되었는가?" 그는 대답했다. "나는 초기에 전념했고, 결코 나의 전념을 점검하거나 비판하지 않았다"(Smedes, 1987, p. 51). 때때로 전념은 깨져야 한다. 얼마나 많은 사람이 일과 경력을 선택할 때, 그 일이 '돈을 많이 번다거나, 명예가 있거나, 안전하다는' 누군가의 이야기를 듣고 선택하는지 상상해보라. 도전도, 의미도, 목적의식도 없는데 말이다.

Robert Cialdini(2009)는 응종(compliance) 기술 전문가가 때로 우리로부터 전념을 끌어내서 우리 자신의 목표가 아닌 그들의 목표를 위해 일하도록 조종하는 방식을 보여준다. 한 좋은 예가 낮은 공 기법(low-ball technique)이다. 차량 딜러는 낮은 가격 덕에 고객이 새로운 차를 사게 할 수 있다. 세일즈 서식을 완성하고 나면, 고객이 포함되었다고 생각했던 옵션에 가격이 추가됨으로써 가격의 이득은 없어진다. 혹은 매니저가 이 거래를 승인하지 않으면서 "우리가 손해납니다."라고 한다. 고객들은 자신들의 초기 전념 때문에, 처음 생각했던 가격보다 더 높은 가격을 받아들이게 된다. Cialdini는 항상 자신에게 이렇게 질문할 것을 추천한다. "내가 지금 실제 가격이라고 알고 있는 것을 안다면, 시간을 되돌려도 역시 같은 선택을 할 것인가?"

8. **희망을 유지하라.** 전념이 의미 있고 목표가 달성 가능하다고 느낄 때, 우리는 인내심을 갖고 계속할 수 있다. 희망은 일시적 방해를 참아낼 수 있게 해준다. 부정적 사건에 대한 해석은 지속적 전념에서 결정적 역할을 한다. 희망은 목표를 향해 계속 나아가게 하는 동기인 의지력과 그들을 성취할 수 있도록 경로를 생성하는 능력인 방법력(waypower)을 반영한다. 희망은 전념을 키우고, 전념은 희망을 키운다.

미셸 콴이 2002년 올림픽에서 금메달을 따는 데 실패했을 때, 많은 이들이 그것을 미국의 위대한 스케이트 이력 중 하나의 종말로 여겼다. 젊고 재능 있는 라이벌들이 그녀의 1인자 자리를 차지하기 위해 포진했다. 그러나 콴은 희망을 버리지 않았다. "두 번의 올림픽 실패는 큰 영향이 있었나요?"라는 질문에, 그녀는 다음과 같이 대답했다. "아니요. 그렇게 생각하지 않아요. 스케이트 덕에 여러 해를 멋지게 보냈어요. 두 번의 올림픽 경기에 모두 표현하지 못할 만큼요." 그녀는 젊은 라이벌을 상대로, 7번째 전국 챔피언과, 2003년 5번째 세계선수권 타이틀을 거머쥐었다.

9. **구조화된 자발적 행위를 사용하라.** Reed Larson(2000)은 청소년들에게 적극성(initiative)을 학습할 더 많은 기회를 제공해야 한다고 제안한다. 목표를 달성하기 위해 오랜 시간 반복적 노력을 기울이는 것은 창의성, 리더십, 이타주의, 시민참여의 핵심적 요소라고 Larson은 주장한다. 전통적 학교 공부나 비구조화된 오락은 전념을 학습하는 이상적 조건이 되지 못한다.

학교 공부를 할 때, 청소년들은 낮은 내재적 동기를 보고한다. 성인들은 전형적으로 학업 구조를 통제한다. 비록 청소년들이 비구조화된 오락에서 강한 내재적 동기를 보고할 순 있지만, 높은 집중력이나 도전과 연합되지는 않는다. 예를 들어 청소년들은 TV를 보거나, 온라인에 접속하거나, 친구들과 상호작용하는 것에 깨어 있는 시간의 많은 부분을 소비한다. 전념을 발전시키는 데 가장 적합한 맥락은 스포츠와 예술 같은 구조화된 자발적 행위라고 Larson(2000)은 제안한다. 이 행위들은 제약, 규칙, 특정한 목표의 구조 내에서 일어난다. 학생들은 그 행위에 가치를 두고, 스킬을 성취하기 위해 시간과 노력을 투자해야 하는 영역에서 전념을 학습하고 훈련할 수 있다. 학교의 정규 과외 활동에 참여하는 것은 더 높은 자존감, 삶에 대한 통제감, 낮은 비행률, 높은 교육적 열정과 관련된다.

탄력성으로 가는 길

전념은 헌신과 목표의 추구를 포함한다. 그러나 심각한 사건이나 자연재해 혹은 상실 같은, 도전이나 외상적 사건에 직면했을 때 무슨 일이 일어나는가? 그런 도전에 직면해서 탄력성으로 알려진 특성을 보이는 사람이 있다. **탄력성**(resilience)이란 격동의 삶의 사건이 있은 다음에, 회복하고 심지어는 번영하는 개인의 능력을 나타낸다. 탄력적인 사람은 위협에 더 잘 대처하고, 정신적·신체적 건강을 더 잘 유지하고 개선하며 높이기까지 한다(Ryff & Singer, 2003). 탄력적인 반응은 이혼, 알코올 중독, 정신 질환, 전쟁, 친척과 친한 사람의 죽음을 다루는 사람에게서 검토되었다(예 : Bonnano, 2004, 2009). 외부 관찰자들은 위협적 사건들이 너무 심각해서 그 압력에 정서적·신체적으로 붕괴될 수 있다고 결론 내릴 수도 있다. 그러나 어떤 사람들은 재난을 통해 전보다 더 강해진다.

표 6.1 탄력성을 기르기 위한 10가지 행동

1. 항상 미래에 대한 희망적 전망을 유지한다.
2. 자신에 대해 긍정적인 방식으로 생각한다.
3. 문제와 도전들을 적절한 관점으로 본다—그것들이 당신을 압도하게 놔두지 말라.
4. 자아 발견을 가능하게 하는 상황들을 놓치지 않는다.
5. 가능한 한 결단력을 갖고 과제 초점적 대처를 사용해서 문제를 해결하려고 노력한다.
6. 자신과 가족 구성원, 친구, 공동체 구성원들 간에 긍정적 연결을 만드는 데 노력한다.
7. 힘든 도전이나 예기치 못한 문제에 직면해서 최악의 상황을 상상하지 말라—대부분의 위협은 극복될 수 있다.
8. 변화는 삶의 불가피한 부분이라는 사실을 받아들인다.
9. 항상 목표를 달성하기 위해 앞으로 나아간다.
10. 당신이 필요한 것과 느끼는 방식에 주의를 줌으로써 긍정적 자기관리를 한다.

출처 : American Psychological Association.

만약 탄력성이 특성이라면, 그것을 가지고 태어난 사람도 있고 그렇지 않은 사람도 있다는 의미인가? 꼭 그렇진 않다. 심리학자들은 비록 탄력성이 특성과 유사하지만, 기를 수 있다고 본다. 표 6.1은 예기치 못한 도전이 왔을 때 다룰 수 있도록 탄력성을 발달시키기 위해 할 수 있는 10가지를 목록화했다. 표 6.1에 제시된 목록을 살펴보라. 이 행동 중 몇 가지를 이미 일상적으로 수행하고 있는가? 이 시점에서 앞으로 당신이 기를 수 있는 다른 것은 어떤 것이 있는가?

···┼··· **요약**

> 노력에서 의미를 발견하고 '해야 하는' 것을 '원하는' 것으로 바꾸는 것은 전념을 강화한다. 지속적 전념을 선택하고 실행하고 공개적인 것으로 만든다. 주기적으로 우리는 전념을 재검토하고 우선순위를 정해야 한다. 희망은 전념을 강화한다. 청소년은 구조화된 자발적 행위를 통해 적극성을 가장 잘 배울 수 있다. 탄력성 또한 발달시키려는 노력을 통해 학습될 수 있다.

행복

행복의 측정
삶의 경험에 만족하기
행복의 추구

행복은 삶의 의미이자 목적이고, 인간 실존의 총체적 목적이자 목표다.
—Aristotle, 384~332 B.C.

행복은 기성품이 아니다, 자신의 행위로부터 온다.
—Dalai Lama, 1998

아리스토텔레스는 우리가 하는 모든 것이 행복을 경험하려는 추동에 의해 동기화된다고 보았다. 사실 그는 행복을 지상선(supreme good)이라고 했다. 우리는 건강, 명성, 부를 추구한다. 그것이 우리를 행복하게 만들어줄 것이라고 생각하기 때문이다. 한편 달라이 라마는 행복의 중요한 또 다른 성질을 상기시킨다. 행복은 우리의 행위에 달려 있을 수 있다. 매일의 삶에서 하는 행위, 특히 타인을 위해 뭔가를 하게 될 때 그렇다. 위의 두 인용문은 우리가 행복을 그 자체로 목적으로 생각한다는 것을 제안한다.

이런 정신적 도전을 생각해보라. 누군가 당신에게 명성과 행운 혹은 행복을 줄 수 있다고 상상해보라. 세상의 존경과 꿈꿀 수 있는 모든 것을 가질 수 있다. 단 행복은 없다. 혹은 단지 기본적 욕구만을 해결하면서, 매일을 즐겁게 살 수 있다. 어떤 쪽을 택하겠는가(Fordyce, 1977)?

거의 모든 사람들에게 이것은 어려운 결정이 아니다. 행복이 쉽게 이긴다. 대학생들은 흔히 행복을 1~7점 척도에서 6.58점 정도로 보고한다. 여기서 1은 "중요하지 않다.", 7은 "매우 중요하고 가치 있다."이다(Diener, 2000). 47개국의 대학생들은 행복을 가장 중요하고 가치 있는 영역으로 평정했고, 사랑, 건강, 부를 능가하는 것으로 봤다. 심지어 '천국에 가는 것'보다 더 높게 평정했다(Diener, 2000). 연구자들이 검토한 거의 모든 문화에서 행복은 삶의 가장 소중한 목표로 평가되었다(Diener, 2012; Lyubomirsky, 2001).

당신은 어떤가? 행복은 당신 삶에서 어떤 순위를 차지하고 있는가?

행복의 측정

다음 척도는 사람들의 전반적 삶의 만족도에 대한 자료를 얻기 위해 설계되었다 (Diener et al., 1985a). 다음의 자기평가를 직접 해보자.

📝 **자기평가**

삶의 만족 척도

다음에 제시된 5개 문항을 7점 척도를 이용해서 동의하는 정도에 따라 적절한 수를 선택하라. 마음을 열고 정직하게 반응하라.

7=매우 동의한다   6=동의한다   5=약간 동의한다   4=동의하는 것도, 동의하지 않는 것도 아니다   3=약간 동의하지 않는다   2=동의하지 않는다   1=전혀 동의하지 않는다

_____ **1.** 대체로 나의 삶은 나의 이상에 가깝다.

_____ **2.** 내 삶의 여건들은 아주 좋다.

_____ **3.** 나는 내 삶에 만족한다.

_____ **4.** 지금까지 삶에서 내가 원하는 중요한 것들을 이루었다.

_____ **5.** 만약 다시 태어난다 해도, 내 삶을 거의 그대로 유지할 것이다.

출처 : Diener et al., 1985a(우리말 변안 : 김정호(2007). 삶의 만족 및 삶의 기대와 스트레스 및 웰빙의 관계 : 동기상태 이론의 적용. 한국심리학회지 : 건강, 12(2), 325-345.

👤 **채점**   5개 문항의 점수를 더해서 총점을 구하라. 점수의 범위는 5~35점이다. 중간 점수인 20점보다 점수가 높다면 삶에 만족하는 것이다. 다음 절에서 볼 것처럼 대부분 사람들은 꽤 만족하고 산다!

매일 삶에서 대부분 사람들은 '행복'이라는 단어를 개인적이고 긍정적이며 주관적인 존재의 상태를 지칭하는 데 사용한다. 그리고 '행복하다'는 것에 대해 남들과 이야기 나눌 수는 있지만, 지극히 개인적 경험이라고 가정한다. 심리학자들과 다른 사회과학자들은 이 경험을 특징짓는 더 기술적인 용어를 선호한다. 그것은 '주관적 웰빙'이다. 사회적 세계에서 한 사람의 현재 상태인 **주관적 웰빙**(subjective well-being)은 긍정정서(즉 그 사람은 부정적 정서를 경험하고 있지 않다)와 전반적 삶의 만족(삶의 이득과 보상에 대한 평가)으로 구성된다(Diener, 2000; Diener, Oishi, & Lucas, 2009). 연구자들은 주관적 웰빙을 사람들의 행복을 지칭하는 데 사용한다.

대부분 사람은 행복한가?

삶은 비극인가? 소포클레스는 그렇게 생각했다. 그는 "태어나지 않는 것이 최선이고, 두 번째 최선은 빛을 본 순간 재빨리 왔던 곳으로 돌아가는 것이다(1962, p. 1225)."라고 말했다. 여러 세기가 흐른 후에 루소도 그에 동의했다. " … 우리의 고통은 우리의 즐거움을 크게 초과한다. 그러므로 모든 것을 고려할 때 인간의 삶은 가치 있는 선물이 전혀 아니다(1754, p. 119)." 유사하게 프로이트는 그의 고전적 작품인 **문명과 불만족**(*Civilization and Its Discontents*)'에서 "삶은 너무 힘들고, 너무 많은 고통, 실망, 불가능한 과제들을 가져다준다(1930/1961, p. 23)."라고 말했다. 이 같은 감상은 행복의 성질과 지속가능성에 대해 많은 질문을 던진다.

그렇다면 사람들은 얼마나 행복한가? 아래에 여러 가지 느낌을 표현하는 얼굴들이 있다(Andrews & Withey, 1976). 어떤 얼굴이 당신이 삶에 대해 전반적으로 느끼는 것을 가장 잘 표현하고 있는가?

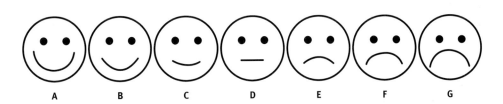

출처 : Springer, Plenum. Social indicators of well-being: Americans' perception of life quality, Appendix A, 1976, p.13, Frank M. Andrews, Stephen B. Withey, With permission of Springer Science + Business Media.

사람들은 어떤 얼굴을 가장 많이 선택했을까? 사람들이 불행할 것이라는 생각과 달리 미국에서 반응자의 92%가 행복한 얼굴을 골랐다(Myers, 2000). 거의 2/3가 A 혹은 B를 골랐다.

삶의 만족 척도에서 사람들의 점수는 어떠한가? 대부분의 미국인의 점수는 21~25점 범위에 있다. 다시 말해서 대부분의 미국인보다 더 만족하려면 25점 이상의 점수가 필요하다. 해리스 여론 조사(Reilly & Simmons, 2003)에 따르면, 미국인의 57%가 삶에 "매우 만족한다.", 34%는 "꽤 만족한다."고 했다. 비교적 적은 6%가 "별로 만족하지 않는다."에, 2%는 "전혀 만족하지 않는다."에 표시했다.

미국인이 특별히 행복한 것은 아니다. 전 세계를 대상으로 한 연구에서도 대부분의 사람들이 행복하다고 보고한다. 비록 문화 차가 존재하긴 하지만, 즉 스위스 사람은 불가리아 사람보다 행복하고 덴마크 사람은 한국 사람보다 행복하긴 하지만, 대부분 국가의 사람들은 행복 척도에서 평균이 중간 이상의 점수였다(Diener, 2000).

여전히 **다른** 사람들은 행복하지 않을 것이라는 생각이 존재한다. 예를 들어 미네소타 지역 조사 대상자의 2/3는 행복에 대한 그들의 능력이, 같은 나이, 성별의 사람들 중 상위 35%일 거라고 평가했다(Lykken, 1999). 소포클레스, 루소, 프로이트의 비관적 관점에도 불구하고 대부분의 사람은 자신을 대중들보다 더 행복하고, 힘 있고, 지혜롭다고 생각한다!

왜 행복해야 하나?

행복의 혜택은 좋은 느낌의 향유 이상이다. 실제 연구에 따르면 즐거움은 중요한 신체적 · 정신적 이득을 준다.

시무룩한 사람들에 비해 행복한 사람은 다음과 같은 특징을 가진다(Diener & Scollon, 2014; Seligman, 2002).

- 더 건강하고 오래 산다.
- 일에서 더 생산적이고 연봉이 더 높다.
- 더 관대하고 창의적이며 더 쉽게 결정을 내린다.
- 더 도전적인 목표를 선택하고 더 오래 지속하며 여러 실험 과제를 더 잘 수행한다.
- 공감을 더 많이 보이고 친한 친구가 더 많고 더 나은 결혼생활을 즐긴다.

- 강한 면역 기능과 건강한 심혈관계를 가진다.
- 삶의 의미과 목적의식을 즐긴다

긍정 정서에 관한 Barbara Frederickson(2001, 2007)의 확장-확립 이론(broaden and build theory)에 따르면, 특정 수준의 즐거움이 여러 개인적 자원을 확립한다. 신체적(스킬, 건강, 장수), 사회적(우정, 사회적 지지망) 자원도 있고, 지적(전문가 지식, 지적 복잡성), 심리적(탄력성, 낙관성, 창의성) 자원도 있다. 그녀의 이론은 긍정 정서가 자원을 강화하고 삶 전반에 걸쳐 대처와 생존 가능성을 개선한다고 강조한다.

행복은 웰빙에 장기적 결과를 가져올 수 있다. Harker와 Keltner(2001)는 한 시점에서 측정된 행복이 이후의 삶의 만족을 예측할 수 있는지 궁금했다. 그들 연구의 아주 흥미로운 측면은, 캘리포니아 오클랜드에 있는 사립 여자대학인 밀즈칼리지의 1958년과 1960년 졸업앨범에서 여학생들의 미소를 검토했다는 것이다. 이는 중요한 생활 사건들이 심리사회적 적응에 미치는 효과를 보는 종단연구의 일부였다. 비록 거의 모든 여학생들이 사진 속에서 웃고 있었지만, 어떤 미소는 '뒤센의 미소(Duchenne smiles)'라고 불리는 진짜 미소였고, 다른 것은 진짜가 아닌 포즈로 취한 비뒤센의 억지 미소(non-Duchenne smiles)였다. 당신은 아마도 가짜 미소와 비교해서 누군가가 보내는 따뜻한 진짜 미소를 인식할 수 있을 것이다. Harker와 Keltner는 일단의 사람들을 진짜 미소와 가짜 미소를 식별하도록 훈련했다. 20세 초반에 뒤센의 미소를 보인 여성들은 비뒤센 집단과 비교해서 27세, 43세, 52세 때 부정 정서성이 낮았고, 유능감이 높았으며, 다른 사람들과 더 많이 관계를 맺고 있었다. 진짜 미소를 보인 여성들은 또한 일관되게 개인적 웰빙과 삶의 만족 수준이 높았고, 심리적 · 신체적 문제 수준이 낮았다.

상관관계는 인과를 의미하지 않는다. 이 연구에서 어떤 변인도 조작되거나 집단에 대한 무선할당도 없었다. 하지만 이 결과들은 흥미롭다. 왜냐하면 표정으로 측정한 긍정 정서성이 삶의 도전에 대처하는 사회적 · 심리적 자원을 강화해서 장기적 결과를 가질 수 있음을 제안하기 때문이다. 우리는 매일, 하루에도 여러 번 미소를 주고받는다. 미소같이 작은 것이 그렇게 크게 보이지 않을 수 있다. 따라서 행복과의 연결을 간과할 수도 있다.

아마도 우리는 행복을 증진시키는 미소처럼 작은 것을 알아차릴 필요가 있다. Robert Louis Stevenson은 "행복할 의무처럼 과소평가되는 의무도 없다. 우리가 행복해짐으로써 우리는 세상에 익명의 혜택의 씨를 뿌리는 것이다(Stevenson & Phelps, 2008, p. 40).”라고 말했다. '좋은 기분의 이로운 효과(feel-good do-good effect)'는 실제로 지금은 잘 알려진 심리학적 원리이다. 진짜 미소는 실제로 현재의 개인적 웰빙을 나타낼 수 있다. 기분 좋은 상태에 있는 사람은 더 공감을 보일 뿐만 아니라 더 많은 도움행동을 한다. 행복한 사람은 자기초점화가 적고, 타인을 더 좋아하고 자신의 좋은 생기를 퍼뜨리려 한다.

누가 행복한가?

헬렌 켈러는 “성공과 행복은 자신에게 달려 있다. 외적 조건들은 삶의 부수적인 것이고 외부 장식 같은 것이다(1920, p. 110).” 그녀가 옳았는가? 당신 생각은 어떤가? 또 웰빙에 중요한 인구통계학적 예언요인이 있는가?

생각해 보기

행복

다음의 참-거짓 퀴즈를 완성하라.

T F **1.** 남성은 여성보다 더 나은 웰빙 상태를 갖는다.

T F **2.** 십 대와 노년은 인생에서 행복이 가장 낮은 시기이다.

T F **3.** 정규교육을 더 많이 받은 사람은 삶이 더 행복하다.

T F **4.** 백인은 소수 인종 사람들보다 더 행복하다.

T F **5.** 대체로 독신은 기혼자보다 더 행복하다.

T F **6.** 종교적 활동을 하는 사람과 비교해서, 비종교적인 사람은 웰빙이 더 높다.

T F **7.** 북미와 유럽에서, 연봉이 높고 특별히 부자인 사람은 더 행복한 삶을 산다.

연구자들은 이 쟁점 모두를 강조했고, 위 문항은 모두 거짓이다!

성별은 행복 수준에 단서를 거의 제공하지 못한다. 비록 여성이 우울증과 불안에 더 민감하고 남성이 반사회적 장애와 알코올 문제를 더 많이 갖는 경향이 있지만, 많은 연구에서 남녀는 '매우 행복'과 '만족'이라는 보고에 있어서 거의 비슷하다.

성별처럼, 나이도 행복 수준과 거의 상관이 없다. 청소년 스트레스나 노년의 신체적 쇠퇴가 사람을 비참하게 만든다는 전통적 지혜와 대비해서, 모든 연령대 사람들의 웰빙 수준이 유사하다는 반복 조사 결과들이 있다. 불행은 갱년기 여성이나, 아이들이 집을 떠날 때 밀려오지 않는다. 대부분의 부모들에게 '빈 둥지'는 행복한 장소이다. 대부분 사람들은 중년의 위기를 거치지 않는다. 거의 만 명의 남성과 여성을 대상으로 한 연구는 스트레스가 40대 초반에 최고조라는 증거는 어디에도 없다는 것을 발견했다(McCrae & Costa, 1990).

정규교육 기간 IQ, 인종 역시 행복의 의미 있는 예측변수가 아니다. David Lykken (1999, p. 17)은 "평균적으로 보면 작업복을 입고 버스를 타고 일하러 가는 사람들은 정장을 입고 벤츠를 운전해서 출근하는 사람만큼 행복하다."고 결론 내린다. 북미와 유럽에서의 연구는, 교육과 인종이 행복 변산의 매우 작은 부분을 설명한다는 것을 보여준다. 예를 들어 아프리카계 미국인들은 오랜 세월 불이익을 받아왔음에도 불구하고 백인 미국인과 같은 정도의 웰빙을 보고한다.

미국과 유럽에서 행해진 조사에 따르면, 결혼한 사람은 독신이거나 사별한 사람보다 그리고 이혼했거나 별거 중인 사람들보다 특히 더 행복하고 삶의 만족이 높았다. 예를 들어 과거 30년간 전국 여론 조사 센터에서 조사된 수천 명의 미국인들 중에 결혼한 성인의 40%는 자신들이 매우 행복하다고 말했고, 결혼한 적이 없는 성인의 24%만이 행복하다고 말해서 거의 2배 차이가 났다(Seligman, 2002). 19개국의 조사 자료도 이 같은 결혼-행복 관계를 확증했다. 결혼-행복 관계가 성별에 따라 다르다는 생각, 즉 결혼이 남성의 행복을 강력하게 예언해주고 여성의 행복과는 무관하다는 생각 또한 근거 없는 믿음에 불과하다. 서구 세계에서 결혼한 남성과 여성은 독신이거나 이혼, 별거 중인 사람보다 삶의 만족을 더 높게 보고한다(그러나 독신인 사람이 결혼한 사람보다 덜 행복한 것은 아니라는 증거도 있다. 이는 결혼과 행복 간의 관계가 절대적이라고 추정하는 데 주의해야 한다는 의미이다; DePaulo, 2006; DePaulo & Morris, 2005 참고).

적극적인 종교적 수련 또한 더 행복하고 더 건강한 삶과 연결된다. 신앙과 웰빙에 대한 연구를 검토한 David Myers(2000)는 종교성이 몇 가지 정신건강 기준과 얼마나 능동적으로 연합되는지에 주목한다. 종교적인 면에서 적극적인 미국인은 비종교인보다 비행을 저지르거나, 약물과 알코올을 남용하거나, 이혼하거나, 자살할 확률이 낮았다. 종교적 독실함은 또한 스트레스에 더 효과적으로 대처하게 한다. 종교적 활동이 없는 미망인과 비교해서 예배에 참가하는 미망인은 더 높은 삶의 만족도를 정기적으로 보고한다. 신앙이 있는 사람은 이혼, 퇴직 혹은 심각한 질병을 경험한 후에도 행복도를 더 높게 유지하거나 회복하는 경향이 있다. 노인들의 경우도 삶의 만족을 가장 잘 예언하는 두 가지를 꼽으라면 건강과 종교였다.

행복해지려면 기본적 욕구들이 해결되어야 한다. 그러나 일단 삶의 필수적 요소들을 가지면, 수입은 거의 차이를 만들지 못한다. 예를 들어 GNP가 1인당 8,000달러 이상인 나라에서 부와 웰빙의 상관은 거의 없다. 게다가 미국이나 캐나다 같은 선진국 내에서 수입과 개인의 행복 간의 상관은, Ronald Inglehart(1990, p. 242)의 보고에 따르면 "놀랄 정도로 약하다(실제로 무시할 만하다)." 포브스가 조사한 미국 최고 부자 목록에 따르면, 최고 부자들은 평균적 미국인보다 단지 약간 더 행복한 것으로 나타났다(Diener et al., 1985b). 사실 37%는 덜 행복했다.

행복을 예언하지 못하는 다른 요인들은 무엇이 있는가(예 : Dunn & Brody, 2008)? 신체적 매력 또한 행복에 영향을 주지 않는다. 아이를 갖는 것은 인생을 완성하는 것으로 여겨지지만 아이들의 존재는 행복 증진과 관련이 없다. 이상적인 기후 조건이나 멋진 곳에 사는 것도 행복을 보장하지 않는다.

나이, 성별, 인종, 교육 수준, 지능, 수입, 외모, 부모 되기, 기후 모두 행복에 거의 역할을 하지 못한다고 한다면, 사람들의 성격 특성에서 좋은 단서를 얻을 수 있지 않을까?

생각해 보기

성격과 행복

당신이 잘 아는 사람 중 특별히 행복해 보이는 한 사람을 생각해보라. 그 사람의 역겨운 특성을 최소한 세 가지 정도 확인해보라.

_____

_____

_____

_____

행복의 한 가지 조건을 말해달라고 했을 때, 심리학자 Ed Diener(Elias, 2002)는 다음과 같이 대답했다. "가장 행복한 사람은 모두 좋은 친구가 있다." Diener와 Martin Seligman(2002)이 삶의 만족 척도에서 약 30점 정도를 얻은 매우 행복한 사람을 연구했을 때, 그들이 매우 사교적이라는 것을 발견했다. 단지 중간 정도로 행복하거나 매우 불행한 사람들과 비교했을 때, 행복한 사람은 혼자 보내는 시간은 적고 많은 시간을 사교활동을 하며 보냈다. 외부 관찰자들은 행복한 사람을 대인관계에서 가장 높게 평정했다. 친밀하고 즐거운 사회적 관계는 사람들의 행복에 상당히 기여한다(Diener & Biswas-Diener, 2008). 사람들이 사회적 동물이라는 것을 고려할 때 이것은 그리 놀라운 것도 아니다.

실제로 외향적인 사람은 내향적인 사람보다 전반적으로 더 행복하다. 그들은 사교적이고 활달한 사람들이다. 외향적인 사람들은 기본적인 소속감의 욕구를 해결하는 데 더 성공적이다. 행복한 사람은 강한 사회적 관계를 발전시키는 욕구와 능력을 모두 가지고 있다. 이 동기와 유능감은 타인에 대한 근본적인 신뢰와 연결되는 것 같다. 그들은 최선을 가정하고 타인을 기본적으로 정직하고 신뢰할 만한 존재로 본다. 반면에 회의적이고 냉소적이며 타인이 정직하지 못하거나 위험할 거라고 가정하는 사람들은 행복하지 않은 경향이 있다. 외향적인 사람들이 보이는 긍정적 정보에 대한 큰 민감도 또한 웰빙을 증진시키는 듯하다. 그들에게 시험을 잘 봤다고 이야기해주거나 혹은 복권에 당첨된 것을 상상하도록 했을 때, 같은 말을 들은 내향적인 사람들보다 더 행복해 했다. 흥미롭게도 부정적인 뉴스(시험을 잘 못 봤다거나 학교에서 퇴학당하는 것을 상상)에 대한 외향적인 사람들과 내향적인 사람들의 반응은 같았다(Larsen & Ketelaar, 1991).

행복한 사람들은 또한 성실하다. 행복한 성격에 관한 한 연구에서, 성실성이 삶의 만족과 강한 정적 상관을 갖는다는 것을 발견했다(DeNeve & Cooper, 1998). 연구자들은 자신과 환경에 통제를 가하는 목표 지향적인 행동이 삶의 질을 증진시킨다고 말한다. 성실한 사람은 스스로에게 높은 목표를 설정하고 직장에서 더 많이 성취하는 경향이 있다. 도전을 받고 도전을 해결할 스킬을 가지고 있을 때, 그들은 특히 몰입(flow)을 보고하는 경향이 있었다. 몰입은 이 장의 뒷부분에서 다룰 최적의 경험이다.

성실성과 밀접하게 관련된 것 중에 개인적 통제감이 있다. Angus Campbell(1981, p.

218)은 미시간대학교의 전국 조사를 검토해서, "자신의 삶에 강한 통제감을 갖는 것은 어떤 객관적 삶의 조건들보다 웰빙을 가장 잘 예측해주는 요인"이라고 결론지었다. 강한 통제욕구를 가진 사람은 적극적이고, 결단력이 있고, 개인적 목표를 달성할 가능성이 더 높다. 그들은 자신의 성공에 대해 확신을 갖지만 또한 실패에 대한 책임을 수용한다.

행복한 사람들은 또한 높은 **자존감**을 즐긴다(Schimmack & Diener, 2002). 그들은 자신을 좋아한다. 자신에 관해 좋게 느끼는 사람은 불면증과 궤양에 잘 안 걸리고, 실패 후에 더 집요하고, 동조를 덜 한다. 미시간대학교의 조사(Campbell, 1981)에 따르면, 미국에서 자기만족은 가족의 삶, 우정, 혹은 수입의 만족보다 웰빙의 더 강력한 예측 변수이다. 그러나 자존감은 중국, 한국, 인도 같은 집단주의 문화에서보다 미국과 유럽처럼 개인적 자율성에 가치를 두는 나라에서 웰빙을 더 잘 예언한다.

이 성격 특성들을 관통하는 공통적 가닥을 눈치 챘는가? 행복한 사람들은 매일의 삶에서 낙관적 해석을 하는 경향이 있다. 그들은 다른 사람, 일, 자기 자신에게서 최선을 본다. 낙관주의자들은 좌절을 거부하지 않고 오히려 다르게 해석하는 듯하다. 노력과 자기 훈련이 차이를 만든다고 확신하기 때문에, 미래가 밝다고 믿는다. 스트레스를 관리하는 데 더 효과적인 대처전략을 사용하는 강인한 개인이다. 역설적이게도 위협적인 삶의 사건들과 부정적인 정서의 존재를 거부하는 사람들은 가장 불행한 사람군에 속한다(DeNeve, 1999).

···✛ 요약

행복은 삶의 가장 중요한 목표 중 하나다. 행복한 사람은 더 오래 살고, 더 생산적이며, 좋은 인간관계를 즐긴다. 대부분의 사람들은 비교적 높은 수준의 삶의 만족을 보고한다. 성별, 나이, 인종, 정규교육, 수입 수준은 행복 수준에 거의 차이를 만들지 못한다. 반면 결혼한 사람, 적극적으로 종교활동을 하는 사람, 외향성, 성실성, 자기 확신을 가진 사람은 삶의 만족이 높다.

긍정심리학

삶의 경험에 만족하기

어떤 심리학자들은 주관적 웰빙을 증진시키는 구체적인 삶의 경험이나 사건들을 연구함으로써 행복을 이해하려 했다.

자기평가

삶의 사건에 만족하기

당신 삶의 과거 몇 달을 생각해보라. 이 시기에 중요한 일을 되돌아 생각해보라. 개인적으로 가장 만족스러운 사건을 떠올려보라. '만족스러운'에 대한 당신 자신의 정의를 사용하라. 즉 '만족스러운'을 당신이 의미 있는 방식으로 생각하라. 몇 분 동안 매우 강렬한 경험을 떠올려보고 그것을 기술하라(Sheldon, et al., 2001).

1. _____

2. _____

3. _____

4. _____

　사람들이 가장 만족스럽다고 생각하는 것은 무엇인가? Ken Sheldon과 동료들(2001)에 따르면, 미국 학생들은 강한 자기존중감을 느끼고, 어려운 과제를 성공적으로 완수하고, 다른 사람과 정서적 친밀감을 경험하고, 일을 자신의 방식으로 할 수 있었던 경험을 가장 많이 떠올렸다. 원하는 것을 사거나, 신체적인 즐거움 혹은 다른 사람의 믿음과 행동에 강한 영향력을 행사한 경험 등은 가장 만족스러운 경험에 별로 포함되지 않았다. 사람들은 가장 만족스러운 경험을 생각할 때, 주로 자신의 가치, 타인과의 연결, 외부 압력으로부터의 자유 등을 느꼈을 때를 생각한다. 지위, 쾌락 혹은 권력 등의 경험은 덜 중요하다.

　이 패턴은 시간과 장소를 넘어서는 것 같다. Sheldon은 이 같은 순서가 더 짧은 시간 단위("지난 주 가장 만족스러웠던 경험을 생각해보라")와 더 긴 시간 단위(한 학기 동안 가장 만족스러웠던 경험을 생각해보라) 모두에서 나타난다는 것을 발견했다. 한국인들도 유사한 결과를 보였다. 그러나 미국인들에 비해, 한국인들은 관계성을 가장 만족감을 주는 중요한 측면으로 보고하는 경향이 있었고, 자존감은 중요하다고 인식하는 경향이 적었다.

Tim Krasser와 Richard Ryan(1993, 1996)은 아메리칸 드림의 중요한 요소들(부자가 되고 유명해지고 매력적이려고 노력하는 것)이 정말 행복을 키워주는지 궁금해했다. 일련의 연구에서 그들은 웰빙에 얼마나 다른 열망이 관련되는지를 검토했다. 대학생을 포함한 성인들이 일곱 가지 다른 목표의 상대적 중요성과 달성 가능성을 평정했다. 그들은 또한 각자가 삶에서 얼마나 많은 '생활 지침'이 있는지의 관점에서 목표들을 평가했다. 결과는 경제적 성공, 사회적 인지도, 매력적인 외모를 위한 노력이 낮은 활력, 낮은 자기실현(잠재력의 실현), 더 높은 신체적 스트레스와 관련된 것으로 나타났다. 반면에 자기수용, 소속, 공동체 의식, 신체적 건강의 추구는 높은 심리적·신체적 웰빙과 연관되었다. Kasser와 Ryan은 "아메리칸 드림의 어두운 면이 있을 수 있다"고 결론 내렸다(Kasser, 2002 참고). Ed Diener는 "물질주의는 행복에 독이다."라고 했다(Elias, 2002).

우리는 이것을 알지만 잘 안 된다. 행복을 살 수 없다는 데 대부분이 동의한다. 그런데도 그렇게 확실한 것은 아니다. 미시간대학교 조사에서 사람들에게 무엇이 그들의 삶의 질을 개선할지를 물었다. 첫 번째 가장 빈번한 대답은 '더 많은 돈'이었다(Campbell, 1981). 21세기 초반에 미국인들은 자신들의 꿈을 실현하기 위해 연간 10만 2,000달러의 수입이 필요하다고 주장했다(Myers, 2000, 인플레이션으로 인해 지금은 더 많은 돈을 말하겠지만, 중요한 것은 숫자 자체가 아니라 더 많은 돈에 대한 욕망이다). 게다가 대학 신입생의 거의 3/4은 '경제적으로 유복한' 것을 '매우 중요'하거나 '핵심적인' 목표로 생각한다. 19개 가능한 목표 중에, 가장 높은 순위에 있었고, '의미 있는 삶의 철학을 발전시키기', '가족 꾸리기', '자기 분야에서 권위자 되기' 등보다 훨씬 앞에 있었다.

👥 생각해 보기

친사회적 지출을 위한 기회 찾기

돈과 물질주의가 행복을 가져다주지 않는다는 것을 우리는 안다. 하지만 웰빙을 증진하기 위해 물질적 부를 사용할 수 있는 방법은 없는가? 최근의 증거에 따르면 돈이 우리를 조금 더 행복하게 만드는 방식으로 작용할 수도 있다고 한다. Dunn, Gilbert 그리고 Wilson(2011)
은 세 가지 방식으로 돈을 사용하는 선택이 행복을 증진시킬 수 있다고 제안한다. 첫째, 경
험을 사는 것(예 : 연극, 영화, 음악회, 페스티벌 등에 참여하는 것)은, 물건(예 : 옷, 장신구,
도구들)을 구입하는 것에 비해 더 이득이 있다. 둘째, 더 작은 즐거움에 돈을 쓰는 것(예 :
친구와 차 마시기, 맛있는 디저트)은 고가의 물품(예 : 새 차, 비싼 자전거, 새 탁자 혹은 스
마트폰)보다 더 만족을 준다. 더 많은 물건은 그냥 더 많은 물건일 뿐이다. 셋째, 우리의 자
금을 자신보다 다른 사람을 위해 사용하는 것이다. 친구와 저녁 식사나 쇼를 같이 즐기거
나, 자선단체에 돈을 기부하거나, 사랑하는 사람을 위해 선물을 사주는 것 등은 행복을 높
여줄 수 있다(Dunn, Aknin, & Norton, 2008).

이 세 번째 옵션은 가능성이 무궁무진하다. 친밀한 관계를 발전시키는 수단으로서 작용
할 것이다. 일련의 연구는 다른 사람에게 5달러든 20달러든 돈을 쓴 사람은 자신에게 돈을
쓴 사람들에 비해 결국 더 행복했다(Dunn, Aknin, & Norton, 2008). 연구자들은 자신의 소
득의 많은 부분을 자선단체에 기부한 사람은 자신을 위해 돈을 쓴 사람들보다 더 행복한 것
으로 나타났다(Aknin et al., 2010 참고).

이 친사회적 지출에 기반이 되는 힘을 무엇인가? 왜 그것이 돈을 쓴 사람을 더 행복하게
만드는가? 다른 사람을 위해 뭔가를 주거나 하는 행동은, 우리를 남을 배려하고, 책임감 있
고, 베푸는 사람으로 느끼게 한다(Dunn & Norton, 2013)—우리는 우리가 행동하는 대로
다. 게다가 남을 위해 돈을 쓰는 것 같은 행동은 상대방과 강한 연대감을 만든다. 그것은 다
시 다른 사람과의 강한 사회적 연결의 호의적인 정서적 영향을 증대시킨다. 간단히 말하면
결국 우리는 자신에 관해 좋게 느끼게 되고(Anik et al., 2011), 다른 사람도 우리의 행동을
좋게 느끼게 된다.

친사회적 지출 기회의 목록을 만들 수 있는가? 아래 칸에 써보라. 다음 주에 최소한 그들
중 하나를 이행한다. 하고 난 다음 그 경험에 관해 어떻게 느꼈는지를 생각해보라—다른
사람을 위한 지출이 당신의 행복을 증진시켰는가?

일과 여가에서의 몰입

멋진 혹은 흥미로운 활동을 하면서 자기 자신을 '잊었던' 적이 있는가? Mihaly Csikszentmihalyi(1990; Ullén et al., 2012)는 경험을 참으로 만족스럽게 만드는 것은 몰입(flow)이라고 부르는 의식 상태라고 주장했다. 그 상태에서 주의는 완전히 집중되어서 활동에 완전히 흡수되게 된다. 미국인 소설가 Willa Cather는 "이것이 행복이다."라고 했다. 다음 활동에서 몰입과 관련된 당신의 경험을 생각해보라.

生각해보기

몰입

당신은 뭔가에 깊이 몰두되어서 다른 어떤 것도 문제가 되지 않은 채 시간을 잊은 적이 있는가?

자주 _____   때때로 _____   드물게 _____   결코 아니거나 모르겠다 _____

만약 그런 경험이 있었다면, 간단히 기술해보라.

_____

_____

_____

_____

_____

이제 그 경험에 관여하는 동안 어떻게 느꼈었는지에 관해 생각하며 아래 질문에 답하라. 다음 척도를 사용하여 당신의 경험을 가장 잘 기술하는 숫자를 선택하라.

1 = 전혀 동의하지 않는다   2 = 동의하지 않는다   3 = 동의하는 것도 동의하지 않는 것도 아니다
4 = 동의한다   5 = 매우 동의한다

_____ **1.** 내가 하고 있는 것에 전적으로 주의의 초점이 맞춰져 있었다.

_____ **2.** 나는 내가 하고 있는 것을 완전히 통제하고 있다고 느꼈다.

_____ **3.** 시간이 달라지는 것 같았다(느리게 혹은 빠르게).

출처 : Jackson & Marsh, 1996, items 5, 6, and 8, p. 34.

이것은 개인이 몰입을 경험하는 정도를 측정하는 척도의 일부분이다. 이 세 문항은 사람들이 한 활동에 몰입하고 빠졌을 때 느낀다고 말하는 것을 대표하는 문항들이다.

만약 당신이 더 긴 척도를 해본다면, 동의하는 문항이 많을수록 몰입 경험에 가까운 것이다.

'최적의 경험'으로서 몰입은 본질적으로 보상적이다. 몰입 상태에 들어가면 대부분 자의식이 낮아지고, 에너지와 주의가 과제에 몰입되어 있는 동안 시간 개념을 잊는다고 보고한다. Csikzentmihalyi는 엄청난 집중력으로 작업하는 예술가들을 연구한 후에 몰입 개념을 확립했다. 프로젝트에 몰두된 그들은 마치 작업 이외에는 그 어떤 것도 중요하지 않은 듯했고, 일단 작업을 마치고 나면 그것에 관해 지체 없이 잊어버렸다. 작업은 매우 재밌고 마음을 사로잡아서, 작업 자체 말고는 어떤 결과물을 갖지 못한다 할지라고 그 자체로 할 가치가 있었다.

매우 숙련되고 창의적인 사람만 몰입을 경험하는가? 아니다. 평범한 사람들도 좋아하는 활동을 완전히 몰두해서 할 때 몰입 경험을 보고한다. 미국인들에게 방금 그 질문(뭔가에 아주 깊게 몰두되어서 아무것도 중요치 않은 듯 보이고 시간 개념을 잃은 적이 있는가?)을 던졌을 때, 대략 다섯 명 중 한 명은 자주, 즉 하루에도 여러 번 그런 일이 일어난다고 말했다. 단지 15%만이, 결코 그런 적이 없다고 말했다(Csikszentmihalyi, 1997). 문화 간 비교에서, 이 빈도는 꽤 안정적이고 보편적인 것으로 나타났다.

몰입은 터치 풋볼을 할 때, 망가진 기기를 수리할 때, 좋은 음식을 준비할 때, 친구와 대화할 때, 고객을 응대할 때, 심지어 차를 운전할 때도 일어났다. 한 대학생은 기말시험을 치를 때 그 경험을 하기도 했다. 그는 에세이 질문에 대한 답변을 랩으로 바꿔 불렀다(Frantz, 2003)!

분명히 몰입은 일을 수동적으로 하거나 혹은 단순히 이완되거나 즐거운 여가에서 달성되지는 않는다. 예를 들어 사람들은 TV를 보거나 혹은 '그냥 앉아서 쉴 때' 몰입을 보고하지는 않는다. 그들이 수행하는 과제가 따분하거나 단조롭거나 반복적이거나, 아니면 빠르고 쉽게 숙달할 수 있는 과제라면 몰입을 경험하지 않는다. 과제가 특별히 어려워서 몹시 힘든 집중을 요구할 때도 일어나지 않는다. 따라서 몰입 경험은 아무 생각 없는 수동적 상태보다는 의식이 깨어 있는 도전에서 일어난다. 어떤 행동을 수반하든, 그 사람의 스킬 수준과 맞아떨어져야 한다.

몰입 경험을 나타내는 다른 특징이 있다. 그것들 중 9개를 아래에 정리했다. 당신이 '생각해보기' 연습문제에서 썼던 몰입 경험을 되돌아보라. 다음 특징들 중 당신의 경험을 가장 잘 기술하는 것을 무엇인가?

_____ **1. 도전-기술 균형.** 상황적 요구가 기술 수준과 맞아야 한다(너무 어려운 도전은 불안을 야기한다. 너무 쉬운 도전은 지루함을 야기한다).

_____ **2. 행위-의식 융합.** 활동에 대한 참여가 매우 강해서 자발적이거나 자동적으로 된다.

_____ **3. 분명한 목표.** 목표는 미리 정할 수도 있고 혹은 행위를 하면서 진전될 수도 있다.

_____ **4. 모호하지 않은 피드백.** 즉각적이고 분명한 피드백은 진행에 관한 정보를 제공한다.

_____ **5. 집중.** 하고 있는 과제에 완전히 집중한다.

_____ **6. 통제감.** 적극적으로 통제를 가하려 하지 않으면서 통제되는 느낌이 있다.

_____ **7. 자의식의 상실.** 자기에 대한 관심이 사라진다. 이기심이 없는 의식으로 행동한다.

_____ **8. 시간 변형.** 시간이 감지할 수 있을 정도로 느려지거나 빨라진다. 그렇지 않으면 시간을 의식하지 못할 수도 있다.

_____ **9. 그 자체가 목적인 경험.** 보상에 대한 기대 없이 행위를 그 자체로 한다면, 행위는 '자기 목적적'이다. 다시 말해 경험은 내재적으로 동기화되고 있다.

대개 사람들은 무엇을 하고 있느냐 때문이 아니라, 그것을 어떻게 하고 있느냐 때문에 행복하다(Csikszentmihalyi, 1999). 행복한 사람은 매일의 행위에 자신을 몰두시키는 경향이 있다. 외적 보상을 성취하기 위해서가 아니라 그 자체로 그 일을 한다. 삶의 물결에 완전히 젖어 들어서 그들은 주변에서 일어나고 있는 일에 적극적으로 주의를 준다. 사람들은 할 수만 있다면 몰입을 찾는다. 왜냐하면 몰입은 느낌이 좋고, 동기의 원천으로 작동하고, 부정적 정서를 차단하고, 목표에 대한 전념과 성취를 도와주기 때문이다(Nakamura & Csikszentmihalyi, 2009). 몰입을 느끼는 것은 경험을 더 주목하게 하고 즐기게 한다.

몰입을 성취하는 첫 단계는 분명한 목표를 갖는 것이다. 목표 없이 집중하고 방해를 피하기 어렵다. 두 번째 단계는 주의집중을 필요로 하는(즉, 관성이 아니라 기술로 하는) 일을 하는 습관을 들이는 것이다. 창문을 닦고, 청소기를 돌리고, 운전을 하는 것 같은 일상적인 일들도 주의를 집중해서 하면 보상적이게 된다.

삶의 사건들을 해석하기

에이브러햄 링컨은 한때, "대부분의 사람들은 스스로 마음먹은 만큼 행복하다."라고 했다(Crane, 1914 참고). 그가 옳았는가? 차이를 만드는 것은 삶의 경험인가 혹은 그들을 해석하는 방식인가? 성격 특성과 행복에 대한 검토에서 얻은 결론은 해석이 중요할 수 있다는 것이다.

우리 모두는 정말 긍정적으로 보이는 사람을 안다. 그들은 장밋빛 안경을 통해 세상을 보고, 최악의 시기에서 밝은 희망을 발견하고, 매일의 삶에서 행복을 발견한다. 만성적으로 불행한 듯 보이는 이들도 있다. 좋은 게 아무것도 없고, 항상 장미에서 가시를 느낀다. 매일이 재난으로 보인다(Lyubomirsky, 2001). 이 두 유형의 사람들 간의 진짜 차이는 무엇인가? 우리는 사람들이 극대화, 후회, 음미, 감사의 수준에서 어떻게 차이가 나는지를 살펴봄으로써 이 질문을 다룰 것이다.

극대화와 후회

치약을 선택하는 것부터 대학을 선택하는 것까지, 삶의 많은 선택들을 고려할 때 "이 대안이 받아들일 수 있는 것인가?" 혹은 "이것이 최선인가?" 중 어떤 질문을 하는 편인가? 당신은 만족자(satisficer)인가 극대화자(maximizer)인가? 다음 척도는 이 두 가지 대비되는 목표에 대한 지향성을 평가한다.

자기평가

극대화

당신은 어떤가? 결정을 내려야할 때 극대화자인가? 크든 작든 모든 결정에 진땀을 빼는가? 다음에 제시된 극대화 척도의 단축형으로 검토해보라.

다음 척도를 사용해서 각 문항에 얼마나 동의하는지를 체크하라. 한 문항도 빠짐없이, 각 문항 옆에 적절한 숫자를 써넣어라.

1	2	3	4	5	6	7
완전히 동의함						결코 동의하지 않음

_____ **1.** 내가 내 일에 얼마나 만족하는지에 상관없이, 더 좋은 기회를 찾아보는 것은 당연한 일이다.

_____ **2.** 차에서 라디오를 들을 때, 내가 듣고 있는 것에 비교적 만족할 때조차도 뭔가 더 좋은 방송이 나올 수도 있다는 생각에 흔히 다른 채널을 체크한다.

_____ **3.** 나는 흔히 친구를 위한 선물을 쇼핑하는 데 어려움을 느낀다.

_____ **4.** 비디오를 빌리는 것은 정말 어렵다. 나는 항상 최선의 것을 선택하기 위해 고군분투한다.

_____ **5.** 나는 결코 차선책에 안주하지 않는다.

_____ **6.** 무엇을 하든, 나는 나 자신에 대해 최상의 기준을 갖는다.

출처 : Nenkov et al. (2008).

━━

채점　　역채점 문항은 없다. 총점을 구하기 위해서, 6개 문항의 점수를 더한다. 점수의 범위는 6~42점이다. 이 척도에서 점수가 중간값 이상인 사람들은 전형적으로 극대화자로, 중간값 이하인 사람들은 만족자로 분류된다.

　대조적인 이 두 가지 지향성은 어떤 차이를 만드는가? 극대화가 결정을 위한 더 좋은 전략인 경우도 있다. 예를 들어, 심각한 건강 위협에 대한 반응으로 최선의 치료책을 찾아내는 것은 생존의 기회를 증가시킨다. 극대화자는 문제를 해결하는 데 더 조심스럽게 계획을 세우고, 그들의 높은 기준은 더 높은 성취를 자극할 수도 있다. 하지만 극대화는 웰빙에 의미 있는 비용을 청구할 수 있다. 다음 척도는 후회의 느낌을 평가한다.

📝 **자기평가**

후회

다음 척도를 사용해서 각 문항에 답하라.

1=절대 동의하지 않는다　2=동의하지 않는다　3=약간 동의하지 않는다　4=동의하는 것도 동의하지 않는 것도 아니다　5=약간 동의한다　6=동의한다　7=완전히 동의한다

_____ **1.** 선택을 할 때마다, 나는 다른 것을 선택했다면 일어났을 것에 대해 호기심을

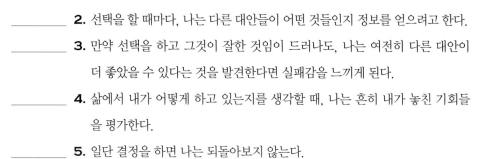

갖는다.

_____ **2.** 선택을 할 때마다, 나는 다른 대안들이 어떤 것들인지 정보를 얻으려고 한다.

_____ **3.** 만약 선택을 하고 그것이 잘한 것임이 드러나도, 나는 여전히 다른 대안이 더 좋았을 수 있다는 것을 발견한다면 실패감을 느끼게 된다.

_____ **4.** 삶에서 내가 어떻게 하고 있는지를 생각할 때, 나는 흔히 내가 놓친 기회들을 평가한다.

_____ **5.** 일단 결정을 하면 나는 되돌아보지 않는다.

출처 : Schwartz et al., 2002, p. 1182.

채점 5번 문항 점수를 역채점하고(1 = 7, 2 = 6, 3 = 5, 4 = 4, 5 = 3, 6 = 2, 7 = 1), 전체 5개 문항의 점수를 더한다. 점수의 범위는 5~35점이다. 중간 점수인 20점보다 높은 점수는 삶의 선택에 관해 후회를 경험하는 경향이 있음을 반영한다.

Schwartz와 동료들(2002)은 결과를 극대화하려는 경향은 잠재적 후회와 밀접한 관련이 있다는 것을 발견했다. 몇몇 성인 표집에서, 연구자들은 극대화가 행복, 삶의 만족, 낙관성, 자존감과 부적 상관이 있음도 발견했다. 극대화자는 특히, 때때로 삶에서 즐거움을 빼내버리는 두 가지 보편적 심리적 과정, 즉 사회적 비교와 적응에 민감한 듯 보인다. 그리고 극대화자는 선택을 보류하는 경향이 있는데, 그것은 삶의 만족은 낮출 수 있다.

우리는 자신의 삶의 결과물들을 어느 정도는 다른 사람의 것과 비교한다. 우리가 가진 것과 친구나 이웃이 가진 것 간의 차이는 상대적 박탈감을 조성할 수 있다. 돈이 삶의 만족을 올려주지 못하는 중요한 이유는 더 많이 가진 사람과 비교하는 강한 경향성 때문이다. 특히 성공의 사다리를 올라갈 때, 우리는 더 높은 종을 울리는 사람과 자신을 비교하는 경향이 있다.

극대화자들은 그들이 최상의 결과를 달성했는지 여부를 결정할 일념으로, 그 판단을 내릴 어떤 기준을 필요로 한다. 대개 객관적 기준은 이용할 수 없으니, 자신을 다른 사람과 비교한다. 연구에 따르면, 만족자에 비해 극대화자는 더 많은 사회적 비교를 하고 상대적 박탈감을 더 강하게 경험한다.

훌륭한 적응 능력 또한 행복의 순간을 짧게 만든다. 승진, 새 차, 일류 학교에 입학

하는 것 등의 좋은 경험은 단지 짧은 순간 동안만 우리의 기분을 북돋운다. 유사하게 차 사고, 취업 실패, 나쁜 입학시험 점수 등의 나쁜 경험은 우리의 기를 꺾지만 그 역시 일시적일 뿐이다.

비록 우리가 적응의 원리를 이해한다고 하지만, 그 힘을 과소평가하고 있다. 우리는 생각한 것보다 더 빨리 적응한다. 일리노이대학교의 연구자들은 사람들에게 작년에 있었던 의미 있는 긍정적 혹은 부정적 경험을 모두 보고하도록 했다. 만약 좋은 혹은 나쁜 사건이 단지 3달 전에 일어났다면, 현재 기분에 대한 그 효과는 거의 구분해내기가 어려웠다. 여섯 달 후, 현재의 기분은 좋은 혹은 나쁜 사건이 발생하기 이전으로 돌아가 있었다(Suh, Diener, & Fujita, 1996). 1년 혹은 더 이전에 영구적으로 사지가 마비되는 사고를 당한 희생자 128명에 대한 조사에서, 연구자들은 그들 대부분이 삶의 질을 좋음 혹은 대단히 좋음으로 기술한다는 것을 발견했다. 비록 많은 사람들이 상해 직후에 자살을 생각했음을 인정했지만, 지금은 단지 10%만이 삶의 질이 나쁘다고 생각했다(Myers, 2001).

극대화자는 만족자에 비해 더 높은 수용 기준을 가지고 있기 때문에 적응이 더 어렵다. 극대화자들은 선택하기 전에 가중치를 갖는 대안들에 대해 엄청난 투자를 하기 때문에, 더 많은 것을 돌려받아야 한다고 느낀다. 모든 상황으로부터 더 많은 것을 기대하는 극대화자는 더 자주 실망하게 된다.

끝으로 극대화자는 옵션을 열어놓으려고 노력한다. 이에 대해 그들은 예기치 않은 대가를 지불할 수도 있다. Dan Gilbert와 Jane Ebert(2002)는 일련의 연구들에서, 참가자들로 하여금 되돌릴 수 있는 선택 혹은 되돌릴 수 없는 선택을 하도록 했다. 참가자들은 옵션을 열어놓는 것을 강하게 선호했다. 그러나 놀랍게도 참가자들은 되돌릴 수 없는 것보다 되돌릴 수 있는 결정의 결과에 덜 만족했다. 왜일까? 아마도 최종 결정을 할 때, 우리는 옳은 선택을 했다고 자신을 확신시키는 작업을 할 것이다. 그러나 극대화자가 하듯이 옵션을 열어두면 우리는 양가감정 상태로 남게 된다.

음미와 감사

목표를 설정할 때 계획을 세우는 방식과 그 결과로서의 후회 수준이 어떻게 당신에게 영향을 줄 수 있는지를 고려해보았으므로, 이제 과거 사건들을 돌아보는 당신의 스타

일을 검토해보자. 음미와 감사의 수준을 생각해보기로 한다.

음미

각 질문을 읽고 가장 맞는 숫자로 평가하라. 당신이 현재의 순간을 음미하는 정도는?

_____ **1.** 삶에서 좋은 일이 일어날 때, 보통 얼마나 그것들을 고마워하고 즐길 수 있다고 느끼는가?

　　　　1 = 전혀　　2 = 약간　　3 = 어느 정도　　4 = 많이　　5 = 상당히

_____ **2.** 당신이 아는 다른 사람들과 비교해서, 당신은 보통 자신에게 일어난 좋은 일로부터 얼마나 즐거움을 얻는가?

　　　　1 = 전혀　　2 = 약간　　3 = 어느 정도　　4 = 많이　　5 = 상당히

_____ **3.** 뭔가 좋은 일이 일어났을 때 당신이 아는 다른 사람들과 비교해서, 그것으로 인한 기분이 얼마나 오래 지속되는가? 1(별로 길지 않게)에서 7(매우 오랜 시간 동안)까지의 범위의 숫자로 평가하라.

_____ **4.** 좋은 일이 일어났을 때, 모든 것이 정말 내 뜻대로 된다고 느꼈던 적이 얼마나 있는가? 즉 세상의 정점에 있다고 느끼고, 삶에 큰 즐거움을 느끼고, 긍정적 느낌을 억누르기 어렵다고 느낀 적이 얼마나 있는가? 얼마나 자주 이처럼 느꼈다고 말하곤 했는가?

　　　　1 = 여러 번　　2 = 때때로　　3 = 이따금　　4 = 결코

_____ **5.** 당신은 얼마나 자주 뛸 듯이 기쁘다고 말하는가?

　　　　1 = 결코　　2 = 드물게　　3 = 때때로　　4 = 자주

출처 : Bryant, 1989, p. 782.

👤 **채점**　4번 질문에 준 점수를 역채점하고(1 = 4, 2 = 3, 3 = 2, 4 = 1), 5개 문항의 점수를 더해서 총점을 구한다. 점수의 범위는 5~25점이고, 점수가 높을수록 긍정적 결과를 음미하는 경향이 큼을 의미한다. 심리학개론 과정을 듣는 대학생들의 평균 점수는 18.76점이었다.

사람들은 모두 너무 바쁘다고 하고, 흔히 책임감과 욕망 사이에서 지나친 부담을 받고

있다. 자신이 하고 있고, 느끼고 있고, 생각하고 있는 것을 실제로 되돌아보기 위해 얼마나 자주 속도를 늦추는가? 다시 말해 매일의 경험을 왜 더 신경 써서 음미하지 않는가?

음미(savoring)는 중요하든 사소하든 거의 모든 경험과 연합된 즐거움에 초점을 맞추고 가치를 두고, 그 즐거움을 증진시키는 개인의 능력이다(Bryant & Veroff, 2007). 음미란 어떤 사건과 연결된 순간을 돌아보는 것이다. 최종 목적지가 아니라 어딘가로 이끄는 단계에 초점을 맞춘다. 이 '결과물이 아닌 과정' 접근은 사람들로 하여금, 일출이나 일몰, 정말 맛 좋은 커피, 친구와의 즐거운 점심, 해변이나 멋진 정원 산책, 과거 즐거웠던 시간을 떠올리게 하는 친숙한 음악 등을 음미하게 한다.

음미는 활동의 단순한 즐거움 이상이다. 거기에는 숙고가 포함되어야 한다. Bryant와 Veroff(2007)는 음미 경험의 강도에 영향을 주는 몇 가지 특징을 확인했다.

- **지속 시간.** 정해진 시간을 확보하는 것은 경험을 음미할 가능성을 증가시킨다.
- **복잡성.** 복잡한 경험, 예를 들어 복잡한 그림을 보거나 몰입하게 만드는 소설을 읽는 등의 경험은 음미의 경험을 심화할 수 있다.
- **스트레스 감소.** 음미는 일상의 삶에서 무시하기 힘든 스트레스가 되는 걱정(예 : 숙제, 해야 할 따분한 일)으로부터 주의를 돌릴 수 있다면 일어날 가능성이 높다.
- **사회적 연결.** 음미는 혼자서 하는 활동일수도 있지만, 흔히 다른 사람과 공유할 때 최상이다. 무지개도 경험을 공유하는 또 다른 사람이 있을 때 훨씬 더 만족스럽다.
- **균형 잡힌 자기점검.** 너무 힘들게 노력하거나 너무 많이 생각하는 것은 경험을 쉽게 음미하지 못하게 한다. 음미는 자연스러워야 하고, 강제되면 안 된다.

경험에 명확성과 생생함을 더하는 방식으로, 음미는 직접 웰빙과 행복에 기여한다(Brown & Ryan, 2003). 음미를 위한 약간의 노력이 심리적 이득을 결정했다. 음미를 통해 개인은 더 이완되고 행복해질 수 있었다(Jose, Lim, & Bryant, 2012). 또한 부정적 정서와 우울 증상을 감소시켰다(Hurley & Kwon, 2012). 우리 모두 한번쯤은 음미할 기회를 갖는다. 하지만 우리는 그 순간을 잡을 수 있을 만큼 충분히 현명한가?

주의와 의식 없이, 순식간에 중요한 순간은 스쳐 지나간다. 예정된 착륙 며칠 전에 컬럼비아 우주왕복선을 생각해보면, 우주선 탑승 운용기술자인 Laurel Clark는 우주에서 예기치 않은 멋진 일몰에 대한 기쁨을 다음과 같이 표현했다. "번쩍임이 있고는, 우주왕복선의 전체 베이가 장미빛 핑크로 물들었다. 15초 정도만 지속되었다가 사라져 버렸다. 그것은 정말 천상의 아름다움이었다."

당신은 그런 순간을 떠올릴 수 있는가? 완벽하게 놀라운 순간을? 오프라 윈프리는 그런 아름다운 순간의 경험을 공유했다. 어떤 순간인가? 샌타바버라의 길을 산책하는 것, 벌새를 보는 것, 오렌지 꽃향기를 맡는 일 등은 그녀가 진짜 행복하다고 말할 수 있는 귀한 시간 중 하나였다. 단 10초가, 평생을 미소 짓게 할 수 있다고 Craig Wilson(2003)은 말한다.

아주 작은 혜택이라도 알아차리고 감사해하는 것은 행복한 사람의 중요한 특성이다. 다음 질문지로 평가해보자.

✎ **자기평가**

감사

다음 척도를 사용해서 각 질문에 답하라.

1=절대 동의하지 않는다	2=동의하지 않는다	3=약간 동의하지 않는다
4=중간이다	5=약간 동의한다	6=동의한다	7=매우 동의한다

_____ **1.** 나는 삶에서 감사할 것이 매우 많다.

_____ **2.** 감사함을 느꼈던 모든 것들을 목록으로 만든다면 매우 긴 목록이 될 것이다.

_____ **3.** 세상을 볼 때, 나는 감사할 것이 별로 보이지 않는다.

_____ **4.** 나는 여러 사람들에게 감사하다.

_____ **5.** 나이가 들수록 지금까지 만난 사람들, 일들, 상황들에 더 감사하다.

_____ **6.** 한참 시간이 지난 후에야 나는 뭔가에 혹은 누군가에 감사함을 느낄 수 있다.

출처 : McCullough et al., 2002.

👤 **채점** 3번과 6번 문항의 점수를 역채점(1 = 7, 2 = 6, 3 = 5, 4 = 4, 5 = 3, 6 = 2, 7 = 1) 한 후, 6개 문항 모두의 점수를 더한다. 점수의 범위는 6~42점이며, 점수가 높을수록 감사 성향이 더 높다고 본다. 심리학 과목 수강 대학생 156명 표집의 평균 점수는 35점이었다.

감사는 미덕(virtue)으로 여겨진다. 매일의 삶속에서 좋은 점을 인식하고 그것에 감사하는 것이다. 감사는 긍정적 결과를 경험하는 것과, 타인의 관용을 받는 대상으로 자신을 바라보는 것에 뿌리를 둔다. 반면에 감사하는 마음이 없는 것은, 즉 타인에 대해 감사할 줄 모르거나 자애롭지 못한 행동은 개인적 악덕으로 여겨진다(Bono, Emmons, & McCullough, 2004). 감사를 느끼는 가장 쉬운 방법은 당신을 위한 친절에 대한 반응으로, 누군가에게, 즉 친구, 가족, 완전 낯선 사람에게, 단순하지만 진정으로 "고마워."라고 표현하는 것이다. 중요한 것은 진심으로 누군가의 친절에 대해 감사를 느끼는 것이다(Emmons, 2005).

성공이 여러 사람 덕분이라는 생각은 우리로 하여금 긍정되고, 존중받고, 가치를 인정받는다는 느낌을 갖게 만든다(McCullough et al., 2002). 그러한 해석은 자존감과 사회적 지지의 느낌을 북돋운다. 많이 감사하는 사람은 삶 자체를 포함해서 그들이 가진 모든 것이 선물이라는 세계관을 가지고 있을 수 있다. 그런 감사는 사람들로 하여금 혜택을 당연시하지 않도록 도와준다. 그리고 긍정적 삶의 상황에 적응할 가능성을 낮춰서, 행복과 웰빙을 오래 지속시켜줄 수 있다 감사의 느낌을 경험하는 것은 행복, 심지어 즐거움까지 촉발하고, 또한 만족감을 준다(Wood, Froh, & Geraghty, 2010).

감사 질문지를 사용한 연구는 감사하는 성향과 관련된 몇 가지 중요한 상관을 확인해준다. 감사하는 사람은 더 높은 삶의 만족을 경험할 뿐만 아니라 우울, 불안, 시샘 등 부정 정서를 덜 경험한다. 게다가 더 공감적이고, 용서를 잘하고, 기꺼이 돕는 경향이 있다. 감사하는 사람은 물질적 목표에 초점을 덜 맞추는 듯 보인다.

이 상관관계는 인과관계를 반영하는가? 감사의 관점이 실제로 건강과 행복에 기여하는가? 한 갤럽 조사(1998)에서, 미국 십 대와 성인들은 확실히 그렇게 생각했다. 응답자의 90% 이상이 감사의 표현이 그들을 더 행복하게 만든다고 했다.

일련의 연구에서, 상이한 집단의 지원자들에게 '삶에서 감사한 것들', 골칫거리, 생활 사건, 혹은 '다른 사람보다 더 형편이 나은 것들'을 떠올리도록 했다(Emmons & McCullough, 2003). 장애가 없는 대학생들과 신경근 질환을 가진 사람들이 연구에 참여했고, 그들의 기분, 삶의 만족, 신체적 증상, 대처 행동 등을 기록했다. 다른 집단에 비해서, 감사 태도를 가진 사람들은 신체적 질병에도 불구하고, 특히 긍정 정서로 측정한 웰빙에서 높은 점수를 보였다.

좋은 소식은 매일매일 감사를 경험하는 것이 비교적 쉽다는 것이다—당신에게 자애로운 사람에게 감사할 기회를 찾고, 그다음 다른 사람들에게 친절할 수 있는 기회를 놓치지 않음으로써 상대가 감사를 표현할 수 있도록 한다. 만약 더 구조화된 방식으로 감사를 표현하는 데 관심이 있다면, 당신이 힘들 때 의무적인 수준을 넘어서서 당신 삶에 도움을 준 누군가(예 : 조부모, 선생님, 코치, 교수, 상관, 친구)를 생각해보라. "고맙다."는 말로는 뭔가 부족하다고 느꼈을 수 있다. Peterson(2006)은 타이핑하지 말고 손 편지로 개인적 **감사편지**를 쓸 것을 추천했다. 상대의 친절과 당신의 감사의 깊이를 담아서 말이다. 이상적으로는 당신이 그 사람에게 **직접** 편지를 읽어줘야 한다. 가능하지 않다면 편지를 부쳐라. 그 사람이 더 이상 살아 있지 않더라도 쓰기 훈련은 결코 갚을 수 없는 친절을 인정하는 것이기 때문에 여전히 당신에게 도움이 될 수 있다.

만약 당신이 감사를 발전시키는 데 더 개인적 접근을 선호한다면, 2주 이상 감사일지를 써보라(Tsang, Rowatt, & Buechsel, 2008). 저녁에 5분 정도 시간을 내서 매일 감사했던 일에 관해 쓴다. 할 수 있다면, 감사를 느끼도록 한 상황이나 사건을 기술하고, 감사를 느꼈던 특정 개인이 누구였는지 분명히 한다.

이 간단하고 개인적 행위들은 당신의 감사를 촉진시킬 수 있다. 그리고 그런 감정이 왜 중요한지를 잊지 말라. 감사하는 사람은 감사를 표현하지 않는 사람보다 더 행복하다(Park, Peterson, & Seligman, 2004).

제 7 장 행복

⊹ 요약

> **사**람들은 자신이 가치 있고, 유능하고, 타인과 관계되고, 외부적 압력에서 자유롭다고 느낄 때 가장 만족스럽다고 보고한다. 명성, 행운, 이미지에 대한 열망은 낮은 웰빙과 관련된다. 몰입이라고 부르는 의식의 상태는 주의가 집중되어 행위와 완전히 하나가 됐을 때 일어난다. 분명한 목표가 있을 때, 도전이 기술 수준과 맞을 때, 즉각적 피드백을 받을 때 발생하기 쉽다.
>
> 자기 삶에 대한 사람들의 지각은 객관적 상황보다 웰빙에 더 중요하다. 결과를 극대화하려는 욕망은 삶의 만족을 감소시키고, 흔히 후회를 일으킨다. 삶의 최고의 순간을 음미하는 것은 즐거움을 높여준다. 삶에 대해 감사하는 태도를 가지고 있고, 자기 자신을 타인의 관용을 받는 대상으로 보는 사람은 더 큰 긍정적 느낌을 보고한다.

행복의 추구

이 책의 1장으로 돌아가서, 심리학자 Sonja Lyubomirsky(2008)는 개인의 행복이란 세 가지 요인에 의해 결정된다고 보았다('행복 파이'를 떠올려보라). 평생 안정적으로 남아 있는 한 개인의 행복 설정점(happiness set point)은 행복의 50%를 설명한다. 어떤 사람은 다른 사람보다 더 행복하게 태어났다. 또 다른 10%는 삶의 상황에 의해 결정된다. 매력도, 부, 결혼 여부, 건강 등이 해당된다. 나머지 40%는 행복을 증진시킬 수 있는 의도적 활동에 귀속된다. 사실상 행복의 60%는 거의 통제력 밖에 있다. 하지만 40%는 변화의 대상이고, 우리는 스스로를 더 행복하게 만들 수 있는 일을 할 수 있다. 그러나 그 과정에서 의도를 가져야 하고 노력을 기울여야 한다. 여기 행복을 증진시키기 위해 할 수 있는 의도적 행위에 대하여 연구에 기반을 둔 조언을 제시하고 있다.

1. **풍족하게 사는 것과 웰빙을 혼동하지 말라.**　물질을 성공과 동일시하지 말라. 다음을 기억하라. 증가된 수입은 그것으로 구입할 수 있는 모든 것과 함께, 웰빙의 증가에 약간만 관련된다. 우리는 수입의 증가를 포함해서 변화된 상황에 재빨리 적응하고 단지 순간적 차이만을 알아차린다. 그보다는 비물질적 경험의 즐거움을 인식하라. Jane Hammerslough는 "아이들과 함께 밤에 야외에 있을 때, 별들이 보일 때, 내린 눈이 아름답게 보일 때, 그것을 사랑한다고 말하라."고 조언한다. 물질이 아닌 것, 돈 주고 살 수 없는 것에 역점을 두라(Hamilton, 2001 인용).

2. **현명한 비교를 하라.**　연구에 따르면 성공의 사다리를 오를 때 우리는 한두 단계 위에 있는 사람과 자신을 비교하는 경향이 있다고 한다. 그러지 않기로 선택하라. 대신에 자신보다 덜 가진 사람과 비교하라. 심리학자 Abraham Maslow (1972, p. 108)는 "당신이 할 일은 병원에 가서 사람들이 전에는 결코 축복이라고 깨닫지 못했던 소박한 축복들에 대해 들어보는 것이다."라고 했다. 소변을 볼 수 있는 것, 옆으로 누워 잘 수 있는 것, 삼킬 수 있는 것, 가려운 데를 긁을 수 있는 것 등 말이다. 결핍 훈련을 하면, 모든 축복에 관해 더 **빠르게** 교육할 수 있을까? 다른 사람의 불행을 상상하는 것만으로도 삶의 만족을 새롭게 할 수 있다 (Dermer et al., 1979). 단지 1900년의 삶이 얼마나 암울했는지에 대한 생생한 묘

사를 보거나, 화상을 입거나 흉터를 남기는 것 같은 여러 인간적 비극에 관해 상상하고 적어보도록 한 여대생들은 더 높은 삶의 만족을 표현했다.

3. **감사일지를 써라.** 현재의 순간을 음미하고 자주 감사를 표현하라. 감사의 표현은 Hammerslough에 따르면 '뭔가 좋은 일이 일어났음을 자신에게 상기시키고 있는 것'이다(Hamilton, 2001). Sarah Ban Breathnach(1995)은 자신의 책 혼자 사는 즐거움(*Simple Abundance*)에서, 매일 밤 그날 자신에게 일어난 감사한 일을 적어보라고 제안하고 있다. 엄청 놀랄 만한 일이나 성취일 필요는 없다. 좋은 주차 장소를 발견하거나, 화창한 날을 즐기거나, 일 마감을 맞추거나, 맛있는 디저트를 맛보거나, 아이들이 웃는 것을 보는 것 등이다. Robert Emmons에 따르면, 매일 혹은 주 단위로 일지를 쓴 사람은 더 즐거웠을 뿐만 아니라, 더 건강했고 스트레스를 덜 받았고 더 낙관적이고 다른 사람을 더 잘 도왔다(Morris, 2001).

4. **당신의 몰입을 발견하라.** 매일 최고의 시점과 최악의 시점을 기록하고 패턴을 확인하라. 우리 모두는 삶을 다르게 경험한다. 삶의 질을 개선하는 중요한 걸음은 자신이 매일 하고 있는 일에 면밀한 주의를 주는 것이다. 다른 사람과, 다른 시간대, 다른 장소에서, 다른 일을 하며 어떻게 느끼는지 알아차리는 것이다(Csikszentmihalyi, 1997). 자신의 주변, 활동, 친구들을 대상으로 시험 삼아 해보는 것도 도움이 될 수 있다. 이는 놀라운 경험일 것이다. 당신은 혼자 있는 것을 정말 좋아하고, 생각보다 일하는 것을 좋아하고, 장보기가 그렇게 나쁘지 않을 수 있고, 독서가 TV 보기보다 더 기분을 좋게 만들어주고, 친구와 어울리는 것은 영화 보는 것보다 정말 더 만족스러울 수 있다. 어떤 활동이 당신에게 최고의 경험을 주는지를 분명하게 알게 되면, 그것을 더 자주 하라.

5. **시작한 일은 끝마쳐라. 그리고 하는 중에는 그것을 온전히 경험하라.** 매일 성실하게 뭔가를 완수하라. 완벽할 필요는 없지만 탁월함을 위해 노력하라. 로렌스 신부의 현명한 조언에 주의를 기울여보자(Monks of New Skete, 1999, p. 311).

행복하다는 것은, 어떤 도전이든 가능한 어려움이 무엇이든 상관없이, 모든 일에 진심으로 참여하고, 몸, 영혼, 마음, 정신을 다하는 것을 의미한다. 우리는 더 이상 우리가 하고 있는 것과 분리되지 말아야 한다. 우리는 완전하게 자신을 제공함과 동시에 자신을 잊는다. 잠시 동안 멈춰서 생각해보면 그리고 삶에 전적으로 완전하게 참여할 때 우리가 행복을 경험하기 시작한다는 것을 알아차리게 될 것이다. 우리는 이렇게 만들어진 존재다.

David Niven(2001)은 시카고 교통국 전차 운전사가 일을 어떻게 참된 자신의 표현으로 만들었는지에 대해 이야기한다. 빅터는 자신의 일을 사랑한다. 그는 열차가 출발할 때 승객들에게 이렇게 말한다. "오늘 저녁 전차길 위에서 저와 친구가 되어줘서 고맙습니다. 문에 기대지 마세요. 나는 당신을 잃고 싶지 않습니다." 그는 모든 흥미로운 장소를 언급하며, 거리에 있는 연결 버스들을 확인해준다. 베테랑 기관사는 말한다. "우리 설비는 싸구려일 수 있습니다. 하지만 1.5달러로 저는 최고급 링컨 타운카의 승차감을 주고 싶습니다." 빅터의 헌신은 깊은 뿌리를 갖는다. "아버지가 은퇴한 기관사입니다. 아버지가 나를 일하는 곳에 데려온 날, 나는 창문 밖을 보며 감명받았었죠. 다섯 살 때, 나는 내가 기차를 운전하고 싶어 한다는 것을 알았어요"(p. 98).

6. **취미를 찾아라.** TV를 꺼라. TV는 소유물에 대한 갈증을 키우는 반면, 개인적 만족을 감소시킨다(Wu, 1988). 가장 중요한 점은 TV가 시간을 훔쳐서 보다 현명한 여가활동을 방해한다는 것이다. 몰입 연구자들에 따르면, TV를 보는 사람의 단지 3%만이 몰입을 보고했고, 39%는 무감각하다는 것을 발견했다. 반면에 예술과 취미에 참여하는 사람들은 47%가 몰입을 보고했고, 4%만이 무감각했다. 레저 활동에 적은 비용으로 더 많이 관여할수록, 그것을 하는 동안 사람들은 더 행복한 경향이 있다. 대부분의 사람들은 파워보팅보다 정원을 가꿀 때 더 행복하고, TV 보는 것보다 대화할 때 더 행복하다(Myers, 1992). 더 나아가 다른 장치의 전원을 꺼라. 컴퓨터, 비디오 게임, 음악 플레이어를 끄고 잠시 휴식을 가져보라. 삶에 더 참여하기 위해서 TV와 이 장치들로부터 떨어져라.

7. **가족과의 연결을 확립하라.** 당신의 뿌리를 기억하라. C.S. Lewis(1949, p. 32)는 "태양은 음식 앞에 함께 웃고 있는 가정의 반만큼 좋은 것이라도 업신여기지 않는다." 우리가 나이를 먹고 전형적으로 우리의 태생으로부터 더 멀어질 때, 이것을 잊어버리기 쉽다. 우리는 유대가 유지될 때 무엇이든 더 잘한다. "어머니께 전화하라."가 '삶의 작은 조언들'의 충고 중 마지막 말이다.

8. **이웃들을 알고 지내라.** 집단을 구성하라. 우정을 구축하라. 아리스토텔레스는

우리를 '사회적 동물'로 명명했다. 여러 연구들은 우리가 소속에 대한 근본적 욕구가 있다는데 동의한다. 집단주의 사회와 비교해서, 어린 나이에 독립성을 배운 개인주의 사회의 구성원은 흔히 더 많은 외로움, 소외, 스트레스 관련 질병에 시달리게 된다. 친밀한 관계를 즐기는 사람들은 삶의 도전에 더 잘 대처한다.

9. **자원 봉사를 하라.** 자신으로부터 주의를 돌리는 뭔가를 하라. 알다시피, 이타주의 연구자들은 '좋은 기분의 이로운 효과'를 밝혔다. 즉 행복한 사람이 돕는 사람이다. 그러나 연결은 양 방향적이다. 친절한 행위는 자신에 관해 더 친절하게 생각하도록 만든다. 다른 사람에 대한 봉사는 지루함을 감소시키고 삶의 의미를 증가시켜 웰빙에 기여한다.

10. **영성을 훈련하라.** 작가 David Niven(2001)은 "종교적 믿음이 사라지도록 놔두지 말라."고 제안한다. 심리학자 David Myers(1992)는 "영혼을 돌보라."고 조언한다. 수많은 연구들이 종교적인 사람이 더 행복하다는 것을 발견했다. 그들은 삶의 도전에 더 잘 대처한다. 많은 이유로 신념은 지지적 공동체, 의미, 수용의 경험, 자신을 넘어선 것에 대한 초점을 제공한다.

11. **다른 사람의 좋은 일을 축하하라.** 우리가 좋은 소식을 공유하고 거기에 반응하는 방식은 우리 자신과 타인에 대해 이로운 효과를 갖는다(Gable et al., 2004). 높은 시험 점수, 직업적 성공, 행복한 날 등 우리의 행운에 관해 타인에게 말하는 것은 상대의 관심과 열정을 일으킬 수 있다. 스토리나 이벤트에 대한 긍정적 반응은 상호 존중, 즐거움, 더 긍정적인 관계를 끌어낸다. 물론 비결은 우리도 또한 다른 사람이 우리와 공유하는 것들을 함께 기뻐해야 한다는 것이다. 우리는 주의 깊게 들어야 하고, 무관심이나 싫증이 아니라 따뜻하고 열정적으로 반응해야 한다. 때때로 그렇게 하는 것은 도전일 수 있다. 특히 길고 피곤한 하루를 보냈다면 말이다. 하지만 만약 우리가 우리의 작은 승리를 축하받고 싶다면, 다른 사람의 작은 성취를 확실히 축하해줘야 한다.

12. **불행을 인식하고 그에 관해 뭔가를 하라.** 이 장에서 행복의 역동성을 논의했다. 하지만 행복이 없을 때, 즉 불행할 때가 어떤 의미인지 주목해야 한다. 불행은 슬픔, 우울, 절망으로 나타나는 부정적 상태이다. 우리는 불행할 때, 상황과 우리 자신에 대해 기쁘지 않다. 슬픔을 느낀다는 것은 흔히 삶에서 위협과 불균형을

암시하는 것이다. 불행은 행동을 요구한다. 이 장(그리고 이 책의 대부분)은 다양한 평가 도구를 제공하고 웰빙을 증진하는 행동들을 제안한다. 만약 이 훈련이 효과가 없다는 것을 발견한다면, 즉 오랜 기간 지속적으로 불행하고 우울하다면, 전문가의 도움을 구해야 한다. 가능한 한 곧바로 도움을 구하라. 행동을 취하는 것은 웰빙을 회복하는 첫걸음이다.

⊹ 요약

삶의 만족을 높이기 위해, 연구는 풍족하게 사는 것과 웰빙을 혼동하지 말라고 제안한다. 자신을 더 가진 사람보다는 덜 가진 사람과 비교하는 것은 감사와 행복을 느끼게 하기 쉽다. 매일의 활동 중 가장 큰 만족을 주는 것이 무엇인지 모니터링하는 것은 삶의 몰입을 높여줄 수 있다. 분명히 취미를 가져보는 것은 TV를 보는 것과 같이 아무 생각 없는 수동성보다 더 좋다. 가족 간 유대를 강화하고, 우정을 기르고, 자원봉사를 하는 것은 웰빙을 증가시킬 가능성이 높다. 다른 사람에게 일어난 좋은 일을 축하하는 것과 마찬가지로 영성을 훈련하는 것은 삶에 의미를 불어넣고 자신을 넘어선 것에 관심을 갖게 한다.

자기존중과 겸손

자기개념
자존감
겸손
무사무욕의 실천

*타인의 기대로부터 자유로워지고, 자기를 자기 자신에게 돌려주는 것은
자기존중의 힘에 달려 있다.* —Joan Didion, 1968

마음깊이 상당한 자기존중감을 가지고 있는 사람은 없다.
—Mark Twain, 1897

사람들은 태생적으로 '우리 자신'에게 흥미가 있다. 우리는 그들을 보고, 그들에 관해 추측하고, 그들에 관한 믿음을 발달시킨다. 어쩔 수 없다. 우리는 자신이 타인보다 더 매력적이라는 것을 발견한다. 아마도 자기(self)가 심리학에서 가장 연구가 많이 된 주제라는 것도 놀랄 일이 아니다(Baumeister, 1999, 2010).

자기개념

자신의 자기개념을 돌아보는 시간을 갖고 시작하자.

나는 누구인가?

"나는 누구인가?"라는 간단한 질문에 대한 답으로 20개의 서로 다른 문장을 완성하면서 시작해보자. "나는 …."으로 각 문장을 시작하라. 다른 누군가가 아닌 당신 자신에게 답하는 것처럼 반응하라. 생각나는 순서대로 답을 써라. 중요성이나 논리에 관해서는 걱정하지 말라. 빠르게 진행하라.

1. 나는 _____
2. 나는 _____
3. 나는 _____
4. 나는 _____
5. 나는 _____
6. 나는 _____
7. 나는 _____
8. 나는 _____
9. 나는 _____
10. 나는 _____
11. 나는 _____
12. 나는 _____
13. 나는 _____
14. 나는 _____
15. 나는 _____
16. 나는 _____
17. 나는 _____
18. 나는 _____
19. 나는 _____
20. 나는 _____

전체적으로 보면, "나는 누구인가?"라는 질문에 대한 답은 자기개념을 정의한다. 당신의 답을 살펴보기에 앞서, 먼저 자기개념에 대한 더 일반적인 생각을 살펴볼 것이다.

자기에 대한 의식은 생각, 느낌 및 행동을 조직한다. 자기개념은 우리의 기억, 현재의 지각, 미래의 목표에 영향을 준다(Myers, 2002; Oyserman, Elmore, & Smith, 2012).

자기참조 효과(self-reference effct)를 생각해보자. 우리는 우리 자신과 관련하여 뭔가를 생각할 때 더 잘 기억한다. 예를 들어 '사려 깊은' 같은 특정 단어가 자신을 특징짓는지를 물었을 때, 다른 누군가를 기술하는지 여부를 물었을 때보다 이후에 그 단어를 더 잘 기억한다. 기억은 우리의 주요 관심, 주로 우리 자신 주변으로 형성된다. 나는 이 책의 자기평가 연습이 인간 강점에 관한 연구를 기억하는 데 도움이 되기를 바란다!

자기지각은 또한 우리가 무엇을 의식하고, 사회적 정보를 어떻게 처리할지에 영향을 준다. 우리는 우리의 능력, 의견, 특성을 평가하는 데 도움이 될 정보를 찾는다. 특히 자기개념과 일관된 피드백을 주목하고 환영한다. 게다가 자기개념은 타인의 어떤 측면에 주의를 줄지에 영향을 준다. 만약 음악적 스킬이 자기개념의 주요 요소라면, 타인의 음악적 재능과 한계에 주의를 주기 쉽다.

끝으로 자기개념은 현재의 특징들뿐 아니라 우리가 될 수 있는 것, 즉 가능한 자기를 포함한다(Erikson, 2007). 가능한 자기는 희망하는 것(부자 자기, 배운 자기, 유명한 자기)뿐만 아니라 되기 두려워하는 것(사랑받지 못하는 자기, 건강하지 않은 자기, 취직 못한 자기)을 포함한다. 그 같은 미래에 대한 열망과 두려움은 매일의 행동과 방향을 결정한다.

문화의 영향

자기개념에는 문화 차이가 있다(예 : Adams, 2012). "자신을 간단하게 기술하시오."라는 요청에 대한 대학생들의 반응을 살펴보자.

나는 많은 긍정적 에너지로 삶을 살고 싶다. 삶에는 행하고 보고 경험할 많은 것들이 있다고 느낀다. 그러나 또한 이완의 가치를 안다. 나는 모호한 것을 사랑한다. 나는 얼티미트 프리스비, 저글링, 외발자전거 타기를 즐기고, 리코더와 콘서티나를 조금 다룬다. 나는 독특한 것에 대한 취향을 가지고 있다. 나는 매우 친절하고 대부분의 상황에서 매우 자신감이 있다. 나는 거의 항상 행복하고, 내가 쳐질 때는 스트레스 때문이다(Markus & Kitayama, 1998, p. 63).

나는 해야 할 일을 재빨리 결정할 수가 없고, 다른 사람의 의견에 의해 자주 흔들린다. 나는 나이나 지위로 존중받을 만한 사람들의 의견에 반대할 수가 없다. 불만이 있을 때조차, 불만을 없애기보다 나 자신을 주변 사람들에게 맞춘다. 내가 결정을 할 수 없을 때는 흔히 다른 사람의 의견에 따라 행동한다. 또한 다른 사람이 나를 어떻게 생각할지에 관해 생각하고, 그 생각에 근거해서 결정을 내린다. 나는 악의 없는 삶을 살려고 노력한다. 나는 다른 사람들과 같다는 것에 마음이 진정된다(Markus & Kitayama, 1998, p. 64).

첫 번째 기술은 미국 학생의 것이고, 두 번째 기술은 일본 학생의 것이다. 이는 매우 다른 테마를 반영한다. 미국 관찰자들은 첫 번째 학생을 독립적이고 에너지가 있고 낙관적으로 본다. 두 번째 학생은 자신 없고, 수동적이며 심지어 불안정하다고 본다. 일본 독자는 꽤 다르게 볼 수 있다. 첫 번째 학생은 이기적이고, 과장되고, 자신감이 지나쳐 보인다. 두 번째 학생에게서는 적절한 겸손과 존중과 결속력을 본다.

미국 같은 개인주의 사회는 독특하고 자기표현을 잘하는 **독립적 자기**(independent self)를 권장한다. 그 구성원들은 "나는 ….".으로 시작하는 문장을 개인적 특성으로 완성하는 경향이 있다 — "나는 야망이 있다.", "나는 창의적이다.", "나는 개방적이다." 동아시아 국가들과 같은 집단주의 사회는 사회적 연결을 강조한다. 그 구성원들은 **사회적 정체성**으로 문장을 완성하는 경향이 있다 — "나는 지선이의 친구다.", "나는 집에서 둘째 아들이다."

앞서 "나는 누구인가?" 연습에 대한 당신의 반응을 다시 되짚어 보자. 각 반응을 검토하고, 그것이 사회적 반응에 해당하면(예를 들어, 나는 아들이다 = 가족, 나는 천주교 신자이다 = 종교적 집단, 나는 XYZ 운동클럽의 멤버이다 = 클럽), S라고 표시하라. S가 4개를 초과한 사람은 **집단주의자**인 경향이 있다. 즉 사회적 신분이 정체성의 일부다. 4개 이하인 사람은 **개인주의자**에 가깝다. 그들은 사회적 집단보다는 개인적 속성으로 자신을 정의한다. 이 연습문제에 대해, 일리노이대학교 학생들의 가장 일반적인 S 개수는 0개였다(Triandis, 1994).

독립적 자기상을 가진 사람은 개인적 성공, 성취, 자기충족에 관심이 있다. 그들은 동조행동을 피하고 "삐걱거리는 바퀴가 기름을 얻는다(우리 식 속담으로는 "우는 아이 젖 준다.")고 여긴다. 반면에, 상호의존적 자기상을 가진 사람은 집단 목표에 초점을 맞추고, 결속력을 발전시키고, 사회적 책임을 충족하려 한다. 그들은 자기중심주의에 반대한다. 그들의 모토는 "튀어나온 발톱이 공격받는다(우리 식 속담으로는 "모난 돌이 정 맞는다.")일 것이다.

상상하는 것처럼, 개인주의자와 집단주의자는 긍정적 특성과 부정적 특성을 자신에게 귀인하는 경향에 차이가 있다. 미국인에 비해서 일본인은 자신에 관한 자발적인 긍정적 진술이 더 적었다(Herzog et al., 1995). 일본인은 또한 "나는 게으르지 않다."처럼 긍정적 특성을 부정문 형태로 표현하는 경향이 있다. 미국인은 "나는 열심히 일한다."라고 표현한다.

자기의 평가

자기의 지식적 요소와 아울러, 평가적 요소가 더 깊게 연구되었다. "나는 누구인가?"라는 질문뿐만 아니라, "나는 나 자신에 대해 어떻게 느끼는가?"를 질문할 수 있다(Campbell & Lavellee, 1993). "나는 누구인가?"에 대한 대답이 당신의 자존감 수준에 관해 뭔가 말해주는가? 한 연구에서 미국 성인은 부정적 특질보다 긍정적 특질을 4배 더 많이 이야기한다는 것을 발견했다(Herzog et al., 1995). 이 절에서 당신은 자기개념을 더 자세히 평가할 세 가지 기회를 가질 것이다.

Rosenberg 자존감 척도는 전반적 자기개념을 평가하는데 가장 자주 사용되는 척도이다. 전반적 자기개념이란 자기 혹은 자기가치감에 대한 전반적 평가를 말한다. 스스로 해보라.

 자 기 평 가

Rosenberg 자존감 척도

각 문장에 대해 다음 척도를 이용해서 동의 여부를 평가하라.

　　1=절대 동의하지 않는다　　2=동의하지 않는다　　3=동의한다　　4=매우 동의한다

_____ **1.** 나는 내가 다른 사람들처럼 가치 있는 사람이라고 생각한다.

_____ **2.** 나는 좋은 성품을 가졌다고 생각한다.

_____ **3.** 나는 대체적으로 실패한 사람이라는 느낌이 든다.

_____ **4.** 나는 대부분의 사람들만큼 일을 잘할 수 있다.

_____ **5.** 나는 자랑할 것이 별로 없다.

_____ **6.** 나는 내 자신에 대해 긍정적인 태도를 가지고 있다.

_____ **7.** 나는 내 자신에 대해 대체로 만족한다.

_____ **8.** 나는 내 자신을 좀 더 존경할 수 있으면 좋겠다.

_____ **9.** 나는 가끔 내 자신이 쓸모없는 사람이라는 느낌이 든다.

_____ **10.** 나는 때때로 내가 좋지 않은 사람이라고 생각한다.

출처 : "Rosenberg Self-Esteem Scale" from Society and the Adolescent Self-Image by Morris Rosenberg © 1989 published by Wesleyan University Press. Used by permission.

👤 **채점**　이 척도는 사람들이 일반적으로 자신의 삶에 만족하며, 자신을 가치 있는 사람으로 생각하는 정도를 평가하기 위해 설계되었다. 채점을 위해 먼저 3, 5, 8, 9, 10번 문항 점수를 역채점한다(4 = 1, 3 = 2, 2 = 3, 1 = 4). 나머지 5개 문항을 포함해서 전체 10개 문항의 점수를 더해 총점을 구한다. 점수의 범위는 10~40점이다. 중간값인 25점 이상의 점수는 자기-가치감이 높다는 것을 의미한다.

지금, 남들과 비교해서 당신은 당신 자신을 어떻게 보고 있는가? 다음의 자기평가를 직접 해보자.

📝 **자기평가**

사회적 비교

나이, 교육 수준, 성이 같은 남들과 비교해서 당신은 스스로를 어떻게 생각하는가? 구체적으로 다음 특징들에 대해 어떻게 평가하는가? 다음 척도를 사용해서 답변하라.

　　1=평균 훨씬 아래　　2=평균 아래　　3=평균　　4=평균 위　　5=평균 아주 위

_____ **1.** 리더십 능력

_____ **2.** 남들과 잘 지내는 능력

_____ **3.** 에너지 수준

_____ **4.** 도움이 됨

_____ **5.** 책임감

_____ **6.** 인내심

_____ **7.** 신뢰성

_____ **8.** 성실성

_____ **9.** 사려성

_____ **10.** 협동성

👤 채점 10가지 특성의 점수를 더한 후 10으로 나눠서 평균을 구한다. 3점 미만의 평균은 남들과 비교해서 자신을 평균 아래로 본다는 의미이다. 3점보다 높은 점수는 자신을 평균 이상으로 본다는 의미이다.

끝으로, 당신의 강점과 약점 및 강점과 약점에 대한 태도를 생각해보고 다음 척도를 완성해보라.

📝 자 기 평 가

강점 대 약점

가능한 한 솔직하게 다음 질문에 답하라. 다음 척도를 사용하여 질문에 답하라.

1	2	3	4	5	6	7
전혀						매우

_____ **1.** 당신은 얼마나 몸이 탄탄한가?

_____ **2.** 몸이 탄탄한 것에 관해 당신은 얼마나 관심이 있는가?

_____ **3.** 당신은 음악적으로 얼마나 재능이 있는가?

_____ **4.** 음악적 재능을 가지는 것에 관해 당신은 얼마나 관심이 있는가?

_____ **5.** 당신은 신체적으로 얼마나 매력적인가?

_____ **6.** 신체적으로 매력적인지에 관해 당신은 얼마나 관심이 있는가?

_____ **7.** 당신은 얼마나 창의적인가?

_____ **8.** 창의적인 것에 관해 당신은 얼마나 관심이 있는가?

_____ **9.** 당신은 기계를 다루는 데 얼마나 능숙한가?

_____ **10.** 기계를 다루는 데 능숙한 것에 관해 당신은 얼마나 관심이 있는가?

👤 채점 우리는 우리의 강점에 가치를 두면서 약점을 덜 중요한 것으로 보는 경향이 있다. 한 연구(Hill, Smith, & Lewicki, 1989)에 따르면, 사람들은 약점보다는 강점에 훨씬 더 관심을

갖는다고 한다. 당신의 점수는 이 패턴에 일치하는가?

대부분의 사람들은 자신을 얼마나 높이 평가하는가? 과장된 자기상과 위축된 자기상 중 어느 것이 더 일반적인가? 심리학자 Carl Rogers가 "사람들의 어려움의 핵심은 대부분 자신을 멸시하고 무가치하고 사랑받을 수 없는 존재로 여긴다는 점이다."(1956, pp. 13-14)라고 했을 때, 그 말은 옳은가? 혹은 Henry Ward Beecher가 "자만심이 인간 영혼에서 알려진 가장 치료하기 어려운 질병이다."(1875, p. 351)라고 주장했을 때 이 말이 진실에 더 가까운가?

Rosenberg의 자존감 척도를 사용한 한 연구(Baumeister, Tice, & Hutton, 1989)는 극단적으로 낮은 점수에 해당하는 응답자가 매우 적다는 것을 발견했다. 자신을 부정적으로 보는 사람이 많지 않다는 것이다. 총점은 보통 중간값인 25점보다 높은 쪽으로 분포되어 있고, 평균은 31점이었다. 남자들의 점수가 여자들의 점수보다 더 높았다.

'사회적 비교 척도' 같은 사회적으로 바람직한 특성의 목록에서 자신과 타인을 비교하게 했을 때, 대다수가 자신을 '평균 이상'이라고 보았다. 예를 들어 미국 대학 위원회는 매년 학력고사를 치르는 100만 명의 학생들을 대상으로, "같은 연령대의 남들과 비교해서 특정 능력 면에서 자신을 어떻게 느끼는가?"를 질문했다(Myers, 2002, p. 62에서 인용). '리더십 능력'에서 70%는 스스로를 평균 이상이라고 평가했고, 평균 이하는 2%밖에 안 되었다. 응답자의 60%는 스스로를 '운동 능력'이 평균 이상이고 생각했고, 6%만이 평균 이하라고 생각했다. '타인과 잘 지내는 능력'에서는 스스로를 평균 이하로 본 사람은 0%였고, 25%는 자신을 상위 1%로 보았다! 미국 대학 신입생을 대상으로 한 최근의 포괄적인 연구에서, 이러한 자기고양 긍정성의 편향이 변함없음을 보여준다(Eagan et al., 2013). 예를 들어, 1학년 학생의 72% 이상이 자신의 학문적 능력을 '상위 10%' 혹은 '평균 이상'으로 평가했다. 78%는 '성취동기' 역시 그렇게 느꼈고, 63%는 그들이 탁월한 '리더십'을 가졌다고 주장했다. David Myers(2002, p. 61)는 결론적으로 말하기를, "모든 공동체는 Garrison Keillor가 이야기한 가상의 워비곤 호수 (Lake Wobegon)처럼 보인다. 거기서 모든 여성은 강하고, 모든 남성은 잘생겼으며, 모든 아이들은 평균 이상이다." 사람들은 여러 중요한 차원에 대한 자기평가에 별로 능숙하지 않다(Dunning, Heath, & Suls, 2004).

그런 편향은 전 세계 보편적인가? 중국과 일본처럼 겸손과 자제력을 가치 있게 생각하는 문화권 응답자들은 자기고양 편향이 적었다. 그럼에도 세계 여러 나라 사람들은 개인적으로 자기고양적인 듯하다. 예를 들어, 연구자들은 독일 대학생, 벨기에 농구 선수, 호주 근로자, 홍콩 스포츠 담당 기자, 싱가포르 학생, 모든 연령대의 프랑스 사람들에서 자기고양 편향을 발견했다(Myers, 2002).

실제로는 지각된 약점이 있을지라도 강점 대 약점 연습문제는 사람들은 강점보다 약점에 덜 관심을 가짐으로써 자존감을 편리하게 보호한다는 것을 보여준다!

분명히 이 같은 연구들은 대부분 사람이 부정적 자기상으로 인해 고통받는다는 대중적 주장을 반박한다. 매우 긍정적인 자기에 관한 관점이 열등감 콤플렉스보다 더 보편적인 것 같다.

⊹ 요약

> "**당**신은 누구인가?"라는 질문에 대한 대답은 자기개념을 보여준다. 자기이해는 기억, 지각, 미래 목표에 영향을 주는 사고와 행동을 조직화한다. 어떤 문화는 독립적 자기의 발달을 격려해서, 자신을 개인적 특성의 관점에서 정의한다. 다른 문화는 상호의존적인 자기를 권장해서 사회적 연결의 관점에서 자신의 정체성을 본다. 전 세계 대부분의 사람들은 매우 긍정적인 자기상을 가지고 있는 경향이 있다.

자존감

아마도 대부분의 사람들이 높은 자존감을 누린다는 사실은 좋은 소식이다. 연구에 따르면 자기 자신을 좋게 느끼는 사람들은 불면증이 적고, 동조압력을 덜 받고, 부끄럼, 외로움, 우울이 적은 것으로 나타난다. 또한 자신감이 있고, 일반적으로 실패에 의해 덜 좌절하며, 부정적 비판의 영향을 비교적 덜 받는다(Heimpel et al., 2002). 그리고 자신이 어떤 사람이고 어떤 사람이 아닌지에 대한 확신이 있다(Campbell, 1990). 또한 더 행복하다. 반면에 낮은 자존감은 학교생활의 실패, 물질 남용, 섭식장애, 십 대 임신, 부부 간 불화와 관련되는 듯하다(Crocker & Wolfe, 2001). 낮은 자존감의 사람들이 높은 자존감의 사람들보다 평가적 차원에서 꼭 더 부정적인 것은 아니라고 보는 심리학자도 있다. 낮은 자존감의 사람들은 자기관점과 정체성 면에서 더 혼란되고, 불확실하고, 잠정적이다(Campbell & Lavallee, 1993). 그들의 자기개념은 덜 견고하고, 변화나 동요가 심하다.

많은 공무원, 교사, 남을 돕는 직업을 가진 사람들은 자존감의 함양이 여러 개인적·사회적 문제들을 해결해줄 것을 희망해왔다. 예를 들어, 자존감과 개인적 및 사회적 책임을 증진하기 위한 캘리포니아 대책 위원회는 자존감이란 "범죄, 폭력, 물질 남용, 십 대 임신, 아동학대, 만성적 복지 의존 및 교육 실패의 유혹에 대해" 개인과 사회에 예방주사가 될 "가장 그럴듯한 사회적 백신 후보다." 대책 위원회의 최종 보고서는 "자존감의 결여는 우리 공동체를 괴롭히는 개인적·사회적 문제의 핵심(1990, p. 4)"이라고 주장했다.

높은 자존감의 이득과 위험

자존감 연구는 대부분 상관연구이고 따라서 인과의 문제가 따라다닌다. 낮은 자존감이 실패와 고통을 가져오는가? 아니면 고통과 실패가 낮은 자존감을 야기하는가? 아마도 자신을 좋아하면, 성공을 만들어낸다기보다는 성공이 따라 올 수 있다. 높은 자존감은 역경 극복의 뿌리라기보다는 열매일 것이다.

흔히 자존감과 여러 긍정적 인간 특징들 간에 당연시되는 연결은 전적으로 정확하지 않을 수도 있는 자기보고에 기초한다. 자존감 척도에서 자신에 관해 호의적인 대답을 하는 사람들은 대인관계 능력, 매력도, 학교와 직장에서의 수행을 포함해서 다른 특징들의 자기보고에서도 긍정적인 경향이 있다. 이 특징들에 대해 더 객관적인 측정치들을 사용한 연구자들은 사람들은 자신들이 생각하는 것만큼 멋지지 않다는 것을 발견한다(Baumeister et al., 2003)! 따라서 높은 자존감은 그것에 기초하는 자기신념이 부풀려지거나 비현실적일 때 바람직한 것이 아닐 수도 있다(Crocker & Park, 2004).

예를 들어 신체적 외모를 생각해보자. 연구에 따르면 자존감과 자기 스스로 보고한 매력도 간에는 강한 긍정적 상관이 있다. 높은 자존감의 사람들은 거울에 비친 자신의 모습을 사랑한다. 하지만 그들이 다른 사람에게도 멋져 보일까? 아닌 듯하다. 사실 외모에 대한 관찰자의 평가가 매력도의 측정치로 사용될 때, 자존감과 외모의 상관은 단순히 줄어드는 정도가 아니라 사라져버린다. 아무 상관이 없다는 것이다.

긍정심리학

문헌고찰을 통해 Roy Baumeister(1996)는 다음과 같이 결론 내렸다. "자존감에 대한 열광적 주장 운동은 공상과 허풍 사이에 있다. 자존감의 효과는 작고 제한적이며, 좋은 것만도 아니다." 비록 높은 자존감이 사람들을 더 행복하게 하고 실패했을 때 끈기를 강화하는 등 몇몇 실용적 이득이 있다는 것을 인정한다 하더라도, 대부분의 사회적·개인적 문제는 자존감 결여가 원인이 아니다. 따라서 자존감을 올려주는 것은 문제를 해결하지 못할 수도 있다(Baumeister et al., 2003).

한 가지 중요한 점은 높은 자존감이 나르시시즘(narcissism)과 구분된다는 점이다. 나르시시즘은 자신을 대단한 존재로 여기는 경향으로서, 자기의 중요성을 강조한다. 나르시시즘을 가진 사람과 달리, 높은 자존감의 사람은 타인 앞에서 자기고양적으로 행동하려는 욕구를 통제하고 조절할 수 있다(Horvath & Morf, 2010). 더 큰 문제는 나르시시즘을 가진 사람들이 남들로부터 자기관이 도전받을 때(Bushman & Baumeister, 1998) 때때로 공격적이라는 점이다. 안전한 자기관을 가진 사람들은 그렇지 않다(Twenge & Campbell, 2003 참고).

하지만 Baumeister와 동료들은 높은 자존감에 이면이 있다는 것을 발견했다(Baumeister, Smart, & Boden, 1996). 자기 자신을 너무 높게 생각하는 사람은 다른 사람에게 고약하고, 다른 사람의 말을 가로막고 일방적으로 말하기도 한다. 그들은 거창한 자기 관점에 동의하지 않는 사람들을 비난하는데, 그것은 자신의 가치를 깎아내리는 상황을 피하기 위한 전략의 기능을 한다. Baumeister가 관찰한 바에 따르면, "어떤 차원이든 자신이 상위 10%라고 믿는 사람은 자신을 80 혹은 50 혹은 25 백분위라고 말하는 사람이 있으면 모욕이나 위협을 당했다고 생각할 수도 있다"(Slater, 2003 인용). "반면에 자신을 그저 60% 정도 수준으로 여기는 자존감이 낮은 사람은 자신을 25 백분위라고 보는 피드백을 위협으로 여길 수 있다. … 요약하면 자신에 관한 관점이 호의적일수록, 받아들일 수 없게 낮은 것으로 지각할 외부 피드백의 범위가 더 넓어진다." 종합적으로 Baumeister(1996)는 "자존감에 대해 잊어버려라. 그리고 자기통제에 집중하라."(p. 43)고 결론 내렸다. 자신을 좋게 생각하는 것은 이득이 있긴 하지만, 자신의 생각, 느낌, 행동을 조절할 수 있는 것은 아마도 장기적으로 더 이득이 있을 것이다.

자기가치의 원천

Jennifer Crocker와 Connie Wolfe(2001)는 자존감의 가능한 원천을 검토함으로써 자존감과 행동 간의 역설적 관계를 더 잘 이해할 수 있다고 본다. 자기가치의 '유관성(contingency)'은 성공이란 그들이 가치 있다는 의미고, 실패란 가치 없다는 의미라고 믿는 삶의 영역들이다(Crocker & Knight, 2005; Crocker & Park, 2012). Crocker와 Wolfe의 연구는 사람들이 자존감에 투입할 수 있는 일곱 가지 가능한 영역을 확인했다.

📝 **자기평가**

자기가치 유관성 척도

다음 문항은 당신의 자기가치에 적합하거나 적합하지 않을 수 있는 영역들을 평가하는 척도의 일부 문항이다. 다음 척도를 사용해서 다음 문장에 답하라.

1=절대 동의하지 않음   2=동의하지 않음   3=약간 동의하지 않음   4=중간
5=약간 동의함   6=동의함   7=매우 동의함

_____ **1.** 나의 가족이 나를 자랑스러워할 때 내 자기가치가 올라간다.

_____ **2.** 나의 자기가치는 남과 경쟁하여 내가 얼마나 잘하는가에 의해 영향받는다.

_____ **3.** 내 스스로 매력적이라고 생각할 때 나 자신에 대해 좋게 느낀다.

_____ **4.** 나의 자기가치는 신의 사랑에 기초한다.

_____ **5.** 학교 공부를 잘하는 것은 내게 자기존중의 느낌을 준다.

_____ **6.** 스스로 도덕적 원칙을 따를 때마다, 나의 자기존중의 느낌은 향상된다.

_____ **7.** 나의 자존감은 나에 대한 다른 사람의 의견에 의존한다.

출처 : Copyright © 2003 by the American Psychological Association. Adapted with permission. Table 2 (adapted) Crocker, J., Luhtanen, R. K., Cooper, M. L., & Bouvrette, A. (2003). Contingencies of Self-Worth in College Students: Theory and Measurement, *Journal of Personality and Social Psychology*, *85*(5), 894–908. No further reproduction or distribution is permitted without written permission from the American Psychological Association.

👤 **채점** 자기가치 유관성 척도의 전체 버전은 각 영역의 중요성을 평가하는 데 1개가 아니라 5개 문항을 사용한다. 그럼에도 당신의 결과와 Crocker, Luhtanen 그리고 Bouvrette (2001)이 대학생 1,300명을 대상으로 한 연구 결과를 비교하는 게 가능하다. 다음에 제시된 평균 점수와 당신의 점수를 비교해보라.

가족의 지지 = 5.3

경쟁 = 5.0

외모 = 4.9

신의 사랑 = 4.2

학문적 유능감 = 5.3

미덕 = 5.5

남들의 평가 = 4.6

Crocker와 Wolfe(2001)는 이 검사가 자기가치를 발견하는 전체 영역을 망라한 것이라거나, 한 가지 유관성이 다른 것보다 필연적으로 더 낫다고 주장하지 않는다. 이 목록은 단순히 응답자들이 자신의 자존감에 중요하다고 파악한 몇 가지 공통적인 영역을 반영한다. 당신이 생각하는 다른 중요한 영역이 있는가?

자기가치의 유관성과 행동

자존감의 원천은 행동에 강력한 가이드를 제공한다. 만약 자기가치가 미덕에 뿌리를 두고 있다면, 외모에 기초한 자존감을 갖고 있는 사람과는 다르게 행동할 것이다.

600명의 대학 신입생을 대상으로 한 연구에서(Crocker, Luhtanen, & Bouvrette, 2001), 외모에 기초한 자존감은 몸단장, 쇼핑, 파티에 더 많은 시간을 보내는 것과 연관되었다. 신의 사랑에 기초한 자존감은 기도와 교회 가기 같은 종교적 활동에 더 많은 시간을 보내고 파티는 적게 하는 것과 관련되었다. 학문적 유능감에 기초한 자존감은 대학원 진학 성공과 연결되었다.

Crocker와 Wolfe(2001)는 우울, 약물남용, 공격성 같은 중대한 문제가 전반적 자존감 수준이 아니라 자존감의 원천과 관련될 수 있음을 주장한다. 예를 들어 자존감이 신체적 외모에 기초하게 되면 섭식장애 민감도가 증가한다는 연구 결과가 있다. 유사하게, 사회적 인정에 기초해서 높지만 깨지기 쉬운 자존감을 가진 사람은 특히 타인이 그들에게 도전할 때 화와 적대감을 표출하기 쉽다.

한 가지 기준에서 자존감을 획득할 수 없는 사람은 다른 원천으로 이동할 수 있다. 자존감 추구에 좌절하면, 사람들은 성공적 삶에 중요한 목표들을 거부할 수도 있다. 예를 들어 미국 흑인 대학생들의 높은 중퇴 비율은 자존감과 학문적 수행 간의 단절의 결과일 수 있다. 그것은 그들이 학문적으로 열등하다고 가정하는 환경에서 성공하려다 경험한 무수한 좌절의 결과일 것이다(Steele, 1997, 2010). 학교 성적이나 또래들과의 관계에서의 긍정적 이미지에 의미를 두지 않는 사람은 자존감을 힘, 권력, 신체적 우월성으로 조직할 수 있다(Staub, 1999). 몇 가지 요인이 이 불행한 경향성을 키울 수 있다. 학대를 당했거나, 공격성의 사전 모델을 가지고 있거나, 남성의 신체적 힘과 우월성을 가치 있게 보는 문화에 살고 있는 것은 공격성과 반사회적 행동 가능성을 증가시킬 수 있다.

또한 자존감 원천의 이동은 전반적 자존감 수준이 나이가 들어도 감소하지 않는 이유를 설명한다. Crocker와 Wolfe에 따르면, 나이가 들면 자기가치의 유관성이 전형적으로 경쟁과 외모로부터, 미덕이나 가족 같이 더 내적이고 내재적인 기초로 변화한다고 한다.

자존감의 유관성 : 자산인가 혹은 부채인가?

자존감의 유관성은 이로운가 혹은 제한적인가?

잘 기능하는 사람은 그들 환경의 타인들이 그들을 어떻게 생각하는지에 민감한 자기개념을 갖는다고 주장한 심리학자들도 있다. 다른 학자들은 아동들이 자존감의 기초를 목표 달성, 스킬, 능력에 두도록 격려해야 한다고 추천한다. Roy Baumeister와 동료들(2003)은 가치 있는 성취와 도덕적 행동에 대한 보상으로 자존감을 북돋워야 한다고 제안한다. 타인을 희생해서 자기 자신을 높이는 사회적 비교를 피하기 위해, 동료들이 아닌 자기 자신과 비교하는 **발전적 관점**을 강조한다.

자기가치의 다양한 유관성을 갖는 것이 최선이라고 연구들은 제안한다. 몇 가지 독립적인 자존감의 원천을 가진 사람들은 부정적인 삶의 사건들에 덜 극단적으로 반응할 수 있다. 삶의 한 영역에서 타박상이나 멍이 생겨도, 잘 작동하고 있는 다른 중요한 영역에 주의를 돌릴 수 있다(Linville, 1985, 1987).

자존감은 '비유관적(noncontingent)'일 수 있는가? TV의 프레드 로저스가 이웃에게 "나는 당신의 있는 그대로를 좋아한다."고 애정을 듬뿍 담아 말했다. 유관적 자존감은 흔히 불안, 적대감, 방어성 및 우울 위험 요소와 관련되기 때문에, 아마도 사람들이 가장 필요로 하는 것은 그들이 고유의 가치를 갖는다는 인식일 것이다. Edward Deci와 Richard Ryan(1995)은 유관적 자존감과 '참된' 자존감을 구분했다. 참된 자존감은 더 안정적이고 견고한 자의식에 안전하게 기초한다. Deci와 Ryan에 따르면 참된 자존감은 자율적으로 행동하고, 유능감을 경험하고, 외적 기준이 아닌 그 사람 자체로 누군가를 사랑할 때 발달한다. 자율성(autonomy), 유능감(competence), 관계성(relatedness)이라는 세 가지 근본적 요구를 만족시키는 환경은 참된 자존감을 발전시킨다. 그러한 '비유관적' 자존감을 가진 사람들은 성공할 때 기뻐하고 실패할 때 실망하지만, 그 과정에서 자존감은 위협받지 않는다.

Carl Rogers(1951)는 부모가 아이들에게 제공하는 무조건적인 긍정적 관심의 중요성을 강조했다. 그런 아이들은 결코 자존감이 위태롭다고 느끼지 않는 성인으로 성장한다. 하지만 우리는 낮은 자존감의 사람들에게 단순히 "할 수 있어."라고 말하는 것만으로 자신감이 강화되지 않는다는 것을 안다. 그들을 돕기 위해서는 "그것을 할 수 없다고 해도 괜찮다. 그렇다고 해서 당신이 나쁜 사람이라는 의미가 아니다."라는 것을 이해해야 한다(Brown, 1998).

자존감을 지속적으로 시험대에 올리지 않은 사람은 자신을 분석하는 데 시간을 덜 들인다. 그들은 심지어 자기를 잊기까지 한다. 앞으로 보게 되겠지만 이것은 겸손의 매우 중요한 요소이다.

⋯⊹ 요약

> 심리학자들은 높은 자존감의 이득에 대해 논쟁한다. 비록 긍정적 자기개념이 행복과 인내심을 촉진하지만, 가장 개인적이고 사회적 문제들은 낮은 자존감이 원인이 아니다. 실제로 부풀려진 자기개념은 인간관계에서 폭력을 일으킬 수 있다. 자존감의 구체적 원천을 검토하는 것은 자기개념과 행동 간의 연결 관계를 이해하는 데 도움을 준다. 자존감의 몇 가지 독립적 원천을 가진 사람은 자기가치에 대해 더 안정적인 느낌을 갖는 경향이 있다. 비유관적 자존감을 가진 사람은 자신의 내재적 가치를 깨닫고 자기가치를 의심하지 않는다.

겸손

긍정적 자기 관점의 장점에 대한 일반적인 집착을 생각할 때, 기꺼이 자신을 낮추는 겸손을 어떻게 봐야 하는가? "소박한 것은 선물이다."라는 셰이커 교도의 말이 맞는가? 겸손은 강점인가 약점인가? 겸손에 대한 자신의 지각을 생각하며, 다음 질문에 응답하라.

생각해보기

겸손에 대한 생각

1. 겸손이라는 단어를 생각할 때, 어떤 단어들, 이미지들, 연상들이 마음속에 떠오르는가?

_____

_____

_____

_____

_____

2. 겸손은 강점인가 약점인가? 그 단어에 대한 즉각적 연상이 부정적인가 혹은 긍정적인가 (숫자를 선택하라)?

−5	−4	−3	−2	−1	0	1	2	3	4	5
부정적인										긍정적인

3. 당신이 매우 겸손하다고 생각하는 사람을 생각해보라(유명인도 좋고 당신이 아는 사람도 좋다). 그 사람은 누구인가? _____

그 사람에 대해 간단히 기술해보라. 무엇 때문에 그 사람이 겸손하다고 느꼈는가?

_____

_____

_____

_____

_____

4. 겸손과 낮은 자존감이 얼마나 유사하다고 보는가?

0   1   2   3   4   5   6   7   8   9   10
전혀   매우

5. 겸손하다고 느낀 실생활의 상황을 떠올려보라. 그 상황을 간단하게 기술해보라. 이 상황을 왜 겸손하다고 느꼈는가?

_____

_____

_____

_____

6. 이 경험으로부터 배운 게 있다면 그것은 무엇인가? 이 상황을 떠올릴 때 경험한 감정은 무엇인가?

_____

_____

_____

_____

7. 이 기억은 떠올리기에 어느 정도로 유쾌한가 혹은 불쾌한가?

	전혀									매우	
유쾌한 기억	0	1	2	3	4	5	6	7	8	9	10
불쾌한 기억	0	1	2	3	4	5	6	7	8	9	10

8. 만약 바로 지금 겸손한 마음의 틀에서 생각해보기를 원한다면, 어떤 일들이 생각나는가?

_____

_____

_____

_____

9. 당신은 어느 정도인가?

전혀   매우

- 자신을 겸손한 사람이라고 보는가?   0   1   2   3   4   5   6   7   8   9   10
- 당신을 잘 아는 사람들이 당신을
  겸손한 사람으로 본다고 믿는가?   0   1   2   3   4   5   6   7   8   9   10

- 덜 겸손하다면 좋을 것이라고
  생각하는가?   0 1 2 3 4 5 6 7 8 9 10
- 더 겸손하다면 좋을 것이라고
  생각하는가?   0 1 2 3 4 5 6 7 8 9 10

대학생들을 대상으로 한 겸손에 대한 자기평가 결과(Exline & Geyer, 2004)는 겸손에 대한 학생들의 전반적인 관점이 긍정적이었다는 것이다. 예를 들어, 10점 척도(−5~+5)에서, '겸손'을 평균 2.4점으로 평가했다. 아울러 겸손을 낮은 자존감으로 보지 않았다(0~10 척도에서 평균=2.3). 겸손에 대한 자유로운 정의는 단정함(modesty)과 상당히 중첩되었다. '떠벌이지 않음(not bragging)', '성공에 대한 완전한 확신을 갖지 않음(not taking full credit for success)' 등을 포함한다. 겸손은 이타성과 관대함을 포함하는 여러 긍정적 속성과 연합되었다. 응답자들은 겸손을 결점에 집착하는 것으로 보는 것이 아니라, 자신의 긍정적 자질에 대해 잘난 척하지 않는 태도를 반영하는 것으로 보았다.

대학생들을 대상으로 자신이 겸손하다고 느꼈던 실제 삶의 상황을 떠올리도록 했을 때, 불쾌한 느낌보다는 유쾌한 느낌을 더 많이 보고했다. 흥미롭게도 대다수의 참가자들은 성공이나 성취를 포함하는 경험을 회상했다. 즉 뭔가를 잘하거나, 칭찬을 받거나, 이겼거나, 기대 이상의 학점을 받았을 때 등이다. 겸손을 생각할 때, 상실, 실패, 더 성공한 누군가에 의해 위협받는 느낌을 보고한 학생들은 소수였다.

겸손한 사람을 찾아보도록 했을 때, 참가자들은 친구, 학우, 룸메이트, 친척, 명사, 성인, 종교 지도자들을 꼽았다. 왜 그 사람이 겸손하게 보이느냐고 물었을 때, 타인을 향한 친절 혹은 배려, 자기희생, 유능감, 지능 같은 긍정적 특징을 꼽았다. 단지 소수만이, 겸손한 사람이 소심하고 조용하고 자기주장적이지 않다고 했다. 즉 연구 참가자들은 전반적으로 겸손을 인간의 강점으로 지각했다. 그들은 스스로 더 겸손해지기를 원했다.

당신의 결과는 어떤가?

이 놀라운 발견은 겸손을 자기비하나 낮은 자존감과 연관 지은 사전적 정의와 뚜렷이 대비된다. 동시에 겸손을 미덕으로 보는 오랜 지혜와는 일치한다. "천사를 악마로 변화시키는 건 자만심(pride)이다."라고 성 아우구스티누스를 말했다(Kurt & Ketcham, 2009, p. 188에서 인용)—"인간을 천사로 만드는 것은 겸손이다." 공자의 생각도 일치했다. "겸손은 모든 미덕의 단단한 기반이다."라고 했다(Urban, 2006, p. 12에서 인용). 성격강점처럼 겸손은 자기조절을 도와서 그 결과 잘못된 결정을 하거나 과도한 위험요인을 택하거나, 무슨 일이 있어도 결과를 극대화하려는 것을 막아준다 (Weiss & Knight, 1980). 사실 겸손한 사람이 최상의 리더가 될 것이라고 주장하는 이들도 있다(Prime & Salib, 2014).

겸손은 분명히 존중받을 특성이다. 보아하니 사람들은 특히 변호사들에게서 이 특성을 보고 싶어 한다. *National Law Journal*의 조사("Jurors Prefer Lawyers," 1993)에서 겸손은 변호사들에서 가장 존경받을 만한 특징임을 발견했다! 유사하게 거만한 것보다 더 삐걱거리는 특성은 없었다. 겸손은 그 반대이다. 우리는 모르는 것이 없고, 자신과 사랑에 빠진 듯 보이는 사람의 자부심에 구멍 내는 것을 좋아한다. 사람들은 Javad Hashtroudian(2003)이 개작한 Mullah Nasrudin 이야기에서 특별한 즐거움을 얻는다. 그냥 '뱃사공'이라고 제목이 붙여진 이야기이다.

> 뮬라는 배로 호수를 건너 주는 일로 생계를 꾸렸다. 어느 날 오후 그는 거만한 학자를 태우고 건너편으로 노를 젓고 있었다. 박식한 학자는 그에게 플라톤의 국가론을 읽었느냐고 물었다. 뮬라는 대답했다. "선생님, 저는 그저 뱃사공입니다. 플라톤과 무슨 상관이 있겠습니까?" 학자는 조롱하며, "그렇다면 자네 삶의 절반을 낭비한 걸세."라고 말했다. 잠시 후 뮬라가 물었다. "선생님, 수영할 줄 아십니까?" "당연히 못하지. 나는 학자라네. 내가 수영과 무슨 상관이 있겠는가?" 학자가 말했다. 뮬라가 대답했다. "그렇다면 당신 삶의 전부를 잃은 것입니다. 지금 배가 가라앉고 있거든요."

겸손은 존경받는 사람의 특징 이상으로 중요한 인간 강점이다. 다음의 연구를 생각해보라.

- 괜찮은 회사를 훌륭한 회사로 바꾸는 것을 이해하기 위해서 연구자들은 증시보다 8배 빠르게 그들의 가치를 향상시킨 회사들을 연구했다(Collins, 2001). 결론은 모든 훌륭한 회사들은 한 가지 공통점을 공유한다는 것이다―그런 회사에는 전문가적 의지력과 개인적 겸손을 같이 가진 리더가 있다. 매우 겸손하고 결코 뽐내지 않는 이 리더들은 공적인 과찬을 좋아하지 않는다. 그들은 실패에 대해 개인적 책임

을 지고, 회사의 성공을 타인에게 귀인한다. 가장 중요한 점이라면, 그들은 이기적이지 않고, 모든 이의 장기적 관심에 변함없이 진심으로 헌신한다는 것이다.

- Kathleen Brehony(1999)는 왜 어떤 이는 좋은 행위에 헌신하는가에 대한 답을 구하기 위해, 남을 돕는 데 조용히 헌신하는 다양한 연령대, 종교, 생활방식의 남녀 수십 명을 인터뷰했다. 평범한 우아함(*Ordinary Grace*)이라는 책에서 그녀는 우리 주변의 모든 것들이 얼마나 우아한지를 강조했다. 그것은 대단히 가슴 뭉클한 경험일 수도 있고 작아서 거의 알아챌 수 없는 행위들일 수도 있다. 사회적 관심사를 행동으로 보여주는 사람들은 수많은 공통적 자질들을 공유한다고 그녀는 제안한다. 가장 중요한 것은 강한 사회적 연결인데, 다른 사람에 대한 변치 않는 신뢰, 개인적 겸손, 타인을 돕는 것이 봉사가 아니라 특혜이자 축복이라는 믿음이 특징이다.

- Abraham Maslow의 자기실현의 개념을 더 완벽하게 이해하려는 노력으로, 연구자들은 Eleanor Roosevelt에 대한 방대한 사례연구에 착수했다(Piechowski & Tyska, 1982). 그들은 루스벨트의 "years on her own"의 전기적 기술을 분석해서 자기실현에 기여했던 특성이 있는지를 살펴보았다. 그들은 Maslow가 자기실현적 인간의 중요한 두 가지 특성을 간과했을 수 있다고 봤다. 한 가지는 공정함으로 모두에게 최선의 이익이 되는 것을 지지하는 능력이고, 다른 한 가지는 겸손이었다.

겸손의 특징들

겸손의 필수적 속성은 무엇인가? June Tangney(2009)는 다음과 같이 정리했다.

- 능력과 성취에 대한 정확하고 현실적인 추정
- 자신의 실수, 불완전함, 지식의 공백, 한계를 인정하는 능력
- 새로운 생각, 모순되는 정보, 조언에 대한 개방성
- 자신의 능력과 성취에 대해 균형 잡힌 시각 유지
- 비교적 낮은 자기초점화 혹은 '자기를 잊는' 능력
- 모든 사람의 가치와 그들의 특별한 공헌에 대한 인정

최근 연구에 따르면, 겸손한 사람은 실제 자선기부나 그저 순수한 친절 모두에서 타인에게 관대한 경향이 있었다(Exline & Hill, 2012).

긍정심리학

만약 Rosenberg의 자존감 척도를 완성하도록 한다면, '겸손한' 사람은 "나는 내가 다른 사람들처럼 가치 있는 사람이라고 느낀다."와 "나는 좋은 성품을 가졌다고 생각한다." 같은 문장에 찬성할 것이다.

최종 분석에서 겸손은 개인적 가치감이 일시적이고 외적인 원천(성취, 외모, 사회적 인정)이 아닌 안정적이고 신뢰로운 원천(무조건적으로 사랑받는다는 느낌이나 모든 생명의 가치에 대한 믿음을 갖는 것)에 기초한다는 안전감을 반영하는 것 같다(Perterson & Seligman, 2004).

무사무욕의 실천

우리 문화에서 자기향상을 향한 전반적 욕구와 합리적으로 정확한 자기평가를 수행할 제한된 능력이 합해졌을 때, 어떻게 겸손을 기르기 시작할 것인가? 한 가지 방법은 자기 이익을 초월하는 무사무욕(self-forgetfulness)을 통해서이다. 즉 이기적이지 않게 혹은 사리사욕 없이 행동하는 것이다. 성취, 외모, 활동성, 유명세, 물질적 가치 등에 기초한 인간의 상대적 가치를 강조하는 문화에서 의도적인 무사무욕을 훈련하는 것이 가능한가?

모든 인간의 강점 중에 겸손은 가장 규정하기 어려울 수 있다. Benjamin Franklin은 확실히 그렇게 생각했다. 그가 추구하고 싶어 했던 미덕의 목록을 공개적으로 발표한 후에, 한 친구는 그가 한 가지를 간과했다고 말했다. 그 친구는 Franklin이 자만심이 많다고 용감하게 지적했다. 그래서 애국자 Franklin은 충실하게 그의 목록에 '겸손'을 추가했다. 이후에 Franklin은 자신이 결코 그렇게 되지 못한다는 것을 알았다 —자만심만큼 억누르기 힘든 타고난 열정도 아마 없을 것이다. 그것을 좋아하는 만큼 숨기고, 그것과 싸우고, 그것을 깎아내리고, 억누르고, 억제하지만, 여전히 생생하게 때로는 고개를 내밀어 자신을 내보인다(Isaacson, 2003, p. 47에서 인용).

언론계 거물 Ted Turner는 우스갯 소리로 "내가 약간만 겸손했다면 나는 완벽했을 것이다."라고 애통해 했다. 겸손한 사람이 되는 것은 쉽지 않다. 자신이 겸손하다고 생각하는 순간, 겸손하지 않게 된다. Franklin은 이 아이러니를 포착했다 —"자만심을

완전히 극복한 것을 상상할 수 있을 때조차도, 나는 아마도 겸손에 대해 자랑스러워
할 것이다."

그럼에도 겸손에 대한 초기 연구뿐만 아니라 자존감의 발달에 관한 광범위한 연구
는 이 인간 강점을 어떻게 펼쳐야 할지에 대한 힌트를 준다.

1. **균형감을 발휘하라.** Julie Exline(Exline & Geyer, 2004; Peterson & Seligman,
   2004 참고)이 주목하듯이 겸손을 기르는 것은 모험일 수 있다. 다른 강점을 발전
   시키는 것보다 겸손을 키우는 훈련에는 더 많은 주의가 필요할 것이다. 만약 그
   과정이 사람들로 하여금 무기력, 수치심, 무의미함 등을 느끼게 한다면 그 전략
   들은 역효과를 낳은 것이다. 사람들은 흔히 자기고양을 통해 혹은 심지어 공격적
   으로 행동함으로써, 자아위협을 방어한다. 자기초점화의 감소는 우리가 폄하되
   거나 위협받는다거나 자신의 어떤 부분이 손상받는다는 느낌 없이 일어나야 한
   다. 겸손은 당신의 가치가 부족하거나 당신의 욕구가 중요하지 않다는 의미가 아
   님을 기억하라. 오히려 겸손은 자신뿐만 아니라 타인의 요구와 감정을 생각하게
   한다.

2. **편향을 인정하라.** 자기지각은 현실을 반영하지 않을 수도 있다. 우리 중 일부는
   비현실적으로 형편없는 자기개념으로 고통받고 있는데, 그 뿌리를 검토하는 것
   이 도움이 된다. 당신은 어린 시절 자신에 관한 어떤 부정적인 메시지를 받았었
   는가? 그것들을 지지하는 어떤 증거가 있었는가? 당신이 하고 있는 현재의 부정
   적인 자기 말에 이의를 제기하고, 그것을 진실로 대체해보라.

   그러나 대부분에게 있어 편향을 극복하는 일은 자만심을 인정하는 문제다.
   "만약 누군가 겸손을 얻고 싶어 한다면, 나는 첫걸음을 그에게 말해줄 수 있다."
   라고 C. S. Lewis(1960, p.101)는 말했다. "첫걸음은 자신이 자만심을 가지고 있
   음을 깨닫는 것이다. 이것은 큰 걸음이기도 하다." 광범위한 자기고양 편향을 지
   적하는 연구가 있다. 자기고양 편향이란 자신을 긍정적으로 보려는 강력한 경향
   성이다. 이 장의 앞에서 살펴보았듯이, 우리는 자신이 평균 이상이라고 보고, 강
   점에 가치를 두는 반면 약점을 경시한다. Lewis가 제안한 것처럼 취약성을 인정
   하는 것은 어려운 일이다. 사실 대부분의 학생들이 자기고양 편향을 배울 때, 그
   들이 자신을 평균 이상으로 생각하지 않는 데서 평균 이상이라는 데 자랑스러워

한다(Friedrich, 1996)! 때때로 겸손이 표현될 때, 평균이상의 겸손에 대한 자부심을 숨기지 못할 때도 있다. 학생들에게 중요한 성공경험을 쓰도록 했을 때, 자신이 쓴 스토리를 남들이 읽을 거라고 예측한 학생들은 타인들로부터 받았던 도움과 정서적 지지를 선뜻 인정했다(Baumeister & Ilko, 1995). 익명으로 썼던 학생들은 성공을 혼자 힘으로 성취했다고 썼다.

3. **정확한 피드백을 구하라.** 어떤 형태의 자기고양 편향은 분명하고 정확한 피드백을 통해 통제 가능하다. 의도적으로 친구, 친척, 룸메이트, 교사, 매니저, 관리자 등 타인으로부터의 정직한 피드백을 구하는 것은 자신의 강점과 약점 둘 다를 평가하기 위한 중요한 전략을 제공한다. 사람들은 타인으로부터 피드백을 받을 때 그 정보가 비교적 부정적일 때라도 정확한 피드백을 선호한다.

4. **자신을 웃음의 대상으로 만들어라.** 거만한 사람은 유머감각이 없다. 특히 자신에 관한 유머가 없다. 성실한 사람도 일과 자신에 대해 너무 진지할 수 있다. 확실히 우리는 해야 할 중요한 과제가 있고 타인들은 우리에 의존한다. 생산적이고 행복해지기 위해서는 우리의 행동이 차이를 만들어낸다는 것을 믿어야 한다. 그러나 우리가 실수를 한다 해도, 세상이 끝나지는 않는다. 남들은 우리의 모든 실수를 알아차리고 있지 않다. 자신을 웃음의 대상으로 삼는 능력을 키우라. 당신의 약점을 인정하고 자신을 너무 진지하게 생각하지 말라. 약간 자기를 낮추려고 노력해보라. 사람들은 완벽하게 보이는 사람보다는 약간 결점이 있는 사람을 더 좋아한다(Aronson, Willerman, & Floyd, 1966).

5. **다른 문화에서 배워라.** 겸손한 사람은 그들이 커다란 전체의 부분이라고 인식한다. 집단주의 문화에서 사람들은 자신의 상호의존성을 절실하게 인식한다. 또한 겸손에 가치를 둔다. 예를 들어 일본 사람들에게 있어서 자기고양의 증거는 거의 없다(Heine et al., 1999). 대신에 자기비판적인 자세가 일반적이다. 이 같은 자기개선 노력은 강한 소속감의 지표라고 연구자들은 지적한다.

    안정적인 사회적 연결은 불확실성과 취약함을 받아들일 수 있게 한다. 한 연구자는 예일대학교 학생들을 대상으로 자신의 동료들에 의해 일시적으로 수용되거나 거부되는 느낌을 갖게 하는 두 가지의 실험을 실시했다(Dittes, 1959). 그런 다음 그들에게 허구의 우화를 주고 해석하게 했다. 우화가 앞뒤가 안 맞는 내용이었음에도 불구하고, 거부당했다고 느낀 학생들은 그것의 의미를 자랑스럽게 공표했다. 수용적이고 지지적인 느낌을 받은 학생들은 우화의 의미를 잘 모르겠다고 겸허히 인정하는 경향이 있었다.

6. **다른 강점을 키워라.**　겸손은 다른 인간적 강점들을 추구하는 과정에서 생기는 자연스러운 산물이다. 예를 들어 감사를 훈련하면 삶의 만족이 증가하고 겸손한 마음가짐이 길러진다. **감사(gratitude)**라는 단어의 어원은 무에서 유를 얻는 '은총(grace)'에 해당하는 라틴어이다. 감사일지를 쓰면서 사람들은 과분한 타인의 자비를 받고 있음을 알게 된다.

유사하게 공감을 발달시키면서(3장 참고), 우리는 타인과의 '일체감(oneness)' 혹은 평등을 깨닫는다. 모든 사람의 가치에 대한 믿음은 타인자비와 '자기자비' 둘 다를 가능하게 할 수 있다(Neff, 2003). 보편적인 인간성을 지각하게 되면, 특히 실패했을 때 타인과 자기 자신에 대한 친절과 이해가 가능해진다. 우리 모두는 유한하고 불완전한 인간 존재다. 그러나 Neff가 경고하듯이, 자기자비란 우리의 결함을 간과하거나 바꾸지 않으려는 것을 의미하지 않는다. 그보다는 타인뿐만 아니라 자신에게 자비를 보임으로써 자기성찰에 필요한 정서적 안정감을 얻게 된다. 우리는 성장과 변화를 향해 동기화된다.

7. **우주적 관점을 가정하라.**　앨버트 아인슈타인은 우리가 한없이 큰 우주에 한낱 점에 지나지 않음을 보여줌으로써 겸손에 대한 중요한 가르침을 제공했다. "우주의 법칙에 하나의 정신이 드러난다. 그것을 직면할 때 대단치 않은 힘을 가진 우리는 겸손을 느껴야 한다."라고 말했다(Isaacson, 2007, p. 388에서 인용). 겸손할 때 우리는, 우리가 이 행성에 거주하는 몇 십억 명의 사람들 중 하나라는 것과 우리 삶의 역사적 순간들이 백만 년의 인간 역사에서 정말 짧은 순간임을 깨닫게 된다. 광대한 그리고 계속해서 확장하고 있는 우주에서 각자는 아주 작은 면적만을 차지하고 있다는 사실도 더해진다.

8. **경외감을 경험하라.**　경외심을 불러일으키는 경험은 세상의 아름다움, 탁월함과 우리를 연결시켜주면서 우리가 훨씬 큰 전체의 작은 부분임을 깨닫게 해준다(Keltner & Haidt, 2003; Perterson & Seligman, 2004). 가장 중요한 것은 경외감의 경험이 자기 용서를 키운다는 것이다. 다양한 물리적·사회적 자극이 그 경험

을 일으킬 수 있다. 웅장한 대성당, 놀라운 심포니, 아름다운 시, 경이로운 경치, 멋진 이론 등이 그렇다. 유명한 사람, 매우 기술이 뛰어난 사람, 도덕적으로 존경스러운 사람 또한 경외감을 준다. 이들과의 만남은 자신보다 더 큰 존재에 대한 인식인 광대함이 특징이고, 그 경험이 기존의 우리의 정신구조에 맞아떨어지지 않기 때문에 조절을 필요로 한다. 경외감은 경이로움의 느낌 이외에 시간의 경험을 느리게 하고, 의사결정에 영향을 주고, 삶의 만족감을 높여준다(Rudd, Vohs, & Aaker, 2012). 불행하게도 어떤 사람은 눈가리개를 쓰고 일상을 살아간다. 다른 사람은 그들 주변의 감동적이고 아름다운 것에 반응하는 마음과 심장을 갖고 있다. 민감도를 키우는 것은 가치가 있다.

9. **자신 너머에 초점을 맞추라.**   건강한 자기존중은 자기 자신을 잊어버리기 쉽게 만든다. 우리의 가치를 입증하는 것은 더 이상 관심이 아니다. 동시에 자신에 관해 생각하지 않으려 하는 것은 분홍 코끼리에 관해 생각하지 않으려고 하는 것과 같다. 생각하지 않으려 하면 할수록 더 기억이 날 수 밖에 없다. 주의를 자신으로부터 더 흥미로운 다른 것으로 이동할 때만이, 겸손을 숙달할 수 있다. 타인에게 혹은 자신보다 큰 과제에 자신을 온전히 투자할 때, 우리는 우리 자신을 잊게 된다.

10. **안정 애착을 촉진하라.**   유아에게 있어서 안정 애착을 촉진하는 요인들은 또한 겸손을 위한 기초를 제공한다(Peterson & Seligman, 2004). 아이들의 요구에 잘 반응하는 부모들은 두려움보다는 신뢰의 태도로 삶에 접근하도록 아이들을 격려한다. 이 기본적인 안정감은 아이들이 자라면서 받는 긍정적 및 부정적 피드백 둘 다를 잘 포용하게 해주고, 정확한 자기평가의 근간이 된다.

11. **권위 있는 양육 방식을 훈련하라.**   몇몇 연구자들에 따르면, 높은 자존감을 가진 아이들의 부모는 따뜻하고, 아이들에게 관심이 있고, 권위가 있다. 그런 부모는 규칙을 정해서 애정을 가지고 그것들을 집행하고, 아이들을 한 인간으로 존중한다. 그들은 겉모습에 대한 극단적 강조, 인기, 형제와 또래와의 경쟁적 비교뿐만 아니라 완벽주의적 수행 기준을 피함으로써, 아이들의 내재적 가치를 인정한다. 게다가 잘한 행동에 대한 부모의 인정도 아이들을 외부 피드백에 의존적으로 만들기보다는 행동의 기준을 내면화하는 것을 돕는 방식으로 소통될 수 있다. "네가 한 일에 대해 스스로 만족을 느껴야 한다."라고 말해줌으로써 내면화를 격려

하고, 아이들이 당신이 원했던 일을 했다는 개인적 즐거움을 전달하지는 말아야 한다(Harter, 2002). 가장 중요한 점은 아이들이 내재적 장점을 갖고 있고, 따라서 그들의 가치를 규명할 필요가 없다는 메시지로 소통하는 부모는 아이들에게 건강한 자기비움(self-forgetfulness)의 느낌을 가능하게 한다.

12. **겸손을 모델링하라.** 관찰 학습은 다른 강점을 키우는 만큼 겸손의 발달에도 중요하다. 겸손의 중요한 모델은 미와 탁월함에 매우 감수성이 높고, 자신이 큰 전체의 일부임을 아는 성인이다. 건강한 자기평가를 보여주는 부모들은 자신들의 약점을 인정하고, 긍정적 및 부정적 피드백 모두를 과민반응 없이 수용할 수 있다. 모든 인간에 대한 내재적 가치를 전달하는 교사들은 누구도 남들보다 열등하거나 우월하지 않다는 이해의 기초를 제공한다.

요약

겸손한 사람은 자신의 강점과 약점을 현실적으로 본다. 그들은 안정적이고 신뢰할 만한 자기가치의 원천을 갖고 있기 때문에 '자기를 비울 수(forget themselves)' 있다. 우리는 자신의 자만심을 인정하고, 정확한 피드백을 구하고, 자신을 웃음의 대상으로 만들고, 우주적 관점을 가질 때 겸손을 키울 수 있다. 안정적 애착을 촉진하고, 권위 있는 양육 방식을 훈련하고, 겸손의 모델이 되는 부모는 아이들이 자신들의 내재적 가치를 이해하고 누구도 남들보다 열등하거나 우월하지 않다는 것을 깨달을 수 있도록 도와준다.

희망

낙관주의
희망 탐구
희망 키우기

희망은 좋은 것이다. 아마도 가장 좋은 것일 것이다. 그리고 좋은 것은 사
라지는 법이 없다.
　　　　－'쇼생크 탈출'의 앤디 듀프레인*(Marvin & Darabont, 1994)*

만약 영화 '쇼생크 탈출'을 봤다면, 당신은 앤디 듀프레인이 희망을 가질 이유가 없음을 알 것이다. 사실 그는 우울한 게 맞다. 한때 성공적인 은행가였던 그는 아내 살인범의 누명을 쓰고 종신형을 선고받아 쇼생크 감옥에 수감된 것이다. 집에 전화할 수도 없었다. 기존 죄수들에게 조롱당하고, 못된 교도관들에게 두들겨 맞고, 쇼생크의 신참 죄수는 터널 끝에 빛이 보이지 않았다.

　오트밀 속의 벌레나 동료 재소자들에 의한 윤간도 앤디의 낙관주의를 흐리게 하지 못했다. 그는 2주간의 독방 수감 후 솟구쳐 오르는 희망을 가지고 교도소 마당으로 돌아왔다－"세상에는 돌로 만들지 못하는 장소가 있다는 것을 잊지 말아야 하고, 우리는 그것이 필요하다. 그 안에는 괴롭힐 수도 건드릴 수도 없는 뭔가가 있다. 그것은 당신 것이다." 앤디의 친구인 레드는 좀 더 현실적인 죄수인데, 앤디를 반박했다－"내 말 좀 들어봐 … 희망은 위험한 것이야. 희망은 인간을 제 정신이 아니게 만들 수 있어. 쓸데없는 짓이야"(Marvin & Darabont, 1994).

　앤디와 레드는 희망의 이득에 대한 몇 세기에 걸친 논쟁을 반복하고 있다. 희망이 '삶의 본능'이라는 Karl Menninger의 의견에 동의하는가(Menninger, Mayman, & Pruyser, 1963, p. 357) 혹은 "희망을 먹고 사는 사람은 굶어 죽을 것이다"(Bennet,

2013, p. 125에서 인용)라고 말했던 Benjamin Franklin에 더 동조하는가? 마르틴 루터가 "세상에서 행해지는 모든 것은 희망에 의해 행해진다."(Markway & Markway, 2003, p. 1에서 인용)라고 한 말은 옳은가? 혹은 Friedrich Nietzsche가 "희망은 인간의 고통을 연장하기 때문에 모든 악 중에 최악이다."(Lloyd & Mitchinson, 2009, p. 145에서 인용)라는 말이 진실에 가까운가?

현대 심리학은 긍정적 사고의 힘과 위험성에 대한 이 오랜 논쟁에 대해 매력적인 새로운 통찰을 제공한다. 이 장에서는 밝은 미래가 우리를 기다리고 있다는 전반적인 믿음인 낙관주의를 검토하고, 낙관주의와 심리적·신체적 웰빙의 연관성에 대해 살펴볼 것이다. 다음으로 그와 관련된 희망 연구를 살펴볼 것이다. 특정 삶의 목표에 대한 긍정적 지향성이 성취와 어떻게 관련되는지를 알아볼 것이다. 마지막으로 자신과 타인에게서 희망을 키우는 중요한 전략들을 생각해볼 것이다.

낙관주의

당신의 삶에서 좋은 일이나 나쁜 일이 전반적으로 일어날 것이라는 것을 믿는가?

다음에 제시된 Michael Scheier, Charles Carver 그리고 Michael Bridges(1994)의 삶의 지향성 검사-개정판(LOT-R)으로, 낙관주의를 평가해보라.

자기평가

삶의 지향성 검사 – 개정판(LOT-R) : 당신은 얼마나 낙관적인가?

다음 척도를 사용해서 각 문항에 반응하라.

0 = 절대 동의하지 않는다　　　1 = 동의하지 않는다　　　2 = 중간이다

3 = 동의한다　　　4 = 매우 동의한다

_____ **1.** 불확실한 상황에서도 나는 항상 좋은 결과를 기대한다.

_____ **2.** 나는 쉽게 긴장을 풀 수 있다.

_____ **3.** 나에게 뭔가 일이 잘못될 수 있을 때 꼭 그렇게 된다.

_____ **4.** 나는 나의 미래에 대해 언제나 긍정적이다.

_____ **5.** 나는 친구들과 즐겁게 지낸다.

_____ **6.** 나는 바쁘게 지내는 것이 좋다.

_____ **7.** 나는 일이 내 뜻대로 된다는 생각을 거의 하지 않는다.

_____ **8.** 나는 마음이 쉽게 상하지 않는다.

_____ **9.** 나에게 좋은 일이 일어날 것이라고는 거의 생각하지 않는다.

_____ **10.** 대체로 나에게 나쁜 일보다는 좋은 일이 더 많이 생길 것이라고 기대한다.

출처 : Scheier, M. F., Carver, C. S., & Bridges, M. W. (1994).

채점   먼저 3, 7, 9번 문항의 점수를 역채점(예 : 0 = 4, 1 = 3, 2 = 2, 3 = 1, 4 = 0)하고, 1, 3, 4, 7, 9, 10번 문항 점수를 더해서 총점을 구한다. 2, 5, 6, 8번 문항은 삽입문항으로 그냥 무시한다. 점수의 범위는 0~24점이고, 점수가 높을수록 낙관성이 높은 것을 나타낸다. 평균점수는 14와 15점 사이이다.

낙관주의와 심리적 웰빙

낙관주의(optimism)는 사건의 좋은 측면을 보고, 미래에 긍정적 결과를 기대하는 경향성이다. 이런 성향을 고려해볼 때, 낙관주의자들은 비관주의자들보다 더 잘 생활하는가? 긍정적 사고를 가진 과거 선지자들은 최근의 연구를 기뻐할 것이다. 일반적으로 낙관주의자들은 긍정적 기분 및 높은 사기와 연결된다. 실제로 낙관주의가 좋은 심리적 건강의 다양한 측정치들과 연합된다는 연구는 무수히 많다. 예를 들어, LOT 점수는 자제력과 자존감 둘 다와 정적으로 관련되고, 우울 및 불안과는 부적으로 관련된다 (Carver et al., 2009; Scheier & Carver, 2007; Scheier, Carver, & Bridges, 1994).

더 중요한 것은 낙관주의가 나쁜 스트레스에 대한 저항력을 제공한다는 것이다. 밝은 관점은 웰빙을 키워준다. 낙관주의자들은 비관주의자들에 비해 친숙하지 않은 환경을 다루는 것에서부터 주요 건강상 염려에 이르기까지, 스트레스 상황에 더 효과적으로 대처한다. 다음 상황을 생각해보라.

- 낙관적 전망을 가지고 대학에 들어간 학생들은 새로운 도전을 더 성공적으로 다뤘다(Aspinwall & Taylor, 1992). 대학생활을 시작할 무렵 LOT 점수가 높았을수록 학기말에 정서적 스트레스 수준이 낮았다. 낙관주의자들은 비관주의자들에 비해 스트레스, 우울, 외로움을 적게 경험하는 것 같다.

- 낙관주의는 산후 우울증 발병을 막아주는 역할을 하는 듯하다. 첫 아이 출산을 기다리는 엄마들에게 임신 마지막 주에 LOT와 우울 척도를 실시했다. 그리고 출산 후 3주 후에 두 번째 우울증 검사를 실시했다. 출산 전 낙관적이었던 산모는 비관적이었던 산모에 비해 출산 후 우울에 어떤 증가도 보이지 않았다.
- 낙관주의는 심각한 수술의 스트레스를 줄여준다(Shelby et al., 2008). 낙관적 환자는 비관적 환자에 비해 심장 우회 수술 전 고통을 덜 경험한다. 게다가 수술 전 삶의 만족을 통제해도, 낙관주의는 수술 후 더 나은 심리적 웰빙과 연관된다. 질병의 심각성과 독립적으로, 전반적인 낙관주의적 감각은 수술에 관한 특정한 확신으로 이어지고, 삶의 만족으로 이동하는 것 같다(Fitzgerald et al., 1993). 유방암 수술을 받은 환자도 유사한 효과를 보였다. 진단 시 측정된 LOT 점수가 스트레스 수준을 예측하는 데 사용되었다. 낙관주의는 낮은 초기 스트레스뿐만 아니라 수술 다음 해 동안 스트레스에 대한 탄력성을 예측했다(Carver et al., 1993).
- 낙관주의는 간병인의 웰빙에 긍정적으로 영향을 준다(Given et al., 1993). 암환자를 돌보는 사람의 낙관주의 수준이 높을수록 우울이 낮았고, 신체적 건강은 좋았고, 간병인의 일일 스케줄에 미치는 해로운 영향이 적었다. 알츠하이머 환자를 간병하는 배우자의 낙관주의 역시 유사한 이득을 보였다.

낙관주의와 신체적 웰빙

낙관주의는 명약임이 확실하다. 희망이 삶을 연장하고, 절망이 사람을 죽인다는 것은 무수한 사례연구에서 알 수 있다.

Bruno Bettelheim(1960)은 나치 독일의 강제수용소 재소자를 조사해서 희망이 생존에 필수적이었음을 알아냈다.

> 그들에겐 희망이 없고 죽어서가 아니면 이 캠프를 나갈 수 없을 거라는 보초의 말을 믿었던 재소자들은 말 그대로 걸어 다니는 시체나 다름없었다. 그들은 신체적으로나 정서적으로 완전히 탈진해 있었다. 이 사람들은 감금된 지 얼마 지나지 않아 먹기를 거부했고, 구석에 말없이 가만히 앉아 있다가, 결국 죽었다(pp. 151-152).

긍정적 전망을 가진 사람은 부정적 전망을 가진 사람에 비해, 기분이 좋을 뿐만 아니라 신체적 건강도 더 좋다는 연구 결과들이 있다. 낙관주의자들은 신체적 질병이 더 적었고 더 오래 살았다. 비관주의자들과 비교해서 낙관주의자들은 의사를 방문한 횟수도 적었고, 전반적 건강에 대해 의사로부터 더 좋은 평가를 받았고, 면역기능이 강했고, 심각한 수술로부터 더 빠른 회복을 보였다. 구체적 예를 살펴보자.

- 낙관적인 대학생은 학기의 마지막 달 시작과 끝에 더 나은 신체적 건강을 보고했다 (Scheier & Carver, 1985). 마지막 달 시작 때 측정된 낙관주의가 그 달 말에 더 적은 신체적 증상들을 예측했다는 점도 중요하다. 낙관주의와 좋은 건강 간 긍정적 연결 관계는 더 적은 증상들의 결과로 더 밝은 전망을 갖게 된 것이 아니다. 그보다는 낙관주의가 좋은 건강의 독립적 예언자인 것이다.

- 낙관주의자들은 우회 수술 동안 심장마비를 덜 일으켰고, 수술 후에 침대에 앉거나 주변을 걷는 일 등 행동적 단계를 더 빨리 성취했다(Scheier et al., 1989). 6개월 추적 조사에서, 낙관주의자들은 활발한 신체 운동을 재개했고 상근직으로 복귀한 비율이 더 높았다. '낙관주의'의 이득은 연구 시작 단계에서 환자의 의학적 상태와 독립적이었다. 즉 그들이 수술 시 증상이 덜 심각했기 때문에 더 호전된 것이 아니었다.

- 30년 넘게 관찰한 메이요 의료원(Mayo Clinic) 환자 839명 자료에서, 낙관주의는 낮은 사망 위험과 관련이 있었다(Maruta et al., 2000). 실제로 낙관주의자들은 비관주의자들보다 유의하게 더 오래 살았다. 게다가 천주교 수녀들이 초년에 수기로 쓴 자전적 내용에서 낙관주의적 내용은 장수를 강하게 예측했다(Danner & Snowdon, 2001). 성인 초기에 즐거움과 낙관주의를 표현했던 사람들의 절반 이상이 94세에도 여전히 생존해 있었다. 반면에 긍정 정서를 적게 표현했던 사람들은 11%만이 생존해 있었다.

- 660명의 노인들을 대상으로 한 연구에서, 23년 전에 측정한 노화에 대한 태도가 생존을 강하게 예측했다(Levy et al., 2002). 노화에 대해 긍정적 지각("나는 작년만큼 활력이 있다.", "나이 드는 것이 생각보다 괜찮다.")을 가진 사람들은 덜 긍정적인 지각("나이가 들면서 쓸모가 적어진다.")을 가진 사람들에 비해 7.5년 더 오래 살았다.

낙관주의는 왜 그렇게 많은 분명한 건강 이득을 제공하는가? 심리학 연구는 일관된 사실을 강조한다. 낙관주의자들은 비관주의자들에 비해 스트레스에 더 건설적으로 대처한다(Carver, Scheier, & Segerstrom, 2010). 낙관주의자들은 비관주의자들에 비해 문제 중심적이고, 어떤 도전에 직면하든 대처를 위한 행동을 한다. 낙관주의자들은 또한 가용한 사회적 지지를 이용하여, 속상한 일이 생겼을 때 가족과 친구들로부터 위로와 조언을 구했다. 비관주의자들은 스트레스에 직면할 때 잘 대처하지 않거나 역효과를 낳는 전략에 의존한다. 회피하려 하거나, 생각하지 않거나, 심지어 스트레스의 존재를 부정하기도 한다. 몇몇은 그냥 포기한다. 흥미롭게도 비관주의자들은 낙관주의자들보다 사고사나 폭력적 사망에 특히 더 취약해 보인다(Peterson et al., 1998). 이 발견은 "두 장소에서 코가 부러졌다."라고 한탄하는 피해자에게 주는 현명한 충고를 떠올리게 한다. 동정 어린 청자는 "내가 너라면 그 두 장소를 피했을 것이다."라고 말했다 (Peterson & Bossio, 2001, p. 139). 특히 비관적인 남성은 안 좋은 시간에 안 좋은 장소에 있는 습관이 있는 것 같다.

현실적 낙관주의

분명히 낙관주의는 이득이 있다. 하지만 이 강점을 평가하는 데 사용하는 또 다른 중요한 관점이 있다. 미래 생활사건 척도(Future Life Events scale)를 작성해보라.

자기평가

미래 생활사건들

학교에서 동성의 다른 학생들과 비교했을 때, 다음에 제시된 사건들이 당신에게 일어날 가능성은 어느 정도라고 생각하는가? 다음 척도를 사용해서 답하라.

1 = 100% 적다(가능성 없음)   2 = 80% 적다   3 = 60% 적다   4 = 40% 적다
5 = 20% 적다   6 = 10% 적다   7 = 평균(나의 가능성이 평균과 같다)
8 = 10% 많다   9 = 20% 많다   10 = 40% 많다   11 = 60% 많다
12 = 80% 많다   13 = 100% 많다   14 = 평균의 3배   15 = 평균의 5배

주의 : 그 사건들이 일어날 가능성이 얼마인지로 답하지 말라. 그 대신 학교의 다른 학생들과 비교해서 당신에게 그 사건이 일어날 가능성을 평가하라. 다시 말해 각 항목에 대해 "다른 학생과 비교해서, 내게 _____이/가 일어날 가능성이 _____% 더 많다 (혹은 적다)"를 생각해라.

_____ **1.** 음주문제를 가짐

_____ **2.** 대학 졸업 후 가진 직장을 좋아함

_____ **3.** 내 집을 소유함

_____ **4.** 자살을 시도함

_____ **5.** 40세 전에 심장마비에 걸림

_____ **6.** 직장에서 해고됨

_____ **7.** 첫 연봉으로 40,000달러 이상을 받음

_____ **8.** 유럽을 여행함

_____ **9.** 대학을 우수한 성적으로 졸업함

_____ **10.** 폐암에 걸림

_____ **11.** 발을 헛디뎌 뼈가 부러짐

_____ **12.** 80세를 넘김

_____ **13.** 적어도 10년간 몸무게를 유지함

_____ **14.** 결혼하고 몇 년 지나지 않아 이혼함

출처 : Weinstein (1980).

채점　1, 4, 5, 6, 10, 11, 14번 문항의 평균 점수를 구하라. 즉 그 문항의 점수를 더한 다음 7로 나눈다. 그다음 2, 3, 7, 8, 9, 12, 13번 문항의 평균 점수를 구한다. 총점을 7로 나눈다. 전자는 부정적 생활사건을 포함하고, 후자는 긍정적 생활사건을 포함한다. 이 연습문제에 대한 평균은, 부정적 생활사건에 대해서는 7.0 이하이고, 긍정적 생활사건에 대해서는 7.0 이상이다. 즉 사람들은 자신의 동료들에 비해서, 자신은 부정적 사건을 덜 경험하고 긍정적 사건은 더 많이 경험할 것이라고 생각한다.

　Neil Weinstein(1980, 1982, 2003)에 따르면, 우리 대부분은 미래의 생활사건들에 대해 비현실적으로 낙관적이다. 그 결과는? 위험을 과소평가하면서, 예방적 행위를 덜 할 수도 있다. 흡연자들은 흡연의 위험성에 대한 개인적 민감성을 과소평가해서 금연하지 않는다(Gibbons, Eggleston, & Benthin, 1997; Weinstein, Slovic, & Gibson, 2004). 가임연령의 여성들 중 자신에게는 원치 않는 임신이 없을 거라 보는 여성은 일관되게 피임기구를 사용하지 않았다(Burger & Burns, 1988). 분명히 낙관주의는 한계

가 있다.

따라서 "희망을 깨우지 마라."는 때로는 좋은 조언이다. 쇼생크 감옥에서 레드는 앤디에게 낙관주의가 실망을 줄 수 있다고 경고한다 ─ "빠져나갈 수 없어. 우리는 여기서 죽을 운명이고 희망은 너를 미치게 할 거야"(Marvin & Darabont, 1994). "아무것도 기대하지 않는 자에게 축복이 있다."라고 시인 Alexander Pope가 썼다. "왜냐하면 그는 결코 실망하지 않을 것이기 때문이다"(Bent, 1887, p. 628에서 인용).

비현실적 낙관주의와 비교해서, '융통성 있고', '현실적인' 낙관주의(Seligman, 1990; Schneider, 2001)는 눈은 뜨고 있으면서, 희망에 찬 사람들의 특징이다. 과거를 볼 때, 그들은 자신과 타인에게 의심의 이득을 준다. 그들은 현재의 장애물을 도전으로 본다. 그들은 미래를 기대로 바라본다. 동시에 그들은 소망적 사고만으로 상황이 나아지지 않으며, 모든 것이 개인의 통제하에 있지도 않다는 것을 안다. 낙관주의자들은 통제할 수 없는 상황에서 수용을 보여주는 반면에, 비관주의자들은 더 쉽게 적극적 거부에 빠진다(Carver & Scheier, 1999). 낙관주의, 특히 융통성 있는 낙관주의는 이득이 있다. 그러나 왜 그런가? 낙관주의는 어떤 작용을 통해 이득을 제공하는가?

낙관주의는 어떻게 작용하는가?

첫째, 현실적 낙관주의는 동기를 부여한다. 우리는 가치 있는 것이 성취될 수 있다고 믿으면 노력을 더 투자한다. 자신의 미래에 대해 호의적 평가를 하는 사람들은 행동을 개시하기 더 쉽다. 장애에 맞닥뜨리고 그들의 진행이 일시적으로 방해되더라도 낙관주의자들은 계속 나아가는 경향이 있다. 왜 그런가? 열쇠는 사람들이 방해를 어떻게 해석하는가에 있다. Martin Seligman(1990)은 낙관주의자들과 비관주의자들이 삶의 낙담에 대해 서로 다른 설명을 제공한다고 설명한다.

🖊️ **자기평가**

설명 양식

은행에서 방금 당신의 은행계좌 잔고가 바닥났다는 것을 알려왔다고 생각해보라. 이 상황에 대한 가능한 이유들을 잠시 생각한 후, 가장 중요한 원인이라고 믿어지는 한 가지를 한두 문장으로 적어보라.

_____

_____

_____

_____

방금 당신이 적은 것에 관해 생각하면서, 다음 질문에 답하라.

1. 그 원인은 영구적인 것인가 혹은 일시적인 것인가, 즉 그 원인은 미래에도 존재할 것인가?

   _____

2. 그 원인은 당신의 삶의 다른 영역에도 영향을 미치는 것인가 아니면 은행계좌 잔고에만 영향을 미치는 것인가?

   _____

3. 그 원인은 당신에 관한 것을 더 반영하는가 아니면 다른 사람과 상황에 관한 것을 더 반영하는가?

   _____

Seligman은 비관주의자들이 문젯거리를 안정적("그것은 영원히 지속될 것이다."), 전반적("그것은 내가 하는 모든 일에 영향을 줄 것이다."), 내적("그것은 모두 내 잘못이다.") 요인의 관점에서 설명하는 경향이 있다고 보고한다. 그러한 설명은 그들에게 무기력감을 느끼게 만든다. 삶은 통제 가능하지 않기 때문에 그들은 "왜 노력을 해야 하지?"라고 묻는다. 이는 비관주의자들을 마비시킨다.

삶의 문제를 설명하는 이 스타일과 쇼생크의 낙관적인 앤디 듀프레인의 스타일을 비교해보라. "물론 나는 감옥에 있다."라고 앤디는 인정한다. "그러나 자유의 상실은 일시적인 적이다. 게다가 감금이 내가 하는 모든 일을 약화시키진 않는다. 여전히 노력하면 달라질 수 있다. 보라." 그는 스스로에게 말한다. "나는 편지를 쓰고, 책을 읽고, 학생들을 가르치고, 재무회계를 여전히 하고 있다. 내가 쇼생크에 온 것은 정말 내 잘못이 아니다." 분명히 낙관적 전망은 그에게 힘을 준다.

앤디가 말한 것처럼, 낙관주의자들은 부정적 사건을 일시적이고("이것은 단지 일시적이다."), 특정적이고("이것은 삶의 작은 부분일 뿐이다."), 외적인("이것은 정말 내 잘못이 아니다.") 것으로 설명하는 경향이 있다(Peterson & Steen, 2009). 그 같은 설명은 기운이 나게 해주고, 심리적 보호를 제공한다(Wise & Rosqvist, 2006). 분명히 부정적 사건은 극복될 수 있다.

이 같은 방식의 설명 양식은 높은 성취 수준 및 실패로부터 회복하는 능력과 관련된다. Seligman과 Schulman(1986)은 관점이 다소 낙관주의적인 신참 보험 영업사원의 성공을 평가했다. 첫 번째 좌절을 운으로 보거나, 새로운 접근 방식의 필요성을 제안하는 것으로 본 영업사원은 보험 증권을 더 많이 팔았고 그만두는 비율도 절반밖에 안됐다.

낙관주의자들의 이득은 쉽게 포기하지 않고 단순히 오래 지속하는 것 이상이다. 그들은 문제에 더 잘 대처하는 경향이 있다.

✎ 자기평가

대처 전략

잠시 동안 작년에 직면했던 가장 중요한 문제를 생각해보라. 그런 다음 아래 척도를 사용해서 그 문제를 다루는 데 다음에 제시된 각각의 전략들을 얼마나 자주 사용했는지 평가하라.

0=전혀 아니다　　　　　1=약간　　　　　2=이따금　　　　　3=꽤 자주

_____ **1.** 한 번에 하루치 일을 했다.

_____ **2.** 상황에 관해 더 많이 알아보려고 노력했다.

_____ **3.** 술을 마심으로써 긴장을 감소시키려 했다.

_____ **4.** 전문가(의사, 변호사, 성직자)와 이야기했다.

_____ **5.** 화가 나거나 우울할 때, 다른 사람에게 화풀이를 했다.

_____ **6.** 조언이나 힘을 달라고 기도했다.

_____ **7.** 문제에 관해 친구와 이야기했다.

_____ **8.** 안정제를 복용해서 긴장을 감소시키려 했다.

_____ **9.** 자신을 기분 좋게 해주는 것을 스스로에게 말했다.

_____ **10.** 내 감정을 혼자 삭였다.

_____ **11.** 상황에서 긍정적인 무언가를 얻기 위해 협상하거나 타협했다.

_____ **12.** 운동을 더 많이 해서 긴장을 감소시키려 노력했다.

_____ **13.** 흡연을 더 많이 해서 긴장을 감소시키려 노력했다.

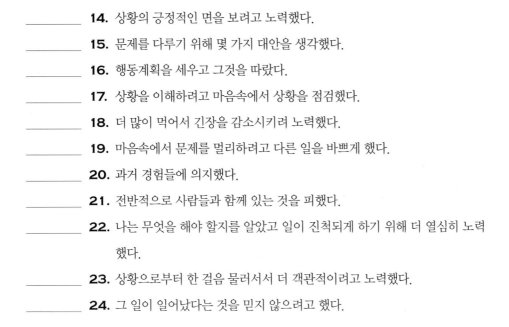

_____ **14.** 상황의 긍정적인 면을 보려고 노력했다.

_____ **15.** 문제를 다루기 위해 몇 가지 대안을 생각했다.

_____ **16.** 행동계획을 세우고 그것을 따랐다.

_____ **17.** 상황을 이해하려고 마음속에서 상황을 점검했다.

_____ **18.** 더 많이 먹어서 긴장을 감소시키려 노력했다.

_____ **19.** 마음속에서 문제를 멀리하려고 다른 일을 바쁘게 했다.

_____ **20.** 과거 경험들에 의지했다.

_____ **21.** 전반적으로 사람들과 함께 있는 것을 피했다.

_____ **22.** 나는 무엇을 해야 할지를 알았고 일이 진척되게 하기 위해 더 열심히 노력했다.

_____ **23.** 상황으로부터 한 걸음 물러서서 더 객관적이려고 노력했다.

_____ **24.** 그 일이 일어났다는 것을 믿지 않으려고 했다.

채점 이 질문지는 Charles Holahan과 Rudolph Moos(1987)가 만든 검사를 축약한 것으로, 문제에 대처하는 세 가지 다른 전략을 측정한다. 먼저 **능동적-인지 전략**(1, 6, 9, 14, 15, 17, 20, 23번 문항으로 측정)은 문제 대처를 돕는 사고를 구성하려는 능동적 노력을 의미한다. **능동적-행동 전략**(2, 4, 7, 11, 12, 16, 19, 22번 문항으로 측정)은 상황을 바꾸려는 능동적 노력을 말하고, **회피 전략**(3, 5, 8, 10, 13, 18, 21, 24번 문항으로 측정)은 문제를 의식 밖에 두려는 노력을 나타낸다. 당신이 어떤 전략을 더 많이 사용하는 경향이 있는지 결정하기 위해, 각 하위척도의 평균 점수를 구하라. 즉 세 가지 하위척도의 항목들을 더해서 8로 나눈다. 어떤 평균값이 가장 높고, 어떤 값이 가장 낮은가?

앞에서 살펴본 것처럼, 연구에 따르면 낙관주의자들이 스트레스에 더 적응적인 방식으로 대처한다. 즉 그들은 회피 전략보다는 능동적-인지 전략과 능동적 행동 전략을 사용하는 경향이 있다. 도전에 직면해서 행동을 하고, 더 주의를 기울이고, 더 많이 계획을 세운다. 부정적 상황에서 최선을 만들려고 의도하면서, 그들은 역경으로부터 개인적으로 성장하려고 노력한다.

낙관적인 대학 신입생을 생각해보자. 그들은 비관적인 학생들보다 대학생활에 더 쉽게 적응하는 듯 보인다. Aspinwall과 Taylor(1992)는 대처 전략을 연구해서 낙관주의자들은 새로운 수업에 참여하고 새로운 관계를 형성하고, 낯선 환경에서 생활하는 스트레스를 더 잘 다룬다는 것을 발견했다. 그들은 시험공부를 하고, 다른 학생들과 이야기를 나누는 것 같은 직접적 문제 해결을 통해 다가올 시험의 도전에 직면했다. 비관주의자들은 문제가 존재하지 않는 것처럼 행동하거나, 소망적 사고와 사회적 철수로 물러났다.

특히 무력감에 기초한 비관주의는 면역계를 억제하고 그 결과 신체적 질병에 더 취약하게 했다(Rodin, 1986). 낙관주의와 신체적 웰빙 간의 긍정적 관계는 또한 좋은 건강에 기여하는 태도와 행동에 기초를 제공한다. 낙관주의자들은 비관주의자들보다 건강 관련 정보에 더 주의를 많이 둔다(Aspinwall & Brunhart, 1996). 그리고 물질 남용 같은 자기 파괴적 습관이 적다(Carvajal et al., 1998). 식사에서 포화지방을 제한하고, 체지방을 낮추고, 유산소 운동 능력을 증가시키는 데 더 성공적이다(Shepperd, Maroto, & Pbert, 1996). 그리고 암 같은 심각한 질병을 진단받았을 때, 낙관주의자들은 현실 수용을 더 잘했을 뿐만 아니라 예기치 않은 도전을 해결하기 위해 능동적 단계를 더 잘 따랐다(Carver et al., 1993). 간단히 말해 낙관주의는 활력을 주고 더 효과적인 문제 해결 능력을 길러줌으로써 우리에게 이득을 준다.

⋯⫶ 요약

철학자, 신학자, 심리학자들은 희망의 장점에 관해 오래 논쟁해왔다. Scheier, Carver 그리고 Bridges(1994)의 삶의 지향성 검사-개정판(LOT-R)은 낙관주의를 평가한다. 즉 우리 삶에서 나쁜 일에 비해 좋은 일이 전반적으로 더 일어날 것이라고 믿는 정도를 나타낸다. 연구에 따르면 낙관주의는 심리적·신체적 웰빙 둘 다와 관련된다. 낙관주의자들은 스트레스 사건에 더 잘 대처하고 비관주의자들보다 실제로 더 오래 산다. 비록 비현실적인 낙관주의가 사람을 실망시키고 위험에 빠뜨릴 수 있지만, 융통성 있는 낙관주의는 활력을 주고 효과적인 문제 해결을 촉진한다.

희망 탐구

앤디 듀프래인 : 목표를 가진 열정적 인간

앤디는 자유를 꿈꾼다. 쇼생크에 있는 대부분의 죄수들도 최소한 처음 거기 들어갔을 때는 그랬다. 하지만 레드 같이 오래된 재소자들은 더 잘 안다. 희망은 헛된 낙관주의라는 것을. 그는 앤디에게 경고한다. "벽을 통과해 터널을 뚫는 데 600년 걸릴 거야." 대부분의 재소자들은 결국 '제도화'되었다. 레드가 말을 이었다. "이 벽들은 재밌어. 처음에서는 벽을 미워할 거야. 그런 다음에는 익숙해지지. 시간이 더 흐르면 벽에 의지하게 돼." 희망은 끔찍한 환경에서 말라죽는다.

하지만 앤디는 달랐다. 그의 의지는 방법을 찾는다. 그리고 감옥에서 초기에 성공적 경험을 한 것이 낙관주의에 연료를 공급했다. 매주, 그것도 6년간 재소자 도서관의 새 책을 구입하기 위한 200달러를 얻기 위해 주 상원에 편지를 쓴다. 앤디의 명석한 법적 조언 덕에 캡틴 해들리의 유산을 지켜내고, 앤디와 동료들은 더운 여름날 시원한 맥주 석 잔의 휴식을 가진다. 마침내 무단침입으로 2년을 선고받고 새로 들어온 토미 윌리엄스가 나갈 수 있는 길을 제공하는 듯 보였다. 다른 곳에 수감되어 있던 토미는 동료 재소자가 앤디의 아내를 죽였다고 자백하는 것을 들었다.

그러나 희망은 무너진다. 이 이야기의 실제 범인인 와든 노튼에 의해 앤디의 무죄를 증언하려던 토미가 살해된다. 자유로 가는 길은 막혀버린다. 교훈은? 강한 의지가 좋은 상황을 보장하지 않는다는 것이다.

19년 후, 놀랍게도 쇼생크의 이른 아침 앤디의 침상이 빈 채 발견된다. 비어 있는 감방으로 달려온 교도소장은 할 말을 잃고, 탈출로에 발을 헛디딘다. 벽 크기의 배우 라켈 웰치의 포스터 뒤로, 앤디는 자유의 통로를 꼼꼼하게 끌로 파냈다. 몇 년간 인내심을 가지고, 벽을 한 번에 한 줌씩 운동장으로 퍼 날랐다. 구원의 도구는 무엇이었는가? 교도소장이 새로운 재소자에게 매번 선물로 주는 성경책의 안을 파내서 돌망치를 조심스럽게 숨겼다. 앤디의 희망은 실현되었다. 희망의 재료는 분명하게 정의된 목표, 엄청난 투지 그리고 세심하게 계획된 방법이었다.

희망의 심리학

잠시 눈을 감고, 당신의 미래를 생각해보라. 마음속에 떠오르는 첫 이미지를 적어보라.

_____

_____

_____

그것을 떠올리는 데 얼마나 걸리는가? C. R. Snyder(1994)에 따르면, 일어나기 원하는 무언가를 상상하는 데 몇 초 밖에 안 걸린다. 우리는 내재적으로 목표 지향적이다. 목표는 즉각적인 단기 목표부터("나는 오늘의 읽기 과제를 완성하기를 원한다.") 더 의미 있는 장기 목표까지("나는 학사학위를 받기 원한다.") 희망적 사고의 대상이다. 그러나 목표는 단지 희망의 한 가지 구성요소라고 Snyder는 말한다. 다른 요소들을 평가하기 위해 다음에 제시된 희망 척도를 완성하라(Snyder et al., 1991; Snyder, 1994).

🖉 **자기평가**

희망 척도

문항들을 주의 깊게 읽고, 다음 척도를 사용해서 자신을 가장 잘 기술하는 숫자를 선택하라.

1=절대적으로 거짓   2=대부분 거짓   3=대부분 사실   4=절대적으로 사실

_____ **1.** 나는 내 목표를 열정적으로 추구한다.

_____ **2.** 나는 곤경에서 벗어날 많은 방법을 생각할 수 있다.

_____ **3.** 나의 과거 경험은 내 미래를 위해 나를 잘 준비시켰다.

_____ **4.** 어떤 문제든지 많은 방법이 있다.

_____ **5.** 나는 인생에서 꽤 성공적이었다.

_____ **6.** 나는 내게 가장 중요한 것들을 얻기 위한 많은 방법을 생각할 수 있다.

_____ **7.** 나는 스스로 설정한 목표를 충족시킨다.

_____ **8.** 다른 사람들이 좌절할 때조차, 나는 내가 문제를 해결할 방법을 찾을 수 있다는 것을 안다.

👤 **채점**   Snyder에 따르면, 희망은 미래 목표에 도달하는 '의지력(willpower)'과 '방법력(waypower)'을 반영한다. **작용힘(agency)**은 의지력 혹은 목표를 향해 계속 움직이는 데 필요

한 에너지이다. **경로(pathway)**는 방법력 혹은 목표를 성취하기 위한 방법을 만드는 지각된 능력이다.

작용힘 하위척도는 1, 3, 5, 7번 문항의 점수를 더한다. 경로 하위척도는 2, 4, 6, 8번 문항 점수를 더한다. 4개의 작용힘 문항과 4개의 경로 문항을 더해서 전체 '희망' 점수를 구한다. 각 하위척도의 평균 점수는 12점이고, 전체 희망 점수의 평균은 24점이다. 평균보다 높은 점수는 더 희망적이라는 것을, 낮은 점수는 덜 희망적이라는 것을 반영한다.

희망 척도의 점수는 느끼거나 행동하는 방식을 예언할 수 있는가? 사회, 임상, 긍정 심리학자인 고 C. R. Snyder는 TV 쇼인 '굿모닝 아메리카(Good Morning America)'에 희망에 관한 주제로 출연했다(Lopez, 2006a, b). 프로그램 출연 전에, Snyder는 쇼의 출연진(진행자, 의학기자, 기상캐스터)에게 희망 척도를 실시했다. 이후 생방송에서 Snyder는 세 명의 출연진에게 전통적인 실험심리학 연구 도구인 '한냉압박검사(cold pressor task)'를 차례대로 하게 했다. 이 과제는 간단하다─오른 주먹을 얼음물에 집어넣고 너무 고통스러워 참을 수 없을 때까지 유지하는 것이다. 만약 이것이 너무 쉽거나 고통스럽지 않을 것같이 여겨지면 직접 해보라. 깜짝 놀랄 것이다. 시범을 보이는 동안 Snyder는 희망 이론을 청중에게 소개했고, 희망 점수가 높을수록 고통 내성이 높다는 것을 설명했다. Snyder가 예측한 대로, 출연진 각각의 희망 척도 점수는 그들이 얼음물과 그로 인한 고통 및 마비를 얼마나 견뎌내는가를 예측했다. 간단히 말해 높은 수준의 희망은 불편을 더 오래 버텨내는 능력과 연관되었다(Snyder et al., 2005 참고).

이밖에도 희망은 사람들이 장애물과 도전에 직면하는 것을 다음과 같은 방식으로 돕는다.

희망적인 사람들의 목표

희망을 높게 가진 사람은 낮게 가진 사람보다 스스로에게 더 많은 목표를 설정한다(Snyder et al., 1991). 그들은 경력, 관계, 여가를 포함하는 삶의 역할 각각에 하나가 아니라 몇 가지 목표를 설정한다. 희망적인 사람은 또한 스스로에게 더 어려운 목표를 설정한다(Snyder et al., 1991). 희망적인 사람의 목표는 구체적이고 생생한 경향이 있다(Snyder, 1995). 그 목표들은 자신과 타인에게 온전하게 기술될 수 있다.

타인과의 희망적인 연결

희망적인 사고나 희망적 전망은 언제 시작되는가? 희망의 기원은 아마도 어린 시절 아동과 성인 양육자, 멘토, 역할 모델과의 긍정적 상호작용의 결과일 것이다. 희망적인 사람은 타인의 관점을 이해하는 데 능숙하다(Rieger, 1993). 이 말의 의미는 그들이 사회적으로 유능하고(Snyder et al., 1997), 희망이 낮은 사람들보다 덜 외롭다는 것이다(Sympson, 1999). 높은 수준의 희망은 타인과의 친밀한 관계를 갖는 것과 긍정적으로 연결된다. 희망을 가진 사람은 자신의 목표를 추진하는 것만큼 타인의 목표를 발전시키는 데도 관심이 있다(Snyder et al., 1997).

희망적인 사람들의 의지력

희망을 높게 가진 사람은 일상에서 낙관적이고 스스로 운명을 통제한다고 믿는다(Snyder, 1994). 어려운 목표는 극복할 수 없는 장애물이라기보다는 활기를 북돋우는 도전으로 본다. 희망적인 사람도 다른 사람들처럼 실망을 경험하지만, 그것을 다르게 생각하는 경향이 있다. 희망적인 사람들은 "나는 그것을 해낼 거야.", "나는 할 수 있어.", "나는 포기하지 않아." 같은 혼자말로 견뎌낸다. 좌절을 반추하기보다, 아직 해야 할 일에 초점을 맞춘다(Snyder et al., 1998).

희망적인 사람들의 방법력

덜 희망적인 사람들에 비해, 희망을 높게 가진 사람들은 목표의 대안적 경로를 찾아내는 데 더 능숙하다. 예를 들어, 연구자들은 대학생들에게, B학점을 목표로 듣고 있는 과목의 첫 시험에서 D를 받았다면 어떻게 할 것인가를 물었다. 희망적인 학생은 여러 가지 적응적 전략을 이야기했다. 예를 들면 교수에게 상의하고, 노트와 읽기 자료를 살펴보고, 매일 공부할 시간을 계획하고, 개인지도를 받는다(Yoshinobu, 1989).

　스트레스를 받을 때 희망적인 사람은 대처 전략의 무기고가 더 큰 듯하다. 그들은 좋을 때와 나쁠 때 사용할 수 있는 지지망이 더 크다. 삶의 시험에 대처하기 위해 유머를 더 잘 사용한다. 정신적 에너지를 새롭게 하기 위해 기도나 명상을 한다. 건강의 중요성을 인식하고 운동을 한다.

희망과 성취

희망 척도에서 높은 점수를 받은 사람은 낮은 점수를 받은 사람보다 IQ가 더 높은 것은 아니다. 하지만 더 성공한다. 그들은 굴하지 않고 목표에 도달하는 경향이 있다. 예를 들어, 한 연구(Snyder et al., 1991)에서, 심리학개론 수강생들에게 학기 초에 희망 척도를 실시했다. 몇 주 후에 그들은 그 수업에서 받을 최종 학점을 예측해야 했다. 희망 척도 점수는 기대한 학점과 받은 학점 둘 다와 긍정적 상관이 있었다.

요약

목표는 희망적 사고의 대상이다. 의지력은 목표를 향해 계속 나아가려는 동기이다. 방법력은 그 목표를 성취하기 위한 경로를 생성하는 지각된 능력이다. 희망의 이 같은 구성요소는 상호 연결되어 있다. 예를 들어 분명한 목표를 식별하는 것은 적절한 경로를 탐색하는 것을 촉진할 수 있다.

희망적인 사람은 스스로에게 더 많은 도전 목표를 설정한다. 게다가 구체적이고 생생한 목표를 갖는다. 그들은 일상에서 낙관적이고, 장애물을 극복할 수 없다기보다는 활기를 북돋우는 도전으로 본다. 목표의 대안적 경로를 찾아내는 데 더 능숙하고 더 높은 수준의 성취를 즐긴다.

희망 키우기

희망적인 사람은 그들이 바라는 것을 당신에게 말할 수 있다. Diane McDermott와 C. R. Snyder(1999)는 주기적으로 우리 모두는 희망의 목록과 희망하는 이유를 검토해야 한다고 제안한다.

목표 확인하기

목표를 설정하기 위한 한 가지 효과적인 전략은 관계, 가족, 일, 건강, 취미 등, 삶의 주요 영역을 파악하는 것일 것이다. 그리고 각 영역별로 중요한 목표의 목록을 만든다. 이런 작업을 처음해보더라도 그리 오래 걸리지 않는다. 일단 목록을 작성하면, 한

주 동안 치워놓았다가 다시 꺼내본다. 그리고 적절하게 목표를 더하거나 뺀다. 각 영역의 목표의 수를 늘려나간다. 희망적인 사람은 삶의 여러 영역에 많은 목표를 가지고 있는 경향이 있다.

목표의 목록을 만들 때, 희망적인 사람은 생생하고 구체적인 목표를 갖는다는 것을 염두에 둔다. '성공하기'처럼 모호한 목표는 동기의 관점에서 거의 쓸모가 없다. 또한 감당할 수 있는 목표가 희망을 유도한다는 것을 명심하라. 의욕을 고취시키는 장기적인 목표를 갖는 것이 좋다. 하지만 그것을 단계별 하위 목표로 나눠야 한다. 목표 추구의 과정에서 진척을 측정할 수 있을 때, 만족감이 더 높아진다.

각 영역에서 여러 목표를 확인한 후에서는 우선순위를 정하도록 한다. 아주 중요한 것부터 약간 중요한 것까지 목표들을 분류한다. 매우 중요한 것에는 A를 주고, 꽤 중요한 것에 B, 어느 정도 중요한 것에 C, 약간 중요한 것에 D를 준다. Snyder의 지침을 따를 때, 자신의 목록을 만드는 것이 너무 어렵지 않도록 한다.

순위	관계	가족	일	건강	취미
A	공감을 더 많이 표현하기	딸의 고등학교 수업 선택 도와주기	교수용 비디오 시리즈 안내서 마무리하기	안경 구입하기	영화 시리즈를 위한 시즌권 구입하기
A	컴퓨터 수업 같이 듣기	매주 연로하신 엄마 방문하기	추천편지 쓰기	하루 30분 운동하기	주 1회 골프게임 일정 잡기
B	집수리 계획을 끝내기	딸의 운전연습 도와주기	공감 관련 챕터 준비하기	3kg 감량하기	수족관 관리에 관한 책 읽기
B	기념일을 기억하기	가족 모임 계획하기	새 학기를 위한 강의계획서 준비하기	균형 잡힌 식사하기	여름 정원 계획하기/씨앗 구입하기
B	친구와 콘서트 가기	숙모와 삼촌에게 편지 쓰기	학과 세미나를 준비하기	연례 건강검진 일정 잡기	추천받은 소설을 읽기 위해 일주일에 4시간 확보하기
C	휴가 계획하기	학자금 모으기	위원회 모임스케줄 준비하기	수면 시간을 늘리기	저녁 목공 수업 수강하기

자신의 목표를 파악하고 순위를 매겨본다.

순위	관계	가족	일	건강	취미

의지력과 방법력 강화하기

목표를 확인했다면, 희망적인 사람들은 그 목표에 도달하기 위해 나아가는 데 대한 책임감을 갖는다. 작용 주체와 경로에 대한 의식은 주로 자기 자신과 세상에 관해 생각하는 방식에서 기원한다.

앞서 주목했던 것처럼, 희망적인 사람은 그들의 목표를 도전으로 보는 경향이 있고, 실패보다는 성공에 초점을 맞춘다. 어려움으로 평가하는 대신에 기회로 생각한다. "한국어를 배우는 이 수업은 나 자신을 신장시키는 기회를 제공한다.", "지적 장애가 있는 아이들에게 그들이 사용할 수 있는 어휘를 숙달하도록 돕는 일은 만족감을 준다." 그리고 장애가 발생하면, 희망적인 사람들은 긍정적인 내면 대화를 계속한다 — "나는 할 수 있어.", "나는 그것을 해결할 거야.", "나는 포기하지 않을 거야."

당신의 내면 대화 내용을 평가하기 위해, 한 주 동안 목표와 관련된 사고일지를 써 보라. 어떤 일을 할 수 없다거나, 나쁜 일이 일어날 것이라고 스스로 반복해서 안 좋은 말을 얼마나 많이 하고 있는가? 그런 사고 패턴은 의지력을 약화시킨다. 위축되지 말라. 그보다는 이 알아차림이 변화를 향한 첫걸음임을 인식하라.

성공을 시각화하기(그다음 실천하기)

긍정적 사고의 제창자인 Norman Vincent Peale(1982, p. 15)은 "성공한 당신의 이미지를 잡으라."고 추천했다. "바라는 결과가 올 때, 이미 마음속에 존재했던 현실을 단지 공명하듯이 여겨지도록 생생하게 시각화하라." 좋은 충고일까? 스포츠 심리학자들은 이제 수행을 개선하기 위한 훈련의 한 부분으로 정신적 시뮬레이션을 포함하고 있다. 많은 운동선수들이 다이빙, 테니스 서브, 스케이트 점프를 시각화할 때, 수행과 연합된 근육에서 어떤 찌르르한 느낌을 실제로 경험한다고 보고한다.

어떤 경우에는 그러한 정신적 시뮬레이션이 의지력을 키운다. 그러나 더 중요한 점은 정신적 시뮬레이션이 방법력을 키워주는 것 같다는 것이다. 바라는 목표에 도달하는 데 필요한 과정(process)을 연습하는 것은 단지 목적지(destination)만을 심상하는 것보다 이득이 크다.

심리학 중간시험 일주일 전, 학생들은 정신적 시뮬레이션 훈련을 받았다(Pham & Taylor, 1997). 어떤 학생들에게는 A학점을 받는 상상을 하라고 말했다. 다른 학생들에게는 A학점을 받을 수 있게 해주는 방식으로 시험공부를 하는 자신을 시각화하라고 말했다. 시각화는 책상에서, 침대에서, 공부하는 도서관에서 하도록 했고, 강의노트를 검토하고, TV나 스테레오 등 방해물을 제거하고, 놀자는 친구의 유혹을 물리치는 것이었다.

각 집단은 시험 때까지 매일 5분씩 이 시뮬레이션을 훈련했다. 단지 결과에 관해서만 생각했던 학생들은 거의 개선이 없었다. 시험 점수에서 2점 정도만 올라갔다. 그러나 과정을 시각화했던 학생들은 곧바로 공부를 시작했고, 더 많은 시간 공부했으며, 그 결과 8점의 점수 상승이 있었다. 계획을 창조함으로써 목표를 달성하는 데 필요한 과정을 연습하는 것은 거기에 가는 데 필요한 단계들을 확인하도록 돕는다고 연구자들은 제안한다. 계획이 수립되면, 그냥 실천하기 시작하면 된다.

낙관주의 학습하기

목표를 성공적으로 추구한 이전 경험을 떠올리는 것은, 특히 현재의 위험에 직면할 때 인내심을 키워준다. 한 번 했다면 다시 할 수 있다는 것을 상기시켜줄 뿐만 아니라, 한 번 작동했고, 다시 작동할 수 있는 특정 전략에 대한 통찰을 제공한다.

비록 우리가 목표에 대한 장애물이 필연적으로 부정적 결과를 가져온다고 생각하기도 하지만, 심리학자 Albert Ellis(1989)는 다르게 가르쳤다. 사람들은 실망의 원인을 분석하는 경향이 있고, 그들이 파악한 특정 대답은 왜 두 사람이 같은 사건에 대해 다르게 반응하는지를 이해하는 핵심요소가 된다.

예를 들어, 축구팀에 들어가는 데 실패한 제이크는 "나는 끔찍한 운동선수야."라고 믿으며, 다른 운동팀에 지원해볼 생각을 하지 않는다. 대회 본선 진출에 실패한 리카르도는 "나는 충분히 열심히 노력하지 못했어."라고 결론내리고, 더 열심히 노력한다. 요약하면, 제이크의 실패는 마비를 가져온 반면, 리카르도의 실패는 힘을 내게 한다. 앞서 봤던 것처럼, 비관주의자들은 역경을 내적이고("난 운동을 잘하지 못해."), 영구적이며("난 눈과 손의 협응이 좋지 않아."), 광범위한("나는 패배자야.") 원인의 관점에서 설명하는 경향이 있다. 낙관주의자들은 외적이고("코치가 2학년생을 좋아하지 않아."), 일시적이며("나는 잠을 충분히 못 잤어."), 한정적인("내가 축구를 잘 못해.") 원인을 선호한다.

Seligman(1990)은 낙관주의를 학습하려면 먼저 그 기저의 ABC를 이해해야 한다고 제안한다. 역경(Adversity)을 경험하면, 우리는 그것을 이해하려는 방식으로 반응한다. 그 이해는 믿음(Beliefs)에 녹아들고 그 믿음은 느낌과 행동이라는 실제 결과(Consequences)를 가져온다.

📝 자기평가

낙관주의 학습하기

낙관주의의 ABC가 어떻게 작동하는지 알기 위해, 다음 보기를 시도해보라. 각각의 경우에 역경은 신념이나 결과 어느 하나에 덧붙여 파악된다. 빈칸을 채워보자. 이 예제들의 몇몇은 낙관적 전망을 반영하고, 다른 것들은 그렇지 않다.

1. A. 콘서트 표를 사기 위해 기다리는데, 누군가 당신 앞에서 새치기를 한다.

   B. 당신은 _____

   _____ 라고 생각한다.

   C. 화가 나서 다른 고객에게 큰소리로 말한다.

2. A. 커피숍에서 만났던 사람이 당신의 전화에 응답하지 않았다.

   B. 당신은 _____

   _____ 라고 생각한다.

   C. 그 일로 동요하지 않고 그날 할 일을 했다.

3. A. 아파트 키를 잃어버렸다.

   B. 당신은 "내가 똑바로 하는 일이 없어."라고 생각한다.

   C. 당신은 _____

   _____ 을/를 느낀다(또는 ~을/를 한다).

4. A. 상사가 당신이 5분 늦게 출근한 것에 대해 불만을 표한다.

   B. 당신은 "그가 실제로는 그날 일정이 사나웠을 것."이라고 생각한다.

   C. 당신은 _____

   _____ 을/를 느낀다(또는 ~을/를 한다).

목표-관련 사고에 대한 주간 일기의 일부로서, 당신의 삶에서 몇 가지 ABC를 기록 해볼 수 있다. 그 크기에 상관없이 역경과 결과적인 느낌 및 행위 간의 연결을 분석해 본다. 예를 들어 역경은 당신이 잠을 너무 많이 자거나 버스를 놓치거나 전화요금을 내지 않았다는 것을 발견하는 것일 수 있다. 신념은 "나는 제대로 하는 것이 아무것도 없어."처럼 역경을 어떻게 해석하는가이다. 결과로서, 당신의 느낌과 당신이 한 일을 기록하라. 우울했는가, 화가 났는가, 슬펐는가? 에너지를 잃고 하루를 낭비했는가?

사람들은 비관적 설명 양식을 더 낙관적인 양식으로 바꾸는 것을 학습할 수 있다 (Seligman et al., 1999). 만약 도전이 성공적이었다면, 비관적 신념들은 같은 역경이 반 복될 때 다시 떠오르지 않을 것이다. 실망에 대한 대안적 원인을 제공하고, 반응이 지 나쳤다는 것을 깨닫고, 신념이 사실은 잘못되었다는 것을 보여주는 논박을 학습하게 되면 비관적 설명을 약화시키고 더 효과적으로 역경에 대처할 수 있게 된다.

공동체적 희망

희망은 공동체에서 가장 잘 번영한다. 거기서 개인은 타인과 연결되고 사회적 지지를 교환한다. 연구에 따르면, 높은 희망의 사람은 좋을 때나 나쁠 때 의지하는 사회적 지 지망을 가지고 있다(Snyder, 1994). 필연적 결과 또한 사실이다. 덜 희망적인 사람은 외롭다. 그들은 관계를 시작하고 지속하기 어렵다.

따라서 소속의 필요성을 약화시키는 사회적 환경은 외로움을 키울 뿐만 아니라 절망을 가속시킬 수 있다. 서양인들의 유행병 같은 우울증 비율을 분석해서, Seligman (1990)은 우리가 자신의 운명의 주인이고 따라서 자신 일을 스스로 해야 한다는 사회적 메시지가 비용을 치른다는 결론을 내렸다. 그런 개인주의는 가족, 종교집단, 공동체에 대한 헌신의 감소를 가져온다. 따라서 절망에 빠졌을 때, 서양인들은 혼자 견딘다. 자기초점적 개인은 문제에 대한 개인의 책임을 가정하고, 지지를 위해 의지할 사람이 없다. 집단적인 사회에서는 긴밀한 관계와 협동이 사회적 규범이고, 우울은 덜 보편적이고, 개인적 실패를 자기비난으로 연결시키는 비율이 낮다.

그러나 Seligman의 분석은 더 깊숙하게 뚫고 들어간다. 그는 우리 희망의 목표에 관한 근본적 질문을 던진다. 우리의 최상의 꿈은 항상 건강에 대한 희망, 일과 놀이에서의 성공에 대한 희망, 인격적 자질과 우리가 될 수 있는 것에 대한 희망을 포함할 것이다. 우리의 가장 근본적 희망은 아마도 자신의 웰빙과 행복에 대한 것일 것이다. 그러나 희망이 자신 너머까지 나아가는가? 우리는 타인이 삶이 제공하는 최상을 경험하기를 희망하는가? 우리는 어느 정도로 세계적 차원의 희망을 갖는 사람인가? 물리적 환경, 배고픔, 외로운 사람들, 압박과 불평등으로 고통받는 사람들에 대한 희망을 가지고 있는가?

낙관주의는 단지 도구라고 Seligman은 제안한다. 그 도구는 자신이 설정한 목표를 성취하도록 돕는 도구다. 의미 혹은 공허감은 목표의 선택에 달려 있고, 의미를 발견하는 것은 자신보다 더 큰 무언가에 대한 헌신을 요구한다. "학습된 낙관주의가 평범한 것에 대한 새로운 헌신과 연결될 때, 우울과 무의미함의 유행은 끝날 것이다."라고 Seligman은 결론 내리고 있다(1990, p. 291).

Snyder도 같은 의견이다. 희망이란, 종국에는 개인이 타인에게 피해를 주는 목표를 추구한다면 역효과를 낳는다고 주장했다. 필요한 것은 함께 살고 일하는 사람들이 개인과 집단의 목표 모두를 해결할 수 있도록, 서로를 지지하는 상호작용을 할 수 있는 환경이다(Snyder & Feldman, 2000). 희망은 많은 사람을 위한 것이지, 단지 몇몇만을 위한 것이 아니다.

흥미롭게도 희망 척도를 사용한 연구에 따르면, 희망적인 사람은 공동체적 목표나 공유된 목표에 관해 생각할 수 있고, 생각한다고 한다(Snyder, 1994). 사람들은 개인적 목표로부터 만족감을 얻는 반면, 타인과 함께 더 큰 선의 목표를 추구하는 데서 더 큰 의미를 얻는다고 한다. 자신의 꿈을 실현한 사람들은 또한 타인의 희망을 현실로 만들기를 원한다.

마지막으로 앤디 듀프레인을 생각해보자. 도움을 받은 만큼 주기도 하면서, 그는 반복적으로 쇼생크에서 낙담에 빠진 정신을 새롭게 한다. 함께 지붕 작업을 한 동료들에게 석 잔의 맥주를 제공한 특이한 승리로부터, 허가받지 않고 이탈리아 오페라 엘피판을 틀어주고, 형무소 벽을 허무는 것까지 앤디는 다른 사람에게도 희망이 스며들게 한다. 무엇보다도 그는 절친 레드에게 그도 "밖에서 성공할 수 있다."고 확신시킨다. 이야기의 끝에서, 레드는 앤디의 말을 내면화했다 — "사람은 바쁘게 살거나 빨리 죽거나 둘 중에 하나를 선택해야 한다."

긍정심리학

⸭⸭ 요약

> **희**망을 기르는 작업은 목표의 확인과 우선순위 결정으로 시작한다. 처음부터 긍정적 자기 말(self-talk)은 동기와 적절한 경로의 탐색을 강화한다. 단지 목표 지점이 아니라 과정을 시각화하는 연습은 목표의 달성을 촉진한다. 절망을 외적, 일시적, 한정적 원인으로 해석하는 것은 의지력을 유지하는 데 도움이 된다.
>
> 희망은 공동체에서 가장 잘 살아난다. 희망적인 사람은 강한 지지망을 가지고 있고, 공동의 웰빙의 추구에서 타인과 함께한다.

우정과
사회적 지지

우정의 기능
우정의 특징
우정의 형성과 유지

우정 없는 삶은 살 가치가 없다.
  – Cicero, 106~43 B.C.

어떻게 살아왔는지가 죽을 때 어떤 감정을 느낄지를 결정한다. 심리학자 Erik Erikson (1963)은 노인들이 생이 몇 년 안 남게 되면 그들의 삶이 목적을 갖고 있었는지 혹은 실패였는지를 묻는다는 것을 관찰했다. 그 대답은 통합감(자신의 삶이 의미 있었고 목적과 성취로 가득한 삶을 살았다는 느낌) 혹은 절망감(시간을 낭비했고 다가올 마지막이 시원섭섭하기보다는 괴롭다는 느낌) 중 하나일 것이다. 삶의 우선순위를 설정하기 위해서, 우리는 Erikson의 삶의 끝(end-of-life) 질문을 예상해보아야 할지도 모른다(Suzuki, 2000). 임종 실험(The Deathbed Test)은 우리가 인간의 강점들과 삶에서 정말 추구할 가치가 있는 것이 무엇인지 확인하는 데 도움이 된다(Peterson & Seligman, 2004). 스스로 한번 해보자.

🧑‍🤝‍🧑 생 각 해 보 기

임종 실험

당신이 풍족하고 의미 있는 삶을 살았고, 임종의 순간에 있다고 상상하자. 과거를 회상하면서 어떤 기억들이 행복, 자부심, 만족으로 가득하게 하는가? 다음을 읽기 전에 적어도 하나를 말로 표현해보자.

당신의 답은 아마도 유명 디자이너의 옷, 비싼 집, SUV 차량이나 요트가 아닐 것이다. 굉장한 학업적 성취나 직업적인 성취 역시 아닐 것이다. 대부분의 사람들은 삶에서 가장 좋았던 것을 친밀하고 만족스러운 관계, 특히 가족과 친구들과의 유대감이라고 말한다(Reis & Gable, 2003; Maisel & Gable, 2009; Suzuki, 2000). 노년기의 회상에서 엄청난 직업적인 성공을 이룬 사람들조차도 뛰어난 성취보다 친밀한 관계에 더욱 큰 의미를 둔다(Sears, 1977).

우정의 기능

우정이 어떻게 인간의 번영을 발전시켰을까? 친구는 구체적으로 어떤 요구들을 만족시켜주는가? 친밀한 관계들은 의미 있고, 서로 지지해주고, 오래 유지되는 타인과의 연결이다. 이런 관계 안에서 사람들은 그들에게 중요한 이들과의 밀접한 관계를 유지하기 위해서 노력한다. 친구들은 서로에게 무엇을 해주는지 그리고 거부당하는 것은 어떤 의미인지 생각해보는 것으로 먼저 시작해보자.

삶의 만족도

사회적 연결은 시간과 장소를 막론하고 삶의 만족도를 예측한다. 유년기부터 노년까지, 친구가 있는 사람들은 친구가 없는 사람들에 비해서 더 나은 심리적 웰빙을 경험한다(Hartup & Stevens, 1997). 대규모 문화 비교 연구가 모든 국가에 공통적인 행복의 유일한 예측변수를 찾아냈는데, 그것은 사회적 관계였다(Diener, 2001).

친구와 함께 보낸 시간은 특히나 만족스러운 것으로 보인다(Larson & Bradney, 1988). 한 연구에서, 성인과 십 대들에게 매 두 시간마다 신호를 보내서, 무엇을 하고 있는지, 누구와 함께 있었는지 그리고 무엇을 느꼈는지를 물었다. 참가자들은 약 65%의 시간에 다른 사람과 함께 있었다. 가장 놀라운 결과는 모든 연령대의 참가자들이 혼자 있거나 조금 아는 사람, 회사 동료나 가족과 함께 있을 때보다, 친구들과 함께 있을 때 더 큰 즐거움과 기쁨을 보고했다는 것이다. 기혼의 성인들조차도 그들의 배우자하고만 있을 때보다 친구들과 있을 때 더 행복했다. 그러나 가장 행복한 시간은 그들이 그들의 배우자와 함께 친구들과 같이 있을 때였다. 그들의 결과를 요약하면서, 연구자들은 다음과 같이 결론지었다.

친구와 함께 있을 때, 우리의 주의가 집중되어 주의산만은 줄어들고 시간에 대한 의식이 사라진다. 우리는 다른 이들과 공유하는 친밀감과 기쁨만이 실재인 다른 세계로 들어가게 된다. 잠시 우리의 세계는 다른 세상이 된다(Larson & Bradney, 1988, p. 124).

사회적 지지

친구들은 재미 이상의 것을 준다. "내 친구들은 내 삶의 이야기를 만들어왔다."라고 헬렌 켈러는 말했다 "각양각색의 방법으로 그들은 나의 한계를 아름다운 특권으로 바꾸어주었고, 나의 부족함으로 인해서 만들어진 그림자 속에서 평화롭고 행복하게 걸을 수 있게 해주었다(2009, p. 179). 세 번이나 암으로부터 생존한 캐틀린 콘웨이는 동의한다. 친구들은 그녀의 가장 어려웠던 시간 동안 정신적 지주가 되어주었다(Steiner, 2001, pp. 69-70). 그들은 정서적 지지(고통스러운 느낌을 털어놓을 수 있는 귀)를 제공했다. "나는 언제든 이야기 나눌 수 있는 친구들이 있었다."고 그녀는 말한다. "내가 속상할 때면, 누군가에게 전화해서 무슨 이야기이든 그들이 들어줄 것이라고 기대하는 것은 쉬웠다." 어떨 때는, 도구적 지원(구체적인 물건과 서비스들)을 제공했다. "한 친구는 제가 유방 절제 수술을 받은 후에 병원으로 와서 머리 감는 것을 도와주었어요. 또 다른 친구는 저와 함께 가발을 쇼핑하러 가기 위해서 주중에 굉장히 바쁜 일을 제치고 와주었고요." 친구들은 또한 정보적인 지지(전문가적 조언과 충고)를 제공했다. "유방암에 걸렸었던 또 다른 친구는 저를 찾아와서(저를 안심시키기 위해서 몰래) 유머러스하고 친절하게 그녀의 블라우스를 열어 제게 수술로 복원한 자신의 가슴을 보여주었답니다."

좋은 친구들은 사람들의 기본적인 심리적인 욕구를 만족시켜주기 때문에, 질 높은 우정의 기초가 되는 사회적 지지는 행복과 크게 연결된다(Demir & Ozdemir, 2010). 견고한 우정을 가진 대학생들은 덜 안정적인 우정을 가지고 있는 동년배에 비해서 낙관적일 뿐만 아니라 스트레스 사건에 더 쉽게 대처한다(Brissette, Scheier, & Carver, 2002). 좋은 친구들을 가진다는 것은 좋고 믿을 수 있는 사회적 지지를 가진다는 것을 의미한다.

당신의 사회적 지지는 얼마나 튼튼한가? 아래의 척도를 완성하는 것으로 알아보자.

📝 자기평가

사회적 지지

다음의 문장들이 당신에게 진실인지 거짓인지 골라보자.

T F 1. 만약 긴급하게 100달러가 필요할 때, 나는 이것을 빌릴 누군가가 있다.

T F 2. 나의 성취에 대해서 자랑스러움을 느끼는 누군가가 있다.

T F 3. 나는 자주 가족이나 친구들과 만나거나 대화를 나눈다.

T F 4. 내가 아는 대부분의 사람들은 나에 대해서 높게 평가한다.

T F 5. 만약 내가 이른 아침 공항에 가야 한다면, 나를 공항까지 데려다 달라고 편하게 부탁할 사람이 없다.

T F 6. 나는 나 개인의 매우 사적인 걱정과 두려움들을 공유할 수 있는 사람이 없다고 느낀다.

T F 7. 대부분의 나의 친구들은 삶에 있어서 변화를 만들어내는 데 나보다 더 성공적이다.

T F 8. 나는 해변이나 시골로 당일치기 여행을 함께 가줄 사람을 찾는 것이 힘들다.

출처 : From Insel, P. M., & Roth, W. T., *Core Concepts in Health* (9th ed.), New York: McGraw-Hill (2002); Adapted from Japenga, A., A family of friends, Health, November/December (1995). Reprinted by permission of McGraw Hill Education and Ann Japenga.

👤 **채점** 질문 1~4번 중에서 진실(T)로 대답한 수와 질문 5~8번에서 거짓(F)으로 대답한 수를 더하라. 만약 점수가 4점 이상이면, 사회적 지지망은 적절하다고 볼 수 있다. 점수가 3점 이하라면, 사회적 유대감을 강화시키기 위해서 노력해야 할 것이다(Insel & Roth, 2002).

왜 사회적 유대감을 발전시켜야 할까? 다양한 관계의 사회적 네트워크를 갖는 것은 심리적 · 신체적 웰빙을 예측할 수 있게 해준다. 좋은 친구들은 건강에 좋다. 사회적 네트워크는 병에 걸릴 가능성을 감소시켜주고 병으로부터 회복의 가능성을 증가시킨다. 지속적으로 강한 지지를 받는 사람들은 일찍 죽을 가능성이 적다(Straub, 2002 참고). 여기에 몇 가지 예시가 있다.

- 캘리포니아 주 앨러미다 카운티에 사는 성인 7,000명을 대상으로 한 조사에 의하면, 많은 사회적 접촉을 갖는 것은 여성의 경우 평균 2.8년, 남성의 경우에는 평균 2.3년 더 살 수 있도록 해주는 것으로 나타났다. 이런 장수 효과는 흡연, 음주, 신체활동 그리고 비만의 비율을 고려했을 때도 유지되었다.

- 스웨덴의 50세 남성을 대상으로 한 7년의 연구는 사회적 지지가 죽음과 반비례 관계를 갖는다는 점을 발견했다. 가장 높은 수준의 지지를 받은 사람들의 사망률이 가장 낮았다. 낮은 수준의 사회적 지지는 흡연과 동등한 정도로 사망에 영향을 줬다.

- 17년이 넘는 기간 동안, 거의 사회적 접촉 없이 매일을 보낸 암 환자들은 사회적 지지가 더 많은 암 환자들에 비해서 사망확률이 두 배 이상 높았다. 그리고 9년이 넘는 기간 동안, 강한 사회적 네트워크를 지닌 심장 질환 환자들이 82%의 생존율을 보인 것과 대조하여, 적은 사회적 지지를 가진 심장 질환 환자들은 50%의 생존율을 보였다.

- 강한 사회적 유대감을 가진 남성과 여성 모두 심장 마비를 겪을 가능성이 낮을 뿐만 아니라, 감기에 걸릴 가능성조차도 낮았다. 사회적 지지는 심장 동맥 수술, 류머티스 관절염, 소아 백혈병, 뇌졸중으로부터 더 나은 적응 혹은 더 빠른 회복과 관련 있었다.

사회적 지지가 어떻게 건강상의 이익을 전달하는 것일까? 몇몇 연구자들은 사회적 지지가 스트레스의 영향에 대해서 완충작용을 한다고 주장한다. 사회적 네트워크는 중요한 자원을 제공함으로써 더 효과적인 대처를 돕는다. 친구들은 우리가 더욱 빠르게 치료를 받을 수 있도록 지켜볼 수도 있다. 유형의 지원을 제공하는 것뿐만 아니라, 아마도 우리에게 안심을 주거나 자존감을 강화시킴으로써 스트레스 사건을 평가하고 극복하는 것을 도와준다. 심리학자들은 사회적 지지가 우리가 스트레스를 겪고 있는지, 안 겪고 있는지 언제나 유익하다고 주장한다. 예를 들어서 우리를 지원해주는 사람들은 우리가 덜 먹고, 흡연을 적게 하고, 음주를 줄이는 데 많은 도움을 줄 수 있다.

사회적 지지는 가족, 이웃, 회사 동료 그리고 사회적·지역적·종교적 단체를 포함하는 다양한 원천으로부터 나온다. 그래도 아마 가장 중요한 것은 친구들로부터 나온다. 예를 들어 고령자의 사회적인 네트워크 연구에서, 심리학자 Laura Christensen은 말했다. "중요한 것은 관계의 양이 아니라 질이다. 연구를 통해서 우리는 세 명이 가장 결정적인 친구의 수라는 것을 발견했다. 만약 인생에서 정말로 의지할 수 있는 세 명의 사람들을 가지고 있다면, 열 명의 친구들을 가지고 있는 것만큼 잘하고 있는 것이다. 스무 명도 마찬가지다. 만약 당신이 세 명보다 적은 친구들을 가지고 있다면. 당신은 약간 위태로울 수 있다"(Steiner, 2001, pp. 67-71).

그러므로 종이 한 장을 준비하고 당신의 친구들을 적어보라. 만나는 것이 정말 즐겁고 믿을 수 있다고 확신하는 세 사람이 있는가? 만약 좋은 친구들을 세 명보다 적게 가지고 있다면, 조금 아는 사람과의 우정을 깊게 하려는 노력을 해보자. 분명 그렇게 한 것에 대해서 기뻐할 것이다.

사회적 거부의 교훈들

우리는 사회적 거부를 공부함으로써 사회적 유대의 기능들에 대해서 많은 것을 배운다. 가족과 친구들로부터 단절되면 고통스럽다. 한 번쯤은 각자가 환영받지 못하거나 버려짐으로써 생기는 불쾌감을 겪은 적이 있을 것이다. 다른 사람들에 의해 따돌림을 당한 적이 있는 사람도 있을 것이다. 우리는 일탈적이거나, 결함이 있거나, 그저 '다르다'고 느낀다.

때때로 개인이나 집단은 고의적으로 다른 이들을 배제하거나 무시한다. Kipling Williams와 Lisa Zadro(2001)가 관찰한 바에 의하면, 배척의 범위는 공동체로부터 개개인이나 그룹을 완전하게 제외시키는 것(독방 감금, 망명, 추방)에서부터 투명인간처럼 대하는 것(DeWall, 2013; Nezlek et al., 2012를 참고)까지 넓다. 성인이 될 때까지, 모든 사람은 몇몇 형태의 묵살의 피해자와 가해자가 된 적이 있을 것이다. 다음의 예제를 통해서 그러한 감정들을 더 면밀히 생각해보자.

✎ **자기평가**

거부되는 느낌 느껴보기

당신이 배제됐거나 무시당했던 적을 떠올려보라. 아마도 '묵살'의 대상이었을 때였을 것이다. 당신은 무엇 때문에 배제되거나 무시당했나? 배척이 어떤 감정들을 유발했고, 당신은 그것들을 다루기 위해 어떤 시도를 했는가?

미국 표본 조사 대상자의 67%가 사랑하는 사람을 투명인간 취급(그들이 함께 있는 데도 고의적으로 그들에게 말을 하지 않음)했던 적이 있음을 인정하였고, 75%는 그들이 투명인간 취급의 대상이 되었던 적이 있었다고 말했다(Williams & Zadro, 2001).

구조화 면접은 무시당하는 것의 고통을 보여준다. 다음과 같은 상황을 생각해보자.

고등학교 때, 다른 학생들은 내가 이상하다고 생각했고 아무도 내게 말을 걸지 않았다. 솔직히 말해, 어떤 단계에서는 153일 동안 그들은 내게 단 한 단어의 말조차 하지 않았다. 내 삶에서 그때는 굉장히 우울한 시기였고, 153일째 되던 날 나는 죽으려고 신경안정제인 바륨 29정을 삼켰다. 내 동생이 나를 발견했고 구급차를 불렀다. 다시 학교로 돌아갔을 때, 아이들은 이미 모든 이야기를 들었고 며칠 동안 친구가 되어주려고 애써주고 있었다. 슬프게도, 오래 가진 못했다. 그들은 다시 나와 말을 하지 않았고, 나는 굉장한 충격을 받았다. 나도 말을 하지 않았다. 나는 아무도 듣지 않는다면, 목소리를 갖는 것이 쓸모없다는 생각을 했었다(Williams & Zadro, 2001, pp. 41-42)

또 다른 면접자는 가족 내에서 일어나는 묵살을 설명하였다.

현재, 미국에 사는 58세 내 여동생은 아버지나 나와 말을 하지 않는다. 추정컨대 이유는 다르다. 고모는 30년 넘게 아버지와 말을 하지 않고 있다. 삼촌은 한때 6개월 동안 숙모와 말하기를 거부했다. 어머니는 정기적으로 나나 내 여동생과 며칠이고 말하는 것을 거부했다. 투명인간 취급은 우리 가족 내에서 선천적인 조건 같아 보인다(Williams & Zadro, 2001, p. 42).

다음의 배척의 한 사례는 배척의 매우 파괴적인 결과들뿐만 아니라, 한번 시작하게 되면 얼마나 멈추기 어려운지를 설명해준다.

2주 후, 나는 어느 날 아침 통찰력의 눈부신 섬광과 함께 깨어났다 — "아들과의 관계에서 너는 무엇을 하고 있는가?" 그 짧은 기간 동안 아들은 이미 겁을 먹고 있었다. 아들은 항상 엄마가 말한 것을 정확하게 했고, 그의 말은 언제나 조용한 속삭임이었다. 말하기 부끄럽지만 내 배척의 결과들에 만족하고 있었다. 그러나 내가 말한 대로, 어느 날 나는 이것이 아들을 약하게 만들고 순종적이게 하고, 미래의 아들과의 관계를 침식시킨다는 것을 깨달았다.

그러나 이러한 배척을 종결시키기란 굉장히 힘든 과정이었다. 나는 다만 아들의 간접적인 제안에 인색한 단음절의 응답을 하는 것으로 시작할 수 있었다. 나는 시간이 지남에 따라서 이러한 응답을 확장시켜나가는 것만을 할 수 있었고, 배척이 중단된 시점에서 6주가 지난 지금에서야, 아들과의 관계가 조금은 정상 상태로 돌아가고 있는 듯하다…. 만약 배척이 조금만 더 길게 지속되었다면, 아마도 끝내는 것이 불가능했을 것이고 아들과의 관계가 부서졌을 뿐만 아니라, 아들은 영구적으로 감정적으로나 심리적으로 망가졌을 것이다. 게다가 … 아마 병에 걸리게 됐을 수도 있고, 결국 돌연사에 이를 수도 있었다. … 배척은 마치 소용돌이나 물과 함께 밀려 내리는 모래와도 같다. 만약 사용자인 당신이 이것으로부터 최대한 빨리 스스로를 빼내지 못한다면, 나중에 의지를 내도 종결시키는 것은 불가능해지게 될 가능성이 높다(Williams & Zadro, 2001, p. 43).

그들의 인터뷰들을 통해서, Williams와 Zadro는 배척이 소속감 욕구의 좌절("나는 어디에도 속하지 않았다. '나는 실수고, 이곳에 있으면 안 되고, 여기서 필요로 하지 않는다.'라고 생각했다."), 자존감 욕구의 좌절("나는 어떤 것도 잘하는 것이 없다. … 실패, 실패, 실패."), 통제 욕구의 좌절("난 삶의 너무 많은 부분에서 무력하다고 느꼈다."), 그리고 의미에 대한 욕구의 좌절("[투명인간 취급]은 나로 하여금 '이 모든 것은 무엇을 위한 것인가? 난 왜 아직도 여기에 있는가?'와 같은 질문을 하게 만들었다. 나는 이전에는 결코 그런 질문을 하지 않았다. 내가 왜 그곳에 있는지 알았고, 그 모든 것이 무엇을 위한 것인지 알았다.")을 가져온다고 결론지었다.

사회적 거부는 또한 행동에 영향을 준다. 아마도 사회적 거부가 자기조절을 약화시킬 수 있다는 것은 놀라운 일이 아니다. Roy Baumeister는 다음과 같이 설명한다.

상당히 많은 심리적 기능들이 집단에 속하는 것과 그 소속감으로 인한 직간접 혜택
을 즐기는 것에 기반을 둔다. 사회적 배척은 이러한 희생들의 기반을 약화시킨다.
그것의 가치가 없어지는 것이다. 스스로를 통제하고, 적절하게 행동하고 희생을 하
는 것의 모든 목적이 무산된다. 그래서 행동은 충동적이고, 혼란스럽고, 이기적이
고, 무질서하고, 심지어 파괴적일 수도 있다(2002).

한 실험실 연구에서, Baumeister(2002a)는 연구 참가자들에게 소규모 집단에서 그들
이 계속해서 함께 작업하고 싶은 한 명의 동료 참가자를 사적으로 지명해달라고 요청
했다. 어떤 참가자들은 다른 참가자들이 모두 그들을 선택했다는 말을 들었고, 다른
이들은 그들을 선택한 사람이 한 명도 없다는 말을 들었다. 또 다른 처치에서, 참가자
들은 성격 검사를 받은 다음 그들과 같은 프로파일 유형의 사람들은 나이 들어가면서
주변에 친구가 많은 경향이 있다고 알려주었다. 다른 이들은 그들의 프로파일 유형의
사람들이 점차 고립된다는 말을 들었다.

연구 결과는 배척되는 것이 반사회적이고 자멸적인 행동을 증가시킨다는 것을 보여
주었다. 좋은 평가를 받은 사람들에 비해, 배척되었다고 느낀 사람들은 더 공격적이었
고, 더 잘 속이는 경향이 있었고, 다른 사람들을 덜 도와주었고, 더 미루는 경향이 있
었고, 건강한 습관을 고를 가능성이 더 적었고, 자기만족을 지연시킬 수 없었다. 사실
배척은 정직하지 못한 행동을 증가시키는 듯 보이는데, 이것이 거부당한 사람의 특권
의식을 촉발하기 때문이다(Poon, Chen, & DeWall, 2013). 요컨대, 배척된 사람들은 자
기통제를 덜 발휘하게 된다.

배척자들(어떤 이유에서든지, 다른 사람들을 사회적으로 고립시키거나 거부하는 것
에 동의한 사람들)은 어떤 결과들을 받게 될까? 분명히 그렇다. 한 연구에서 고의적이
고 적극적으로 다른 이들을 거부하는 것에 대한 분명한 심리적 비용이 있다는 것을 찾
아냈다. 아마도 다른 사람들을 무시하거나 투명인간 취급하는 것에는 경계와 에너지
가 요구되기에 이 결과는 별로 놀랄 일은 아니다. 그럼에도, 여기서 가장 흥미로운 결
과는, 다른 사람에게 거부에 의한 사회적 고통을 주는 것이 거부를 행하는 사람들에게
불쾌감(나쁜 기분)을 가져온다는 것이다(Legate et al., 2013).

사회적 거부에 대한 연구는 공동체들이 소속감 이상으로 더 많은 것을 제공한다는 점을 시사한다. 사회적 접촉, 특히나 친구들은 우리의 가치를 확신하게 해준다(Duck, 1983). 그들은 우리를 존중하고 지원해주는 직접적인 것뿐만 아니라, 이야기를 들어주고, 의견을 구하고, 우리의 관점을 존중해준다는 것을 전반적으로 보여줌으로써 우리의 가치를 확신할 수 있도록 해준다. 친구들은 또한 서로를 도와주는 기회를 통해 개인적 통제력과 책임감을 키운다. 그들은 의견, 신념 그리고 감정적인 반응들에 대한 필수적인 기준점을 제공해줌으로써 의미에 대한 우리의 욕구를 충족시켜준다. 그들은 우리가 어떻게 반응해야 하는지를 제안해주고, 절묘한 방식으로 우리의 행동을 안내해준다. 우리가 올바른 쪽에 있는지 아니면 틀린 곳에 있는지 볼 수 있게끔 도와준다.

물론, 사회적 영향력이 항상 유익한 것은 아니다. 작가 Alexander Lockhart가 주장한 바에 의하면, 친구들은 엘리베이터의 버튼과도 같다. 당신을 위로 올라가게 할 수도 있고, 아래로 내려가게 할 수도 있다(Kleiser, 2005, p. 174에서 인용). 예를 들어 또래의 영향은 약물 사용의 가장 강력한 예측변수 중에 있다. 만약 청소년기의 친구들이 약물을 한다면, 자신 역시 하게 될 가능성이 높다. 만약 친구들이 하지 않는다면, 약물을 하게 될 기회는 결코 생기지 않을 수도 있다. 사회적 영향이 양방향으로 적용될 수 있다는 것을 인지한 키케로는 적절히 지적했다, "우정은 본래 미덕의 보조자로서 주어진 것이지, 악덕의 동반자로서 주어진 것이 아니다"(Shubnell, 2000, p. 68에서 인용). 교훈은? 친구들을 신중하고 현명하게 고르고, 진실한 친구에게 의지하라.

요약

많은 사람이 가족과 친구들과의 유대감을 인생에서의 가장 큰 만족감으로 회상한다. 연구는 사회적 지지가 심리적인 건강과 신체적인 건강 양쪽 모두를 예측할 수 있다는 것을 보여준다. 외면은 소속감의 욕구를 약화시킬 뿐만 아니라, 자존감, 개인의 통제 능력, 의미를 약화시킨다. 사회적 거부 또한 중요한 인간의 능력인 자기조절 능력을 간섭할 수 있다. 친구들은 자존감과 책임감을 키워준다. 또한 신념을 평가하는 데 도움을 주고 행동을 이끌어준다. 사회적 영향력이 건설적일수도 파괴적일수도 있다는 것을 인지하는 현명한 사람들은 친구들을 신중하게 선택한다.

우정의 특징

친구들은 독특할 수도 있지만, 다음에서 보듯이, '친구'라고 부르는 누군가에게 기대하는 여러 가지 특징들이 존재한다.

우정의 정의

우선 우리가 어떻게 친구를 정의하는지에 초점을 맞추어보자. 당신 스스로 다음의 질문들에 대답하기 전에 신중하게 생각해보자.

🄸🄸🄸 생각해보기

친구란 무엇인가?

당신이 생각하기에 우정의 가장 중요한 특징들은 무엇인가? "친구란 ⋯ 하는 사람이다."이란 문장을 이용해서 다섯 가지 다른 문장을 완성시켜보자.

1. _____

2. _____

3. _____

4. _____

5. _____

　　몇몇의 큰 도심지의 전문직 남성들과 여성들의 대답에 의하면 다음의 여덟 가지 범주로 나뉘어졌고, 순서는 가장 높은 빈도부터 낮은 빈도순이다(Sapadin, 1988).

　　친구란

- 친밀하게 느끼는 사람이다.

- 믿을 수 있는 사람이다.

- 의지할 수 있는 사람이다.

- 공유하는 사람이다.

- 받아주는 사람이다.

- 돌봐주는 사람이다.

- 가깝게 지내는 사람이다.

- 만나면 즐거운 사람이다.

당신에게 있어서 가장 가까운 친구는 어떠한가? 당신은 단짝 친구가 있는가? 다음의 예제를 완성해보면서 그 관계에 대해서 생각해보라.

친밀한 우정 척도

이 척도는 가장 친밀한 우정이 8개 차원을 반영하고 있음을 보여준다. 당신의 가장 친한 친구를 생각해볼 때, 몇 개 문항이 해당되는가?

T F 1. 나는 거의 모든 것을 그/그녀와 자유롭게 이야기한다.

T F 2. 나는 그/그녀가 어떤 책, 게임, 활동을 좋아하는지 알고 있다.

T F 3. 그/그녀가 주변에 없으면 보고 싶다.

T F 4. 가장 신나는 일들은 다른 사람 말고 그/그녀와 함께 있을 때 일어난다.

T F 5. 언제든 그/그녀가 나에게 문제에 대해서 이야기하길 원하면, 나는 하던 일을 멈추고 그/그녀가 말하고 싶은 만큼 말할 때까지 들어준다.

T F 6. 나는 언제든 내가 요청만 하면 그/그녀가 나를 도와줄 것이라고 확신할 수 있다.

T F 7. 나는 그/그녀와 함께 무엇을 하는 것을 좋아한다.

T F 8. 내가 그/그녀에게 무엇을 말하더라도 우리들만의 비밀로 지켜진다는 것을 안다.

출처 : From Sharabany, R., "Intimate Friendship Scale: Conceptual underpinnings, psychometric properties, and construct validity," *Journal of Social and Personal Relationships*, 11, 449–469. Copyright © 1994 SAGE Publications Inc. Reprinted by permission.

친밀한 우정 척도(Intimate Friendship Scale) 안에 있는 각각의 문장들은 친밀한 우정의 서로 다른 차원을 평가한다.

1. **솔직함과 자발성.** 당신의 관계는 상대의 행동들에 대한 솔직한 피드백뿐만 아니라 강점과 약점에 대한 진실한 자기노출을 포함한다.

2. **세심함과 앎.** 이해와 공감이 솔직함과 균형을 맞춘다.

3. **애착.** 친밀감과 호감이 친구와 연결된 느낌을 만든다.

4. **독점성.** 우정의 관계 안의 독특한 특징으로 다른 관계들을 넘어서게 한다.

5. **주기.** 서로에게 사회적 지지뿐만 아니라 유형의 재화 역시 제공해준다.

6. **부담.** 서로의 도움을 구하고 받아들일 준비가 되어 있다.

7. **공동의 활동들.** 공동의 활동들을 함께 하며 보내는 시간을 즐긴다.

8. **신뢰와 충실.** 서로의 노출된 사실들을 비밀로 지켜줄 수 있고, 외부의 공격으로부터 서로 지켜줄 것이다.

Beverly Fehr는 우정에 대한 문헌 조사를 요약하며 우정에 대한 유용한 정의를 제시하고 있다. 그녀가 말하길, 우정이란 "자발적이고 개인적인 관계이고, 일반적으로 친밀감과 지원을 제공하며, 서로를 좋아하고 서로를 찾는 것이다(1996, p. 20)." 공유하기(친밀감)와 배려하기(지원)가 아마도 우정에 대한 가장 핵심적인 특징일 것이다.

공유

Ralph Waldo Emerson은 "친구란 내가 진실할 수 있게 하는 사람이다."라고 썼다(Emerson, et al., 1980, p. 119). "나는 그 앞에서라면 생각을 입 밖에 내어 말할 수 있다."(Thoureau & Emerson, 2008, p. 40). 그리고 그러한 정직함의 결과는 무엇일까? 19세기의 의사이자 작가인 Elbert Hubbard는 말했다. "친구란 당신에 대해서 모든 것을 알고서도 여전히 당신을 좋아해주는 사람이다"(Chang, 2006, p. 324에서 인용함).

自기평가

자기은폐 척도

다음의 각 문항들을 1(강하게 부정)에서 5(강하게 긍정)의 척도를 이용해서 대답해보자.

_____ **1.** 나는 어느 누구와도 공유하지 않는 중요한 비밀을 가지고 있다.

_____ **2** 만약 나의 모든 비밀을 친구들과 공유한다면, 그들은 나를 덜 좋아하게 될 것이다.

_____ **3.** 나 혼자만 알고 있는 나에 대한 많은 것들이 있다.

_____ **4.** 나의 비밀 몇 가지는 정말 나에게 고통을 준다.

_____ **5.** 나에게 뭔가 안 좋은 일이 생기면, 혼자 가슴에 담아두는 경향이 있다.

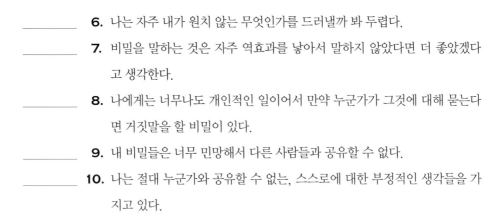

	6. 나는 자주 내가 원치 않는 무엇인가를 드러낼까 봐 두렵다.
	7. 비밀을 말하는 것은 자주 역효과를 낳아서 말하지 않았다면 더 좋았겠다고 생각한다.
	8. 나에게는 너무나도 개인적인 일이어서 만약 누군가가 그것에 대해 묻는다면 거짓말을 할 비밀이 있다.
	9. 내 비밀들은 너무 민망해서 다른 사람들과 공유할 수 없다.
	10. 나는 절대 누군가와 공유할 수 없는, 스스로에 대한 부정적인 생각들을 가지고 있다.

출처 : Larson & Chastain 1990. Copyright © 1990 Guilford Publications Inc. Reprinted by permission.

🧑‍💼 채점　　자기은폐 척도는 고통스럽거나 부정적으로 지각하는 개인의 정보를 일반적으로 공유하거나 개방하는 정도를 측정하기 위해 설계되었다. 총점의 범위는 10~50점으로, 모든 문항의 점수를 더하면 된다. 점수가 높을수록 자기은폐 경향이 강하고, 낮은 점수는 더 많이 공유한다는 것이다. 서비스 직종 종사자들과 상담심리학 대학원생들을 포함한 306명의 응답자 집단의 평균 점수는 25.92점이었다.

　자기은폐 척도에서의 높은 점수는 불안, 우울 및 다양한 신체 증상들을 예측한다. 또한 더 높은 자기은폐 점수는 만성질환자와 건강한 집단 모두에서 보고된 통증과 정적으로 연관된다(Uysal & Lu, 2011). 공유는 몸과 영혼 모두를 건강하게 해준다. 자존감을 위협하는 스트레스 사건과 문제를 친구에게 말하는 것은 해방감을 줄 수 있다. 개인의 트라우마를 일기에 적는 사람은 그렇지 않은 사람에 비해 더 좋은 신체적인 건강을 누리지만(Baddeley & Pennebaker, 2011), 친구에게 말하는 것이 더 유익하다(Smyth, Pennebaker, & Arigo, 2012). 이미 봤듯이, 친구들로부터 얻는 혜택은 의학적인 도움으로부터 자존감 증진까지 모든 것을 포함하고 있다. 때때로 이런 혜택은 단순히, 다른 사람들도 같은 고통을 경험한다는 것을 보여줌으로써 우리의 상황이 특별하지 않다는 것을 알게 해주는 것일 수 있다. 스트레스 사건을 다른 사람에게 상의하지 않거나 털어놓지 않는 행동은 그 사건 자체보다 더 큰 손상을 줄지도 모른다(Pennebaker, 1985, 2002).

긍정심리학

배려

인간의 상호의존성을 고려해볼 때, 사회경제학이나 호의의 교환의 측면에서 대인 관계를 생각해보는 것은 놀랍지 않다. 호의의 '되갚기식' 교환은 사실 조금 아는 사이에서 관계를 유지하는 데 굉장히 중요한 방법이다. 교대로 운전을 하며 카풀을 하는 직장 동료들에서부터 빼먹은 날의 수업 필기 노트를 교환하는 학생에 이르기까지, 사람들은 비슷한 혜택들을 교환한다. 이게 당신이 움직이는 방식인가? 다음의 질문들을 고려해보자.

 자기평가

교환 성향 척도

당신은 다음의 문장들에 대해서 동의하는가, 아니면 동의하지 않는가?

1. 내가 무엇인가를 다른 사람에게 줄 때면, 일반적으로 무엇인가 보답을 받을 것을 기대한다.

_____ 동의 _____ 동의하지 않음

2. 누군가가 나에게 선물을 사주면, 나는 그 사람에게 가능한 한 비슷한 선물을 사주려고 한다.

_____ 동의 _____ 동의하지 않음

3. 다른 사람으로부터 혜택을 받았다면, 받은 사람은 준 사람들에게 바로 되갚아야만 한다.

_____ 동의 _____ 동의하지 않음

4. 관계에 있어서 두 사람 사이에 모든 것들이 항상 '대등하게' 유지되도록 하는 것이 최선이다.

_____ 동의 _____ 동의하지 않음

출처 : From Mills, J., & Clark, M. S., "Communal and exchange relationships: Controversies and research," in R. Erber & R. Gilmour (Eds.), *Theoretical Frameworks for Personal Relationships* (pp. 29-42). Copyright © 1994 Taylor & Francis. Reprinted by permission.

채점 문항들에 대한 동의는 강한 교환 성향을 나타낸다. 즉 대인관계를 호의의 주고받음이 구조화된 것으로 보는 것이다.

연구 결과에 의하면, 강한 교환 성향을 가진 사람들은 다음과 같은 면을 보여준다.

- '공정한' 관계를 가지려는 욕구에 의해서 동기화된다.
- 주거나 받는 이득들이 즉시 되갚아질 것을 기대한다.
- 공동의 보상이 있는 과제에서, 개개인의 기여를 모니터한다.
- 그들의 요구를 돌봐준 것에 대해 가까운 미래에 보답 받을 기회를 가질 수 있다고 기대할 때만, 다른 사람의 요구를 염두에 둔다.
- 남을 도와줄 때, 기분이나 자기평가에 있어 거의 변화를 보이지 않는다.

이런 성향은 낯선 사람들, 조금 아는 사람들, 사업 파트너들과 잘 맞아떨어지는 듯 보인다. 그러나 우정이 깊어지면, 즉시적 상황에 대한 관심이 적어져야 한다. 진정한 친구들은 공동체적 성향을 보여준다. 그들은 즉시적 상황을 기대하지 않고 서로의 욕구에 응답해준다(Morrow, 2009).

사람들은 공동체적 성향의 강도에 있어서 서로 다르다. 당신은 어떠한가? 다음의 사항들을 고려해보자.

📝 **자기평가**

공동체적 성향 척도

당신은 다음의 서술들에 동의하는가, 아니면 동의하지 않는가?

1. 다른 사람들이 나의 욕구를 무시하면 나는 기분 나빠진다.

_____ 동의 _____ 동의하지 않음

2. 결정을 할 때, 나는 다른 사람들의 욕구와 감정을 고려해서 결정한다.

_____ 동의 _____ 동의하지 않음

3. 내가 필요한 것이 있을 때, 나는 아는 사람들에게 도움을 요청한다.

_____ 동의 _____ 동의하지 않음

4. 나는 흔히 다른 사람을 돕기 위해서라면 무엇이든 한다.

_____ 동의 _____ 동의하지 않음

출처 : From Mills, J., & Clark, M. S., "Communal and exchange relationships: Controversies and research," in R. Erber & R. Gilmour (Eds.), *Theoretical Frameworks for Personal Relationships* (pp. 29-42). Copyright © 1994 Taylor & Francis. Reprinted by permission.

채점 문항들에 대한 동의는 다른 이들이 당신의 행복을 신경써줄 것이라는 기대뿐만 아니라 당신이 다른 이의 행복을 신경써주려는 경향을 반영한다.

연구에 의하면 강한 공동체적 성향을 가진 사람들은 다음과 같은 면을 보여준다.

- 다른 사람을 기쁘게 하려는 욕구에 의해서 동기화된다.
- 호의에 대한 즉각적인 상환을 좋아하지 않는다.
- 관계에 있어서 각각 기여도를 모니터하지 않는다.
- 비록 그 사람이 가까운 미래에 되갚을 가능성이 적더라도 그의 욕구에 계속적으로 관심을 가진다.
- 다른 사람을 도와 줄 때 더 생기가 있고 고양된 자기평가를 한다.

"우정은 무엇을 받았는지가 아닌, 무엇을 주었는지에 기초한다. 이것은 빚이 아닌 사랑에 의해서 동기부여가 되고, 보상을 예상하거나 기대하지 않는 희생을 기꺼이 하는 것이다."라고 John Maxwell과 Dan Reiland(1999, p. 73)는 설명한다. 우정은 친구들이 서로의 욕구를 지향하는 공동의 관계이다(Mills & Clark, 1994; Harvey & Wenzel, 2006 참고). 오직 혜택이 자발적이고, 친구들끼리 부담 없이 주고받을 때, 우리는 관계를 진정한 우정이나 사랑으로 보려는 경향이 있다.

사실, 되갚기식 교환은 관계가 상대적으로 형식적일 때는 호감을 증가시키는 반면, 두 사람이 진정한 우정을 추구할 때는 동일한 사회경제학이 호감을 감소시킨다(Clark & Mills, 1993).

우정에 있어서 성차

여성은 남성보다 친밀한 관계의 관점에서 스스로를 생각하는 경향이 더 강하다. 그들은 독립성보다는 사회적 연결의 관점에서 스스로를 정의하려는 경향이 있다. 실제로 그들이 누구인지를 반영하는 사진을 제공하도록 요청받으면, 남성에 비해 여성들은 다른 이들과 함께 있는 사진을 더 많이 포함시킨다.

이 흥미로운 딜레마를 생각해보자. 오직 한 명의 다른 인간과 함께 작은 섬에서 여생을 보내야 한다고 가정해보자. 게다가 당신이 섬에서 함께 살아갈 특정한 개인을 고를 수 없지만, 성별을 지정할 수는 있다고 가정해보자. 당신의 섬 짝꿍의 성별은 뭐가 될까?

　대다수의 남성과 여성의 대답은 "여성!"이었다(Weber, 1984). 이유가 무엇일까?

　젊었을 때, 여성들은 남성들보다 관계에 우선순위를 둔다(Myers, 2000a 참고). 남자아이들은 독립을 얻으려고 투쟁한다. 여자아이들은 상호의존성을 받아들인다. 모든 성별들이 그룹 활동을 즐기기는 하지만, 여자아이들은 더 친밀하게 함께하고, 덜 공격적인 소집단으로 논다. 십 대가 되면서, 여자아이들은 남자아이들에 비해 친구들과 더 많은 시간을 보내고, 혼자 있는 시간은 적다. 그리고 대학에서는 여자들은 남자들보다 '위험에 처한 누군가를 돕는 것'은 굉장히 중요하다고 말한다.

　유머작가 Dave Barry 우정 속 성차를 다음과 같이 설명한다.

> 몇 년 전 겨울, 마크와 밥은 할 일 없이 주유소에 앉아 있었다. 만약 마크와 밥이 여자였더라면 아마도 우정을 키우거나, 가장 사적인 감정을 알아보거나, 삶에서 중요한 관계들에 대한 의미 있는 통찰을 얻도록 서로를 도와주는 식의 몇몇 비생산적인 주제로 시간을 보냈을 것이다. 그러나 인류에게는 운이 좋게도, 마크와 밥은 여자가 아니다. 마크와 밥은 남자들이고 그들이 한 일은 제설기 하키를 발명한 것이다 (1995, p. C4).

　'생산성'에 대한 판단을 조롱조로 말한 것은 제쳐두고, 당신은 적어도 동성의 우정 안에서의 성차에 대한 Barry의 묘사가 정확하다고 생각하는가?

　몇몇의 연구들은(Brehm et al., 2002 참고) 여성의 우정이 대체로 정서적인 공유에 의해서 특징지어짐을 시사한다. 이와는 대조적으로, 남성의 우정은 보통 흥미와 활동을 공유하면서 뭔가 함께 하는 것과 연결된다(Fehr, 2009). 그러나 남성과 여성 모두 친구들과의 신뢰, 친밀함, 자기노출을 좋아하기에 너무 빨리 고정관념을 갖지는 말라 (Winstead, 2009).

　남자들과 비교해서 여자들은

- 자기노출을 더 많이 한다.
- 더욱 강한 사회적 지지, 특히 정서적인 지지를 보여준다.
- 더 많이 사랑과 애정의 감정들을 표현하는 경향이 있다.
- 더 친밀한 우정을 갖는 경향이 있다.

- 관계와 개인적인 화제들에 대해서 이야기할 가능성이 더 많다.
- 많은 분야의 경험을 포함하는 '다목적의' 우정을 가질 가능성이 더 많다(남성들은 활동마다 다른 친구들을 갖는 경향이 있다).

연구자들은 성차의 크기에 대해서 모두 동의하지는 않는다. 성차를 전반적이라고 보는 학자도 있고, 성차는 미미하고 아마 성별이 아닌 다른 요인들에 의한 것으로 보는 학자도 있다. 따라서 연구는 계속되고 있다. 한 연구 분석에서는(Wright, 1998) 에 이전시(예를 들어서, 활동들)에서의 성차는 비교적 작은 반면에, 교감(예를 들어서, 친밀감, 표현력, 자기노출)에서의 차이는 더 큰 것으로 나타났다.

요약

> 사 람들은 신뢰, 정직, 이해를 가장 가까운 관계에서의 중요한 특징들로 본다. 한 가지 일반적인 우정의 정의에서는 친밀감과 지원을 우정의 가장 핵심적인 요소로 본다. 가까운 친구에게 스트레스 사건을 이야기하는 것은 해방감을 줄 수 있다. 친구들은 서로의 욕구에 대해서 서로가 반응하는 공동체적 관계를 공유한다. 성차에 대한 연구는 남성과 여성의 우정이, 활동보다는 정서 측면에서 좀 더 다르다는 것을 시사한다.

우정의 형성과 유지

Alan Loy McGinnis는 그의 베스트셀러 우정의 요소(*The Friendship Factor*)에서 우정의 중요성을 설명한다.

> 우리 클리닉에서 이루어진 연구에서, 동료들과 나는 우정이 다른 모든 사랑으로 향하는 도약판이라는 것을 알게 되었다. 우정은 삶의 중요한 다른 관계들로 번져나간다. 친구가 없는 사람은 종종 어떤 종류의 사랑을 지속해나가는 능력이 쇠퇴해 있다. 그들은 결혼을 여러 번 한다거나, 가족 구성원들로부터 멀어지고, 직장생활에 어려움을 갖는 경향이 있다. 반면에, 친구들을 사랑하는 방식을 배운 사람들은 오

래가고 충만한 결혼생활을 하고, 직장에서 사람들과 잘 지내고, 아이들과 즐거운 시간을 보낸다(2004, p. 9).

그러나 친구를 만드는 것은 많은 사람들에게 있어서 최우선 순위가 아니다. Ralph Waldo Emerson은 "우리는 우리의 건강에 신경을 쓴다. 우리는 돈을 저축하고, 방을 멋있게 꾸미고, 옷을 계속 산다. 그러나 모든 것에서 최고의 자산인 친구들을 원하고 있지 않다는 것을 누가 현명하게 알려줄까?"(Barnes, 2008, p. 188에서 인용)라고 했다. 17세기 프랑스 작가 Francois de la Rochefoucauld는 동의했다. "진정한 친구는 가장 귀중한 것임에도 불구하고 우리는 얻을 생각을 거의 하지 않는다."라고 한탄했다 (Trehan & Trehan, 2010, p. 139에서 인용).

아마도 우리는 우정이란 헌신, 자비, 자기통제 같은 다른 강점과는 다르게, "그저 발생한다."라고 생각한다. 친밀한 사회적 연결을 즐기는 사람들은 다른 사람들보다 단순히 운이 더 좋다고 생각한다. 혹은 우정을 만드는 능력을 강점으로 타고났다고 가정한다 —"다른 사람들은 외향적이지만 나는 내향적이다. 항상 그래왔고, 앞으로도 항상 그럴 것이다."

그러나 우정은 다른 강점들만큼 길러질 수 있다. 이것은 갑자기 삶을 파티로 채우는 문제가 아니다. 오히려 우정은 소수의 사람과 의미 있고, 친밀한 관계를 발전시키는 도전을 포함한다. 17세기 극작가 Ben Jonson에 의하면, "진정한 행복이란 아주 많은 수의 친구에 있는 것이 아니고, 그 가치와 선택에 있다"(Demakis, 2012, p. 173에서 인용). 우리 세대의 소셜 미디어에서는 페이스북이나 트위터 같은 것들에서 친구가 얼마나 많은지 수량화하기란 굉장히 쉽다. 당신은 정말로 300명이나 400명의 잘 아는 '친구들'을 갖고 있다고 말할 수 있는가? 대인관계는 수량이 아닌 질이 중요한데, 진짜 친한 친구들에 대해서 생각할 때는 더 그렇다.

그렇다면 우리는 어떻게 우정을 키워나가야 할까? 우정에 관한 고금의 지혜와 McGinnis(2004)와 같은 동시대 학생들의 조언 모두가 우리를 도와준다. 관계를 깊게 하고 친밀함을 만들어내기 위한 지침은 다음과 같은 사항들을 포함한다.

1. **가까운 관계에 대해서 우선순위를 배정한다.** 우정은 단지 발생하는 것이 아니다. 우정은 그것의 중요성을 인식하고 우리의 삶을 쏟을 때 펼쳐진다.

우정은 행복의 근본 원천이고, 친밀한 관계를 위한 시간을 할애하는 생활 방식을 만드는 것은 가치 있는 일이다. 연결을 만들 때 당신의 관심을 끄는 몇몇 사람들을 찾아보고, 조그마한 방식들을 통해서 그들에게 관심을 소통하기 시작하고, 그들의 삶에 투자를 한다. 우정은 종종 단순한 관심의 표명이나 격려의 말과 함께 시작된다. 유명한 저자이자 연설가인 데일 카네기는 다음과 같이 말했다. 다른 사람들이 당신에게 관심을 갖게 하려고 노력해서 2년 동안 만들 수 있는 친구보다, 당신이 다른 사람들에게 더 많은 관심을 가짐으로써 2개월 안에 만들 수 있는 친구가 더 많을 것이다. 자신이 관심받는 사람이 되기 위한 비밀은 다른 사람에게 관심을 갖는 것이다(Mcginnis, 2004).

일단 관계가 설립이 되면, 당신의 친구들과 함께 하는 것을 직장, 학교, 가족 또는 오락만큼 우선순위에 둔다. 만약 필요하다면, 주중 점심, 영화의 밤, 북클럽과 같은 정기적인 모임의 일정표를 짜보라. 만약 시간에 너무 쫓긴다면, 당신이 해야 하는 것을 만남과 결합하라. 예를 들어 당신은 함께 운동을 할 수 있고, 휴가를 함께 보내거나 저녁 수업에 같이 참석할 수 있다. 만약 당신의 친구가 다른 학교에 다닌다거나 다른 지역에 산다면, 당신은 애를 먹게 된다. 그럼에도, 문자, 페이스북 같은 소셜 미디어나 전화, 스카이프 등을 통한 정기적인 연락은 밀접한 관계를 유지하는 데 도움이 될 수 있다. 일정을 잘 짜면, 친구들과의 시간을 만들 수 있다. 인류학자들은 다음과 같이 우리를 상기시킨다―규칙적인 의례는 좋은 관계에 있어서 가장 중요한 요소들 중 하나다.

2. **투명성 훈련** 사람들이 당신의 마음속에 있는 것을 볼 수 있도록 허락하라. 우리는 벽이 아닌 창문으로 우정을 만든다. 이러한 솔직함은 쉽게 오지는 않는다. 우리는 알려지길 간절히 바라지만, 또한 감춰진 채 남아있다. 우리가 투명할 때, 우리는 거부에 대한 위험을 무릅쓴다. 그러나 오직 솔직함만이 우정의 가장 중심이 되는 특징인 친밀감을 높여준다.

애착 그 자체가 그렇듯, 자기노출은 상호적이다. 만약 당신이 먼저 친구에게 자신을 드러낸다면, 친구는 더 쉽게 자신의 비밀들을 당신에게 개방할 것이다. 물론 거기에는 중요한 위험 부담이 있다. 친밀감은 순간적으로 발생하지 않는다. 그것은 과정이지, 사건이 아니다. 첫 만남에서 자신의 심장을 꺼내놓고 어울리는 사람은 확실히 조심성 없고 불안정하게 보일 것이다. 오히려 David Myers의 말처럼, "친밀감은 춤과 같이 진행된다—내가 조금 드러내면, 상대도 조금 드러낸다. 그러나 너무 많지 않게 한다. 그런 다음 상대가 더 드러내고, 나도 그에 응답한다"(2002, p. 458).

이러한 노출은 예상치 못한 결실을 맺게 된다고 McGinnis(2004)는 주장한다. 익숙한 조언 "너 자신을 알라."를 확장시켜, 그는 "당신 스스로를 알려지게 만들면, 당신 스스로를 알게 될 것이다."(2003, p. 30)라고 썼다. 스스로를 다른 사람들에게 드러냄으로써, 우리는 스스로를 더욱 잘 알게 된다. 한 가지 좀 더 정서적인 평가의 자기노출(예를 들어 당신이 서로 아는 친구에 대해서 어떻게 느끼는지)은 친밀감을 향상시키는 반면, 사실에 근거해서 서술하는 노출(당신이 서로 아는 친구를 3학년부터 알고 지냈다는 사실)은 그렇지 않다(Laurenceau, Barrett, & Rovine, 2005).

3. **경청을 배운다.** 경청은 친밀감의 다른 반쪽이다—누군가를 알려면 반드시 필요하다. 이것은 우정을 형성할 뿐만 아니라 강화하는 중요한 방법이다. '마음으로 가는 길은 귀'라고 볼테르는 말했다. 경청은 귀 기울여 하는 가장 큰 찬사다. 가짜 경청(pseudolistening)을 하면 안 된다. 적극적으로 듣는 척하면서 사실은 자기가 말할 차례를 기다리며 다른 상관없는 것들을 생각하고 있는 것을 가짜 경청이라고 한다(O'Keefe, 2002).

우리의 몸 전체는 우리 관심의 강도를 전달한다. 서구 문화들에서 시선 맞춤은 좋은 청자의 가장 확실한 징표들 중 하나이다. 주의를 집중해서 다른 이들의 눈을 직접적으로 바라보는 것은 강한 관심을 전달하고 강력한 사회적인 자석이 된다. 주의 깊게 경청하기는 최고의 찬사이다.

McGinnis는 공감하는 청자는 충고를 최소한으로 한다고 덧붙였다. 단순히 다른 이들의 말을 인정하는 것으로, 의사소통의 고리를 완성하는 데 충분하다. 종종 문제에 처한 친구들이 충고를 구하고 있는 것이 아닐 때가 있다. 그들은 단순히 그들 스스로 속마음을 털어놓고 그곳에 당신이 있어준 것에 대해 고마워한다. 그들이 일단 감정을 스스로 표현했다면, 그들은 종종 문제를 더 명확하게 보고 스스로의 해결책에 도달할 수 있다. 비밀을 털어놓을 정도로 충분히 당신을 믿어준 것에 대해 감사를 표현하는 것만으로 친밀감이 형성된다.

4. **따뜻함을 소통하기.**　한번 용기를 내서 당신의 호감에 관해 말하고 칭찬을 표현해보라. 영국의 신학자 Frederick Faber는 말한다. "길게 가고, 충실하고, 자기희생적인 많은 우정들을 위한 기반으로 친절한 말만큼 두꺼운 기반은 없다" (Chang, 2006, p. 324에서 인용).

　　호감을 소통하는 것은 쉬운 일이 아니다. 때로 감상적으로 보일지도 모른다는 두려움이 방해가 되기도 한다. 혹은 우리의 따뜻함이 화답 받지 못할까 봐 겁을 먹기도 한다. 또 때로는 자신이 웃음거리가 될까 봐 걱정하기도 한다. "나 너한테 관심 있어."라는 말은 특히 어려울 수 있다. 좋은 대안은 당신의 친구에게 보고 싶었다고 말하거나, 함께 모이는 것이 얼마나 뜻깊은 일인지 말해주거나 당신의 우정이 아주 멋진 것이라고 말하는 것이다.

　　당신이 비판에 신중한 만큼 칭찬에 후해져라. 우리는 칭찬으로 사람들을 동기화시키는 굉장한 능력을 가지고 있다. 초기 심리학자 William James에 따르면, "인간 본성에서 가장 깊은 원리는 인정받으려는 열망이다"(Levine, 2003, p. 81에서 인용). 우정을 키우는 가장 좋은 방법에는 진심 어린 편지를 쓰거나 그냥 전화해서 얼마나 관심을 갖고 있는지 말하는 것 등이 포함된다.

　　칭찬의 표현은 하는 사람과 받는 사람 모두에게 영향을 끼친다. 거부에 대한 두려움에도 불구하고, 호감은 보통 상호적이다. 여러 실험 결과는 다른 사람에게 좋아하고 존경한다는 말을 들은 사람은 대개 상대에게 상호적 애정을 느낀다는 점을 보여준다(Berscheid & Walster, 1978). Emerson은 옳았다―"친구를 갖기 위해서는 당신이 친구가 되어야 한다"(Hall & Hall, 2009, p. 139에서 인용).

　　물론, 우정을 특징짓는 것은 공허한 아첨이 아니다. 오히려 "친구를 사랑할수록 우리는 아첨을 덜 하게 된다. 순수한 사랑을 있는 그대로 보여주는 것은 아무것도 변명하지 않음으로써 가능하다."고 극작가 Jean-Baptiste Moliere는 주장한다. 진정한 친구들은 서로에게 솔직하지만, 그들이 약점을 드러낼 때조차 무조건적인 수용을 배경으로 그렇게 한다. 나를 알고도 여전히 받아들여준다는 것에는 굉장한 안도감이 있다. 진실을 말하면서 친구들은 우리를 성장시켜준다. 가장 중요한 것은 진정한 친구들은 우리 안의 최선을 드러내준다는 것이다. 그들은 다른 어느 누구도 발견하기 어려운 강점들을 찾아내준다.

5. **우정 속에 공간 마련하기.**   친밀감은 중요하지만 우정에서 자유의 역할을 인식하는 것도 똑같이 중요하다. 미국의 정치가 William Penn은 말한다. "자유 없는 곳에 우정이 있을 수 없다"(Zubko, 2004, p. 177에서 인용). 오랜 우정에는 소속감의 욕구와 공간에 대한 욕구가 조합되어 있다.

우정으로 발전하지 못한 관계들에 대해서 생각해보라. 당신이 관계를 포기한 사람들은 통제하려 하고, 조종하고, 비판적인 사람들이지 않았는가? 여기 몇 가지 조금 더 고통스러운 질문들이 있다(McGinnis, 2004) — 당신은 다른 사람들을 통제하려는 경향을 가지지 않았는가? 보통 당신이 선호하는 식당이나 영화를 보러 가는가? 다른 사람들의 대화 속에서 사실적인 오류를 바로잡는 것을 즐기는가? 친구를 깔아뭉개는 유머를 사용하는가? 무엇인가 논의할 때 편안한 감정을 느끼기 위해서 그 주제에 대해서 다른 이들보다 더 많이 알아야 하는가?

진정한 우정에서는 누구도 우위에 있지 않다. 진정한 친구가 꿈을 실현하도록 돕는 데 있어서 우리는 그들이 다른 관계를 갖는 것을 허용하거나, 심지어는 격려할 것이고, 우리는 고독을 위한 방을 항상 남겨놓을 것이다.

6. **충실하기.** '충실성'과 '헌신'은 우정에서 가장 높이 평가하는 자질에 속한다. 우리의 친구들은 많은 사람들이 우리를 견딜 수 없어 할 때조차도 우리 옆에서 함께 고통을 겪는다.

장기적 관계에서, 친구들이 잘 기능하지 않는 시간들이 있을 것이다. 그들은 우정에 아무것도 주지 않고 우리의 인내심을 시험한다(McGinnis, 2004). 우정은 호혜성에 기초하는 것이 아니고 대신에 참된 배려에 기초한다. 자신의 투자에 대해서 보답을 요구하는 것은 우정을 약화시킬 수 있다. 인내는 힘든 시간을 보낼 때 우리가 계속해서 연결되어 있게 해준다.

친구들이 우울하고 불안해할 때 가장 큰 부담이 온다고 생각할 수도 있지만, 이 시기는 사실 더 쉬운 시기 중에 하나일 수 있다(Langer, 2002). 다른 사람의 고민을 들어주는 것은 우리가 우월하다고 느끼게 해줄 수 있고, 이것은 공감하는 귀를 쉽게 찾을 수 있도록 해준다. 사실 승리의 시기에 우정을 유지하는 것이 훨씬 더 어려울 수 있다.

한 연구에서, 연구 참가자들은 다른 사람들이 과제를 완수하는 데 도움이 되는 단서들을 제공해주라는 요청을 받았다(Langer, 2002). 과제가 게임이라고 설명을 들었을 때, 참가자들은 처음 보는 낯선 사람들보다는 그들의 친구들에게 도움을 더 많이 주었다. 그러나 과제가 심각한 것이라고 설명했을 때, 참가자들은 그들의 친구들보다 낯선 이들에게 도움을 더 많이 주었다.

불행히도, 우리는 우리 친구들의 성공에 의해서 위협을 느낄 수 있다. 영국의 정치가 Lord Chesterfield는 다음과 같이 언급하였다. "대다수의 사람들이 가장 친한 친구의 열등함을 즐긴다"(Murray, 2007, p. 161에서 인용). 생각해보라. 당신은 낯선 이나 친구 중에 누가 복권에 당첨되는 것을 선호하는가? 친구가 여전히 당신을 필요로 할까? 그가 여전히 당신을 친구로서 원할 것인가? 비록 "나는 너 때문에 행복해."라고 말하는 것이 쉬울지라도, 우리가 다른 사람의 성공의 세세한 면들을 진정으로 경청할 수 있을까?

진정한 친구들은 나쁜 시간뿐만 아니라 좋은 시간들에서도 충실하다. 우정은 질투를 초월하는 것을 목표로 한다. Langer(2002, p. 74)는 다음과 같이 결론짓는다. "진정한 친구는 친구의 삶의 경험들과 무관하게 그 친구로 인해 행복할 수 있다…. 누군가의 행복을 공유하는 것은 그 자체로 긍정적인 경험이 되고, 우리로 하여금 그것을 함께 즐기고 되새기게 해준다. 이 상호적이고 긍정적인 욕구에 대한 주의는 쉽게 알아차리게 될 것이고, 장기적으로 볼 때, 더 나은 우정을 만들 수 있다."

결국, 충실하게 된다는 것은 결코 신뢰를 파괴하지 않는다는 의미이다. 아마도 친구가 비밀을 폭로했다는 것을 알게 되는 것 이상으로 관계를 흔들어 놓는 것은 없을 것이다.

7. **우정의 보편적인 규칙들을 따르라.**   우정을 유지하기 위해서 따라야 할 보편적인 규범들이 있을까? 여러 나라의 성인들은 그들이 지지하는 43개의 가능한 우정 규칙들이 있다는 점을 보여주었다(Argyle & Henderson, 1984). 흥미롭게도, 일본 참가자들은 가장 적게 제시하였고, 영국과 홍콩의 참가자들이 가장 많이 제시하였다. 전체적으로, 연구자들은 다음과 같은 규칙들이 강하게 나타난다는 것을 발견했다.

1. 유사시에 자발적으로 돕는다.

2. 친구의 사생활을 존중한다.

3. 신뢰를 유지한다.

4. 서로 믿고 비밀을 털어놓는다.

5. 없을 때도 그 사람을 옹호한다.

6. 대중들 앞에서 서로 비판하지 않는다.

7. 정서적 지지를 보여준다.

8. 서로 만나는 동안 상대를 행복하게 만들기 위해서 애쓴다.

9. 친구의 다른 관계를 질투하거나 비판하지 않는다.

10. 서로의 친구들에 아량을 갖는다.

11. 다른 이와 성공 뉴스를 공유한다.

12. 성가시게 잔소리를 하지 않는다.

13. 빚, 호의, 칭찬들을 되돌려주려고 노력한다.

사람들이 현재의 우정과 이전의 우정을 비교할 때, 그들은 전자에 비해 후자에서 우정의 규칙들을 덜 따른 것으로 기억한다(Argyle & Henderson, 1984).

8. **친구의 행운을 활용하는 것을 잊지 말아라!** 6장에서 배웠듯이 친구들의 성공을 그것이 주요한 일이던지 사소한 일이던지 꼭 축하해주어라. 그들의 성취에 대해 관심과 진심을 담아 따뜻하고 진실성 있게 칭찬하라. 그들은 다음번에 당신에게 좋은 소식이 도착할 때면 열성적으로 응답해줄 것이다. 기억하라. 당신이 번영하도록 도와줄 좋은 친구를 갖기 위해서는 당신이 좋은 친구가 되어야 한다. 관심을 가져주고, 경청해주고, 기쁨을 표현하라. 반드시 그 혜택이 따라올 것이다!

친밀한 관계를 추구하면서, 본질적인 우정이 어떻게 해서 번영하는지를 곧바로 발견했다. 우리와 가장 친밀한 사람들이 우리의 소속감, 의미, 자존감의 기본적인 욕구들을 충족시켜줄 때, 우리는 아마도 헬렌 켈러의 감사의 애도문에 공감할 것이다. "내가 사랑하는 모든 친구의 죽음과 함께, 내 일부분도 함께 묻혔다…. 그러나 나의 행복, 강점 그리고 이해가 되어준 그들의 공헌은 바뀐 나의 세상에서 내가 살아나갈 수 있도록 지지해준다"(Kinnaman, 1996, p. 13).

우정을 형성하고 유지하는 능력은 다른 대인관계에서의 성공도 예상할 수 있다. 다른 강점들이 그러하듯, 우정도 길러질 수 있다. 친밀한 관계들에 우선순위를 할당하기, 투명성 실행하기 그리고 좋은 경청 능력들은 중요한 첫 단계들이다. 애정과 칭찬을 표하는 것은 유대감을 강화시킨다. 우정을 향한 길은 작은 친절들로 포장되어져 있다. 진정한 친구는 다른 관계의 발전을 위한 공간을 허용하고 고독을 감내한다. 그들은 시련의 시기뿐만 아니라 성공의 시기에도 충실하고, 우정의 일반적인 규칙들로 보이는 것들을 따른다.

에필로그—
의미와 번영

삶은 꽤 의미 있다
미래의 번영
앞으로는 마음챙김의 태도가 중요하다

삶은 사소하거나 순간적인 것을 넘어선 의미를 가진다고 느껴질 때,
목적을 가지고, 혼란을 초월하는 통합성을 가진다고 느껴질 때 의미 있게
경험될 수 있다.　　　　　　　　　　　*―Laura King과 동료들, 2006*

우리의 능력 안에서 2051년까지 인류의 51%가 번영을 경험할 수 있게 될
것이라고 나는 믿는다. 그것이 나의 임무다.
　　　　　　　　　　　　　　　　　　　―Martin Seligman, 2010

인간이 하는 많은 일 중에 의미를 만드는 일이 있다. 좋은 일이든 혹은 나쁜 일이든 우리는 종종 왜 그 일이 일어났는지, 그 의미는 무엇인지를 탐색한다. Konika Banerjee와 Paul Bloom이 들려준 다음 이야기를 생각해보자.

　　2013년 4월 15일, 제임스 코스텔로는 보스턴 마라톤 결승선 근처에서 친구를 응원하고 있었다. 그때 폭탄이 터졌고, 그의 팔과 다리에 불이 붙고 살에는 파편이 박혔다. 이후 몇 달간의 수술과 재활이 이루지는 동안, 코스텔로는 그를 담당한 간호사인 크리스타 다고스티노와 관계가 발전했고, 곧 약혼을 하였다, 코스텔로는 약혼반지 사진을 페이스북에 올렸다. "나는 이제 내가 왜 그런 비극을 겪었는지 깨달았다.", "그것은 나의 가장 친한 친구이자 내 인생의 사랑을 만나기 위한 것이었다." 라고 그는 적었다(2014, p. SR12).

좋은 일은 나쁜 일로부터 왔다. 코스텔로는 그것에 긍정적인 의미와 목적을 부여했다. Konika Banerjee와 Paul Bloom은 우리 모두가 코스텔로와 같다고 말한다. 우리는 삶의 사건들에서 그것이 크건 작건, 기대했건 기대하지 못했건, 행복한 일이건 슬픈 일이건 의미를 발견한다. 생각해보라. 일이란 '일어난 이유'가 있다고 자주 느끼지 않는가?

Konika Banerjee와 Paul Bloom에 의해 행해진 연구에 따르면, 어린 아이들을 포함해서 사람들은 일어나는 일들에는 기저의 패턴이 존재하고, 분명히 그럴 수밖에 없는 이유가 있다고 믿는다. 인간은 진정한 '의미 산출자'이다. 다행스러운 것은 매우 공감적인 사람이(3장을 기억해보라), 즉 다른 사람의 정서, 목표, 경험에 관해 배려하는 사람이 세상을 어떤 운명에 의해 진행되는 것으로서 보는 경향이 있다는 것이다. 슬프게도 피해망상을 보이는 사람도 그런 경향이 있다. 그들은 끊임없이 다른 사람의 숨겨진 의도나 가상의 동기에 사로잡힌다.

실제로는 우연의 일치이거나 거의 무작위적으로 발생하는지도 모르는 일에 의미를 만드는 것이 어떤 문제는 없는가? Konika Banerjee와 Paul Bloom(2014)은 다음과 같이 잘못된 결론에 도달할 위험이 있다고 제안한다. 즉, 만약 우리가 세상을 인과에 따라 작동하는 공평하고 공정한 곳으로 본다면 고통받고, 가난하고, 희생당한 사람들이 그들의 운명에 책임이 있고 그럴만하다고 믿게 될 수 있다. 좋은 일이 생기는 긍정적 패턴을 알고, 나쁜 일을 바꾸기 위해 노력하는 것은 좋다. 가난과 불평등을 줄이기 위해 노력하고, 억압을 없애고, 다른 사람이 행복을 성취하도록 돕는 것은 긍정심리학의 긍정적 의미와 적극적 훈련을 가장 잘 표현해주는 것이다. 사려 깊은 사설을 통해 Konika Banerjee와 Paul Bloom은 " … 인생의 사건들은 개인과 사회가 그렇게 되도록 열심히 노력할 때만 공평하고 공정한 방식으로 전개된다…."(p. SR12)라고 했다.

그러므로 의미를 발견하는 일은 자신의 경험에서 좋은 것을 보거나, 타인의 삶에서 그것을 위해 노력하도록 동기화시킬 수 있기 때문에 중요하다.

삶은 꽤 의미 있다

우리는 사람들이 언제나 기꺼이 의미를 찾거나 만든다는 것을 안다. 하지만 사람들은 자신의 삶을 의미 있는 것으로 볼까? 삶의 의미란 수많은 방식으로 정의될 수 있지만, 심리학자 Samantha Heintzelman과 Laura King(2014)에 따르면 보통 세 가지 주제로 제시된다.

- 의미 있는 삶은 목적의식을 갖는 삶이다.
- 의미 있는 삶은 중요한 삶이거나 어떤 중요성을 포함하는 삶이다.

이 두 가지 특징은 동기적 측면이다. 즉 그것들이 존재할 때, 사람들은 목표 지향적으로 행동한다.

세 번째 특징은 어떤가?

- 의미 있는 삶은 개인에게 이치에 맞다. 그는 그의 세상 경험을 규칙성에 의해 예측되고 설명되는 것으로 본다.

이 세 번째 주제는 동기적이기보다 인지적이고, 사람들이 개인의 삶을 어떻게 생각하고 해석하는가에 기초한다.

여러분은 어떤가? 당신은 자신의 삶이 의미 있다고 보는가? 삶의 의미 질문지(Meaning in Life Questionnaire, MLQ)를 완성하며 알아보자.

 자기평가

삶의 의미 질문지(MLQ)

삶이 왜 당신에게 중요하고 의미 있다고 느끼는지에 관해 잠시 생각해보자. 다음 문장들에 솔직하고 정확하게 답하라. 또한 이 문항들은 매우 주관적인 질문이고 옳고 그른 답이 있는 것은 아니라는 것을 기억하라. 다음 척도에 따라 응답하라.

1=절대적으로 사실이 아니다   2=대부분 사실이 아니다   3=다소 사실이 아니다   4=사실인지 거짓인지 말할 수 없다   5=다소 사실이다   6=대부분 사실이다   7=절대적으로 사실이다

_____ **1.** 나는 내 삶의 의미를 이해한다.

_____ **2.** 나는 내 삶을 의미 있다고 느끼게 만들 무언가를 찾고 있다.

_____ **3.** 나는 항상 내 삶의 목적을 발견하려고 찾고 있다.

_____ **4.** 내 삶은 분명한 목적의식을 가지고 있다.

_____ **5.** 나는 내 삶을 의미 있게 만드는 것에 대한 감각이 뛰어나다.

_____ **6.** 나는 만족스러운 삶의 목적을 발견했다.

_____ **7.** 나는 항상 내 삶을 의미 있게 느끼게 만드는 무언가를 찾고 있다.

_____ **8.** 나는 내 삶을 위한 목적이나 사명을 찾고 있다.

_____ **9.** 내 삶은 분명한 목적이 없다.

_____ **10.** 나는 내 삶에서 의미를 찾고 있다.

채점　MLQ는 2개의 하위척도, 즉 존재 척도와 탐색 척도로 구성된다. 존재 점수를 구하기 위해, 1, 4, 5, 6번 문항과, 점수를 역채점(즉, 1 = 7, 2 = 6, 3 = 5, 4 = 4, 5 = 3, 6 = 2, 7 = 1)한 9번 문항을 더한다. 탐색 점수는 2, 3, 7, 8, 10번 문항을 더해서 구한다.

의미존재 점수 _____

의미탐색 점수 _____

의미존재 하위척도는 응답자가 자신의 삶이 얼마나 의미로 가득 찼다고 느끼는지를 측정한다. 의미탐색 하위척도는 응답자가 삶에서 의미를 발견하거나 의미의 이해를 심화하려는 노력을 얼마나 하는지를 측정한다. 존재는 웰빙, 내재된 종교성, 외향성, 및 기분 좋음과 정적으로 관련되고, 불안, 우울과는 부적으로 관련된다. 탐색은 종교적 질문, 반추, 부정적 과거와 체념적 현재의 시간 조망, 부정 정서, 우울, 신경증과 정적으로 관련되고, 미래 시간 조망, 편협함(독단주의), 웰빙과 부적으로 관련된다. 존재는 또한 개인적 성장, 자기평가, 이타적이고 영적인 행동과 관련된다.

Heintzelman과 King(2014)은 자신의 삶이 의미 있다고 믿는 것이 여러 긍정적 특징이나 결과들과 연합된다는 것을 발견했다. 이들 연합은 대체로 상관을 보인다. 그러나 이러한 상관은 흥미롭고 유익한 것들이 어쨌든 삶이 의미 있다고 믿는 것과 연결된다는 것을 나타낸다. 삶의 의미는 다음과 같은 것들과 상관을 보인다.

- 부정적 기분보다는 긍정적 기분(Hicks & King, 2009)
- 낮은 심리적 질병 발생률(Steger & Kashdan, 2009)
- 높은 삶의 질(Krause, 2007)과 자기보고 건강(Steger et al., 2009)
- 낮은 사망률(Boyle et al., 2009)
- 낮은 고독이나 사회적 고립 비율(Williams, 2007)
- 낮은 노화 관련 인지적 쇠퇴와 알츠하이머 위험률(Boyle et al., 2010)

삶이 의미 있다고 보는 사람들은 의미를 덜 발견하는 사람에 비해, 일이나 직업에 더 잘 적응하는 경향이 있다(Littman-Ovadia & Steger, 2010). 사람들은 삶이 의미 있다고 평가하는 사람들을, 그렇지 않은 사람들보다 사회적으로 더 매력 있다고 보는 경향이 있다(Stillman, et al., 2011). 상황이 힘들 때, 삶이 의미 있다고 보는 사람은 방해와 도전을 다루는 데 있어서 적응적인 대처 전략을 사용한다(Thompson et al., 2003).

Heintzelman과 King(2014)에 따르면, 다행히도 여러 연구 결과를 볼 때 일반적으로 사람들은 삶을 의미 있게 본다. 선택된 소수의 사람들만이 아니라 대부분의 사람들이 자신의 삶이 의미 있다고 믿는 것으로 나타났다. 그런 의미에 대한 믿음은 적응적이다. 즉 그것은 우리 종의 생존을 촉진한다.

우리는 당신이 의미에 대한 연구 참가자와 같기를 바란다(Heintzelman & King, 2014). 그들의 사고, 느낌, 행동은 다음과 같다 ─ "내가 하는 것은 목적이 있고, 의미가 있다. 내 삶은 중요하며 그 중요성은 내 육체적 실존보다 더 오래 지속한다"(p. 569).

미래의 번영

번영(flourish)이 의미하는 것은 무엇인가? 번영하는 것이 왜 중요한가?

당신은 이 책을 읽었고, 당신의 잠재력을 실현시키고 삶을 향상시키도록 도와주기 위해 고안된, '생각해보기' 연습문제와 '자기평가' 등을 완성했다. 7장에서 배웠듯이,

행복하게 사는 것은 중요하다. 하지만 우리 대부분은 모든 삶의 영역에서 만족하기를 바란다. Ed Diener와 Robert Biswas-Diener(2008)는 이 상태를 '완벽한 행복'이라고 부른다. 완벽한 행복(consummate happiness)이란, 개인이 관계, 일이나 경력, 건강, 오락이나 레저 등 사실상 삶의 모든 영역에서 행복한 것을 말한다. 더 중요한 것은 완벽한 행복은 성취, 유능감, 타인에게 존경받는 느낌을 수반한다. 이러한 모든 핵심적인 영역이 긍정적일 때, 그 사람은 번영하고 있다. 즉 의미 있고 충만한 삶을 살고 있다고 말할 수 있다.

Corey L. M. Keyes(2003, 2009)에 따르면, 번영의 일부는 정신적으로 건강한 것이다. 즉 정신적 질병으로부터 자유롭고 사회적 · 개인적 삶의 영역 둘 다에서 잘 기능하는 것을 말한다. 번영하는 사람은 높은 수준의 웰빙과 낮은 수준의 정신적 질병을 보인다(Keyes & Lopez, 2002). 분투하는(struggling) 사람은 웰빙과 정신적 질병 둘 다에서 높은 수준을 경험한다. 버둥거림(floundering)은 낮은 수준의 웰빙과 높은 수준의 정신적 질병을 경험할 때 일어난다. 낮은 수준의 웰빙과 역시 낮은 수준의 정신적 질병은 쇠약함(languishing)을 나타낸다.

그러므로 번영은 기쁨 혹은 즐거움, 심지어 아름다움의 경험을 넘어선다. 이때 당신의 행위는 더 위대한 목적에 기여하고 자신을 위해 생생하게 관여한다고 여겨진다. 번영할 때 사람들은 또한 높은 정서적 · 사회적 · 심리적 웰빙을 보인다(Keyes & Lopez, 2002).

당신이 이 책을 읽기 시작했을 때, 1장에서 번영 척도를 완성했었다. 이제 책의 끄트머리에서 한 번 더 같은 척도를 완성할 시간이다. 책을 시작했을 때에 비해, 당신의 탐사가 번영을 촉진시켰는지 알아보기 위해서이다. 그랬기를 바란다. 그러나 그렇지 않다 해도, 미래의 번영을 증진하기 위해 삶에서 몇 가지 변화를 만들어내야겠다는 생각을 할 수 있을 것이다.

긍정심리학

번영 척도

다음 8개의 진술문을 읽고 동의하는지 혹은 동의하지 않는지, 다음 1~7점 척도를 사용해서 답하라.

7=매우 동의한다　　　6=동의한다　　　5=약간 동의한다　　　4=중간이다

3=약간 동의하지 않는다　　　2=동의하지 않는다　　　1=절대 동의하지 않는다

_____ **1.** 나는 목적 있고 의미 있는 삶을 산다.

_____ **2.** 나의 사회적 관계는 지지적이고 보상적이다.

_____ **3.** 나는 일상적 활동을 흥미를 가지고 열심히 한다.

_____ **4.** 나는 다른 사람의 행복과 웰빙에 적극적으로 기여한다.

_____ **5.** 나는 내게 중요한 활동을 유능하게 해낸다.

_____ **6.** 나는 좋은 사람이고 좋은 삶을 살고 있다.

_____ **7.** 나는 미래에 대해 낙관적이다.

_____ **8.** 사람들은 나를 존중한다.

출처 : Diener, E., Wirtz, D., Tov, W., Kim-Prieto, C., Choi, D., Oishi, S., & Biswas-Diener, R. (2009). New measures of well-being: Flourishing and positive and negative feelings. *Social Indicators Research*, 39, 247-266.

채점　8개 문항의 점수를 더한다. 점수의 범위는 최하 8에서 최고 56까지이다. 높은 점수는 당신이 많은 심리적 자원과 강점을 가지고 있다는 것을 나타낸다.

번영 점수 _____

　1장으로 돌아가서, 당신의 번영 점수의 기준점을 확인하라. 번영 점수가 그때에 비해 지금 변화되었는가? 만약 그렇다면 증가했는가? 생각, 느낌, 행동에서 긍정적 웰빙을 증진한 어떤 특별한 변화가 일어났다고 믿는가?

　만약 번영 점수가 변화가 없다면, 왜 그랬다고 생각하는가? 이 책을 읽기 전에 이미 잘 번영하고 있었는가?

　만약 점수가 낮아졌다면, 최근에 당신의 삶에서 자신에 관한 느낌이나 삶의 핵심적 영역을 변화시킨 일이 있었는가? 만약 변화가 있었다면, 매일의 삶에 번영을 촉진하기 위해 당신이 할 수 있는 일이 있는가? 우리는 그런 일이 있다고 보고, 당신의 조망

을 증진시키기 위해 이 책을 계속해서 사용할 수 있기를 희망한다.

앞으로는 마음챙김의 태도가 중요하다

긍정심리학과 인간 강점 연구는 여전히 아직 새롭다. 전도유망한 연구들이 행해지고 있고, 웰빙에 긍정적으로 영향줄 수 있도록 관점을 수정하는 방식들을 소개하고 있다. 이 장이 마무리되고 있을 때, 사회심리학자 Ellen Langer의 최근 연구가 뉴욕 타임스 잡지에 실렸다(Grierson, 2014). 수십 년간 Langer는 건강, 질병 심지어 노화 관련 행동들까지도 우리가 세상을 경험할 때 스스로를 어떻게 생각하는가에 의해 영향받는다는 것을 분명하게 보여주었다. 예를 들어 어떤 사람의 행동하는 방식에서 노화와 관련된 특징을 보고 그에게 '노인'이라는 꼬리표를 붙이는 것처럼, 자신에 대해서도 동일한 방식의 꼬리표 붙이기를 할 수 있다. 문제는 우리가 종종 무심결에 꼬리표의 힘에 의해 좌우된다는 것이다. 만약 자기 자신을 '노인'(혹은 '환자', '무기력한 사람' 등등)이라고 생각하기 시작한다면, 당신은 이러한 믿음을 확증하게 된다(Hsu & Langer, 2013 참고; Crum & Langer, 2007 참고).

그러나 Langer가 걱정한 것은 자기충족적 예언(self-fulfilling prophecy)만은 아니다. '무심한(mindless)' 생각(즉 꼬리표를 붙이고 확증하기)과 대조적으로, 마음챙김하는 (mindful) 사람들은 그들을 둘러싼 세상을 세밀하게 알아차림하고 가능한 선택들을 능동적으로 지각하고 추구한다. Langer는 우리 주변의 것들을 범주화하는 "습관적 방식에 의존하기보다 능동적으로 새로운 구분을 만들어야" 한다고 제안한다(Grierson, 2014). 새로운 구분을 만드는 것은 이미 있는 세밀한 부분들을 새롭게 보고 생각하거나 새로운 관점을 채택하는 것으로, 건강과 웰빙을 증진시킬 수 있다. 예를 들어, Hsu, Chung 그리고 Langer(2010)의 연구에서 머리 염색이나 커트를 하고 나서 자신이 더 젊어 보인다고 생각한 여성들은 혈압이 낮아졌다. 게다가 사진을 찍어서 독립적인 평가자 집단에게 보여주었을 때, 이 여성들은 통제집단의 여성들보다 더 젊다는 평가를 받았다. 또 다른 연구에서, Langer와 동료들은 대머리가 노령 꼬리표의 사용을 촉발하는 단서라는 데 주목했다. 그들은 대머리인 남자들이 일찍 '나이 든 자기'를 보게 되고,

그 결과 더 빨리 늙는다는 것을 발견했다. 아주 흥미로운 문제는 일찍 대머리가 된 남자는 그렇지 않은 남자에 비해, 전립선암과 관상동맥성 심장질환을 진단받을 확률이 더 높다는 것이다(Hsu, Chung, & Langer, 2010).

더 극적인 예를 생각해보자—Langer와 동료들(2010)은 두 집단의 참가자들에게 비행 모의실험 장치를 사용했다. 한 집단은 스스로를 공군 조종사로 생각하라고 하고, 모의 비행실험을 할 때 비행복을 입도록 했다. 두 번째 집단은 모의실험 장치가 고장이 났고, 그냥 비행기를 조종하고 있는 척하라고 지시했다. 훈련 연습 후에, 각 집단은 시력 검사를 받았다. 모의 비행기를 조종했던 사람들은 통제집단보다 40% 더 잘 수행했다.

생각해보라. '마음챙김'의 마음가짐이 적절하게 점화되면, Langer와 동료들이 보여준 것처럼 우리를 짓누르거나 제지하고, 건강과 웰빙을 위태롭게 하는 신념에 도전할 수 있다. Langer가 비행모의 실험연구에서 말했던 것처럼, "마음가짐의 조작은 당연시되는 생리적 한계를 극복할 수 있게 하고, 건강에 대한 통제력을 자신에게 되찾아오게 한다"(Grierson, 2014). 이 흥미로운 연구가 제안하는 것은 마음의 힘에 한계가 없다는 것이다. 분명히 정교하게 설계된 긍정심리학적 중재는 많은 사람들의 노화의 시계를 되돌릴 수 있다. 현재 Langer와 동료들은 마음가짐이 종양이 줄어드는 것을 포함해서 암의 진행에 영향을 줄 수 있는지 여부를 탐구하고 있다(Grierson, 2014 참고). 긍정심리학 분야의 결과들에 계속 관심을 갖기 바란다. 인간 강점의 이득에 관해 우리가 알고 있는 것은 가까운 미래에 확장될 것이다. 하위 분야의 가장 강력한 발견들이 바로 앞에 있다!

이 책의 내용들을 읽고, 여러분은 인간 강점을 추구하기 위한 여러 가지 도구들을 갖게 되었다. 그것들을 당신과 당신 주변 사람들의 삶을 번영시키고 향상시키는 데 사용하라. 미래에 당신에게 행운이 함께하기를, 여정이 즐겁기를 기원한다.

대부분 사람들이 증명하듯이, 삶은 의미 있다. 삶에서 의미를 갖는 것은 개인에게 목적의식을 주고, 일어나는 일들의 의미를 보게 하고, 이치에 맞게 이해해서 사건들이 예측 가능하게 보이게 한다. 매일의 삶이 의미가 있고 충족감을 제공한다고 믿을 때, 삶은 번영한다. 1장에서 평가한 번영의 수준을 지금의 번영 수준과 비교함으로써, 획득된 강점을 살펴보거나 미래의 긍정적 변화를 제안할 수 있다. 강점을 유지하는 것은 '마음챙김'의 마음가짐을 발전시킴으로써 성취될 수 있다. 그럼으로써 우리의 긍정적 성장을 억제하는 행동적 꼬리표에 의존하거나 동조하는 것을 막을 수 있다.

참고문헌

Adams, G. (2012). Context in person, person in context: A cultural psychology approach to social-personality psychology. In K. Deaux & M. Snyder (Eds.), *The Oxford handbook of personality and social psychology* (pp. 182–208). New York, NY: Oxford University Press.

Adams, J. M., & Jones, W. H. (1997). The conceptualization of marital commitment: An integrative analysis. *Journal of Personality and Social Psychology, 72,* 1177–1196.

Ainsworth, M. D. S., Blehar, M. C., Waters, E., & Wall, S. (1978). *Patterns of attachment: A psychological study of the strange situation.* Hillsdale, NJ: Erlbaum.

Aknin, L. B., Barrington-Leigh, C. P., Dunn, E. W., Helliwell, J. F., Biswas-Diener, R., Kemeza, I., & … Norton, M. I. (2010). *Prosocial spending and well-being: Cross-cultural evidence for a psychological universal.* No. 16415, NBER Working Papers, National Bureau of Economic Research.

Andersen, S. M. (1998). *Service learning: A national strategy for youth development.* Position paper issued by the Task Force on Education Policy. Washington, DC: Institute for Communitarian Policy Studies, George Washington University.

Andrews, F. M., & Withey, S. B. (1976). *Social indicators of well-being: Americans' perception of life quality.* New York, NY: Plenum.

Anik, L., Aknin, L. B., Norton, M. L., & Dunn, E. W. (2011). Feeling good about giving: The benefits (and costs) of self-interested charitable behavior. In D. M. Oppenheimer & C. Y. Olivola (Eds.), *The science of giving: Experimental approaches to the study of charity* (pp. 3–13). New York, NY: Psychology Press.

Argyle, M., & Henderson, M. (1984). The rules of friendships. *Journal of Social and Personal Relationships, 1,* 211–237.

Aron, A., Aron, E. N., & Smollan, D. (1992). Inclusion of other in the Self Scale and the structure of interpersonal closeness. *Journal of Personality and Social Psychology, 63,* 596–612.

Aron, A., Norman, C. C., & Aron, E. N. (2001). Shared self-enhancing activities as a means of maintaining and enhancing close romantic relationships. In J. H. Harvey & A. Wenzel (Eds.), *Close romantic relationships: Maintenance and enhancement* (pp. 47–66). Mahwah, NJ: Erlbaum.

Aron, A., & Westbay, L. (1996). Dimensions of the prototype of love. *Journal of Personality and Social Psychology, 70,* 53–55.

Aronson, E., & Bridgeman, D. (1979). Jigsaw groups and the desegregated classroom: In pursuit of common goals. *Personality and Social Psychology Bulletin, 5,* 438–446.

Aronson, E., & Patnoe, S. (2011). *Cooperation in the classroom: The jigsaw method* (3rd ed). London, England: Pinter & Martin.

Aronson, E., Willerman, B., & Floyd, J. (1966). The effect of a pratfall on increasing interpersonal attractiveness, *Psychonomic Science, 4,* 227–228.

Aspinwall, L. G., & Brunhart, S. M. (1996). Distinguishing optimism from denial: Optimistic beliefs predict attention to health threats. *Personality and Social Psychology Bulletin, 22,* 993–1003.

Aspinwall, L. G., & Staudinger, U. M. (Eds.). (2002). *A psychology of human strengths: Fundamental questions and future directions for a positive psychology.* Washington, DC: American Psychological Association.

Aspinwall, L. G., & Taylor, S. E. (1992). Modeling cognitive adaptation: A longitudinal investigation of the impact of individual differences and coping on college adjustment and performance. *Journal of Personality and Social Psychology, 63,* 989–1003.

Baddeley, J. L., & Pennebaker, J. W. (2011). The expressive writing method. In L. L'Abate, L. G. Sweeney (Eds.), *Research on writing approaches in mental health* (pp. 85–92). Bingley, United Kingdom: Emerald Group Publishing.

Baltes, P. B., Glück, J., & Kunzmann, U. M. (2002). Wisdom: Its structure and function in regulating successful life span development. In C. R. Snyder & S. J. Lopez (Eds.), *Handbook of positive psychology* (pp. 327–347). New York, NY: Oxford University Press.

Baltes, P. B., & Smith, J. (1990). The psychology of wisdom and its ontogenesis. In R. J. Sternberg (Ed.), *Wisdom: Its nature, origins, and development* (pp. 87–120). New York, NY: Cambridge University Press.

Baltes, P. B., & Staudinger, U. M. (2000). Wisdom: A meta-heuristic (pragmatic) to orchestrate mind and virtue toward excellence. *American Psychologist, 55,* 122–135.

Banerjee, K., & Bloom, P. (2014, October 19). Does everything happen for a reason? *New York Times, Sunday Review,* 12.

Barnes, E. (2008). *Walk with me today, Lord: Inspiring devotions for women.* Eugene, OR: Harvest House.

Barry, D. (1995, January 9). Hockey like you've never seen. *Winnipeg Free Press,* p. C4.

Batson, C. D. (1991). *The altruism question: Toward a social-psychological answer.* Hillsdale, NJ: Erlbaum.

Batson, C. D. (2002). Empathy and altruism. In C. R. Snyder & S. J. Lopez (Eds.), *Handbook of positive psychology* (pp. 485–498). New York, NY: Oxford University Press.

Batson, C. D. (2010). Empathy-induced altruistic motivation. In M. Mikulincer, P. R. Shaver (Eds.), *Prosocial motives, emotions, and behavior: The better angels of our nature* (pp. 15–34). Washington, DC: American Psychological Association. doi:10.1037/12061-001

Batson, C. D., Ahmad, N., & Lishner, D. A. (2009). Empathy and altruism. In S. J. Lopez & C. R. Snyder (Eds.), *Oxford handbook of positive psychology* (2nd ed.) (pp. 417–426). New York, NY: Oxford University Press.

Batson, C. D., Duncan, B. D., Ackerman, P., Buckley, T., & Birch, K. (1981). Is empathic emotion a source of altruistic motivation? *Journal of Personality and Social Psychology, 40*, 290–302.

Baumeister, R. F. (1996). Should schools try to boost self-esteem? Beware the dark side. *American Educator, 20*, 14–19, 43.

Baumeister, R. F. (1999). The nature and structure of the self: An overview. In R. F. Baumeister (Ed.), *The self in social psychology* (pp. 1–20). Philadelphia, PA: Psychology Press.

Baumeister, R. F. (2002a, August). *Psychology of evil and violence.* Paper presented at the 110th Annual Convention of the American Psychological Association, Chicago, IL.

Baumeister, R. F. (2002b). Ego depletion and self-control failure: An energy model of the self's executive function. *Self and Identity, 1*(2), 129–136. doi:10.1080/152988602317319302

Baumeister, R. F. (2010). The self. In R. A. Baumeister & E. J. Finkel (Eds.), *Advanced social psychology: The state of the science* (pp. 5–25). New York, NY: Oxford University Press.

Baumeister, R. F., Bratslavsky, E., Muraven, M., & Tice, D. M. (1998). Ego depletion: Is the active self a limited resource? *Journal of Personality and Social Psychology, 74*(5), 1252–1265. doi:10.1037/0022-3514.74.5.1252

Baumeister, R. F., & Bushman, B. J. (2011). *Social psychology and human nature* (2nd ed.). Belmont, CA: Wadsworth/Cengage.

Baumeister, R. F., Campbell, J. D., Krueger, J. I., & Vohs, K. D. (2003). Does high self-esteem cause better performance, interpersonal success, happiness, or healthier lifestyles? *Psychological Science in the Public Interest, 4*, 1–44.

Baumeister, R. F., & Exline, J. J. (1999). Virtue, personality, and social relations: Self-control as the moral muscle. *Journal of Personality, 67*, 1165–1194.

Baumeister, R. F., Heatherton, T. F., & Tice, D. M. (1994). *Losing control: How and why people fail at self-regulation.* San Diego, CA: Academic Press.

Baumeister, R. F., & Ilko, S. A. (1995). Shallow gratitude: Public and private acknowledgement of external help in accounts of success. *Basic and Applied Social Psychology, 16*, 191–209.

Baumeister, R. F., Smart, L., & Boden, J. M. (1996). Relation of threatened egotism to violence and aggression: The dark side of high self-esteem. *Psychological Review, 103*, 5–33.

Baumeister, R. F., Tice, D. M., & Hutton, D. G. (1989). Self-presentational motivations and personality differences in self-esteem. *Journal of Personality, 57*, 547–579.

Baumeister, R. F., Zell, A. L., & Tice, D. M. (2007). How emotions facilitate and impair self-regulation. In J. J. Gross (Ed.), *Handbook of emotion regulation* (pp. 408–426). New York, NY: Guilford Press.

Beecher, H. W. (1875). *Sunshine in the soul.* London, England: Darling and Son.

Bennett, W. J. (2013). *The book of man: Readings on the path to manhood.* Nashville, TN: Thomas Nelson, Harper-Collins Christian Publishing.

Bent, S. A. (1887). *Familiar short sayings of great men with historical and explanatory notes.* Boston, MA: Ticknor and Company.

Berg, J. M., Dutton, J. E., & Wrzesniewski, A. (2013). Job crafting and meaningful work. In B. J. Dik, Z. S. Byrne, & M. F. Steger (Eds.), *Purpose and meaning in the workplace* (pp. 81–104). Washington, DC: American Psychological Association. doi:10.1037/14183-005

Berg, M. B., Janoff-Bulman, R., & Cotter, J. (2001). Perceiving value in obligations and goals: Wanting to do what should be done. *Personality and Social Psychology Bulletin, 27*, 982–995.

Berman, M. G., Jonides, J., & Kaplan, S. (2008). The cognitive benefits of interacting with nature. *Psychological Science, 19*, 1207–1212.

Berman, M. G., Kross, E., Krpan, K. M., Askren, M. K., Burson, A., Deldin, P. J., & … Jonides, J. (2012). Interacting with nature improves cognition and affect for individuals with depression. *Journal of Affective Disorders.* doi: 10.1016/j.jad.2012.03.012

Berry, J. W., Worthington, E. L., Jr., Parrott, L., III, O'Connor L. E., & Wade, N. G. (2001). Dispositional forgiveness: Development and construct validity of the Transgression Narrative Test of Forgivingness (TNTF). *Personality and Social Psychology Bulletin, 27*, 1277–1290.

Berscheid, E. (2003). The human's greatest strength: Other humans. In L. A. Aspinwall & U. M. Staudinger (Eds.), *A psychology of human strengths: Fundamental questions and future directions for a positive psychology* (pp. 37–48). Washington, DC: American Psychological Association.

Berscheid, E., & Meyers, S. A. (1996). A social categorical approach to a question about love. *Personal Relationships 3*, 19–43.

Berscheid, E., & Walster, E. H. (1978). *Interpersonal attraction* (2nd ed.). Reading, MA: Addison-Wesley.

Bettelheim, B. (1960). *The informed heart.* New York, NY: Free Press.

Blanchard, F. A., & Cook, S. W. (1976). Effects of helping a less competent member of a cooperating interracial group on the development of interpersonal attraction. *Journal of Personality and Social Psychology, 34*, 1245–1255.

Block, J. R., & Yuker, H. (1989). *Can you believe your eyes?* New York, NY: Gardner Press.

Blum, D. (2002). *Love at Goon Park: Harry Harlow and the science of affection.* Cambridge, MA: Perseus.

Bolt, R. (1960). *A man for all seasons: A play in two acts.*

New York, NY: Random House.

Bonanno, G. A. (2004). Loss, trauma, and human resilience: Have we underestimated the human capacity to thrive after extremely aversive events? *American Psychologist, 59*(1), 20–28. doi:10.1037/0003-066X.59.1.20

Bonanno, G. A. (2009). *The other side of sadness: What the new science of bereavement tells us about life after loss.* New York, NY: Basic Books.

Bono, G., Emmons, R. A., & McCullough, M. E. (2004). Gratitude in practice and the practice of gratitude. In P. A. Linley & S. Joseph (Eds.), *Positive psychology in practice* (pp. 464–484). Hoboken, NJ: Wiley.

Borba, M. (2001). *Building moral intelligence: The seven essential virtues that teach kids to do the right thing.* San Francisco, CA: Jossey-Bass.

Bowlby, J. (1988). *A secure base: Parent-child attachment and healthy human development.* New York, NY: Basic Books.

Boyle, P. A., Barnes, L. L., Buchman, A. S., & Bennett, D. A. (2009). Purpose in life is associated with mortality among community-dwelling older persons. *Psychosomatic Medicine, 71,* 574–579.

Boyle, P. A., Buchman, A. S., Barnes, L. L., & Bennett, D. A. (2010). Effect of a purpose in life on risk of incident Alzheimer disease and mild cognitive impairment in community-dwelling older persons. *Archives of General Psychiatry, 67,* 304–310.

Breathnach, S. B. (1995). *Simple abundance: A daybook of comfort and joy.* New York, NY: Warner Books.

Brehm, S. S., & Brehm, J. W. (1981). *Psychological reactance: A theory of freedom and control.* New York, NY: Academic Press.

Brehm, S. S., Miller, R. S., Perlman, D., & Campbell, S. M. (2002). *Intimate relations* (3rd ed.). New York, NY: McGraw-Hill.

Brehony, K. A. (1999). *Ordinary grace: An examination of the roots of compassion, altruism, and empathy, and the ordinary individuals who help others in extraordinary ways.* New York, NY: Penguin.

Breslau, N., Peterson, E., Schultz, L., Andreski, P., & Chilcoat, H. (1996). Are smokers with alcohol disorders less likely to quit? *American Journal of Public Health, 86,* 985–990.

Brickman, P. (1987). *Commitment, conflict, and caring.* Englewood Cliffs, NJ: Prentice Hall.

Brissette, I., Scheier, M. F., & Carver, C. S. (2002). The role of optimism in social network development, coping, and psychological adjustment during a life transition. *Journal of Personality and Social Psychology, 82,* 102–111.

Brown, H. J. (1991). *Life's little instruction book.* Nashville, TN: Rutledge Hill Press.

Brown, H. J. (1997). *Life's little instruction book: 511 suggestions, observations, and reminders on how to live a happy and rewarding life.* Nashville, TN: Thomas Nelson.

Brown, J. D. (1998). *The self.* New York, NY: McGraw-Hill.

Brown, K. W., & Ryan, R. M. (2003). The benefits of being present: Mindfulness and its role in psychological well-being. *Journal of Personality and Social Psychology, 84,* 822–848.

Brown, S. L., Nesse, R. M., Vinokur, A. D., & Smith, D. M. (2003). Providing social support may be more beneficial than receiving it: Results from a prospective study of mortality. *Psychological Science, 14,* 320–327.

Bryant, F. (1989). A four-factor model of perceived control: Avoiding, coping, obtaining, and savoring. *Journal of Personality, 57,* 773–797.

Bryant, F. B., & Veroff, J. (2007). *Savoring: A new model of positive experience.* Mahwah, NJ: Erlbaum.

Bushman, B. J., & Baumeister, R. F. (1998). Threatened egotism, narcissism, self-esteem, and direct and displaced aggression: Does self-love or self-hate lead to violence? *Journal of Personality and Social Psychology, 75,* 219–229.

Bushman, B. J., DeWall, C. N., Pond, R. S., Jr., & Hanus, M. D. (2014). Low glucose relates to greater aggression in married couples. *Proceedings of the National Academy of Sciences of the United States of America, 111* (17), 6254–6257. doi: 10.1073/pnas.1400619111

Burger, J. M. (2004). *Personality* (6th ed.). Belmont, CA: Wadsworth/Thomson.

Burger, J. M., & Burns, L. (1988). The illusion of unique invulnerability and the use of effective contraception. *Personality and Social Psychology Bulletin, 14,* 264–270.

Buss, D. M. (1989). Sex differences in human mate preferences: Evolutionary hypotheses tested in 37 cultures. *Behavioral and Brain Sciences, 12,* 1–49.

Buss, D. M. (2006). The evolution of love. In R. J. Sternberg & K. Weis (Eds.), *The new psychology of love* (pp. 65–86). New Haven, CT: Yale University Press.

Buss, D. M., & Schmitt, D. P. (1993). Sexual strategies theory: An evolutionary perspective on human mating. *Psychological Review, 100,* 204–232.

California Task Force to Promote Self-Esteem and Personal and Social Responsibility (1990). *Toward a state of self-esteem.* Sacramento, CA: California State Department of Education.

Campbell, A. (1981). *The sense of well-being in America.* New York, NY: McGraw-Hill.

Campbell, J. D. (1990). Self-esteem and the clarity of the self-concept. *Journal of Personality and Social Psychology, 59,* 538–549.

Campbell, J. D., & Lavallee, L. F. (1993). Who am I? The role of self-concept confusion in understanding the behavior of people with low self-esteem. In R. F. Baumeister (Ed.), *Self-esteem: The puzzle of low self-regard* (pp. 3–20). New York, NY: Plenum.

Carvajal, S. C., Clair, S. D., Nash, S. G., & Evans, R. I. (1998). Relating optimism, hope, and self-esteem to social influences in deterring substance use in adolescents. *Journal of Social and Clinical Psychology, 17,* 443–465.

Carver, C. S., & Gaines, J. G. (1987). Optimism, pessimism,

and postpartum depression. *Cognitive Therapy and Research, 11,* 449–462.

Carver, C. S., Pozo, C., Harris, S. D., Noriega, V., Scheier, M. F., Robinson, D. S., ... Clark, K. C. (1993). How coping mediates the effect of optimism on distress: A study of women with early-stage breast cancer. *Journal of Personality and Social Psychology, 65,* 375–390.

Carver, C. S., & Scheier, M. F. (1981). *Attention and self-regulation: A control theory approach to human behavior.* New York, NY: Springer-Verlag.

Carver, C. S., & Scheier, M. F. (1999). Optimism. In C. R. Snyder (Ed.), *Coping: The psychology of what works* (pp. 182–204). New York, NY: Oxford University Press.

Carver, C. S., Scheier, M. F., Miller, C. J., & Fulford, D. (2009). Optimism. In C. R. Snyder & S. J. Lopez (Eds.), *Oxford handbook of positive psychology* (2nd ed., pp. 303–311). New York, NY: Oxford University Press.

Carver, C. S., Scheier, M. F., & Segerstrom, S. C. (2010). Optimism. *Clinical Psychology Review, 30,* 879–889.

Caza, B., & Wrzesniewski, A. (2013). How work shapes well-being. In S. A. David, I. Boniwell, & A. Conley Ayers (Eds.), *The Oxford handbook of happiness* (pp. 693–710). New York, NY: Oxford University Press.

Chang, L. (2006). *Wisdom for the soul: Five millennia of prescriptions for spiritual healing.* Washington, DC: Gnosophia.

Cialdini, R. B. (2009). *Influence: Science and practice* (5th ed.). New York, NY: Pearson-Longman.

Clark, M. S., & Mills, J. (1993). The difference between communal and exchange relationships: What it is and is not. *Personality and Social Psychology Bulletin, 19,* 684–691.

Coats, E. J., Janoff-Bulman, R., & Alpert, N. (1996). Approach versus avoidance goals: Differences in self-evaluation and well-being. *Personality and Social Psychology Bulletin, 22,* 1057–1067.

Collins, J. (2001). *Good to great: Why some companies make the leap...and others don't.* New York, NY: Harper-Collins.

Cooper, M. L., Albino, A. W., Orcutt, H. K., & Williams, N. (2004). Attachment styles and intrapersonal adjustment: A longitudinal study from adolescence into young adulthood. In W. S. Rholes & J. A. Simpson (Eds.), *Adult attachment: Theory, research, and clinical implications* (pp. 438–466). New York, NY: Guilford.

Crane, F. (1914). Plain talk for plain people. *Syracuse Herald.*

Crocker, J., & Knight, K. M. (2005). Contingencies of self-worth. *Current Directions in Psychological Science, 14*(4), 200–203. doi:10.1111/j.0963-7214.2005.00364.x

Crocker, J., Luhtanen, R., & Bouvrette, S. (2001). Contingencies of self-worth in college students: Predicting freshman year activities. Unpublished manuscript, University of Michigan, Ann Arbor, MI.

Crocker, J., Luhtanen, R., Cooper, M. L., & Bouvrette, S. (2003). Contingencies of self-worth in college students: Theory and measurement. *Journal of Personality and Social Psychology, 85,* 894–908.

Crocker, J., & Park, L. E. (2004). The costly pursuit of self-esteem. *Psychological Bulletin, 130,* 392–414.

Crocker, J., & Park, L. E. (2012). Contingencies of self-worth. In M. R. Leary & J. Tangney (Eds.), *Handbook of self and identity* (2nd ed.) (pp. 309–326). New York, NY: Guilford Press.

Crocker, J., & Wolfe, C. T. (2001). Contingencies of self-worth. *Psychological Review, 108,* 593–623.

Crum, A. J., & Langer, E. J. (2007). Mind-set matters: Exercise and the placebo effect. *Psychological Science, 18,* 165–171. doi:10.1111/j.1467-9280.2007.01867.x

Csikszentmihalyi, M. (1990). *Flow: The psychology of optimal experience.* New York, NY: Harper and Row.

Csikszentmihalyi, M. (1997). *Finding flow.* New York, NY: Basic Books.

Csikszentmihalyi, M. (1999). If we are so rich, why aren't we happy? *American Psychologist, 54,* 821–827.

Csikszentmihalyi, M. (2003). *Good business: Leadership, flow, and the making of meaning.* New York, NY: Viking.

Csikszentmihalyi, M., & Nakamura, J. (2011). Positive psychology: Where did it come from, where is it going? In K. M. Sheldon, T. B. Kashdan, & M. F. Steger (Eds.), *Designing positive psychology: Taking stock and moving forward* (pp. 3–8). New York, NY: Oxford University Press.

Csikszentmihalyi, M., Rathunde, K., & Whalen, S. (1993). *Talented teenagers: The roots of success and failure.* New York, NY: Cambridge University Press.

Cytowic, R. E. (1993). *The man who tasted shapes.* New York, NY: Plenum.

Daloz, L. A., Keen, C. H., Keen, J. P. & Parks, S. D. (1997). *Common fire: Lives of commitment in a complex world.* New York, NY: Beacon Press.

Danner, D. D., & Snowdon, D. A. (2001). Positive emotions in early life and longevity: Findings from the Nun Study. *Journal of Personality and Social Psychology, 80,* 804–873.

Dar-Nimrod, I., Rawn, C. D., Lehman, D. R., & Schwartz, B. (2009). The maximization paradox: The costs of seeking alternatives. *Personality and individual differences, 46*(5–6), 631–635. doi:10.1016/j.paid.2009.01.007

Davis, M. H. (1980). A multidimensional approach to individual differences in empathy. *Catalog of Selected Documents in Psychology, 10,* 85.

Davis, S. (2014, January 15). "Miracle on the Hudson" was "life-changing," captain says five years later. *CBS This Morning.* Retrieved http://www.cbsnews.com/news/five-years-later-captain-and-first-officer-recall-emergency-landing/

Deci, E. L. (1995). *Why we do what we do: The dynamics of personal autonomy.* New York, NY: Putnam.

Deci, E. L., Eghrari, H., Patrick, B. C., & Leone, D. R. (1994). Facilitating internalization: The self-determination theory perspective. *Journal of Personality, 62,* 119–142.

Deci, E. L., & Ryan, R. M. (1995). Human autonomy: The basis for true self-esteem. In M. H. Kemis (Ed.), *Efficacy, agency, and self-esteem* (pp. 31–49). New York, NY: Plenum.

Demakis, J. (2012). *The ultimate book of quotations.* South Carolina: CreateSpace.

Demir, M., & Özdemir, M. (2010). Friendship, need satisfaction and happiness. *Journal of Happiness Studies, 11,* 243–259.

DeNeve, K. M. (1999). Happy as an extraverted clam? The role of personality for subjective well-being. *Current Directions in Psychological Science, 8,* 141–144.

DeNeve, K. M., & Cooper, H. (1998). The happy personality: A meta-analysis of 137 personality traits and subjective well-being. *Psychological Bulletin, 124,* 197–229.

DePaulo, B. M. (2006). *Singled out: How singles are stereotyped, stigmatized, and ignored, and still live happily ever after.* New York, NY: St. Martin's Griffin.

DePaulo, B. M., & Morris, W. L. (2005). Singles in society and in science. *Psychological Inquiry, 16,* 57–83.

Dermer, M., Cohen, S. J., Jacobsen, E., & Anderson, E. A. (1979). Evaluative judgments of aspects of life as a function of vicarious exposure to hedonic extremes. *Journal of Personality and Social Psychology, 37,* 247–260.

DeWall, C. N. (2013). *The Oxford handbook of social exclusion.* New York, NY: Oxford University Press.

Diener, E. (2000). Subjective well-being: The science of happiness and a proposal for a national index. *American Psychologist, 55,* 34–43.

Diener, E. (2001, February). *Subjective well-being.* Address presented at the annual meeting of the Society for Personality and Social Psychology, San Antonio, TX.

Diener, E. (2012). New findings and future directions for subjective well-being research. *American Psychologist, 67,* 591–597.

Diener, E., & Biswas-Diener, R. (2008). *Happiness: Unlocking the mysteries of psychological wealth.* Malden, MA: Blackwell.

Diener, E., Emmons, R. A., Larsen, R. J., & Griffen, S. (1985a). The Satisfaction with Life Scale. *Journal of Personality Assessment, 49,* 71–75.

Diener, E., Horwitz, J., & Emmons, R. A. (1985b). Happiness of the very wealthy. *Social Indicators, 16,* 263–274.

Diener, E., Oishi, S., & Lucas, R. E. (2009). Subjective well-being: The science of life satisfaction. In S. J. Lopez & C. R. Snyder (Eds.), *Oxford handbook of positive psychology* (2nd ed., pp. 187–194). New York, NY: Oxford University Press.

Diener, E., & Scollon, C. N. (2014). The what, why, when, and how of teaching the science of subjective well-being. *Teaching of Psychology, 41,* 175–183.

Diener, E., & Seligman, M. E. P. (2002). Very happy people. *Psychological Science, 13,* 81–84.

Diener, E., Wirtz, D., Tov, W., Kim-Prieto, C., Choi, D., Oishi, S., & Biswas-Diener, R. (2009). New measures of well-being: Flourishing and positive and negative feelings. *Social Indicators Research, 39,* 247–266.

Dillard, A. J., Schiavone, A., & Brown, S. L. (2008). Helping behavior and positive emotions: Implications for health and well-being. In S. J. Lopez (Ed.), *Positive psychology: Exploring the best in people, vol. 2: Capitalizing on emotional experiences* (pp. 101–114). Westport, CT: Praeger.

Dittes, J. E. (1959). Justification by faith and the experimental psychologist. *Religion in Life, 28,* 567–576.

Drigotas, S. M. (2002). The Michelangelo phenomenon and personal well-being. *Journal of Personality, 70,* 58–77.

Driscoll, R., Davis, K. E., & Lipetz, M. E. (1972). Parental interference and romantic love: The Romeo and Juliet effect. *Journal of Personality and Social Psychology, 24*(1), 1–10. doi:10.1037/h0033373

Duck, S. (1983). *Friends, for life: The psychology of close relationships.* New York, NY: St. Martin's Press.

Duckworth, A. L., Peterson, C., Matthews, M. D., & Kelly, D. R. (2007). Grit: Perseverance and passion for long-term goals. *Journal of Personality and Social Psychology, 92,* 1087–1101.

Duckworth, A., Kirby, T. A., Tsukayama, E., Berstein, H., & Ericsson, K. (2011). Deliberate practice spells success: Why grittier competitors triumph at the National Spelling Bee. *Social Psychological and Personality Science, 2*(2), 174–181. doi:10.1177/1948550610385872

Duckworth, A. L., Tsukayama, E., & Kirby, T. A. (2013). Is it really self-control? Examining the predictive power of the delay of gratification task. *Personality and Social Psychology Bulletin, 39*(7), 843–855.

Dutton, D. G., & Aron, A. P. (1974). Some evidence for heightened sexual attraction under conditions of high anxiety. *Journal of Personality and Social Psychology, 30,* 510–517.

Dunn, D. S., & Brody, C. (2008). Defining the good life following acquired physical disability. *Rehabilitation Psychology, 53,* 413–425.

Dunn, D. S., & Wilson, T. D. (1990). When the stakes are high: A limit to the illusion-of-control effect. *Social Cognition, 8,* 305–323. doi: 10.1521/soco.1990.8.3.305

Dunn, E. W., Aknin, L. B., & Norton, M. I. (2008, March 21). Spending money on others promotes happiness. *Science, 319,* 1687–1688. doi: 10.1126/science/1150952

Dunn, E. W., & Norton, M. (2013). *Happy money: The science of smarter spending.* New York, NY: Simon & Schuster.

Dunn, E. W., Gilbert, D. T., & Wilson, T. D. (2011). If money doesn't make you happy, you probably aren't spending it right. *Journal of Consumer Psychology, 2,* 115–125.

Dunning, D. (2011). The Dunning-Kruger effect: On being ignorant of one's own ignorance. In J. M. Olson, M. P. Zanna (Eds.), *Advances in experimental social psychology* (Vol. 44, pp. 247–296). San Diego, CA: Academic Press. doi:10.1016/B978-0-12-385522-0.00005-6

Dunning, D., Heath, C., & Suls, J. M. (2004). Flawed self-assessment: Implications for health, education, and the workplace. *Psychological Science in the Public Interest, 5*(3), 69–106.

Duval, S., & Wicklund, R. A. (1972). *A theory of objective self awareness.* Oxford, England: Academic Press.

Dweck, C. S. (1999). *Self-theories: Their role in motivation, personality and development.* Philadelphia, PA: Psychology Press.

Dweck, C. (2000). *Self-theories: Their role in motivation, personality, and development.* Philadelphia, PA: Psychology Press.

Dweck, C. (2008). Can personality be changed? The role of beliefs in personality and change. *Current Directions in Psychological Science, 17*, 391–394. doi: 10.1111/j.1467-8721.2008.00612.x

Dweck, C. S. (2002). Beliefs that make smart people dumb. In R. J. Sternberg (Ed.), *Why smart people can be so stupid* (pp. 24–41). New Haven, CT: Yale University Press.

Eagan, K., Lozano, J. B., Hurtado, S., & Case, M. H. (2013). *The American freshman: National norms fall 2013.* Los Angeles, CA: Higher Education Research Institute, UCLA.

Edelman, S. (2012). *The happiness of pursuit: What neuroscience can teach us about the good life.* New York, NY: Basic Books.

Elias, M. (2002, November 11). A generous spirit may yield generous life span. *USA Today,* p. 4A.

Elias, M. (2002, December 9). Ask "Dr. Happiness." *USA Today,* p. 11D.

Eliot, T. S. (1998). *The Wasteland, Prufrock, and other poems.* Mineola, NY: Dover.

Elliot, A. J., & Sheldon, K. M. (1998). Avoidance, personal goals, and the personality-illness relationship. *Journal of Personality and Social Psychology, 75*, 1282–1299.

Elliot, A. J., Sheldon, K. M., & Church, M. (1997). Avoidance, personal goals, and subjective well-being. *Personality and Social Psychology Bulletin, 23*, 915–927.

Ellis, A. (1989). Rational-emotive therapy. In R. J. Corsini (Ed.), *Current psychotherapies* (4th ed.). Itasca, IL: Peacock.

Emerson, R. W., Slater, J., Ferguson, A. R., & Carr, J. F. (1980). *Collected works of Ralph Waldo Emerson, Vol. II: Essays: First series.* Cambridge, MA: Belknap Press of Harvard University Press.

Emmons, R. A. (1996). Striving and feeling: Personal goals and subjective well-being. In P. M. Gollwitzer & J. A. Bargh (Eds.), *The psychology of action: Linking cognition and motivation to behavior* (pp. 313–337). New York, NY: Guilford Press.

Emmons, R. A. (1999). *The psychology of ultimate concerns.* New York, NY: Guilford.

Emmons, R. A. (2005). Giving thanks: Psychological research on gratitude and praise. In C. L. Harper Jr. (Ed.), *Spiritual formation: 100 perspectives* (pp. 451–456). Philadelphia, PA: Templeton Foundation Press.

Emmons, R. A., & Kaiser, H. (1996). Goal orientation and emotional well-being: Linking goals and affect through the self. In A. Tesser & L. Martin (Eds.), *Striving and feeling: Interactions among goals, affect, and self-regulation* (pp. 79–98). New York, NY: Plenum.

Emmons, R. A., & McCullough, M. E. (2003). Counting blessings versus burdens: An experimental investigation of gratitude and subjective well-being in daily life. *Journal of Personality and Social Psychology, 84*, 377–389.

Enright, R. D. (2001). *Forgiveness is a choice: A step-by-step process for resolving anger and restoring hope.* Washington, DC: American Psychological Association.

Erikson, E. (1963). *Childhood and society.* New York, NY: Norton.

Erikson, M. G. (2007). The meaning of the future: Toward a more specific definition of possible selves. *Review of General Psychology, 11*, 348–358.

Exline, J., & Geyer, A. L. (2004). Perceptions of humility: A preliminary study. *Self and Identity, 3*(2), 95–114. doi:10.1080/13576500342000077

Exline, J. J., & Hill, P. C. (2012). Humility: A consistent and robust predictor of generosity. *The Journal of Positive Psychology, 7*(3), 208–218. doi:10.1080/17439760.2012.671348

Fehr, B. (1988). Prototype analysis of the concepts of love and commitment. *Journal of Personality and Social Psychology, 55*, 557–579.

Fehr, B. (1996). *Friendship processes.* Thousand Oaks, CA: Sage.

Fehr, B. (2009). Friendship formation and development. In H. T. Reis & S. Sprecher (Eds.), *Encyclopedia of human relationships* (Vol. 1, pp. 706–710). Los Angeles, CA: Sage.

Fiske, S. T. (2014). *Social beings: Core motives in social psychology.* Hoboken, NJ: Wiley.

Fitzgerald, T. E., Tennen, H., Affleck, G., & Pransky, G. S. (1993). The relative importance of dispositional optimism and control appraisals in quality of life after coronary artery bypass surgery. *Journal of Behavioral Medicine, 16*, 25–43.

Fordyce, M. W. (1977). Development of a program to increase personal happiness. *Journal of Counseling Psychology, 24*, 511–521.

Fraley, R. C. (2002). Attachment stability from infancy to adulthood: Meta-analysis and dynamic modeling of developmental mechanisms. *Personality and Social Psychology Review, 6*(2), 123–151.

Franklin, S. S. (2010). *The psychology of happiness: A good human life.* New York, NY: Cambridge University Press.

Frantz, S. (2003, June 5). Rap essay. Message posted to http://www.frostburg.edu/dept/psyc/southerly/tips.

Fredrickson, B. L. (2001). The role of positive emotions in positive psychology: The broaden-and-build theory of positive emotions. *American Psychologist, 56*, 218–226.

Fredrickson, B. L. (2007). The broaden-and-build theory of positive emotions. In F. Huppert, N. Baylis, & B. Keverne (Eds.), *The science of well-being* (pp. 217–240). New York, NY: Oxford University Press.

Freedman, J. (1978). *Happy people.* New York, NY: Harcourt, Brace, Jovanovich.

Freedman, J. S. (1965). Long-term behavioral effects of cognitive dissonance. *Journal of Experimental Social Psychology, 1,* 145–155.

Freud, S. (1930/1961). *Civilization and its discontents* (J. Strachey, Trans.). New York, NY: Norton.

Friedrich, J. (1996). On seeing oneself as less self-serving than others: The ultimate self-serving bias? *Teaching of Psychology, 23,* 107–109.

Gable, S. L., Reis, H. T., Impett, E. A., & Asher, E. R. (2004). What do you do when things go right? The intrapersonal and interpersonal benefits of sharing positive events. *Journal of Personality and Social Psychology, 87,* 228–245.

Gallup, G. H., Jr. (1998). *Thankfulness: America's saving grace.* Paper presented at the National Day of Prayer Breakfast, Thanks-Giving Square, Dallas, TX.

Gibbons, F. X., Eggleston, T. J., & Benthin, A. C. (1997). Cognitive reactions to smoking relapse: The reciprocal relation between dissonance and self-esteem. *Journal of Personality and Social Psychology, 72,* 184–195.

Gilbert, D. T., & Ebert, J. E. J. (2002). Decisions and revisions: The affective forecasting of changeable outcomes. *Journal of Personality and Social Psychology, 82,* 503–514.

Given, C. W., Stommel, M., Given, B., Osuch, J., Kurtz, M. E., & Kurtz, J. C. (1993). The influence of cancer patients' symptoms and functional states on patients' depression and family caregivers' reaction and depression. *Health Psychology, 12,* 277–285.

Glass, J. (2001, June–July). Nurturing empathy. *Parenting,* p. 72.

Goldman, J. L., & Sparks, A. N. (Eds.). (1996). *Webster's new world student's dictionary* (Rev. ed.). Cleveland, OH: Wiley.

Goleman, D. (1995). *Emotional intelligence.* New York, NY: Bantam Books.

Goleman, D. (1998). *Working with emotional intelligence.* New York, NY: Bantam Books.

Goleman, D. (2002, June 16). Could you be a leader? *Parade Magazine,* pp. 4–5.

Gollwitzer, P. M. (1999). Implementation intentions. *American Psychologist, 54,* 493–503.

Gollwitzer, P. M., & Brandstätter, V. (1997). Implementation intentions and effective goal pursuit. *Journal of Personality and Social Psychology, 73,* 186–199.

Gottfredson, M. R., & Hirschi, T. (1990). *A general theory of crime.* Stanford, CA: Stanford University Press.

Gottman, J. (1994). *Why marriages succeed or fail.* New York, NY: Fireside.

Gottman, J. M. (2011). *The science of trust: Emotional attunement for couples.* New York, NY: Norton.

Gottman, J., & Silver, N. (1999). *The seven principles for making marriage work.* New York, NY: Three Rivers.

Greenwald, A. G., Carnot, C. G., Beach, R., & Young, B. (1987). Increasing voting behavior by asking people if they expect to vote. *Journal of Applied Psychology, 72,* 315–318.

Grierson, B. (2014, October 22). What if age is nothing but a mind-set? *New York Times Magazine.* Retrieved from http://www.nytimes.com/2014/10/26/magazine/what-if-age-is-nothing-but-a-mind-set.html?_r=1

Haggerty, G., Hilsenroth, M. J., & Vala-Stewart, R. (2009). Attachment and interpersonal distress: Examining the relationship between attachment styles and interpersonal problems in a clinical population. *Clinical Psychology and Psychotherapy, 16,* 1–9.

Hall, M. R., & Hall, M. R. (2009). *The sky's the limit: Go for the gold!* Bloomington, IN: AuthorHouse.

Hamilton, T. F. (2001, December 2). *The right stuff.* Grand Rapids Press, p. J1.

Hanford, E. (2012). *Angela Duckworth and the research on "Grit."* Retrieved from http://americanradioworks.publicradio.org/features/tomorrows-college/grit/angela-duckworth-grit.html

Harker, L., & Keltner, D. (2001). Expressions of positive emotion in women's college yearbook pictures and their relationship to personality and life outcomes across adulthood. *Journal of Personality and Social Psychology, 80,* 112–124.

Harter, J. K., Schmidt, F. L., & Keyes, C. L. M. (2003). Well-being in the workplace and its relationship to business outcomes: A review of the Gallup studies. In C. L. M. Keyes & J. Haidt (Eds.), *Flourishing: Positive psychology and the life well-lived* (pp. 205–224). Washington, DC: American Psychological Association.

Harter, S. (2002). Authenticity. In C. R. Snyder & S. J. Lopez (Eds.), *Handbook of positive psychology* (pp. 382–394). New York, NY: Oxford University Press.

Hartup, W. W., & Stevens, N. (1997). Friendships and adaptation in the life course. *Psychological Bulletin, 121,* 355–370.

Harvey, J. H., & Omarzu, J. (1997). Minding the close relationship. *Personality and Social Psychology Review, 1,* 223–239.

Harvey, J. H., & Omarzu, J. (1999). *Minding the close relationship: A theory of relationship enhancement.* New York, NY: Cambridge University Press.

Harvey, J. H., & Omarzu, J. (2006). *Minding the close relationship: A theory of relationship enhancement.* New York, NY: Cambridge University Press.

Harvey, J. H., & Wenzel, A. (2006). Theoretical perspectives in the study of close relationships. In A. L. Vangelisti & D. Perlman (Eds.), *The Cambridge handbook of personal relationships* (pp. 35–49). New York, NY: Cambridge University Press.

Hashtroudian, J. (2003). Teaching stories: The Mullah Narudin. Retrieved November 3, 2003, from http://www.lifefocuscenter.com/teach.htm

Hatfield, E. (1988). Passionate and companionate love. In R. J. Sternberg & M. L. Barnes (Eds.), *The psychology of love* (pp. 191–217). New Haven, CT: Yale University Press.

Hatfield, E., & Rapson, R. L. (1987). Passionate love: New directions in research. In W. H. Jones & D. Perlman (Eds.), *Advances in personal relationships* (Vol. 1, pp. 109–139). Greenwich, CT: JAI Press.

Hazan, C., & Shaver, P. (1986). *Parental caregiving style questionnaire.* Unpublished manuscript.

Hazan, C., & Shaver, P. (1990). Love and work: An attachment-theoretical perspective. *Journal of Personality and Social Psychology, 59,* 270–280.

Hazan, C., & Shaver, P. (1994). Attachment as an organizational framework for research on close relationships. *Psychological Inquiry, 5,* 1–22.

Heider, F. (1958). *The psychology of interpersonal relations.* New York, NY: Wiley.

Heilman, M. (1976). Oppositional behavior as a function of influence attempt intensity and retaliation threat. *Journal of Personality and Social Psychology, 33,* 574–578.

Heimpel, S. A., Wood, J. V., Marshall, M. A., & Brown, J. D. (2002). Do people with low self-esteem really want to feel better? Self-esteem differences in motivation to repair negative moods. *Journal of Personality and Social Psychology, 82,* 128–147.

Heine, S. J., Lehman, D. R., Markus, H. R., & Kitiyama, S. (1999). Is there a universal need for positive self-regard? *Psychological Review, 106,* 766–795.

Heintzelman, S. J., & King, L. A. (2014). Life is pretty meaningful. *American Psychologist, 69,* 561–574. doi: 10.1037/a0035049

Herzog, A. R., Franks, X., Markus, H. R., & Holmberg, X. (1995). *The American self in its sociocultural variations.* Unpublished manuscript.

Hicks, J. A., & King, L. A. (2009). Meaning in life as a judgment and lived experience. *Social and Personality Psychology Compass, 3,* 638–653.

Hill, T., Smith, N. D., & Lewicki, P. (1989). The development of self-image bias: A real-world demonstration. *Personality and Social Psychology Bulletin, 15,* 205–211.

Hodges, B. H. (2000). Remapping psychology: A new look at values in scientific ontology. *Christian Scholar's Review, 29,* 471–497.

Hojjat, M., & Cramer, D. (Eds.). (2013). *Positive psychology of love.* New York, NY: Oxford University Press.

Holahan, C., & Moos, R. (1987). Personal and contextual determinants of coping strategies. *Journal of Personality and Social Psychology, 52,* 946–955.

Horvath, S., & Morf, C. C. (2010). To be grandiose or not to be worthless: Different routes to self-enhancement for narcissism and self-esteem. *Journal of Research in Personality, 44,* 585–592.

House, J. S., Landis, K. R., & Umberson, D. (1988). Social relationships and health. *Science, 241,* 540–545.

Hsu, L. M., Chung, J., & Langer, E. J. (2010). The influence of age-related cues on health and longevity.

Perspectives on Psychological Science, 5(6), 632–648. doi:10.1177/1745691610388762

Hsu, L. M., & Langer, E. J. (2013). Mindfulness and cultivating well-being in older adults. In S. A. David, I. Boniwell, & A. Conley Ayers (Eds.), *The Oxford handbook of happiness* (pp. 1026–1036). New York, NY: Oxford University Press.

Huang, P. H., & Blumenthal, J. A. (2009). Positive institutions, law, and policy. In S. J. Lopez & C. R. Snyder (Eds.), *Oxford handbook of positive psychology* (2nd ed., pp. 589–597). New York, NY: Oxford University Press.

Hurley, D. B., & Kwon, P. (2012). Results of a study to increase savoring the moment: Differential impact on positive and negative outcomes. *Journal of Happiness Studies, 13,* 579–588.

Inglehart, R. (1990). *Culture shift in advanced industrial society.* Princeton, NJ: Princeton University Press.

Insel, P. M., & Roth, W. T. (2002). *Core concepts in health* (9th ed.). New York, NY: McGraw-Hill.

Isaacson, W. (2003, July 7). Citizen Ben's 7 great virtues. *Time,* pp. 40–53.

Isaacson, W. (2007). *Einstein: His life and universe.* New York, NY: Simon & Schuster.

Jackson, S. A., & Marsh, H. W. (1996). Development and validation of a scale to measure optimal experience: The flow state scale. *Journal of Sport and Exercise Psychology, 18,* 17–35.

Jackson, S. A., Eklund, R. C., & Martin, A. J. (2010). SHORT Flow State Scale. Retrieved from www.mindgarden.com

Johnston, M. M., & Finney, S. J. (2010). Measuring basic needs satisfaction: Evaluating previous research and conducting new psychometric evaluations of the Basic Needs Satisfaction in General Scale. *Contemporary Educational Psychology, 35,* 280–296.

Jose, P. E., Lim, B. T., & Bryant, F. B. (2012). Does savoring increase happiness? A daily diary study. *The Journal of Positive Psychology, 7,* 176–187.

Jourard, S. M. (1964). *The transparent self.* Princeton, NJ: Van Nostrand.

Jurors prefer lawyers who are well-prepared—and not arrogant (1993, February 22). *National Law Journal, 15,* 10.

Kahneman, D. (2011). *Thinking, fast and slow.* New York, NY: Farrar, Straus and Giroux.

Kasser, T. (2002). *The high price of materialism.* Cambridge, MA: MIT Press.

Kasser, T., & Ryan, R. M. (1993). A dark side of the American dream: Correlates of financial success as a central life aspiration. *Journal of Personality and Social Psychology, 65,* 410–422.

Kasser, T., & Ryan, R. M. (1996). Further examining the American dream: Differential correlates of intrinsic and extrinsic goals. *Personality and Social Psychology Bulletin, 22,* 280–286.

Katz, J., & Joiner, T. E. (2002). Being known, intimate, and valued: Global self-verification and dyadic adjustment in couples and roommates. *Journal of Personality, 70,* 33–58.

Keller, H. (1920). *Out of the dark: Essays, lectures, and addresses on physical and social vision.* Garden City, NY: Doubleday, Page.

Keller, H. (2009). *The story of my life: With her letters and a supplementary account of her education.* Auckland, New Zealand: Floating Press .

Keltner, D., & Haidt, J. (2003). Approaching awe, a moral, spiritual, and aesthetic emotion. *Cognition and Emotion, 17,* 297–314.

Kenrick, D. T., Neuberg, S. L., & Cialdini, R. B. (2002). *Social psychology: Unraveling the mystery* (2nd ed.). Boston, MA: Allyn and Bacon.

Keyes, C. L. M. (2003). Complete mental health: An agenda for the 21st century. In C. L. M. Keyes and J. Haidt (Eds.), *Flourishing: Positive psychology and the life well-lived* (pp. 293–312). Washington, DC: American Psychological Association.

Keyes, C. M. (2009). Toward a science of mental health. In S. J. Lopez & C. R. Snyder (Eds.), *Oxford handbook of positive psychology* (2nd ed., pp. 89–95). New York, NY: Oxford University Press.

Keyes, C. M., & Haidt, J. (Eds.). (2003). *Flourishing: Positive psychology and the life well-lived.* Washington, DC: American Psychological Association.

Keyes, C. L. M., & Lopez, S. J. (2002). Toward a science of mental health: Positive directions in diagnosis and interventions. In C. R. Snyder & S. J. Lopez (Eds.), *Handbook of positive psychology* (pp. 45–59). New York, NY: Oxford University Press.

Kim, Y., Butzel, J. S., & Ryan, R. M. (1998, June). *Interdependence and well-being: A function of culture and relatedness needs.* Paper presented at the annual meeting of the International Society for the Study of Personal Relationships, Saratoga Springs, NY.

King, L. A., & Emmons, R. A. (1991). Psychological, physical, and interpersonal correlates of emotional expressiveness, conflict, and control. *European Journal of Personality, 5,* 131–150.

Kinnaman, G. (1996). *My companion through grief: Comfort for your darkest hours.* Ventura, CA: Vine Books.

Kleiser, G. (2005). *Dictionary of proverbs.* New Delhi, India: A. P. H. Publishing.

Kohn, A. (1990). *The brighter side of human nature.* New York, NY: Basic Books.

Kotler, T. (1985). Security and autonomy within marriage. *Human Relations, 38,* 299–321.

Kramer, D. A. (2000). Wisdom as a classical source of human strength: Conceptualization and empirical inquiry. *Journal of Social and Clinical Psychology, 19,* 83–101.

Krause, N. (2007). Longitudinal study of social support and meaning in life. *Psychology and Aging, 22,* 456–469.

Kurtz, E. & Ketcham, K. (2009). *The spirituality of imperfection: Storytelling and the search for meaning.* New York,

NY: Bantam.

Kurtz, J. L., & Lyubomirsky, S. (2008). Toward a durable happiness. In S. J. Lopez (Ed.), *Positive psychology: Exploring the best in people, vol. 4: Pursuing human flourishing* (pp. 21–36). Westport, CA: Prager.

Landers, A. (1990, March 14). Ann answers. *Detroit Free Press,* p. 2C.

Langer, E. J. (1977). The psychology of chance. *Journal for the Theory of Social Behavior, 7,* 185–208.

Langer, E. J. (2002, July/August). I'll be there. *Psychology Today,* p. 74.

Langer, E., Djikic, M., Pirson, M., Madenci, A., & Donohue, R. (2010). Believing is seeing: Using mindlessness (mindfully) to improve visual acuity. *Psychological Science, 21,* 661–666.

Larson, D. G., & Chastain, R. L. (1990). Self-concealment: Conceptualization, measurement, and health implications. *Journal of Social and Clinical Psychology, 9,* 439–455.

Larson, R. (2000). Toward a psychology of positive youth development. *American Psychologist, 55,* 170–183.

Larsen, R. J., & Buss, D. M. (2002). *Personality psychology: Domains of knowledge about human nature.* New York, NY: McGraw-Hill.

Larsen, R. J., & Ketelaar, T. (1991). Personality and susceptibility to positive and negative emotional states. *Journal of Personality and Social Psychology, 61,* 132–140.

Larson, R. W., & Bradney, N. (1988). Precious moments with family members and friends. In R. M. Milardo (Ed.), *Families and social networks* (pp. 107–126). Newbury Park, CA: Sage.

Laurenceau, J. P., Barrett, L. F., & Rovine, M. J. (2005). The interpersonal process model of intimacy in marriage: A daily-diary and multilevel modeling approach. *Journal of Family Psychology, 19,* 314–323.

Lawler, K. A., Younger, J. W., Piferi, R. L., Billington, E., Jobe, R., Edmondson, K. et al. (2003). A change of heart: Cardiovascular correlates of forgiveness in response to interpersonal conflict. *Journal of Behavioral Medicine, 26,* 373–393.

Legate, N., DeHaan, C. R., Weinstein, N., & Ryan, R. M. (2013). Hurting you hurts me too: The psychological costs of complying with ostracism. *Psychological Science, 24*(4), 583–588. doi:10.1177/0956797612457951

Lerner, M. J. (1980). *The belief in a just world.* New York, NY: Plenum.

Levenson, H. (1981). Differentiating among internality, powerful others, and chance. In H. M. Lefcourt (Ed.), *Research with the locus of control construct* (Vol. 1, pp. 1–63). New York, NY: Academic Press.

Levine, R. V. (2003). *The power of persuasion: How we're bought and sold.* Hoboken, NJ: Wiley.

Levy, B. R., Slade, M. D., Kunkel, S. R., & Kasl, S. V. (2002). Longevity increased by positive self-perceptions of aging. *Journal of Personality and Social Psychology, 83,* 261–270.

Lewis, C. S. (1949). *The weight of glory and other addresses.* New York, NY: Macmillan.

Lewis, C. S. (1960). *Mere Christianity.* New York, NY: Macmillan.

Linville, P. W. (1985). Self-complexity and affective extremity: Don't put all of your eggs in one cognitive basket. *Social Cognition, 3*(1), 94–120. doi:10.1521/soco.1985.3.1.94

Linville, P. W. (1987). Self-complexity as a cognitive buffer against stress-related illness and depression. *Journal of Personality and Social Psychology, 52*(4), 663–676. doi:10.1037/0022-3514.52.4.663

Littman-Ovadia, H., & Steger, M. (2010). Character strengths and well-being among volunteers and employees. *Journal of Positive Psychology, 5,* 419–430.

Lloyd, J., & Mitchinson, J. (2009). *If ignorance is bliss, why aren't there more happy people?: Smart quotes for dumb times.* New York, NY: Crown.

Logue, A. W. (1995). *Self-control: Waiting until tomorrow for what you want today.* Englewood Cliffs, NJ: Prentice Hall.

Lohr, J. M., Olatunji, B. O., Baumeister, R. F., & Bushman, B. J. (2007). The psychology of anger venting and empirically supported alternatives that do no harm. *The Scientific Review of Mental Health Practice, 5*(1), 53–64.

Lombardo, M. M., Ruderman, M. N., & McCauley, C. D. (1988). Explanations of success and derailment in upper-level management positions. *Journal of Business and Psychology, 2,* 199–216.

Lopes, P. N., Grewal, D., Kadis, J., Gall, M., & Salovey, P. (2006). Evidence that emotional intelligence is related to job performance and affect and attitudes at work. *Psichothema, 18,* 132–138.

Lopez, S. J. (2006a). *Giving positive psychology away: Ten strategies that promote student engagement.* Invited presentation at the 18th Annual Meeting of the Association for Psychological Science, New York, NY.

Lopez, S. J. (2006b). C. R. [Rick] Snyder [Obituary]. *American Psychologist, 61,* 719.

Lopez, S. J., & Snyder, C. R. (Eds.). (2009). *Oxford handbook of positive psychology* (2nd ed.) New York, NY: Oxford University Press.

Luthans, F., & Youssef, C. M. (2009). Positive workplaces. In S. J. Lopez & C. R. Snyder (Eds.), *Oxford handbook of positive psychology* (2nd ed., pp. 579–588). New York, NY: Oxford University Press.

Lykken, D. (1999). *Happiness: The nature and nurture of joy and contentment.* New York, NY: St. Martin's Press.

Lyubomirsky, S. (2001). Why are some people happier than others? *American Psychologist, 56,* 239–249.

Lyubomirsky, S. (2007). *The how of happiness: A new approach to getting the life you want.* New York, NY: Penguin.

Lyubomirsky, S. (2008). *The how of happiness: A scientific approach to getting the life you want.* New York, NY: Penguin.

Lyubomirsky, S. (2013). *The myths of happiness: What should make you happy, but doesn't, what shouldn't make you happy, but does.* New York, NY: Penguin Press.

MacCann, C., Duckworth, A., & Roberts, R. D. (2009). Empirical identification of the major facets of conscientiousness. *Learning and Individual Differences, 19*(4), 451–458. doi:10.1016/j.lindif.2009.03.007

Maisel, N. C., & Gable, S. L. (2009). For richer…in good times…and in health: Positive processes in relationships. In C. R. Snyder & S. J. Lopez (Eds.), *Oxford handbooks of positive psychology* (pp. 455–462). New York, NY: Oxford University Press.

Malle, B. (2011). Attribution theories: How people make sense of behavior. In D. Chadee (Ed.), *Theories in social psychology* (pp. 72–95). Malden, MA: Wiley-Blackwell.

Malouff, J. M., Schutte, N. S., & Thorsteinsson, E. B. (2014). Trait emotional intelligence and romantic relationship satisfaction: A meta-analysis. *American Journal of Family Therapy, 42*(1), 53–66. doi:10.1080/01926187.2012.748549

Markus, H. R., & Kitayama, S. (1998). The cultural psychology of personality. *Journal of Cross-Cultural Psychology, 29,* 63–87.

Markway, B., & Markway, G. (2003). *Painfully shy: How to overcome social anxiety and reclaim your life.* New York, NY: St. Martin's Griffin.

Martin, A. J., & Debus, R. L. (1999). Alternative factor structure for the Revised Self-Consciousness Scale. *Journal of Personality Assessment, 72,* 266–282.

Maruta, T., Colligan, R. C., Malinchoc, M., & Offord, K. P. (2000). Optimism versus pessimism: Survival rate among medical patients over a 30-year period. *Mayo Clinic Proceedings, 75,* 140–143.

Marvin, N. (Producer), & Darabont, F. (Director). (1994). *The Shawshank redemption* [Motion picture]. United States: Warner Bros.

Maslow, B. G. (1972). *Abraham H. Maslow: A memorial volume.* Monterey, CA: Brooks/Cole.

Maxwell, J. C., & Reiland, D. (1999). *The treasure of a friend.* Nashville, TN: Nelson.

Mayer, J. D., Salovey, P., Caruso, D. R., & Cherkasskiy, L. (2011). Emotional intelligence. In R. J. Sternberg & S. Kaufman (Eds.), *The Cambridge handbook of intelligence* (pp. 528–549). New York, NY: Cambridge University Press.

McCrae, R. R., & Costa, P. T. (1990). *Personality in adulthood.* New York, NY: Guilford.

McCullough, M. E., Emmons, R. A., Tsang, J. (2002). The grateful disposition: A conceptual and empirical topography. *Journal of Personality and Social Psychology, 82,* 112–127.

McCullough, M. E., Pargament, K. I., & Thoresen, C. T. (2000). The psychology of forgiveness: History, conceptual issues, and overview. In M. E. McCullough, K. I. Pargament, & C. E. Thoresen (Eds.), *Forgiveness: Theory, research, and practice* (pp. 1–14). New York, NY: Guilford.

참
고
문
헌

McCullough, M. E., Root, L. M., & Cohen, A. D. (2006). Writing about the personal benefits of a transgression facilitates forgiveness. *Journal of Consulting and Clinical Psychology, 74,* 887–897.

McCullough, M. E., Root, L. M., Tabak, B. A., & van Oyen Witvliet, C. (2009). Forgiveness. In S. J. Lopez & C. R. Snyder (Eds.), *Oxford handbook of positive psychology* (2nd ed., pp. 427–435). New York, NY: Oxford University Press.

McDermott, C., & Snyder, C. R. (1999). *Making hope happen: A workbook for turning possibilities into reality.* Oakland, CA: New Harbinger.

McGinnis, A. L. (2004). *The friendship factor: How to get closer to the people you care for.* Minneapolis, MN: Fortress Press.

McGuire, J. T., & Kable, J. W. (2013). Rational temporal predictions can underlie apparent failures to delay gratification. *Psychological Review, 120*(2), 395–410. doi:10.1037/a0031910

McQuaid, C. (Ed.). *Gambler's digest.* Chicago, IL: Digest Books, 1971.

Menninger, K. A., Mayman, M., & Pruyser, P. (1963). *The vital balance: The life process in mental health and illness.* New York, NY: Viking Press.

Metcalfe, J., & Mischel, W. (1999). A hot/cool system analysis of delay of gratification: Dynamics of willpower. *Psychological Review, 106,* 3–19.

Middlebrook, P. N. (1974). *Social psychology and modern life.* New York, NY: Knopf.

Mikulincer, M., & Shaver, P. R. (2003). The attachment behavioral system in adulthood: Activation, psychodynamics, and interpersonal processes. In M. P. Zanna (Ed.), *Advances in experimental social psychology* (Vol. 35, pp. 53–152). San Diego, CA: Academic Press.

Miller, L. C., Berg, J. H., & Archer, R. L. (1983). Openers: Individuals who elicit intimate self-disclosure. *Journal of Personality and Social Psychology, 44,* 1234–1244.

Miller, T. (1995). *How to want what you have.* New York, NY: Henry Holt.

Mills, J., & Clark, M. S. (1994). Communal and exchange relationships: Controversies and research. In R. Erber & R. Gilmour (Eds.), *Theoretical frameworks for personal relationships* (pp. 29–42). Hillsdale, NJ: Erlbaum.

Mischel, W. (1974). Processes in delay of gratification. In L. Berkowitz (Ed.), *Advances in experimental social psychology* (Vol. 7, pp. 249–292). New York, NY: Academic Press.

Mischel, W. (2014). *The marshmallow test: Mastering self-control.* New York, NY: Little, Brown and Co.

Mischel, W., Ayduk, O., Berman, M. G., Casey, B. J., Gotlib, I. H., Jonides, J., & ... Shoda, Y. (2011). 'Willpower' over the life span: Decomposing self-regulation. *Social Cognitive and Affective Neuroscience, 6*(2), 252–256. doi:10.1093/scan/nsq081

Mischel, W., Ebbesen, E. B., & Zeiss, A. R. (1972). Cognitive and attentional mechanisms in delay of gratification. *Journal of Personality and Social Psychology, 21,* 204–218.

Monks of New Skete. (1999). *In the spirit of happiness.* Boston, MA: Little, Brown.

Morris, H. J. (2001, September 3). New science shows how to inject real joy into your life. *U.S. News & World Report,* pp. 46–54.

Morrow, G. D. (2009). Exchange processes. In H. T. Reis & S. Sprecher (Eds.), *Encyclopedia of human relationships* (Vol. 1, pp. 551–555). Los Angeles, CA: Sage.

Mother Teresa. (1995). *A simple path.* New York, NY: Ballantine Books.

Mueller, C. M., & Dweck, C. S. (1997). *Implicit theories of intelligence: Malleability beliefs, definitions, and judgments of intelligence.* Unpublished manuscript.

Muraven, M. (1998). *Mechanisms of self-control failure: Motivation and limited resources.* Doctoral dissertation, Case Western Reserve University, Cleveland, OH.

Muraven, M., Baumeister, R. F., & Tice, D. M. (1999). Longitudinal improvement of self-regulation through practice: Building self-control strength through repeated exercise. *Journal of Social Psychology, 139,* 446–457.

Murray, H. A. (2007). *Explorations in personality.* New York, NY: Oxford University Press.

Myers, D. G. (1992). *The pursuit of happiness: Who is happy—and why.* New York: William Morrow.

Myers, D. G. (2000a). *The American paradox: Spiritual hunger in an age of plenty.* New Haven, CT: Yale University Press.

Myers, D. G. (2000b). The funds, friends, and faith of happy people. *American Psychologist, 55,* 56–67.

Myers, D. G. (2001). *Psychology* (6th ed.). New York, NY: Worth.

Myers, D. G. (2002). *Social psychology* (7th ed.). New York, NY: McGraw-Hill.

Myers, D. G. (2004). *Psychology* (7th ed.). New York, NY: Worth.

Nakamura, J., & Csikszentmihalyi, M. (2009). Flow theory and research. In C. R. Snyder & S. J. Lopez (Eds.), *Oxford handbook of positive psychology* (2nd ed., pp. 195–206). New York, NY: Oxford University Press.

National Wellness Institute. (1992). *Making wellness work for you.* Stevens Point, WI: National Wellness Institute.

Neff, K. (2003). Self-compassion: An alternative conceptualization of a healthy attitude toward oneself. *Self and Identity, 2,* 85–101.

Nenkov, G. Y., Morrin, M., Ward, A., Schwartz, B., & Hulland, J. (2008). A short form of the Maximization Scale: Factor structure, reliability and validity studies. *Judgment and Decision Making, 3*(5), 371–388.

Nezlek, J. B., Wesselmann, E. D., Wheeler, L., & Williams, K. D. (2012). Ostracism in everyday life. *Group Dynamics: Theory, Research, and Practice, 16*(2), 91–104. doi:10.1037/a0028029

Niven, D. (2001). *The 100 simple secrets of happy people.* San Francisco, CA: HarperCollins.

Notarius, C., & Markman, H. (1993). *We can work it out: Making sense of marital conflict.* New York, NY: Putnam.

O'Keefe, D. (2002). *Persuasion: Theory and research* (2nd ed.). Newbury Park, CA: Sage.

Oliner, P., & Oliner, S. (1988). *The altruistic personality: Rescuers of Jews in Nazi Europe.* New York, NY: Free Press.

Omarzu, J., Whalen, J., & Harvey, J. H. (2001). How well do you mind your relationship? A preliminary scale to test the minding theory of relating. In J. H. Harvey & A. Wenzel (Eds.), *Close romantic relationships: Maintenance and enhancement* (pp. 345–356). Mahwah, NJ: Erlbaum.

Omoto, A. M., Malsch, A. M., & Barraza, J. A. (2009). Compassionate acts: Motivations for and correlates of volunteerism among older adults. In B. Fehr, S. Sprecher, & L. G. Underwood (Eds.), *The science of compassionate love: Theory, research, and applications* (pp. 257–282). Malden, MA: Wiley-Blackwell.

Oppezzo, M., & Schwartz, D. L. (2014). Give your ideas some legs: The positive effect of walking on creative thinking. *Journal of Experimental Psychology: Learning, Memory, and Cognition 40*(4), 1142–1152. http://dx.doi.org/10.1037/a0036577

Oyserman, D., Elmore, K., & Smith, G. (2012). Self, self-concept, and identity. In M. R. Leary & J. P. Tangney (Eds.), *Handbook of self and identity* (2nd ed.; pp. 69–104). New York, NY: Guilford.

Pallant, J. F. (2000). Development and validation of a scale to measure perceived control of internal states. *Journal of Personality Assessment, 75,* 308–337.

Park, N., Peterson, C., & Seligman, M. E. P. (2004). Strengths of character and well-being. *Journal of Social and Clinical Psychology, 23,* 603–619.

Parke, R. D. (1974). Rules, roles, and resistance to deviation: Recent advances in punishment, discipline, and self-control. In A. Pick (Ed.), *Minnesota symposia of child psychology,* Vol. 8 (pp. 111–143). Minneapolis, MN: University of Minnesota Press.

Paulhus, D. (1983). Sphere-specific measures of perceived control. *Journal of Personality and Social Psychology, 44,* 1253–1265.

Paulus, D. L., Wehr, P., Harms, P. D., & Strasser, D. I. (2002). Use of exemplar surveys to reveal implicit types of intelligence. *Personality and Social Psychology Bulletin, 28,* 1051–1062.

Peale, N. V. (1982). *Positive imaging: The powerful way to change your life.* New York, NY: Fawcett Crest.

Peele, S. (1989). *The diseasing of America.* Boston, MA: Houghton Mifflin.

Pennebaker, J. W. (1985). Traumatic experience and psychosomatic disease: Exploring the roles of behavioral inhibition, obsession, and confiding. *Canadian Psychology, 26,* 82–95.

Pennebaker, J. W. (Ed.). (2002). *Emotion, disclosure, and health.* Washington, DC: American Psychological Association.

Peterson, C. (2006). *A primer in positive psychology.* New York, NY: Oxford University Press.

Peterson, C., & Bossio, L. M. (2001). Optimism and physical well-being. In E. C. Chang (Ed.), *Optimism and pessimism: Implications for theory, research, and practice* (pp. 127–145). Washington, DC: American Psychological Association.

Peterson, C., & Seligman, M. P. (2004). *Character strengths and virtues: A handbook and classification.* Washington, DC: American Psychological Association.

Peterson, C., Seligman, M. E. P., Yurko, K. H., Martin, L. R., & Friedman, H. S. (1998). Catastrophizing and untimely death. *Psychological Science, 9,* 49–52.

Peterson, C., & Steen, T. Optimistic explanatory style. In C. R. Snyder & S. J. Lopez (Eds.), *Handbook of positive psychology* (2nd ed., pp. 313–322). New York, NY: Oxford University Press.

Peterson, K. S. (1992, December). Guiding kids with a curriculum of compassion. *USA Today,* p. 10D.

Pham, L. B., & Taylor, S. E. (1997). *The effects of mental stimulation on exam performance.* Unpublished manuscript.

Piechowski, M. M., & Tyska, C. (1982). Self-actualization profile of Eleanor Roosevelt—A presumed nontranscender. *Genetic Psychology Monographs, 105,* 95–153.

Piliavin, J., & Siegl, E. (2008). Health benefits of volunteering in the Wisconsin Longitudinal Study. *Journal of Health and Social Behavior, 48,* 450–464.

Pinker, S. (2002). *The blank slate: The modern denial of human nature.* New York, NY: Penguin.

Plantinga, N. (1987, October 19). Christian compassion: Obstacles. *The Banner,* p. 17.

Pliner, P., Hart, H., Kohl, J., & Saari, D. (1974). Compliance without pressure: Some further data on the foot-in-the-door technique. *Journal of Experimental Social Psychology, 10,* 17–22.

Poon, K., Chen, Z., & DeWall, C. (2013). Feeling entitled to more: Ostracism increases dishonest behavior. *Personality and Social Psychology Bulletin, 39*(9), 1227–1239. doi:10.1177/0146167213493187

Positive Psychology Center. (2015). Retrieved May 1, 2015, from http://www.positivepsychology.org/

Prime, J., & Salib, E. (2014, May 12). The best leaders are humble leaders. *Harvard Business Review.* Retrieved from http://blogs.hbr.org/2014/05/the-best-leaders-are-humble leaders/?utm_source=Socialflow&utm_medium=Tweet&utm_campaign=Socialflow

Putnam, R. (2000). *Bowling alone.* New York, NY: Simon & Schuster.

Regan, P. C., Kocan, E. R., & Whitlock, T. (1998). Ain't love grand! A prototype analysis of the concept of romantic love. *Journal of Social and Personal Relationships, 15,* 411–420.

Reilly, S., & Simmons, K. (2003, June 9). How satisfied are Americans with life? *USA Today,* p. 1A.

Reis, H. T., & Gable, S. L. (2003). Toward a positive psychology of relationships. In C. L. M. Keyes & J. Haidt (Eds.), *Flourishing: Positive psychology and the life well-lived* (pp. 129–159). Washington, DC: American Psychological Association.

Reynolds, G. (2014, May 6). Want a good idea? Take a walk. *New York Times,* D6.

Rieger, E. (1993). *Correlates of adult hope, including high- and low-hope adults recollections of parents.* Psychology honors thesis, Department of Psychology, University of Kansas, Lawrence, KS.

Rimland, B. (1982). The altruism paradox. *The Southern Psychologist, 2*(1), 8–9.

Roberts, R. (1982). *Spirituality and human emotion.* Grand Rapids, MI: Eerdmans.

Robertson-Kraft, C., & Duckworth, A. L. (2014). True grit: Trait-level perseverance and passion for long-term goals predicts effectiveness and retention among novice teachers. *Teachers College Record, 116*(3), 1–27.

Robitschek, C. (1998). Personal growth initiative: The construct and its measure. *Measurement and Evaluation in Counseling and Development, 30,* 183–198.

Robitschek, C., Ashton, M. W., Spering, C. C., Geiger, N., Byers, D., Schotts, G., & Thoen, M. A. (2012). Development and psychometric evaluation of the Personal Growth Initiative Scale-II. *Journal of Consulting and Clinical Psychology, 59,* 274–287. doi: 10.1037/a0027310

Robitschek, C., & Cook, S. W. (1999). The influence of personal growth initiative and coping styles on career exploration and vocational identity. *Journal of Vocational Behavior, 54,* 127–141.

Roets, A., Schwartz, B., & Guan, Y. (2012). The tyranny of choice: A cross-cultural investigation of maximizing-satisficing effects on well-being. *Judgment and Decision Making, 7*(6), 689–704.

Rogers, C. R. (1951). *Client-centered therapy.* Boston, MA: Houghton Mifflin.

Rogers, C. R. (1956). Review of Reinhold Niebuhr's *The Self and the Dramas of History. Chicago Theological Seminary Register, 46,* 13–14.

Rogers, C. R. (1980). *A way of being.* Boston, MA: Houghton Mifflin.

Rosenberg, M. (1989). *Society and the adolescent self-image* (Rev. ed.). Hanover, NH: University Press of New England.

Ross, L. D. (1977). The intuitive psychologist and his shortcomings: Distortions in the attribution process. In L. Berkowitz (Ed.), *Advances in experimental social psychology* (Vol. 10, pp. 173–220). New York, NY: Academic Press.

Rousseau, J. J., & Cole, G. D. H. (2006). *The social contract, a discourse on the origin of inequality, and a discourse on political economy.* Digireads.com.

Rubin, Z., & Peplau, L. A. (1975). Who believes in a just world? *Journal of Social Issues, 31,* 65–89.

Rudd, M., Vohs, K. D., & Aaker, J. (2012). Awe expands people's perception of time, alters decision making, and enhances well-being. *Psychological Science, 23*(10), 1130–1136. doi:10.1177/0956797612438731

Ruthig, J. C., Hanson, B. L., Pedersen, H., Weber, A., & Chipperfield, J. G. (2011). Later life health optimism, pessimism and realism: Psychosocial contributors and health correlates. *Psychology & Health, 26*(7), 835–853. doi:10.1080/08870446.2010.506574

Ryan, R. M., & Deci, E. L. (2000). Self-determination theory and the facilitation of intrinsic motivation, social development, and well-being. *American Psychologist, 55,* 68–78.

Ryan, R. M., Stiller, J., & Lynch, J. H. (1994). Representations of relationships to teachers, parents, and friends as predictors of academic motivation and self-esteem. *Journal of Early Adolescence, 14,* 226–249.

Ryff, C. D., & Singer, B. (2003). Flourishing under fire: Resilience as a prototype of challenged thriving. In C. L. M. Keyes & J. Haidt (Eds.), *Flourishing: Positive psychology and the life well-lived* (pp. 15–36). Washington, DC: American Psychological Association.

Ryon, H. S., & Gleason, M. J. (2014). The role of locus of control in daily life. *Personality and Social Psychology Bulletin, 40*(1), 121–131. doi:10.1177/0146167213507087

Sabini, J., & Silver, M. (1982). *Moralities of everyday life.* New York, NY: Oxford University Press.

Salovey, P., Mayer, J. D., & Caruso, D. (2002). The positive psychology of emotional intelligence. In C. R. Snyder & S. J. Lopez (Eds.), *Handbook of positive psychology* (pp. 159–171). New York, NY: Oxford University Press.

Salovey, P., Mayer, J. D., Caruso, D., & Yoo, S. H. (2009). The positive psychology of emotional intelligence. In S. J. Lopez & C. R. Snyder (Eds.), *The Oxford handbook of positive psychology* (2nd ed., pp. 237–248). New York, NY: Oxford University Press.

Sapadin, L. A. (1988). Friendship and gender: Perspectives of professional men and women. *Journal of Social and Personal Relationships, 5,* 387–403.

Scheier, M. F., & Carver, C. S. (1985). Optimism, coping, and health: Assessment and implications of generalized outcome expectancies. *Health Psychology, 4,* 219–247.

Scheier, M. F., & Carver, C. S. (2007). Optimism, pessimism, and stress. In G. Fink (Ed.), *Encyclopedia of stress* (Vol. 3, 2nd ed., pp. 26–29). San Diego, CA: Elsevier Academic Press.

Scheier, M. F., Carver, C. S., & Bridges, M. W. (1994). Distinguishing optimism from neuroticism (and trait anxiety, self-mastery, and self-esteem): A reevaluation of the Life Orientation Test. *Journal of Personality and Social Psychology, 67,* 1063–1078.

Scheier, M. F., Carver, C. S., & Bridges, M. W. (2001). Optimism, pessimism, and psychological well-being. In E. C. Chang (Ed.), *Optimism & pessimism: Implications for theory, research, and practice* (pp. 189–216). Washington, DC: American Psychological Association. doi:10.1037/10385-009

Scheier, M. F., Mathews, J. F., Owens, G. J., Magovern, G. R., Lefebvre, R., Abbott, R. C., & Carver, J. S. (1989). Dispositional optimism and recovery from coronary artery bypass surgery: The beneficial effects of optimism on physical and psychological well-being. *Journal of Personality and Social Psychology, 57,* 1024–1040.

Sheldon, K. M., & King, L. (2001). Why positive psychology is necessary. *American Psychologist, 54*(3), 216–217.

Schelling, T. C. (1992). Self-command: A new discipline. In G. F. Loewenstein & J. Elster (Eds.), *Choice over time.* New York, NY: Russell Sage Foundation.

Schimmack, U., & Diener, E. (2003). Predictive validity of explicit and implicit self-esteem for subjective well-being. *Journal of Research in Personality, 37,* 100–106.

Schneider, S. L. (2001). In search of realistic optimism: Meaning, knowledge, and warm fuzziness. *American Psychologist, 56,* 250–263.

Schroeder, D. A., Penner, L. A., Dovidio, J. F., & Piliavin, J. A. (1995). *The psychology of helping and altruism.* New York, NY: McGraw-Hill.

Schutte, N. S., Malouff, J. M., Hall, L. E., Haggerty, D. J., Cooper, J. T., Golden, C. J., & Dornheim, L. (1998). Development and validation of a measure of emotional intelligence. *Personality and Individual Differences, 25,* 167–177.

Schutte, N. S., Malouff, J. M., Simunek, M., McKenley, J., & Hollander, S. (2002). Characteristic emotional intelligence and emotional well-being. *Cognition and Emotion, 16*(6), 769–785. doi:10.1080/02699930143000482

Schutte, N. S., Malouff, J. M., Thorsteinsson, E. B., Bhullar, N., & Rooke, S. E. (2007). A meta-analytic investigation of the relationship between emotional intelligence and health. *Personality and Individual Differences, 42*(6), 921–933. doi:10.1016/j.paid.2006.09.003

Schwartz, B. (2000). Self-determination: The tyranny of freedom. *American Psychologist, 55,* 79–88.

Schwartz, B. (2012). Choice, freedom, and autonomy. In P. R. Shaver, M. Mikulincer (Eds.), *Meaning, mortality, and choice: The social psychology of existential concerns* (pp. 271–287). Washington, DC: American Psychological Association. doi:10.1037/13748-015

Schwartz, B., Ward, A., Monterosso, J., Lyubomirsky, S., White, K., & Lehman, D. R. (2002). Maximizing versus satisficing: Happiness is a matter of choice. *Journal of Personality and Social Psychology, 83,* 1178–1197.

Schwarz, N. (1990). Feelings as information: Informational and motivational functions of affective states. In E. T. Higgins & R. M. Sorrentino (Eds.), *Handbook of motivation and emotion,* Vol. 2 (pp. 527–561). New York, NY: Guilford Press.

Sears, R. R. (1977). Sources of life satisfaction of the Terman gifted men. *American Psychologist, 32,* 119–128.

Seckel, A. (2002). *More optical illusions.* New York, NY: Carlton Books.

Seligman, M. E. P. (1990). *Learned optimism.* New York, NY: Knopf.

Seligman, M. E. P. (1994). *What you can change and what you can't.* New York, NY: Knopf.

Seligman, M. E. P. (1999). The president's address. *American Psychologist, 54,* 559–562.

Seligman, M. E. P. (2002). *Authentic happiness: Using the new positive psychology to realize your potential for lasting fulfillment.* New York, NY: Free Press.

Seligman, M. E. P., & Schulman, P. (1986). Explanatory style as a predictor of productivity and quitting among life insurance sales agents. *Journal of Personality and Social Psychology, 50,* 832–838.

Seligman, M. E. P., Schulman, P., DeRubeis, R. J., & Hollon, S. D. (1999). The prevention of depression and anxiety. *Prevention and Treatment,* Vol. 2, Article 8. http://journals.apa.org/prevention/volume2/pre0020008a.html

Seligman, M. E. P., Steen, T. A., Park, N., & Peterson, C. (2005). Positive psychology progress: Empirical validation of interventions. *American Psychologist, 60,* 410–421.

Sentyrz, S. M., & Bushman, B. J. (1998). Mirror, mirror on the wall, who's the thinnest one of all? Effects of self-awareness on consumption of full-fat, reduced-fat, and no-fat products. *Journal of Applied Psychology, 83,* 944–949.

Sharabany, R. (1994). Intimate Friendship Scale: Conceptual underpinnings, psychometric properties, and construct validity. *Journal of Social and Personal Relationships, 11,* 449–469.

Shaver, P. R., & Mikulincer, M. (2008). Augmenting the sense of security in romantic, leader-follower, therapeutic, and group relationships: A relational model of psychological change. In J. P. Forgas & J. Fitness (Eds.), *Social relationships: Cognitive, affective, and motivational processes* (pp. 55–74). New York, NY: Psychology Press.

Shaver, P. R., & Mikulincer, M. (2012). Attachment theory. In P. M. Van Lange, A. W. Kruglanski, & E. Higgins (Eds.), *Handbook of theories of social psychology* (Vol. 2, pp. 160–179). Thousand Oaks, CA: Sage Publications.

Shelby, R. A., Crespin, T. R., Wells-Di Gregorio, S. M., Siegel, J. E., Taylor, K. I., & Lamdam, R. M. (2008). Optimism, social support, and adjustment in African American women with breast cancer. *Journal of Behavioral Medicine, 31,* 433–444.

Sheldon, K. M., Elliot, A. J., Kim, Y., & Kasser, T. (2001). What is satisfying about satisfying events? 10 candidate psychological needs. *Journal of Personality and Social Psychology, 80,* 325–339.

Shepell, W. (2000, June). Building and maintaining a healthy relationship. *UM EAP Newsletter,* pp. 1–2.

Shepperd, J. A., Maroto, J. J., & Pbert, L. A. (1996). Dispositional optimism as a predictor of health changes among cardiac patients. *Journal of Research in Personality, 30,* 517–534.

Shubnell, T.F. (2009). *Shubnell's profound thoughts, Book 2.* South Carolina: CreateSpace.

Simon, H. A., & Chase, W. G. (1973). Skill in chess. *American Scientist, 61,* 394–403.

Simpson, J. A., Campbell, B., & Berscheid, E. (1986). The association between romantic love and marriage: Kephart (1967) twice revisited. *Personality and Social Psychology*

참고문헌

Bulletin, 12, 363–372.

Slater, L. (2002, February 3). The trouble with self-esteem. *New York Times.*Retrieved from http://www.nytimes.com/2002/02/03/magazine/the-trouble-with-self-esteem.html?pagewanted=3

Slevin, C. (2003, May 9). Hiker describes cutting off arm. *Wisconsin State Journal,* pp. A1, A11.

Smedes, L. B. (1982). *How can it be all right when everything is all wrong?* San Francisco, CA: Harper & Row.

Smedes, L. B. (1987). *The making and keeping of commitments.* Grand Rapids, MI: Calvin College.

Smyth, J. M., Pennebaker, J. W., & Arigo, D. (2012). What are the health effects of disclosure? In A. Baum, T. A. Revenson, J. Singer (Eds.), *Handbook of health psychology* (2nd ed.) (pp. 175–191). New York, NY: Psychology Press.

Snyder, C. R. (1994). *The psychology of hope: You can get there from here.* New York, NY: Free Press.

Snyder, C. R. (1995). Conceptualizing, measuring, and nurturing hope. *Journal of Counseling and Development, 73,* 355–360.

Snyder, C. R., Berg, C., Woodward, J. T., Gum, A., Rand, K. L., Wrobleski, K. K., ... Hackman, A. (2005). Hope against the cold: Individual differences in trait hope and acute pain tolerance on the cold pressor task. *Journal of Personality, 73,* 287–312.

Snyder, C. R., Cheavens, J., & Sympson, S. C. (1997). Hope: An individual motive for social commerce. *Group Dynamics: Theory, Research, and Practice, 1,* 107–118.

Snyder, C. R., & Feldman, D. B. (2000). Hope for the many: An empowering social agenda. In C. R. Snyder (Ed.), *Handbook of hope: Theory, measures, and applications* (pp. 389–412). San Diego, CA: Academic Press.

Snyder, C. R., Harris, C., Anderson, J. R., Holleran, S. A., Irving, L. M., Sigmon, S. T., ... Harney, P. (1991). The will and the ways: Development and validation of an individual-differences measure of hope. *Journal of Personality and Social Psychology, 60,* 570–585.

Snyder, C. R., Hoza, B., Pelham, W. E., Rapoff, M., Ware, L., Danovsky, M., ... Stahl, K. J. (1997). The development and validation of the Children's Hope Scale. *Journal of Pediatric Psychology, 22,* 399–421.

Snyder, C. R., LaPointe, A. B., Crowson, J. J., Jr., & Early, S. (1998). Preferences of high- and low-hope people for self-referential feedback. *Cognition and Emotion, 12,* 807–823.

Sophocles. (1962). *Oedipus at Colonus* (R. Fitzgerald, Trans.). London, England: Faber.

Star of "Camelot," "Potter" films. (2002, October 26). *Grand Rapids Press,* p. D9.

Starr, M. (2003, March 24). Michelle Kwan. *Newsweek,* p. 67.

Staub, E. (1999). Aggression and self-esteem. *APA Monitor, 30,* 4.

Staw, B. M., Bell, N. E., & Clausen, J. A. (1986). The dispositional approach to job attitudes. *Administrative Science Quarterly, 31,* 56–77.

Steele, C. M. (1997). A threat in the air: How stereotypes shape intellectual identity and performance. *American Psychologist, 52,* 613–629.

Steele, C. M. (2010). *Whistling Vivaldi: How stereotypes affect us and what we can do.* New York, NY: W. W. Norton & Co.

Steger, M. F., Frazier, P., Oishi, S., & Kaler, M. (2006). The Meaning in Life Questionnaire: Assessing the presence of and search for meaning in life. *Journal of Counseling Psychology, 53,* 80–93. doi: 10.1037/022-0167.53.1.80

Steger, M. F., & Kashdan, T. B. (2009). Depression and everyday social activity, intimacy, and well-being. *Journal of Counseling Psychology, 56,* 289–300.

Steger, M. F., Mann, J. R., Michels, P., & Cooper, T. C. (2009). Meaning in life, anxiety, depression, and general health among smoking cessation patients. *Journal of Psychosomatic Research, 67,* 353–358.

Steiner, A. (2001, September/October). Got time for friends? *Utne Reader,* pp. 67–71.

Sternberg, R. J. (1985). Implicit theories of intelligence, creativity, and wisdom. *Journal of Personality and Social Psychology, 49,* 607–627.

Sternberg, R. J. (1986a). A triangular theory of love. *Psychological Review, 93*(2), 119–135. doi:10.1037/0033-295X.93.2.119

Sternberg, R. J. (1986b). *Intelligence applied: Understanding and increasing your intellectual skills.* San Diego, CA: Harcourt Brace Jovanovich.

Sternberg, R. J. (1988). Triangulating love. In R. J. Sternberg & M. L. Barnes (Eds.), *The psychology of love* (pp. 119–138). New Haven, CT: Yale University Press.

Sternberg, R. J. (1996). *Successful intelligence: How practical and creative intelligence determine success in life.* New York, NY: Simon & Schuster.

Sternberg, R. J. (2001). Why schools should teach for wisdom: The balance theory of wisdom in educational settings. *Educational Psychologist, 36,* 227–245.

Sternberg, R. J. (2002a, August). *Wisdom, schooling, and society.* Paper presented at the annual convention of the American Psychological Association, Chicago, IL.

Sternberg, R. J. (Ed.). (2002b). *Why smart people can be so stupid.* New Haven, CT: Yale University Press.

Sternberg, R. J. (2003, March). Responsibility: One of the other three Rs. *Monitor on Psychology,* p. 5.

Sternberg, R. J. (2011). The theory of successful intelligence. In R. J. Sternberg & S. Kaufman (Eds.), *The Cambridge handbook of intelligence* (pp. 504–527). New York, NY: Cambridge University Press.

Sternberg, R. J. (2012). The triarchic theory of successful intelligence. In D. P. Flanagan & P. L. Harrison (Eds.), *Contemporary intellectual assessment: Theories, tests, and issues* (3rd ed.) (pp. 156–177). New York, NY: Guilford Press.

Sternberg, R. J., & Horvath, J. A. (Eds.). (1999). *Tacit*

knowledge in professional practice: Researcher and practitioner perspectives. Mahwah, NJ: Erlbaum.

Sternberg, R. J., & Whitney, C. (1991). *Love the way you want it: Using your head in matters of the heart.* New York, NY: Bantam Books.

Stevenson, R. L. & Phelps, W. L. (2008). *Essays of Robert Louis Stevenson.* Rockville, MD: Arc Manor.

Stillman, T. F., Lambert, N. M., Fincham, F. D., & Baumeister, R. F. (2011). Meaning as a magnetic force: Evidence that meaning in life promotes interpersonal appeal. *Social Psychological and Personality Science, 2,* 13–20.

Stotland, E. (1969). Exploratory investigations of empathy. In L. Berkowitz (Ed.), *Advances in experimental social psychology* (Vol. 4, pp. 271–314). New York, NY: Academic Press.

Strathman, A., Gleicher, F., Boninger, D. S., & Edwards, C. S. (1994). The consideration of future consequences: Weighing immediate and distant outcomes of behavior. *Journal of Personality and Social Psychology, 66,* 742–752.

Straub, R. O. (2002). *Health psychology.* New York, NY: Worth.

Suh, E., Diener, E., & Fujita, F. (1996). Events and subjective well-being: Only recent events matter. *Journal of Personality and Social Psychology, 70,* 1091–1102.

Suzuki, D. (2000, February 22). A death-bed test for life's priorities. *Sydney Morning Herald.* Retrieved August 22, 2003, from http://old.smh.com.au/news/literarylunches/suzuki.html.

Sympson, S. C. (1999). *Validation of the Domain Specific Hope Scale.* Unpublished doctoral dissertation, University of Kansas, Lawrence, KS.

Tangney, J. P. (2009). Humility. In C. R. Snyder & S. J. Lopez (Eds.), *Oxford handbook of positive psychology* (2nd ed., pp. 483–490). New York, NY: Oxford University Press.

Tangney, J. P., & Baumeister, R. F. (2000). *High self-control predicts good adjustment, less pathology, better grades, and interpersonal success.* Unpublished manuscript, George Mason University, Fairfax, VA.

Thompson, N. J., Coker, J., Krause, J. S., & Henry, E. (2003). Purpose in life as a mediator of adjustment after spinal cord injury. *Rehabilitation Psychology, 48,* 100–108.

Thoreau, H. D., & Emerson, R. W. (2008). Transcendentalism: Essential essays of Emerson & Thoreau. Clayton, DE: Prestwick House.

Tice, D. M., & Baumeister, R. F. (1997). Longitudinal study of procrastination, performance, stress, and health: The costs and benefits of dawdling. *Psychological Science, 8,* 454–458.

Tice, D. M., & Bratslavsky, E. (2000). Giving in to feel good: The place of emotion regulation in the context of general self-control. *Psychological Inquiry, 11,* 149–159.

Titchener, E. B. (1909). *Elementary psychology of the thought processes.* New York, NY: Macmillan.

Tolson, J. (2000, July 3). Into the zone. *U.S. News and World Report,* pp. 38–45.

Travis, L. A., Bliwise, N. G., Binder, J. L., & Horne-Moyer, H. L. (2001). Changes in clients' attachment style over the course of time-limited dynamic psychotherapy. *Psychotherapy: Theory, Research, Practice, Training, 38*(2), 149–159.

Trehan, B. K. & Trehan, I. (2010). *Building great relationships: All about emotional intelligence.* New Delhi, India: Sterling.

Triandis, H. C. (1994). *Culture and social behavior.* New York, NY: McGraw-Hill.

Tsang, J.-A., Rowatt, W. C., & Buechsel, R. K. (2008). Exercising gratitude. In S. J. Lopez (Ed.), *Positive psychology: Exploring the best in people,* Vol. 2: *Capitalizing on emotional experiences* (pp. 37–53). Westport, CT: Praeger.

Tucker, J. S., & Anders, S. L. (1999). Attachment style, interpersonal perception accuracy, and relationship satisfaction in dating couples. *Personality and Social Psychology Bulletin, 25,* 403–412.

Tuckman, B. W. (1991). The development and concurrent validity of the procrastination scale. *Educational and Psychological Measurement, 51,* 473–480.

Twenge, J. M., & Baumeister, R. F. (2002). Self-control: A limited but renewable resource. In Y. Kashima, M. Foddy, & M. J. Platow (Eds.), *Self and identity: Personal, social, and symbolic* (pp. 57–70). Mahwah, NJ: Erlbaum.

Twenge, J. M., & Campbell, W. K. (2003). Isn't it fun to get the respect that we're going to deserve? Narcissism, social rejection, and aggression. *Personality and Social Psychology Bulletin, 29,* 261–272.

Uleman, J. S., & Saribay, S. A. (2012). Initial impressions of others. In K. Deaux & M. Snyder (Eds.), *The Oxford handbook of personality and social psychology* (pp. 337–366). New York, NY: Oxford University Press.

Ullén, F., de Manzano, Ö., Almeida, R., Magnusson, P. E., Pedersen, N. L., Nakamura, J., & … Madison, G. (2012). Proneness for psychological flow in everyday life: Associations with personality and intelligence. *Personality and Individual Differences, 52,* 167–172. doi:10.1016/j.paid.2011.10.003

Unger, L., & Thumuluri, L. (1997). Trait empathy and continuous helping. *Journal of Social Behavior and Personality, 12,* 785–800.

Urban, H. (2006). Choices that change lives: 15 ways to find more purpose, meaning, and joy. New York, NY: Touchstone.

Uysal, A., & Lu, Q. (2011). Is self-concealment associated with acute and chronic pain? *Health Psychology, 30*(5), 606–614. doi:10.1037/a0024287

Veroff, J., Douvan, E., & Kulka, R. A. (1981). *Mental health in America: Patterns of help-seeking from 1957 to 1976.* New York, NY: Basic Books.

Waters, E. A., Merrick, S., Treboux, D., Crowell, J., & Albersheim, L. (2000). Attachment security in infancy and early adulthood: A twenty-year longitudinal study. *Child Development, 71*(3), 684–689.

참
고
문
헌

Wayment, H. A. (2004). It could have been me: Vicarious victims and disaster-focused distress. *Personality and Social Psychology Bulletin, 30,* 515–528.

Weber, A. (1984). Teaching social psychology. *Contemporary Social Psychology, 10*(3), 9–10.

Weinstein, N. D. (1980). Unrealistic optimism about future life events. *Journal of Personality and Social Psychology, 39,* 806–820.

Weinstein, N. D. (1982). Unrealistic optimism about susceptibility to health problems. *Journal of Behavioral Medicine, 5,* 441–460.

Weinstein, N. D. (2003). Exploring the links between risk perceptions and preventive health behavior. In J. Suls & K. A. Wallston (Eds.), *Social psychological foundations of health and illness* (pp. 22–53). Malden, MA: Blackwell Publishing.

Weinstein, N. D., Slovic, P., & Gibson, G. (2004). Accuracy and optimism in smokers' beliefs about quitting. *Nicotine & Tobacco Research, 6*(Suppl. 3), 375–380.

Weiss, H. M., & Knight, P. A. (1980). The utility of humility: Self-esteem, information search, and problem-solving efficiency. *Organizational Behavior and Human Decision Processes, 25,* 216–223.

Weiten, W. W., Dunn, D. S., & Hammer, E. Y. (2015). *Psychology applied to modern life: Adjustment in the 21st century* (11th ed.). Belmont, CA: Cengage.

Williams, K. D. (2001). *Ostracism: The power of silence.* New York, NY: Guilford.

Williams, K. S. (2007). Ostracism. *Annual Review of Psychology, 58,* 425–452.

Williams, K. D., Govan, C. L., Croker, V., Tynan, D., Cruickshank, M., & Lam, A. (2002). Investigations into differences between social and cyberostracism. *Group Dynamics: Theory, Research, and Practice, 6,* 748–762.

Williams, K. D., & Zadro, L. (2001). Ostracism: On being ignored, excluded, and rejected. In M. R. Leary (Ed.), *Interpersonal rejection.* New York, NY: Oxford University Press.

Wilson, C. (2003, February 5). A mere 10 seconds can stretch a smile for a lifetime. *USA Today,* p. 1D.

Wilson, T. D. (2002). *Strangers to ourselves: Discovering the adaptive unconscious.* Cambridge, MA: Belknap Press/Harvard University Press.

Wilson, T. D. (2011). *Redirect: The surprising new science of psychological change.* Boston, MA: Little, Brown and Co.

Wilson, T. D., & Gilbert, D. T. (2003). Affective forecasting. In M. P. Zanna (Ed.), *Advances in experimental social psychology* (pp. 345–411). San Diego, CA: Elsevier Academic Press.

Wilson, T. D., & Gilbert, D. T. (2005). Affective forecasting: Knowing what to want. *Current Directions in Psychological Science, 14,* 131–134.

Wilson, T. D., Wheatley, T. P., Meyers, J. M., Gilbert, D. T., & Axsom, D. (2000). Focalism: A source of durability bias in affective forecasting. *Journal of Personality and Social Psychology, 78,* 821–836.

Winstead, Z. A. (2009). Friendships, sex differences, and similarities. In H. T. Reis & S. Sprecher (Eds.), *Encyclopedia of human relationships* (Vol. 2, pp. 713–716). Los Angeles, CA: Sage.

Witvliet, C. V. O., Ludwig, T., & Vander Laan, K. (2001). Granting forgiveness or harboring grudges: Implications for emotion, physiology, and health. *Psychological Science, 121,* 117–123.

Witvliet, C. v. O., & McCullough, M. E. (2007). Forgiveness and health: A review and theoretical exploration of emotion pathways. In S. G. Post (Ed.), *Altruism and health: Perspectives from empirical research* (pp. 259–276). New York, NY: Oxford University Press.

Wood, A., Froh, J. J., & Geraghty, A. A. (2010). Gratitude and well-being: A review and theoretical integration. *Clinical Psychology Review, 30,* 890–905.

Wright, P. H. (1998). Toward an expanded orientation to the study of sex differences in friendship. In D. J. Canary & K. Dindia (Eds.), *Sex differences and similarities in communication: Critical essays and empirical investigations of sex and gender in interaction* (pp. 41–63). Mahwah, NJ: Erlbaum.

Wrzesniewski, A. (2012). Callings in work. In K. S. Cameron, G. M. Spreitzer (Eds.), *The Oxford handbook of positive organizational scholarship* (pp. 45–55). New York, NY: Oxford University Press.

Wrzesniewski, A., Dutton, J. E., & Debebe, G. (2003). Interpersonal sensemaking and the meaning of work. In R. M. Kramer, & B. M. Staw (Eds.), *Research in organizational behavior: An annual series of analytical essays and critical reviews,* Vol. 25 (pp. 93–135). Oxford, England: Elsevier Science.

Wrzesniewski, A., McCauley, C., Rozin, P., & Schwartz, B. (1997). Jobs, careers, and callings: People's relations to their work. *Journal of Research in Personality, 31,* 21–33.

Wrzesniewski, A., Rozin, P., & Bennett, G. (2003). Working, playing, and eating: Making the most of most moments. In C. L. M. Keyes & J. Haidt (Eds.), *Flourishing: Positive psychology and the life well-lived* (pp. 185–204). Washington, DC: American Psychological Association.

Wu, P. (1988). *Goal structures of materialists versus non-materialists.* Unpublished doctoral dissertation. University of Michigan, Ann Arbor, MI.

Yancey, P. (1989). *I was just wondering.* Nashville, TN: Word.

Yoshinobu, L. R. (1989). *Construct validation of the Hope Scale: Agency and pathways components.* Unpublished master's thesis. University of Kansas, Lawrence, KS.

Young, K. (1998). *Caught in the net.* New York, NY: John Wiley & Sons.

Zubko, A. (2004). *Treasury of spiritual wisdom: A collection of 10,000 inspirational quotations.* New Delhi, India: Motilal Banarsidass.

찾아보기

기타

Martin Bolt 미시간주립대학교에서 박사학위를 받고, 캘빈대학에서 심리학 교수를 지냈다. 38년 동안 캘빈대학의 심리학 교수로서, 일반심리학과 사회심리학을 가르쳤다. David Myers와 함께 심리학과 사회심리학 교재의 여러 개정판을 쓰고 정기적으로 수정했다. 그는 캘빈대학 총장이 수여하는 최우수 강의상(Calvin's Presidential Award for Exemplary Teaching, 1997)의 첫 수상자였고, 2004년에 이 책의 초판을 출간했다. 심리학 교육에 대한 열정, 혁신적인 교수법, 학생과 동료들에 대한 조언자로 기억된다.

Dana S. Dunn 베들레헴의 모라비안대학의 심리학 교수이자, 특별 프로젝트팀의 부소장이다. 카네기멜론대학교에서 심리학으로 학사학위를, 버지니아대학교에서 실험사회심리학으로 박사박위를 받았다.

미국 심리학회(APA)와 심리과학회(APS) 회원으로서 심리학 교육 협회(Society for the Teaching of Psychology, STP-APA 제2분과)에서 활발하게 활동하고 있고, 2010년에는 분과학회장으로 봉사했다. 2013년에 미국 심리학 재단으로부터 Charles L. Brewer Distinguished Teaching of Psychology Award를 수상했고, 2015년에는 APA의 Harry Kirke Wolfe 강사였다. 몇몇 저널의 편집위원이고, 국내와 지역 심리학 콘퍼런스에서 자주 강연을 한다. 동양심리학회(East Psychological Association, EPA) 이사를 지냈고, 이전에는 심리학 교육을 위한 국가 위원회(National Institute for the Teaching of Psychology, NIToP)의 프로그램 위원회에서 봉사했다.

150편이 넘는 논문, 장, 서평의 저자로서 심리학 교육, 장애의 사회심리학, 일반 교양 교육에 관해 글을 쓴다. 20권이 넘는 책의 저자 혹은 편집자이고, *Psychology Today*에 'Head of Class'라는 심리학 교육에 대한 블로그를 쓰고 있다. 그는 현재 *Oxford Bibliographies(OB): Psychology*의 편집장이다.

모라비안에서 Dunn은 다양한 분야에서 리더로 역임했다. 6년 동안 심리학과 학과장을, 3년 반 동안 철학과 학과장으로 지냈으며, LinC(Learning in Common) 교육과정의 전임 관리자로서 모라비안의 일반교육 프로그램을 감독했다.

역자 소개

김선주

고려대학교 대학원에서 심리학 박사학위를 취득했다. 현재 한국외국어대학교와 서강대학교 평생교육원에서 강의를 하고 있다. 저서로 스트레스의 이해와 관리(공저, 시그마프레스, 2010)가 있고 역서로는 받아들임(공역, 불광출판사, 2012) 등이 있다.

김정호

고려대학교 대학원에서 심리학 박사학위를 취득했다. 현재 덕성여자대학교 심리학과 교수이다. 한국심리학회 회장, 한국건강심리학회 회장, 대한스트레스학회 이사장을 지냈으며, 지금은 한국건강심리학회 산하 마음챙김-긍정심리 연구회 회장을 맡고 있다. 저서로 마음챙김 명상 매뉴얼(솔과학, 2016), 생각 바꾸기(불광출판사, 2015), 스무 살의 명상책(불광출판사, 2014), 나로부터 자유로워지는 즐거움(불광출판사, 2012), 마음챙김 명상 멘토링(불광출판사, 2011), 스트레스의 이해와 관리(공저, 시그마프레스, 2010) 등이 있다.

블로그 주소 : http://blog.naver.com/peace_2011